国家社会科学基金青年项目《世界贸易组织与区域贸易协定间争端解决机制管辖权冲突与调和研究》（项目批准号：13CFX116）的最终研究成果

WTO与RTA
争端解决管辖权
冲突与调和研究

曾炜 著

A STUDY ON THE CONFLICT
AND RECONCILIATION
OF JURISDICTION IN DISPUTE SETTLEMENT
BETWEEN WTO AND RTA

WUHAN UNIVERSITY PRESS
武汉大学出版社

图书在版编目(CIP)数据

WTO与RTA争端解决管辖权冲突与调和研究/曾炜著.—武汉:武汉大学出版社,2020.9(2022.4重印)
ISBN 978-7-307-21425-5

Ⅰ.W…　Ⅱ.曾…　Ⅲ.国际贸易—国际争端—研究　Ⅳ.F744

中国版本图书馆CIP数据核字(2020)第024386号

责任编辑:宋丽娜　　责任校对:汪欣怡　　整体设计:马　佳

出版发行:**武汉大学出版社**　(430072　武昌　珞珈山)
(电子邮箱:cbs22@whu.edu.cn　网址:www.wdp.com.cn)
印刷:武汉邮科印务有限公司
开本:720×1000　1/16　印张:29.75　字数:428千字　插页:1
版次:2020年9月第1版　2022年4月第2次印刷
ISBN 978-7-307-21425-5　定价:87.00元

目　　录

第一章　绪　　论

第一节　研究背景与意义

在乌拉圭回合达成的诸多成果中，世界贸易组织(World Trade Organization，WTO)的争端解决机制最为令人瞩目，被认为是对多边贸易体制提供保障和可预见性的核心因素,① 并享有 WTO“皇冠上的明珠”的美誉。② 与《关税与贸易总协定》(General Agreement on Tariffs and Trade，GATT)带有政治性的争端解决机制相比，WTO 争端解决机制具有法律强制性、条文严谨性、运行良好且可供执行等特征，在许多方面遥遥领先于其他国际法部门，从而使 WTO 法获得“模范国际法”的赞誉。③ 事实上，目前多边国际组织中只有 WTO 才拥有初审和上诉审两级审查机制以及行之有效的争端解决执行机制。自 1995 年成立以来，WTO 争端解决机构(Dispute Settlement Body，DSB)已经受理的案件达 584 起,④

---

① 左海聪：《WTO 争端解决实践综合分析》，载《南开学报》(哲学社会科学版)2008 年第 6 期，第 105 页。

② Peter Sutherland：Concluding the Uruguay Round—Creating the New Architecture of Trade for the Global Economy，Fordham International Law Journal，2000，24(15)：26.

③ 曾华群、杨国华等：《WTO 与中国：法治的发展与互动——中国加入 WTO 十周年纪念文集》，中国商务出版社 2011 年版，序言二。

④ http://www.wto.org/english/tratop_e/dispu_e/dispu_status_e.htm(访问时间 2019 年 5 月 15 日)。

在很短的时间内能取得如此耀眼的成绩不可谓不是巨大的成功。可见WTO成员在解决涵盖协定(Covered Agreement)下的贸易争端时对争端解决机制的倚重，WTO成员对WTO争端解决机制的信赖也由此可见一斑。基于这种信赖，它们愿意按照国际协商确定的规则来处理贸易争端。① 根据《关于争端解决规则与程序的谅解》(Understanding on Rules and Procedures Governing the Settlement of Disputes，DSU)，WTO成员在其他成员方因违反WTO涵盖协定以致其权益受损时，有权将案件提交给WTO争端解决机构寻求救济。此外，DSU赋予WTO争端解决机构对案件的强制管辖权，而且要求争端解决机构依WTO协定对争端进行裁决，以建立"规则导向"(rule-oriented)的争端解决机制，并通过争端解决机构的裁决，建立统一而且具有一致性的争端解决制度。与传统国际争端解决机制成效不彰比较而言，WTO争端解决机制在有效解决成员方之间的贸易争端方面，无疑获得了巨大的成功，WTO争端解决机制的有效不仅确保成员方遵守WTO多边贸易规则，而且为整个多边贸易体制的平稳运作起到压舱石的作用。② 甚至有学者认为，从权力和重要性而言，WTO争端解决机制在所有国际性司法机构中可谓首屈一指。③

而2001年展开的多哈回合贸易谈判，因农业以及非农业产品的市场准入等议题无法在成员方之间达成共识，使得贸易谈判迟迟无法取得新的进展，全球贸易也因此无法获得更进一步的一体化。④ 鉴于当前WTO多边贸易谈判的失败，许多成员另辟蹊径，转而利用双边或区域贸易协定(Regional Trade Agreement，RTA)推动贸易自由化。事实上，国际社会

---

① 左海聪：《WTO争端解决实践综合分析》，载《南开学报》(哲学社会科学版)2008年第6期，第106页。

② 左海聪：《WTO争端解决实践综合分析》，载《南开学报》(哲学社会科学版)2008年第6期，第110页。

③ 约翰·杰克逊：《国家主权与WTO：变化中的国际法基础》，赵龙跃、左海聪、盛建明译，社会科学文献出版社2009年版，第160页。

④ Richard Newframer：Trade，Doha and Development，The World Bank，2006：243~253.

对 WTO 多边贸易机制的信心与对区域贸易协定的倚重在一定时期内是此消彼长的关系，这一点在乌拉圭回合谈判中已经得到验证。① 当前，WTO 成员面临各种复杂国际政治与经济环境的挑战，而进一步降低贸易壁垒的经济一体化压力在区域贸易协定中找到宣泄渠道，导致区域贸易协定的数量在全球范围内以前所未有的速度急剧增加。总体而言，区域贸易协定的数量在全球的快速增长，大体上有以下三个方面的原因：首先，双边或区域贸易体制比 WTO 多边贸易体制更容易降低非关税贸易壁垒；其次，在多边贸易体制谈判遭遇阻碍而停滞不前时，双边或区域贸易体制是各国或地区寻求进一步贸易自由化的可能手段；最后，基于贸易体系中贸易习惯的巨大影响力，区域间的国家可实现更高程度的一体化。②

通过缔结 RTA，WTO 成员在一定条件下可以背离 WTO 多边贸易体制最惠国待遇条款(Most Favoured Nation，MFN)的义务，从而在部分成员之间实现更高程度的自由化目标。诚如 Bartels 和 Ortino 所指出的那样，RTA 在 WTO 成员之间的日益普及推动了各成员的经济发展。③ 虽然 RTA 冠以“区域”的称谓，但这些协议正在全球范围内迅速扩张，从而形成不同 WTO 成员之间错综复杂的贸易壁垒和关税制度，学者 Jagdish Bhagwati 称之为“意大利面条碗”现象④(Spaghetti bowl phenomenon)，⑤ 使最惠国

① 钟立国：《WTO 对区域贸易协定的规制及其完善》，载《法学家》2003 年第 4 期，第 152 页。

② John Whalley：Recent Regional Agreement：Why So Many，Why So Much Variance in Form，Why Coming So Fast，and Where Are They Headed? The World Bank Economic，2008：529~531.

③ Lorand Bartels，Federico Ortino（eds）：Regional Trade Agreements and the WTO Legal System. Oxford University Press，2006：21.

④ “意大利面条碗”现象是指，在双边自由贸易协定和区域贸易协定（统称“特惠贸易协议”）下，各个协议的不同的优惠待遇和原产地规则就像碗里的意大利面条，一根根地绞在一起。贸易专家们称这种现象为“意大利面条碗”现象或效应。

⑤ Jagdish Bhagwati：US Trade Policy：The Infatuation with Free Trade Agreements，in Jagdish Bhagwati，Anne Krueger（eds）：The Dangerous Drift to Preferential Trade Agreements，AEI Press，1995.

待遇成为例外待遇，或最少优惠国待遇。① 迄今为 WTO 所承认和在 WTO 登记的 RTA 有 450 余项，其中 303 项有效(见图 1.1)，并有为数不少的 RTA 正在谈判之中，因此，可以认为 RTA 的大量签署，已在 WTO 之外创造了一个新的平行国际贸易体系。不仅如此，许多现行 RTA 除涉及贸易领域之外，往往还包括许多其他与贸易相关的议题，例如劳工、人权和竞争以及投资等。尤为重要的是，很多 RTA 与 WTO 协定一样，有其自身的争端解决机制。

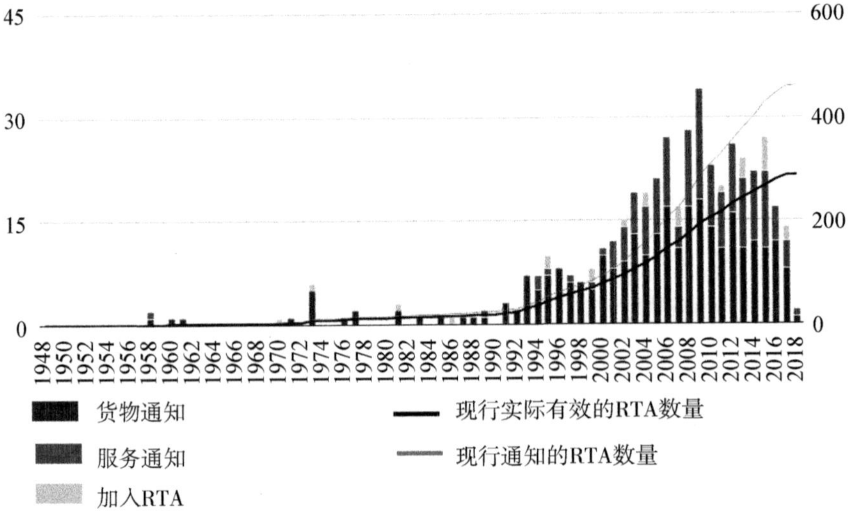

图 1.1 1948—2018 年有效的 RTA

数据来源：WTO 官网②。

然而，在 RTA 的实践中，RTA 争端解决机制所处理的案件并不完全局限于 RTA 协定解释适用上发生的争议，其管辖权范围有时甚至扩展到涉及 WTO 协定的解释适用问题。导致这种情况出现的原因有二。

① 都亳：《世界贸易组织发展趋势及我国对策》，载《经济纵横》2015 年第 6 期，第 126 页。

② http://rtais.wto.org/UI/charts.aspx(访问时间 2018 年 3 月 20 日)。

一个原因是，许多区域贸易协定的条款与 WTO 协定的条款类似甚至雷同，因此如果成员方之间就 RTA 条文的适用发生争议，实际上对于包含类似或相同内容的 WTO 条款，成员方之间也可能同样发生争议。在这种情况下，虽然成员方之间只存在一个争端，却因有两套平行而且内容相似的国际规范可以适用，因此成员方在诉诸争端解决机制寻求争端解决之前，首先必须确定其拟援引哪一协定，是 WTO 协定还是 RTA，才能进一步确定对该案件拥有管辖权的是 WTO 还是 RTA 的争端解决机构。除了当事方在贸易争端中因援引协定不同而可能影响争端解决机构对案件是否存在管辖权出现争议外，随着 RTA 的发展，其争端解决机构的管辖权范围也在不断扩大，这可能会进一步加剧 RTA 和 WTO 争端管辖权的冲突。

另一个可能的原因是，近些年来，越来越多的 RTA 争端解决机制在设计上，除解决成员方适用 RTA 发生的争议外，还将其管辖客体扩展到 WTO 争端，以至于对于涉及违反 WTO 协定义务的案件，RTA 和 WTO 的争端解决机构可能同时享有管辖权。况且，RTA 中所谓“专属管辖条款”或“选择性排他管辖条款”等场所选择条款的规定，导致对于 RTA 争端解决机制已经审理的贸易争端案件，WTO 成员依据 RTA 的规定，其无权向 WTO 争端解决机制寻求救济。在这种情况下，WTO 和 RTA 共同的成员方间如果出现贸易争端，就可能面临将该争端提交 WTO 还是 RTA 争端解决机制审理，以及 WTO 争端解决机构在 RTA 争端解决机构对案件作出裁决后是否可以行使管辖权的问题，并将对成员方间涉及 WTO 义务履行争端具有强制管辖权的 WTO 争端解决机制和 RTA 的争端解决机制间的管辖权产生冲击。① 事实上，在复杂的现代社会，法律关系具有普遍的复合性，没有任何一个条约是自足的、封闭的，所有条约不可避免地主动地或被动地勾连在一起，其在主导价值层

① Martin Lovell：Regional Trade Agreements and the WTO：An Analysis of the Efficacy of the ACFTA Forum Selection Clause in Resolving Jurisdictional Conflict，Working Paper Series. http://ssrn.com/abstract=1114770（访问时间 2019 年 4 月 19 日）。

面的冲突和关联会显现出管辖权的冲突,① WTO 与 RTA 自不例外。随着贸易自由化的深入发展和国际法碎片化程度的加深，未来这种冲突将有增无减。②

如上所述，在 WTO 和 RTA 之间很有可能出现管辖权的冲突乃至裁决的冲突。一方面，在国际贸易争端中，如果争端双方同时为 WTO 和 RTA 的成员，那么 WTO 与 RTA 争端解决机构依据其各自协定的规定无疑都具有管辖权，而由于包括 WTO 和 RTA 在内的国际法领域中不存在普遍接受的，用以解决不同国际法规范之间冲突的位阶规则，对于何者拥有解决协定间冲突的最后权力缺乏明确规定,③ 因此很可能产生管辖冲突；另一方面，由于 WTO 协定中没有关于其与 RTA 争端解决机制之间互动关系的任何条款，使得两者的争端解决机构在平行的争端解决程序下审理同一或类似贸易争端时，可能产生裁决冲突。

WTO 和 RTA 争端解决机构之间的这种管辖权的重合和冲突，以及各自在争端解决中解释和适用条约时可能出现的分歧和背离，有可能导致甚至加剧国际贸易法的碎片化。因此，为了国际贸易关系的稳定性与可预见性，只有正视并思考让这两个争端解决机制兼容并存的互动，WTO 与 RTA 之间管辖权冲突的问题才可能得以有效解决。

就现实层面而言，自 2001 年加入 WTO 以来，我国在 WTO 多边贸易体制中已辛勤耕耘了十多年，对多边规则的运用正渐入佳境，更重要的是，面对当今区域经济一体化浪潮的汹涌来势，我国已将自由贸易区建设提至战略层面，致力于“形成面向全球的高标准自由贸易区网络”④。

---

① 陈儒丹：《TPP 中选择性排他管辖权条款的效力研究》，载《政法论坛》2016 年第 5 期，第 65 页。

② 陈亚芸：《WTO 争端解决机构法律适用范围争议及原因探析》，载《河北法学》2015 年第 6 期，第 95 页。

③ 侯幼萍：《从欧共体香蕉案看 WTO 与区域贸易协定的制度冲突》，载《经济导刊》2010 年第 1 期，第 48 页。

④ 龚红柳：《TPP 协定下的常规争端解决机制：文本评析与启示》，载《国家行政学院学报》2016 年第 1 期，第 88 页。

近年来，我国积极与其他成员缔结 RTA，以获得更优惠的关税，并进一步降低贸易壁垒，开拓国际贸易市场。虽然到目前为止，WTO 与 RTA 争端解决机制之间管辖权冲突的案件没有一个涉及我国，但随着我国对区域贸易安排的日益重视，以及在 RTA 方面越来越丰富的实践，这类冲突的出现恐怕只是迟早的事情。① 目前，我国签署的 RTA 已经达到 16 个，其中，绝大多数 RTA 都规定了其自身的争端解决机制。特别是在"一带一路"倡议下，65 个沿线国家中有 50 个是 WTO 成员，在与其中部分国家已经签订 RTA 并且将来会和更多国家签订 RTA 的情况下，如何解决 WTO 与 RTA 之间争端解决机构的管辖权冲突以及裁决冲突，对我国而言无疑是一个重要的现实问题。

本书将针对 WTO 和 RTA 下的争端解决机制管辖权的竞合与冲突进行研究，通过分析 WTO 争端解决案例，探讨各类型 RTA 争端解决及场所选择条款对 WTO 争端解决机制管辖权所可能产生的影响和冲击，以及该议题可能的发展趋势，并提出未来 WTO 与 RTA 争端管辖权冲突问题的可能解决途径，最后，更希望研究的结果能对我国未来草拟 RTA 和相关国际贸易协议时提供参考的方向，以期能提升、强化我国国际贸易权益的保护，并促进国际贸易法的发展。

第二节 研究现状

一、区域经济一体化

从全球的角度来看，区域经济合作从萌芽到壮大经历了三个阶段。在 20 世纪 50—60 年代，区域经济合作的浪潮第一次出现。1956 年欧洲经济共同体首开先河，拉开了区域经济合作的帷幕，1960 年的欧洲自由贸易联盟和拉丁美洲一体化协会则紧随其后。② 而区域经济合作的

① 胡晓雯：《论 WTO 与 RTAs 争议解决之管辖权冲突——兼谈对中国 FTAs 争议解决机制建设之启示》，载《上海对外经贸大学学报》2017 年第 1 期，第 30 页。

② 王静、张西征：《区域自由贸易协定发展新趋势与中国的应对策略》，载《国际经济合作》2011 年第 4 期，第 30 页。

第二次浪潮在 20 世纪 90 年代初期开始兴起，在这一阶段不仅成功催生了欧洲统一市场，而且产生了北美地区最重要的经济一体化组织——北美自由贸易区。① 20 世纪 90 年代后期至今，区域经济合作的第三次浪潮正方兴未艾，其表现为以 RTA 为代表的区域经济一体化独领风骚。② 对于各国政府建立 RTA 的动机有不同的解释，总结起来有以下几种理论。

(1)边缘化综合征

所谓“边缘化综合征”(Marginalization Syndrome)，是指国家唯恐在重要的国际经济或政治发展中被忽略或边缘化，所以，该国政策决定者积极参与或签署区域协定，以避免可能遭受的忽略。③

具有这种动机的国家往往在政治上处于弱势、在地理上遭受孤立或者在经济上对他国极为依赖，由于这些国家已对其在国际上的脆弱地位极为担忧，并相信除非加入，否则新签订的区域协定将会使其国际不利地位进一步恶化。

(2)区域安全目的

有学者认为，政府通过贸易谈判来加强国际经济合作，从而建立区域内的信赖感，而渴求这种信赖感的国家大多曾经或现在正遭受安全问题的困扰，其主张通过建立 RTA 来增加信赖感，以抵抗来自区域内外的军事威胁。④

对于一些历史上存在冲突而且传统上缺乏国家间交流和协调的区域而言，推动经济合作往往是构建安全信赖的起点，如欧洲煤钢共同体的

---

① 陈柳钦、宾建成：《世界双边自贸区的发展趋势与中国的对策探讨》，载《国际问题研究》2005 年第 6 期，第 49 页；陈立虎：《试析区域贸易协定发展的政治动因及其启示》，载《法治研究》2014 年第 6 期，第 38 页。

② 陈立虎：《论 RTA 急剧增加对 WTO 法律发展的负面影响和补救》，载《国际商务研究》2016 年第 2 期，第 21 页。

③ Chad Damro：The Political Economy of Regional Trade Agreements，in Lorand Bartels，Federico Ortino (eds)：Regional Trade Agreements and The WTO Legal System，Oxford University Press，2006：30.

④ World Bank：Trade Blocs，Oxford University Press，2000：13.

经验证明，政府通过推动 RTA 以消除来自内部的安全威胁，确保不会发生内部的军事冲突。①

(3)新安全需求

如前所述，有的国家签署 RTA 以应付安全威胁，但现在部分安全威胁不限于传统的军事威胁，对安全的威胁及不稳定的原因，还包括环境损害、非法活动、有组织犯罪、毒品走私以及国际恐怖活动等，所以称为"新安全议程"(New Security Agenda)。② 实践证明，区域贸易协定成为许多国家解决上述新安全威胁的重要工具。③ 例如，《北美自由贸易协定》(North American Free Trade Agreement，NAFTA)所包含的环境条款被墨西哥当作其环境标准；此外，也有国家希望当 RTA 面临新安全需求时，得以间接通过促进经济发展修正条款，同时也改善其所面对的安全威胁，而该新安全威胁也成为欧盟与地中海国家以及美国拓展与西半球国家签订新自由贸易协议时所关注的焦点。④ 又如，当今人口最多的自由贸易区——中国与东盟自由贸易区的组建，很大程度上是我国在新的国际局势下为应对"新安全挑战"而采取的重大举措。⑤

(4)增加谈判能力

有的国家可能为了增加自身在国际谈判中的影响力而签署 RTA，

① Chad Damro：The Political Economy of Regional Trade Agreements，in Lorand Bartels，Federico Ortino (eds)：Regional Trade Agreements and The WTO Legal System，Oxford University Press，2006：31.

② Chad Damro：The Political Economy of Regional Trade Agreements，in Lorand Bartels，Federico Ortino (eds)：Regional Trade Agreements and The WTO Legal System，Oxford University Press，2006：33.

③ 陈立虎：《试析区域贸易协定发展的政治动因及其启示》，载《法治研究》2014 年第 6 期，第 43 页。

④ Chad Damro：The Political Economy of Regional Trade Agreements，in Lorand Bartels，Federico Ortino (eds)：Regional Trade Agreements and The WTO Legal System，Oxford University Press，2006：34.

⑤ 曾令良：《区域贸易协定的最新趋势及其对多哈发展议程的负面影响》，载《法学研究》2004 年第 5 期，第 120 页。

因为 RTA 的能力表现为其成员可以协调和统一立场，从而增强其国际影响力。此外，RTA 也可以增加成员与跨国公司及外国投资者谈判时的影响力，从历史来看，20 世纪 50—70 年代，许多发展中国家签署 RTA，旨在加强其与跨国公司谈判的能力，例如，安第斯共同体(La Conunidad Andina)采用区域性营业执照制度，以避免跨国公司通过周旋于各国政府间而漫天要价的状况出现，并以一体化的区域市场准入吸引潜在投资者，并促使投资者作出更多让步。①

有些发展中国家也通过签署区域贸易协议，以期发达国家或国际组织提供更多援助。如非洲、加勒比及太平洋地区国家通过区域经济一体化，取得欧盟的发展援助；另外，加勒比共同体(Caribbean Community)通过推行区域合作以换取欧盟提供更多援助的机会，而且通过结合外交资源还可以增加其在国际组织的谈判能力。②

发达国家同样也可以通过签署 RTA 来增加其国际谈判的筹码，如 1957 年建立欧洲经济共同体的《罗马条约》诞生的一个重要原因在于欧洲国家希望在即将到来的 GATT 谈判中增加其对美国的谈判筹码。③

(5)确保转型成果

也有些国家将加入 RTA 作为巩固贸易自由化成果的手段，换言之，由于区域贸易协定成员的数量远远少于 WTO 的成员，所以，任何对承诺的破坏或违反都可能对区域内的成员产生直接的冲击，并引起其他成员的反对与抵制，而且现在越来越多的区域贸易协定规定了区域机制，以保障协定的遵守和履行。在多个区域成员不断相互影响下，将使成员方政府相较于多边机制，更注重其名声及其在伙伴间的信用，所以，当

① Chad Damro: The Political Economy of Regional Trade Agreements, in Lorand Bartels, Federico Ortino (eds): Regional Trade Agreements and The WTO Legal System, Oxford University Press, 2006: 34.

② World Bank: Trade Blocs, Oxford University Press, 2000: 20.

③ 殷敏:《跨区域贸易协定的发展及我国的选择》，载《法学》2012 年第 6 期，第 102 页。

国家开始实行贸易自由化政策时，缔结 RTA 在一定程度上可以保证其转型成果，不至于因为未来新政府的政策转变而毁于一旦。①

在这方面的典型例子莫过于墨西哥加入 NAFTA 以确保国内贸易转型成果。从 20 世纪中期开始，墨西哥在国内经济发展上采取进口替代的保护主义政策，以避免其对美国的经济依赖，但实践证明，这一策略成效不彰，所以到了 20 世纪 80 年代后期，墨西哥政府开始推动经济转型，一改奉行半世纪之久的贸易保护主义政策，而开始进行贸易自由化改革。当时美国提议的 NAFTA 恰好符合墨西哥的新自由化进程，并在很大程度上可以降低贸易自由化倒退的风险，所以墨西哥以加入 NAFTA 为契机，推动国内的自由化改革，并使其本身无法单边变更其贸易政策而退回保护主义，确保经济转型成果。②

二、国际法的碎片化

众所周知，“碎片化”(fragmentation)现象是国际法的独具特色。该现象产生的原因是，在国际法中并不存在国内法中的最高立法机构，在国际社会中无法制定出一个约束所有国家的法律规范，因此，国际法无论从立法上还是拘束力上来看都是碎片化的、不统一的。例如，不管是从拘束力、内容还是成员方等不同方面来看，每个条约各不相同，都是彼此独立的。

国际法的碎片化现象近些年来有加剧的趋势，有学者认为有以下几个方面的原因。①国际法规范大量增加。由于国际法的调整范围逐渐扩大，越来越多的事项被纳入国际法，如关于贸易、投资、人权、环境等事项的国际法规则日益完备而自成体系，从而加剧了国际法碎片化的现

① Bernard M. Hoekman, Michael M. Kostecki: The Political Economy of the World Trading System: From GATT to WTO, Oxford University Press, 1995: 214.

② Chad Damro: The Political Economy of Regional Trade Agreements, in Lorand Bartels, Federico Ortino (eds): Regional Trade Agreements and The WTO Legal System, Oxford University Press, 2006: 37.

象。②政治上碎片化增加。自第二次世界大战结束以来，特别是“冷战”的结束，国际组织数量急剧增加，并随之出现了不少新的国际法规范，而这些源自不同国际组织的国际法规范很难保持一致，这都加剧了国际法的碎片化。③由于区域性国际组织的增加，导致该组织所制定的区域性条约也同时增加。在这种情况下，各个区域可能会产生一些只适用于本区域国家之间的特殊国际法，例如，拉丁美洲地区就产生了只适用于该地区的“外交庇护”概念。④个人逐渐独立于国家之外，在特定领域取得国际法主体地位。如《罗马公约》就将数种行为纳入其规约，成为其管辖的犯罪，因此，现代国际法已不再只是专注于传统国际法主体的行为，也开始强调个人在国际法中享有的权利和承担的义务。⑤国际法规范日益专门化。在现代，国际法规范通过一些专业性国际组织来制定，例如，国际海事组织主导的相关渔业国际法规范，世界贸易组织主导的相关国际贸易法规，这些专业分工立法也导致了各国际法规范之间各自独立而不相互依存，从而加剧了国际法的碎片化现象。① 关于国际法碎片化产生的原因，我国学者古祖雪也持类似的观点。②

国际法院(International Court of Justice，ICJ)在其关于使用核武器合法性的咨询意见当中，就承诺并强调联合国体制下各个机构有专门类别化的功能，联合国下辖机构对其职权范围有专业性的分工。③ 国际法院前法官 Bruno Simma 也指出，有些国际法庭可能是“自成体系”的规范，而所谓自成体系的规范是指该法律规范完全独立于一般国际法之外，已经成为一个成熟的法律体系，不需要再援引一般国际法作为其法律规范的一部分。④ 国际法是与时俱进不断发展的，在这种情况下已经没有

① Hafner：Pros and Cons Ensuing from Fragmentation of International Law，Michigan Journal of International Law，2004，25(4)：849 .

② 古祖雪：《现代国际法的多样化、碎片化与有序化》，载《法学研究》2007年第1期，第136~137页。

③ Legality of the Threat or Use of Nuclear Weapons (Advisory Opinion)，I. C. J. Reports，1996，26.

④ Bruno Simma，Dirk Pulkowski：Of Planets and the Universe：Self-Contained Regimes in International Law，European Journal of International Law，2006，17(3)：484.

一套单一的法律体系可以整体适用于所有的情况，因此，各个国际法部门便可能发展、创造出一套属于自己的解决方法，进而适用于各个不同的领域，然而，这种运作方式可能会与一般国际法完全不同。①

有学者主张，可以把国际法碎片化产生的问题分为组织上的碎片化和实体规范上的碎片化两种类型。② 组织上的碎片化所关注的问题主要是国际组织之间管辖权以及其组织权限之间冲突或竞合，尤其是各个组织之间适用于国际法的情况最常被论及。组织上的碎片化引起的争议最多，由于各个国际组织之间彼此独立、互不隶属，而且各自拥有自身的组织宪章，因此，这些组织之间在国际法适用上应如何调和竞合或者冲突，处理起来往往非常棘手。在这个方面突出的例子就是不同国际组织争端解决机构所作出的裁决可能发生的冲突。在两个或多个国际性司法机构对同一案件同时或先后作出不一致的裁决时，应如何调和这些裁决的冲突就是组织上的碎片化必须面临的首要问题。由于国际法中不存在一个具有宪法性质的最上位法律来约束这些国际组织，组织上的碎片化所面临的问题几乎不可能通过单一的规则来予以解决。相对而言，解决实体规范上的碎片化所导致的问题比较容易，一般来说，可以利用一般国际法的原理、原则，来解决实体规范上所引起的国际法碎片化问题。在国际法中具有整体规范性质的条约莫过于1969年的《维也纳条约法公约》(VCLT)，无论是缔约程序，还是条约解释的规则，公约的规定可谓详尽无遗。适用于实体规范的碎片化问题的规则主要是有关条约的解释条文，亦即条约法公约第31条和第32条，除此之外，还可以借用“特别法优于一般法”的一般国际法原则，通过这两项法律规范来解决国际法在实体规范上的碎片化，当前实体规范的碎片化所引起的问题相

① Anja Lindroos: Addressing Norm Conflicts in a Fragmented Legal System: The Doctrine of Lex Specialis, Nordic J. Int'l L, 2005, 74: 30~31.

② Peter Malanczuk: Akehurst's Modern Introduction to International Law, Routledge, 1997: 157.

对要少得多。①

国际社会对国际法碎片化的问题一直极为关注。时任国际法院院长 Schwebel 曾指出，国际争端解决机构不断增加的事实毋庸置疑会导致实体规范上冲突的产生，这些争端解决机构甚至有可能部分取代国际法院的功能。② Gilber Guillaume 法官也认为，国际争端解决机构的涌现可能产生严重的裁决冲突，这是由于每个争端解决机构在适用、解释国际法时所采取的目的、方法各异，因此，同一案件可能会获得不一致的裁决。③ 他还进一步指出，国际性争端解决机构的增加可能会危及国际法的单一性，并且从结果来看，还可能对国际司法性机构与国家之间的关系产生危害。④

与上述观点相反，也有部分学者主张国际法的碎片化引起的问题并没有那么耸人听闻。Thomas Buergenthal 认为，国际性司法机构的增加不会在国际法体系中产生严重的问题，他认为，国际性司法机构所适用的仍然只是一般国际法，因此，从结果上来看，对国际法的性质产生的危害微乎其微。⑤ 这种观点也得到了 Martti Koskenniemi 的认同，他认为国际法的稳定性、可预见性以及平等性并不会由于特别国际法的出现而遭受严重的减损。⑥ 基于此，这些学者认为，国际法的碎片化在性质上

① Peter Malanczuk：Akehurst's Modern Introduction to International Law，Routledge，1997：159.

② Anja Lindroos：Addressing Norm Conflicts in a Fragmented Legal System：The Doctrine of Lex Specialis，Nordic J. Int'l L，2005，74：31；Plenary Session of the General Assembly of the United Nations，Speech by President of the International Court of Justice Schwebel on 26 October 1999.

③ Plenary Session of the General Assembly of the United Nations，Speech by President of the International Court of Justice Guillaume on 26 October 2000.

④ Speech to the General Assembly of the United Nations by President of the International Court of Justice Guillaume on 30 October 2001.

⑤ Thomas Buergenthal：Proliferation of International Courts and Tribunals：Is It Good or Bad? Leiden Journal of International Law，2001，14(2)：270.

⑥ Martti Koskenniemi：Study on the Function and Scope of the Lex Specialis Rule and the Question of 'Self-Contained Regimes'，Preliminary Report by Chairman of the Study Group of the International Law Commission，2004.

是中性的，至于其评价，乃“仁者见仁，智者见智”。①

我们可以将国际法碎片化所带来的效益分为正面效益和负面效益。负面效益主要表现为国际法的碎片化会造成国家对国际法会产生不信任的印象。② 由于国际法缺乏权威的中央立法机构，国际法的形成与发展是各自在实体法层面与组织层面展开，许多国际法都是在不同的国际组织下独立适用，这样的现象可能导致国际社会对国际法无法产生合理的信赖基础，遑论进一步去遵守。然而正面效益论者指出，国际法的碎片化有利于国家之间依据彼此最关切的利益促进条约的缔结，因此，碎片化将使国际法依国家利益而量身定做，这种国际法更会得到国家的认可和接受。③ 根据国家主权理论，国家可依据自己的自由意志决定是否缔结某个条约，因此，如果国际法是由一个中央统一机构制定的，在无法考虑国家利益的情况下，其得到国家遵守的可能性显然会降低。因此，国际法的碎片化便为国家提供了一个适当的平台，可以与其他国家或国际组织进行协商，并且可以制定出较能顾及国家利益的国际法，而这样的国际法自然会受国家欢迎并得到遵守。

综上所述，学者关于国际法碎片化的问题仍在争论之中，尚未有统一或多数的观点，国际法碎片化问题的发展仍有待观察。

三、国际法冲突的调和

联合国国际法委员会一直致力于研究国际法规则冲突的问题。由于现代国际法的范围在不断扩张，国际法实体法上的冲突也随之日益增多。鉴于此，如何调和冲突关系的实体法、如何协调冲突的法律义务甚

① Anja Lindroos：Addressing Norm Conflicts in a Fragmented Legal System：The Doctrine of Lex Specialis，Nordic J. Int'l L，2005，74(1)：27.

② Hafner：Pros and Cons Ensuing from Fragmentation of International Law，Michigan Journal of International Law，2004：25(4)：849.

③ Hafner：Pros and Cons Ensuing from Fragmentation of International Law，Michigan Journal of International Law，2004，25(4)：850.

至是权利便成为一个颇为紧要的问题。国际法的规范范围由于国家和国际社会的需要而不断开疆拓土,① 由最初的主要调整国家之间政治关系的国际法规范，到现在的调整全面的国家之间关系的国际法规范，甚至一些传统上属于国内法范畴的事项也逐渐纳入国际法的调整范围，如人权和环境问题。可以说，国际法在朝着分工、专业的方向高歌迈进，并且各个国际法分支都有其自身的特色与目的，因而，不可避免地，这些国际法规范可能会涉及相似或相同的事务，从而造成不同的国际法规范可能同时适用于某一事项，亦即重复规范的问题，从而造成不同国际法规范的冲突。

全球化的进程使得整个世界成了一个不可分割的整体，国际法也因为全球化的关系而扩张了其固有范围，进入传统国际法所不曾接触的领域，最明显的莫过于人权、环境以及贸易议题。国际法已经涵盖了这些议题并且规范上日趋精细。不仅国际实体法增加，国际组织的数量也日益增加，场所选择(forum-shopping)问题也引起众多的讨论。因此，国际法碎片化的现象不能只关注实体法上的，组织上的碎片化也应被纳入讨论范围。国际法委员会对国际法碎片化的现象提出了若干建议。②

鉴于国际法分散立法的现状，国际法委员会目前只对实体法上的碎片化问题提出了建议，至于国际组织上的碎片化问题，国际法委员会认为应留待国际组织自行解决。③

四、WTO 规则与非贸易规则的冲突与协调

通过考察历史，Charnovitz 认为，人类使用贸易政策作为实现非贸

① Cassese: International Law, Oxford University Press, 2001: 5~6.

② Martti Koskenniemi: Fragmentation of International Law: Difficulties Arising from the Diversification and Expansion of International Law, 2006: 248. http://legal.un.org/ilc/documentation/english/a_cn4_l682.pdf(访问时间 2018 年 4 月 27 日)。

③ Martti Koskenniemi: Fragmentation of International Law: Difficulties Arising from the Diversification and Expansion of International Law, 2006: 168. http://legal.un.org/ilc/documentation/english/a_cn4_l682.pdf(访问时间 2018 年 4 月 27 日)。

易目标的工具的现象已经长达百年之久。① 这一现象背后的原因在于，有些国际问题的解决靠单一国家会力所不逮，而必须通过多边合作才能促使国家协调彼此的行为，使其渐渐一致，促使目标的实现。然而，当没有办法形成多边合作，或者有的国家拒绝参与时，由于国际问题影响的负面效应由所有国家一起承担，个别国家以一己之力解决这些问题不仅难以期待，而且可能使其他国家期待"搭便车"，从而发生经济学中市场失灵的情况。为了解决这种问题，国家间便会通过使用贸易政策强化政策效率、平衡国际机制产生的溢出效果、促成国际合作、实现规模经济，使各方取得更大的利益，最后保证非贸易目的的实现。②

对于 WTO 规则与非贸易规则的冲突与协调，国内外学者从不同的角度进行了深入探讨。Joseph 对自由贸易体制对人权的影响做了深刻的分析，她认为贸易协定决不能成为一个国家不遵守人权义务的理由，在一个国家加入一项贸易协定时，不仅要考虑该国当下，还需要权衡中长期是否有能力充分实现经济、社会、文化权利的发展。③ Kurukulasuriya 和 Robinson 探讨了自由贸易体制对环境带来的冲击。④ Charnovitz 则详述了贸易措施与非贸易价值的联系。⑤ Zleptnig 对 WTO 法律下的非经济目标进行了整理与分析。Joost Pauwelyn 对 WTO 法律与国际法的互动关系与冲突解释方法作了深入讨论，他认为用国际法的条约解释规则可以解决某些冲突，但是更多的是要通过国际立法和国际层面才能解决法律问题。⑥

① Steve Charnovitz：Trade Law and Global Governance，Cameron，2002：12.

② Steve Charnovitz：Trade Law and Global Governance，Cameron，2002：16.

③ S. Joseph：Blame it on the WTO?：A Human Rights Critique，Oxford University Press，2011：272.

④ Nicholas A. Robinson，Lal Kurukulasuriya：Training Manual on International Environmental Law，2006：17. https：//digitalcommons. pace. edu/cgi/viewcontent. cgi?article=1789&context=lawfaculty（访问时间 2018 年 4 月 28 日）。

⑤ Steve Charnovitz：Trade Law and Global Governance，Cameron，2002：539.

⑥ Joost Pauwelyn：Conflict of Norms in Public International Law：How WTO Law Relates to Other Rules of International Law，Cambridge University Press，2003：22.

为避免 WTO 规则与其他非 WTO 规则的冲突，许楚敬认为，应采取协调一致的解释，在他看来，由于 WTO 协定的许多条款措辞模糊，这为这些条款的解释留下了很大的空间，WTO 争端解决机构在具体案件中可以借此将其他国际法义务纳入其考量。具体而言，WTO 争端解决机构在解释 WTO 协定条款时，可采用国际法推定为不冲突的方法避免冲突；在明显可看出一个 WTO 协定的用语具有演变的意义、带有一些内在“弹性”时，还可以考虑使用演变解释的方法。①

五、WTO 与 RTA 之间管辖权的冲突与调和

针对 WTO 与 RTA 争端解决机制管辖权冲突的问题，Kwak Kyung 和 Marceau Gabrielle 考察了 WTO 和 RTA 之间的管辖权冲突和重叠，重点分析了 RTA 和 WTO 之间司法管辖权的横向分配，其结论是，对于两个成员面临两个包含重叠和潜在相互冲突的管辖权的条约，似乎没有合法的解决方案。② Abbott 考察了《北美自由贸易协定》和世界贸易组织之间在机构和法律规则方面的复杂关系，认为区域和多边一体化模式之间存在冲突的可能性。③

Cottier Thomas 和 Foltea Marina 考察了 WTO 关于区域贸易协定的指导原则，讨论了 RTA 背后的经济和政治原因，并描述了在实践和 WTO 法理学中应用的规则，试图在条约法框架内澄清 WTO 与 RTA 的关系。④

---

① 许楚敬：《跨 WTO 体制的规则冲突及其解决路径》，载《法学家》2011 年第 2 期，第 140 页。

② Kwak Kyung，Marceau Gabrielle：Overlaps and Conflicts of Jurisdiction Between the World Trade Organization and Regional Trade Agreements，in Lorand Bartels，Federico Ortino（eds）：Regional Trade Agreements and the WTO Legal System. Oxford University Press，2006：87.

③ Abbott Frederick M.：The North American Integration Regime and Its Implications for the World Trading System，in J. H. H. Weiler（eds）：The EU，the WTO，and the NAFTA，Towards a Common Law of International Trade? Oxford University Press，2001：169.

④ Cottier Thomas，Foltea Marina：Constitutional Functions of the WTO and Regional Trade Agreements，in Lorand Bartels，Federico Ortino（eds）：Regional Trade Agreements and the WTO Legal System，Oxford University Press，2006：112.

Gao 和 Lim 认为，应利用 WTO 争端解决机制作为解决 RTA 争端的方法。通过利用 WTO 争端解决机制处理 RTA 争端，成员方将能够制定一套关于 RTA 的“一般法”，这将构成 RTA 多边规则的基础。通过这种方式，可以尽量减少区域贸易安排的有害影响，确实将区域贸易安排从多边贸易体系的“绊脚石”转变为“构建模块”。①

纪文华、黄萃在分析“墨西哥饮料案”的基础上指出，RTA 的“管辖权排除条款”只能排除 RTA 争端解决机制的管辖权，而无助于从根本上解决 RTA 与 WTO 管辖权的冲突，该冲突的解决需要 WTO 与 RTA 之间的协调。②

侯幼萍认为，解决 WTO 与 RTA 管辖权冲突应从三个方面着手：首先，应适用 RTA 中的场所选择条款；其次，可以参考和借鉴国内法中规制管辖权冲突的传统规则，如不方便法院原则、未决诉讼原则、既判力原则；最后，还可以从国际法的一般法律原则中寻找可资利用的工具，如禁止权利滥用原则和礼让原则。③

上述研究奠定了本课题的基础。但是国内外有关研究大多数是在 WTO 案例分析的基础上就 WTO 与 RTA 管辖权的冲突与调和进行论述并提出权宜的解决方法，而没有进行进一步的理论论证，探寻两者之间冲突的根本解决途径，对中国在区域贸易协定下如何设计争端解决机制也鲜有涉笔。

---

① Henry Gao, C. L. Lim: Saving the WTO from the Risk of Irrelevance: The WTO Dispute Settlement Mechanism as a “Common Good” for RTA Disputes, J. INT'L ECON. L, 2008, 11(4): 899 .

② 纪文华、黄萃：《从案例看 WTO 如何处理 RTA 争端管辖权问题》，载《河北法学》2006 年第 11 期，第 67 页。

③ 侯幼萍：《世界贸易组织与区域贸易组织管辖权的冲突与协调》，上海社会科学院出版社 2010 年版。

第三节 研究方法

本书综合采用了规范分析法、案例分析法和比较分析法。

一、规范分析法

使用规范分析法，目的在于寻找特定议题在实证规范上存在什么规范意义可供参考。以实证规范作为研究对象，旨在厘清规范的法律性质及其与其他相关规范之间的互动关系，以及可能产生的法律效果。为澄清国际争端解决机制管辖权规范的特点，在实证规范中寻求调和 WTO 与 RTA 争端解决机制之间管辖权冲突的依据，而对于国际法院、WTO 以及 RTA 争端解决机制的规范，对各种规范的要件、效果与性质进行具体分析。

首先，对国际法院的管辖权规范进行分析，以此为基础探讨国际争端解决机制的管辖权；然后，分析 WTO 争端解决机制的管辖权规范，观察 WTO 争端解决机制的管辖权限与可供作为调和 WTO 与 RTA 争端解决机制间管辖权冲突的基础；最后，以当前 WTO 架构下成员方签署的区域贸易协定为分析对象，针对各区域贸易协定的争端解决机制管辖规范进行实证规范分析，依据实证规范分析区域贸易协定争端解决机制管辖权规范的特点，从中探寻可供作为调和 WTO 与 RTA 争端解决机制间管辖权冲突的依据。

二、案例分析法

案例分析法的应用，旨在从微观层面观察国际争端解决实践在具体个案中所反映的争端解决机构的立场和态度，以及个案中争端解决机构处理管辖权冲突的手段和方式。将规范分析所得结果再结合实证案例进行分析，在相关个案中探寻可供调和 WTO 与 RTA 争端解决机制间管辖权冲突的法律依据和原理，并以此作为调和 WTO 与 RTA 争端解决机制间管辖权冲突的参考、指引与佐证。亦即，单纯的规范分析仅了解规范目的、规范性质与规范效果，而规范分析与案例分析的结合，可对国际争端解决机制中与管辖权冲突的相关规范，在实证案例分析中获得更进一步的认识。

因此，在规范分析后对相关议题进行探讨，再依据实证案例进行分析。分别依据国际法院、区域贸易协定争端解决机制与 WTO 争端解决机制的实证案例，对管辖权冲突、国际法传统管辖权规范、传统管辖权规范所面临的困境、区域贸易协定对于场所选择条款的应用、WTO 与区域贸易协定之间争端解决机构管辖权的冲突，以及国际法院与 WTO 对于禁止重复诉讼原则、既判力原则、场所选择原则等国际法原则的适用等议题，进行实证规范分析，反映争端解决实践中争端解决机构对于上述议题的态度与立场。

三、比较分析法

比较分析法旨在对两个以上不同体系中类似的制度进行比较、分析，探讨其中差异发生的原因以及该差异可能造成的影响。WTO 与 RTA 为两个不同的体系，但都以处理国际间经济贸易关系为其核心内容，因此，两者间不可避免地存在许多相同或类似的规定，这种相同或类似的规定也可以见诸不同的 RTA。

依据比较分析法对于 WTO 与 RTA 的争端解决机制，以及不同 RTA 的争端解决机制，包括不同 RTA 的争端解决机制管辖权规范及管辖权冲突的实证案例等进行比较分析，以取得各个争端解决机制管辖权规范的特性与管辖权冲突发生的实际原因、情况与争端解决机构在实践中的态度，以此为基础，探讨调和 WTO 与 RTA 管辖权冲突的可能路径。

第二章　国际法碎片化背景下 WTO 与 RTA 管辖权的冲突

为应对全球化带来的全球性问题，当前主张全球治理的呼声日益高涨。所谓全球性问题是指全球化现象带来的负面影响和冲击。全球化是指科技发展使全球性的人员、货物及信息的多边流通性增加，从而推动形成或消除流通性障碍的过程。① 全球化虽然促进了各国之间的文化交流和自由贸易，但也并非百利而无一害，其同时也导致了贫富差距过大与过度竞争，以至于消耗资源等全球性问题。如果全球化进程中衍生的各种问题无法得到及时和妥善的处理，势必会激起反对全球化的浪潮，使人们建立起障碍来阻止国际间的自由流动。如 1999 年 WTO 的西雅图会议，在召开期间，有上百个非政府组织分别代表不同的利益，高举不同的标语，在西雅图部长会议会场外抗议，其中一大群激进环保人士化装成乌龟的样子大肆抗议 WTO 争端解决机构在“美国汽油标准案”②及“美国海龟案”③等与环保有关的贸易争端中，仍延续 GATT 时期对环保的漠视态度，做出对环境保护不利的判决，并指责 WTO 争端解决机构

---

① George Ritzer，Paul Dean：Globalization：A Basic Text，John Wiley & Sons，2015：2.

② Report of the Appellate Body，United States-Standards for Reformulated and Conventional Gasoline，WT/DS2/AB/R，adopted 29 April1996.

③ Report of the Appellate Body，US-Import Prohibition of Certain Shrimp and Shrimp Products，WT/DS58/AB/R，adopted 12 October 1998.

的判决将打击各国的空气清洁法、反污染法，进而对全球生态环境造成不可逆转的伤害。虽然在两次世界大战的教训下，国际社会深刻认识到自由贸易是促进和平、解决全球性问题的有效途径。但是，全球化并不意味着全球整合，也不能保证实现全球一体化，全球化仅说明人类当前因所面临的高度联系环境而带来的新现象，所以，面对全球化带来的问题，国际社会必须正视并设法予以妥善解决。因此，自由贸易虽然是解决全球性问题的方式之一，但不可以偏概全，从事全球治理必须同时审查自由贸易与其他全球性问题的调和。而区域贸易协定的兴起也是全球治理的重要一环，因此，如何协调与调和区域贸易协定与 WTO 争端解决机构管辖权的冲突，对于实现国际贸易法的稳定性与可预见性，乃至全球的良好治理目标不无重要作用。

第一节　全球治理与国际法的碎片化

一、全球治理的兴起

“全球治理”是指为了解决全球性的公共问题与增进全球公共利益，包括国家与非国家行为体在内的各种公共、私人机构以及个人，通过制定与实施具有约束力的正式或非正式的国际机制（regimes），对全球范围的各个领域进行多层次的、网络式的协调与行动。①

自从斯多亚学派设想出一个由一套共同原则支配的统一世界以来，思想家和实践者们已经构思并把机制引入现实来协调、负责多样世界中的不同活动。② 这些理论在格劳秀斯和康德的思想中也有所体现，相关的讨论在 20 世纪早期国际联盟成立的时候非常热烈。随着“冷战”的结

① 刘志云：《论全球治理与国际法》，载《厦门大学学报》（哲学社会科学版）2013 年第 5 期，第 87~88 页。

② 保罗·韦普纳：《全球公民社会中的治理》，见俞可平主编：《全球化：全球治理》，社会科学文献出版社 2003 年版，第 197~198 页。

束和全球化浪潮的波涛汹涌，全球治理理论于 20 世纪 90 年代在国际关系领域，由欧洲大陆的实务人士和美国的学者分别提出，而后迅速在全球展开。①

研究全球治理旨在探讨国家之间为何以及如何从事集体决策。②Goldin 曾指出，当一项问题出现时，各国政府本能上都倾向在自己国内的政治及法律平台解决，而只有当国内政策对问题的解决无济于事时，才可能寻求区域性或全球性的解决方案。③ Goldin 将全球公共领域(global commons)定义为国家管辖以外的资产，认为多数全球治理关注的问题发生在全球公共领域，原因在于全球公共领域本质上存在公共财产悲剧，亦即没有国家愿意主动为了解决某项全球性问题而做出行动或限制自身的行为，从而导致问题不断恶化。因此，唯有通过全球治理提供全球解决方案，全球性问题才可能得到有效或者根本治理。Goldin 进一步指出，由于全球治理机构距离普罗大众遥远，导致在解决全球性问题时国家仍然是不可或缺的重要角色，所以全球治理机构和国家间的充分协调必不可少，并且全球治理机构应只专注于处理国家无法通过一己之力解决的全球性问题，而对其他问题则不应置喙，应留给各国通过国内机制解决。④

每当论及全球治理，多数人往往都会直接想到国际组织，因为国际组织是国家间为解决国际问题，通过放弃其独占的管制权限所直接建立的全球治理平台。⑤ 另外，Sinclair 认为，以多边国际公约为主的国际法建立的机制，在全球治理中扮演着极其重要的角色。他还注意到，跨

① 刘衡：《国际法之治：从国际法治到全球治理》，武汉大学，2011 年，第 25 页。

② Timothy J. Sinclair：Global Governance.，Polity Press，2012：1.

③ Ian Goldin：Divided Nations—Why Global Governance is Failing，and What We Can Do About It，Oxford University Press，2012：47.

④ Ian Goldin：Divided Nations—Why Global Governance is Failing，and What We Can Do About It，Oxford University Press，2012：174.

⑤ Eyal Benvenisti：The Law of Global Governance，Hague Academy of International Law，2014，24：25.

国公司在全球治理中也是重要的机构。① 显然，上述全球治理机构的兴起共同揭示了人类意识到在全球层面存在需要共同解决的问题，从而有合作的必要。

Sinclair 进而指出，国际组织的产生隐含着全球治理是通过分享知识、资源与责任以建立和平及稳定的世界。② 然而在霸权主导的国际社会，我们不难想象，要求核心国家放弃权力，面对国际社会的共同问题，通过提倡有利于己的方式来渔利无异于缘木求鱼。③ 从而 Sinclair 表示，在国际社会存在霸权的现实条件下所产生的治理模式，并不当然意味着追求更公平正义的国际社会秩序。现实主义学派也主张，由于国际间处于无政府状态，国家为求生存，必须从事能够最大化自己利益的行为，从而该学派认为，国际组织是各国势力均衡下能够同时最大化所有成员国利益的产物。从 20 世纪 60 年代开始，对国际组织的评论大部分往往冠以失败(failure)。④ 不过，学界并未因此完全否定全球治理的重要性，相反地，学界开始重新理解全球治理的运作方式。制度主义的学者主张，国家通过合作来协调彼此行为并趋向一致，进而从解决国际问题中享受国际合作带来的利益，因此，国家仍然可能参与以合作为基础的全球治理模式。⑤ 而当今以国际组织或多边公约为基础的全球治理平台仍然为数众多，而且为多数国家及私人参与，从而虽然多数全球治理被认为成效不彰，但仍不能否定全球治理的重要性。

二、全球治理机制从集中化走向专业化

经历了第一次世界大战的浩劫，欧洲各国饱受战火摧残，为避免生

---

① Timothy J. Sinclair: Global Governance, Polity Press, 2012: 22.

② Timothy J. Sinclair: Global Governance, Polity Press, 2012: 14.

③ Kenneth N. Waltz: Realist Thought and Neorealist Theory, Journal Ofinternational Affairs, 1994, 44(1): 21.

④ Timothy J. Sinclair: Global Governance, Polity Press, 2012: 15.

⑤ Robert O. Keohane: After Hegemony: Cooperation and Discord in the World Political Economy, Princeton University Press, 1984: 76.

灵涂炭的悲剧再次发生，在美国总统威尔逊的倡议下，国际社会成立了国际联盟(League of Nations)。国际联盟除了肩负维持国际和平的使命，更是第一个不以实现单一目标为限的国际组织。由于国际联盟负责监督决议及部分条约的遵守情形，也通过在其旗下建立其他国际组织的方式解决不同的国际问题，使得国际联盟管辖事务的范围不断扩大，从初期的维持和平到为难民发放无国籍护照，再到 1923 年成立经济金融组织(Economic and Financial Organization)来处理全球经济及金融汇兑问题，国际联盟颇有扛起全球治理大旗的气魄。第二次世界大战后，为了改革国际联盟管辖范围过大却成效不彰的弊病，在设计第二次世界大战后的国际新秩序时，国际社会倾向于避免成立独揽一切事务的单一机构，而采取就不同的事务分别成立独立组织的模式，换言之，通过将国际组织涉及的事务分散来避免单个国际组织拥有过于独立且庞大的决策权。

国际组织的这种发展使得传统国际公法规范的议题现在逐渐被新兴的专门法律分支所涵盖。例如，关于海洋事务管辖权的规范，逐渐从传统国际公法上的国家管辖权转向海洋法公约；国际贸易则逐渐从传统国际法下的互惠原则转向以提升本国产业竞争力、改善本国生活水平为目标的国际贸易法规范；在环境部分，则逐渐从局限性地限制各国不得从事会污染其他国家的传统国际法，发展到以可持续发展为基本原则的国际环境法。从法律的角度来看，这种现象逐渐导致国际法出现碎片化的问题。每个治理机制下的国际法都有自己独特的立场和倾向，从而当某些议题处于这些不同新兴国际法规则的交叉地带时，不同领域的国际法对相同事件可能会给予不同的评价，从而导致无法确保不同国际法规则面对相同事务时能够产生一致的法律评价效果。

三、全球治理背景下的国际法碎片化

尽管所有的国际法都是根据一般国际法原则运作，但从全球治理的发展途径来看，国际上并不存在协调各种国际问题的规范机构，Cottier 等学者因而认为，现在的国际社会处于一种“规范丛林”的状态：在治理议题日益细化的情况下，国际法在实体规范方面朝着"议题化"的方向发展，议题的众多导致各种治理机构林立，因此不仅在实体法上容易发生不同规范之间的冲突，在组织上也会出现管辖权竞合的问题。① 早在 2000 年，联合国国际法委员会就关注全球治理碎片化引起的国际法专门化及功能化现象，并发布了《国际法不成体系引起的危险》研究报告，试图解决国际法规范的冲突问题。

该报告认为，如果将规范冲突的研究范围缩小为狭义冲突，就意味着不当地把法律推理假设为纯粹逻辑推演，而忽略了每一次适用法律作成决定都是通过解释法律来理解法律背后隐含的价值，进而重新形塑适用法的内涵。既然适用法律不能狭义地理解为逻辑推理，那么，研究规范冲突也必须从广义冲突的角度切入才属适当。② 对此 Cottier 也表示赞同，正是因为广义的冲突规范会妨碍每个治理机制追求其自身的目的和宗旨的有效性和效率，从而，解决规范冲突的实际意义在于减缓或避免国家履行国际法义务时面临的困境。③

既然国际法是实现特定目的机制，那么我们可以将问题转化为"国际法碎片化是否妨碍法律实现其目的"。Cottier 在此引述 Howse 和 Coicaud 的观点，提出理性承认模型(Rational Recognition)，指出法律秩序是实现社会目标的工具，应通过衡量大众对法律秩序赋予的理性信赖和法律秩序的最终成果，来探知法律秩序的正当性。法律必须有效并不

① Thomas Cottier et al.: Fragmentation and Coherence in International Trade Regulation: Analysis and Conceptual Foundations, in Thomas Cottier, Panagiotis Delimatsis (eds): The Prospects of International Trade Regulation, From Fragmentation to Coherence, Cambridge University Press, 2011: 3.

② Martti Koskenniemi: Fragmentation of International Law: Difficulties Arising from the Diversification and Expansion of International Law (Report of the Study Group of the International Law Commission, A/CN4/L682, 13 April 2006), para. 25.

③ Thomas Cottier et al.: Fragmentation and Coherence in International Trade Regulation: Analysis and Conceptual Foundations, in Thomas Cottier, Panagiotis Delimatsis (eds): The Prospects of International Trade Regulation, From Fragmentation to Coherence, Cambridge University Press, 2011: 3.

意味着必须确保法律绝对地得到执行。Hans Kelsen 主张法律只要一般性地获得执行，而且因为它具有法律身份这一事实即获得执行，就可以认为该法律是有效的。Cottier 以“条约必须遵守原则”为例进一步指出，国际法缺乏权威的执行机关，事实上依赖于国家的自愿遵守，然而通过对国际实践的考察可以发现，执行机关欠缺这一事实并没有妨碍国际社会对“条约必须遵守原则”这一国际法基本原则的遵守。

依据上述观点，我们可以重新思考为什么国际法碎片化是一个迫切需要解决的法律问题。国际法碎片化致使某些特定领域的国际法规范彼此发生竞合，如果竞合问题得不到有效解决，不仅会妨碍国家遵守国际法，也会妨碍这些治理平台执行国际法，进而降低国际法在国际社会的有效性，导致国际合作困难重重，由此可见，国际法的碎片化在特定条件下会成为亟待解决的问题。事实上，大多数国家在国内层面上也面临各种冲突，如文化、宗教和政治等各种社会因素形成的冲突，而国家也被要求在国内解决这些冲突。通过人类的经验，我们就可以发现，建立解决冲突的机制和方法是实现和平的必经之路。

具体到国际贸易法领域，由于 WTO 多边贸易谈判停滞不前，依据《1994 年关税与贸易总协定》(GATT 1994)第 24 条和《服务贸易总协定》(General Agreement on Trade in Services，GATS)第 5 条成立的区域贸易协定在当下蓬勃发展。近年来，区域贸易协定的内容日益趋于复杂化，很多新的区域贸易协定不再限于货物贸易自由化，还包括服务贸易自由化，① 因此，在管辖范围上与 WTO 不可避免地出现重合，而两者的争端解决机制之间并没有协调管辖权冲突的任何机制，这就使得国际贸易法的碎片化问题愈演愈烈，而可能危及多边贸易体制的顺利运行，难以实现在国际贸易领域的良好治理。

---

① 曾令良：《区域贸易协定新趋势下〈跨大西洋伙伴协定〉的负面影响与中国的对策》，载《武汉大学学报》(哲学社会科学版)2015 年第 2 期，第 59 页。

第二节 WTO 与 RTA 的关系

一、WTO 有关 RTA 的规定

区域贸易协定是指，两个以上的主权国家或单独关税区，彼此之间通过降低关税、减少其他手续和费用，或削减互相之间进行自由贸易的各种壁垒，以促进彼此之间贸易自由化的协议。

凡是 WTO 成员之间签署的优惠性货物贸易或服务贸易协议，并对其他成员具有排他性适用效果的，就可以称之为区域贸易协定。在 RTA 中，成员约定共同削减部分或全部包括关税、进口限额等传统国家主权范围内的事项。依据《马拉喀什建立世界贸易组织协定》第 2 条第 2 款的规定，① WTO 成员在加入时，应明示接受全部 WTO 多边贸易规范，WTO 部分成员之间的双边或多边协议不能违反 WTO 多边贸易体系的规定。而在 RTA 成员之间削减甚至免除彼此间的关税壁垒是 RTA 被 WTO 许可的基本要求，所以 RTA 被视为最惠国待遇的例外，依据 GATT 第 24 条、GATS 第 5 条和授权条款(Enabling Clause)所签署的 RTA 或相关过渡性协议，当然属于这一范围之内。

在目前生效的 RTA 当中，欧洲联盟(European Union，EU)与北美自由贸易区是最具规模的代表。其他诸如美洲自由贸易区(Free Trade Area of the Americas，FTAA)、东南亚国家联盟(Association of South East Asian Nations，ASEAN)组建的东盟自由贸易区(ASEAN Free Trade Area，AFTA)、ASEAN 与我国组建的中国—东盟自由贸易区(China-ASEAN Free Trade Area，CAFTA)、南方共同市场(South American Common Market，MERCOSUR)②与安第斯共同体等也有相当的规

① 参见《马拉喀什建立世界贸易组织协定》第 2 条第 2 款："附件一、附件二和附件三中的各协议及其法律文件均是本协议的组成部分，并约束所有成员。"

② 南方共同市场是巴西、阿根廷、乌拉圭、委内瑞拉和巴拉圭等南美洲国家在区域贸易协定基础上形成的组织。

模。此外，2018 年 12 月 30 日正式生效的《全面与进步跨太平洋伙伴关系协定》(Comprehensive Progressive Trans-Pacific Partnership，CPTPP)虽然没有美国参与，但包含了日本、加拿大、澳大利亚等国家，其影响力也不容小觑。

在国际法中，国家作为国际法最基本的主体，拥有完全的自由意志，可参与任何国际条约。① 区域贸易协定从本质上来说也属于国际条约的一种，原则上各国可以依据其自由意志决定是否参加。然而，WTO 为避免 20 世纪 30 年代国际社会以邻为壑政策再现，而对全球贸易产生不良影响，因此，在《关税与贸易总协定》中规定了非歧视原则和最惠国待遇原则这两项最重要的基本原则，并以这两项原则作为削减关税壁垒的重要工具。原则上，WTO 成员签署或参加区域贸易协定，都应满足非歧视原则与最惠国待遇原则的特定条件。

换言之，区域贸易协定在一定程度上降低或消除了区域成员之间的贸易壁垒，促进货物、服务、资本、技术和人员在成员之间自由流动，实现区域内的贸易自由化，但区域贸易协定在优惠待遇方面实行内外有别的做法，本质上背离了非歧视原则和最惠国待遇原则，它在区域贸易协定内外的 WTO 成员之间形成新的歧视。一旦区域贸易协定被滥用，作为 WTO 支柱的最惠国待遇原则就可能遭到侵蚀，如果这种歧视性的区域贸易协定网络得不到合理的管制，将可能危及 WTO 多边贸易体制的安全，全球贸易自由化必将成为海市蜃楼。② 因此，虽然区域贸易协定在 WTO 协定中具有合法的地位，属于 WTO 多边贸易体制的一部分，但同时 WTO 协定也规定了区域贸易协定必须遵守的条件。具体而言，在 WTO 体系下，下列文件对区域贸易协定作了规定。

① Lorand Bartels，Federico Ortino：Regional Trade Agreements and the WTO Legal System，Oxford University Press，2006：43.

② 刘瑛：《〈关贸总协定〉第 24 条的再解读——规则、案例和展望》，载《国际贸易问题》2006 年第 2 期，第 112 页。

（一）GATT 1994

GATT 1994第24条将区域贸易协定作为适用GATT规则的例外。GATT起草者的想法是，承认区域贸易协定的合法性，同时制定限制条件，使第三国的贸易利益得到尊重，特别是保证这些协定与以规则为基础的、不断进步的、开放的世界贸易体制保持相容性，使缔约方签订区域贸易协定的权利成为一项附条件的权利。① 鉴于这种认识，GATT 1994第24条允许缔约国组建关税同盟和自由贸易区，但同时也必须遵守一定的规则。该条第4款至第10款对缔约方签署区域贸易协定应满足的条件一一作了规定，包括不得影响非区域贸易协定成员的待遇，取消区域内原产于该区域的产品关税和其他限制性措施，并提高区域贸易协定的透明度等。特别是第24条第4款规定，缔约国应在自愿的基础上签订区域贸易协定，以此促进成员之间的经济一体化和实现贸易自由，但区域贸易协定的签署不应提高区域外GATT缔约国与区域之间的贸易壁垒。这表明，区域贸易协定作为多边贸易体系的补充，在多边贸易体系框架下得到了明确的定位。②

（二）《关于解释1994年〈关税与贸易总协定〉第24条的谅解》

为应对区域贸易协定的发展，加强对区域贸易协定的审查力度，并借此促进区域贸易协定透明度的提高，在乌拉圭回合谈判中，缔约方签署了《关于解释1994年〈关税与贸易总协定〉第24条的谅解》（以下简称《谅解》）。该文件主要包括以下几个方面的内容：①对于尚未形成关税同盟、自由贸易区或导致形成关税同盟和自由贸易区的过渡协议的区域内所实施的关税和贸易法令，不得有较高或较严的限制或解释；②对于

① 钟立国：《GATT 1994第24条的历史与法律分析》，载《法学评论》2003年第6期，第42页。

② 钟楹：《FTA在WTO争端解决中适用问题研究》，载《求索》2016年第6期，第59~60页。

在过渡协议合理期间内计划成立关税同盟和自由贸易区所需措施及其变更的审查；③形成关税同盟的成员提议提高约束关税时所应遵循的程序，以及关税同盟成员提高约束关税应提供必需的补偿性调整；④货物贸易理事会对于关税同盟和自由贸易区的审议；⑤WTO 争端解决程序适用于关税同盟、自由贸易区或导致关税同盟或自由贸易区形成的临时协定的过程中产生的任何事项；⑥区域协定成员应采取其所能采取的合理措施，保证其领土内的地区和地方政府和主管机关遵守 GATT 的义务。

根据该《谅解》的规定，① 有关区域自由贸易协定的争端，也可以适用 WTO 争端解决机制。

（三）东京回合达成有关区域贸易协定的规定

在 1979 年的东京回合多边贸易谈判中，GATT 缔约方通过了《对发展中国家差别和更优惠待遇、互惠和更全面参与的决定》。根据该决定，不仅发达国家给予发展中国家比其他国家更优惠的待遇可以作为 GATT 第 1 条最惠国待遇的例外，发展中国家之间成立的区域贸易协定同样享有最惠国待遇的豁免，该决定又被称为“授权条款”。

（四）GATS 第 5 条

GATS 第 5 条第 1 款规定，在符合一定的条件下，WTO 成员可以通过区域贸易协定在参加方之间推动服务贸易自由化。② GATS 第 5 条与

① 参见《关于解释 1994 年〈关税与贸易总协定〉第 24 条的谅解》第 12 条：“依《关于争端解决规则与程序的谅解》所解释及适用的 GATT 1994 第 22 条及第 23 条的有关规定，可以适用于任何因援引第 24 条有关关税同盟、自由贸易区或未来将形成关税同盟或自由贸易区的过渡协议等条文所衍生的任何事件。”

② 参见《服务贸易总协定》第 5 条第 1 款：“本协定不得阻止任何成员参加或达成在参加方之间实现服务贸易自由化的协定，只要此类协定：(a)涵盖众多服务部门，并且(b)规定在该协定生效时或在一合理时限的基础上，对于(a)项所涵盖的部门，在参加方之间通过以下方式不实行或取消第 17 条意义上的实质上所有歧视：(ⅰ)取消现有歧视性措施，且或(ⅱ)禁止新的或更多的歧视性措施，但第 11 条、第 12 条、第 14 条以及第 14 条之二下允许的措施除外。”

GATT 1994 第 24 条在本质上都属于最惠国待遇的例外。但不同的是，GATS 并没有涉及关税及数量限制等贸易壁垒部分，所以 GATS 第 5 条较 GATT 1994 第 24 条更为宽松，例如 GATS 第 5 条仅规定取消"大多数行业的大部分歧视性措施"，而 GATT 1994 第 24 条则严格得多，要求对"实质上所有贸易取消关税和其他限制性贸易法规"。

（五）多哈回合达成的《区域贸易协定透明度机制》

2001 年 11 月开始进行的多哈回合，就区域贸易协定程序性问题的谈判达成《区域贸易协定透明度机制》的决议，该决议是 WTO 区域贸易协定委员会审查区域贸易协定的指导性文件，其重点是强调区域贸易协应增进透明度。该机制显示出 WTO 对区域贸易协定的审查，由协调转为管理。

二、RTA 的现状及其对 WTO 的冲击

（一）RTA 的发展现状

通过国际多边组织形式建构国际贸易制度，根本目的在于避免各国采取单边（unilateral）贸易措施而导致国际贸易法陷于高度不确定性的困境，并避免各国形成区域性集团，从而出现不同集团或国家间的对抗。其中，WTO 的前身 GATT，即是国际社会在第二次世界大战后希望通过经济合作一体化维持缔约方间和平而设立的多边贸易制度。1995 年 WTO 成立后，继承了 GATT 深化整合缔约方间关系的任务，并要求成员遵循最惠国待遇、市场开放和公平竞争以及有效的争端解决机制等多边贸易规则，推动这一目标的实现。①

根据经济一体化程度，区域性贸易组织大体上可分为 5 种形式，依

① Thomas Cottier, Marina Foltea: Constitutional Functions of the WTO and Regional Trade Agreement, in Lorand Bartels, Federico Ortino (eds): Regional Trade Agreement and the WTO Legal System, Oxford University Press, 2006: 45.

一体化程度从低到高分别为：成员间授予彼此优惠的贸易待遇的优惠性贸易安排(Preferential Trading Arrangement)；成员方同意削减彼此间的贸易壁垒，但保留各自对外关税及贸易政策的自由贸易区(Free Trade Area)；成员方同意消除彼此间贸易壁垒，而且制定共同对外关税与贸易政策的关税同盟(Custom Union)；除削减彼此贸易壁垒并拥有共同对外关税与贸易政策外，更允许劳动力与资本等生产要素于成员方间流动的共同市场(Common Market)；除包含上述经济一体化措施外，更包含共同经济和货币政策的经济同盟(Economic Union)。各类型区域性贸易组织的特征，见表2.1。

表2.1　区域性贸易组织特征表

名称	成员方之间货物优惠贸易的待遇	削减关税等贸易壁垒	采取共同的对外关税及贸易政策	允许其他生产要素（如劳动力、资金、货物）的自由流动	彼此协商制定共同的经济政策和货币政策
优惠性贸易安排	√				
自由贸易区	√	√			
关税同盟	√	√	√		
共同市场	√	√	√	√	
经济同盟	√	√	√	√	√

虽然区域贸易组织的经济一体化和发展限于特定区域内，其削减贸易壁垒和促进国际贸易的贡献在于与多边贸易体系相比较下是否有必要性，① 或者是否将造成多边贸易体系与区域贸易协定的冲突仍值

① Viet D. Do, William Watson: Economic Analysis of Regional Trade Agreement, in Lorand Bartels, Federico Ortino (eds): Regional Trade Agreement and the WTO Legal System, Oxford University Press, 2006: 43.

得讨论。① 但不可否认的是，仅仅依靠 WTO 多边贸易体系来推动贸易自由化仍存在一定的局限性，在这种情形下，如果部分 WTO 成员之间通过缔结区域性贸易协定，推动关税和及非关税壁垒的削减，那么区域贸易协定的存在对多边贸易体系仍有积极的贡献和特殊的价值。而且，区域贸易协定可以起到统一内部成员间的贸易政策，未来在多边架构下谈判时，将成员方分歧的意见整合为各区域贸易组织的主张，从而简化谈判的进程。②

GATT 1994 第 24 条规定了自由贸易区和关税同盟两种形式，根据该条款的规定，区域贸易组织成员方之间的贸易在合理期间内应涵盖绝大部分贸易部门，而且不应提高非成员方与该区域贸易组织成员之间的关税或其他贸易壁垒。除此之外，还规定了通知程序，要求成员方将区域贸易组织的成立或协议的签署，通知货物贸易理事会，以便区域贸易协定委员会对区域贸易协定进行审查，并对成员方提出建议。而 GATS 第 5 条对区域贸易组织的规定中没有自由贸易区或关税同盟的形式要求，而是以经济一体化为推动目标。根据 GATS 第 5 条第 1 款 b 项，区域贸易组织成员方必须使协议涵盖众多服务部门，并应在协定生效时或合理期间内消除所涵盖部门的绝大多数不符合国民待遇的歧视措施，取消并禁止既有和新的歧视性措施。③ 符合前述各项条件的区域贸易组织，就满足

---

① Bartels 和 Ortino 教授指出，区域性贸易协议的大量缔结，可能造成多边贸易体系的根基——最惠国原则受到影响。参见 Lorand Bartels, Federico Ortino: Introduction, in Regional Trade Agreements and the WTO Legal System, Oxford University Press, 2007: 1~2.

② V. Zahrnt: How Regionalization can be a Pillar of a More Effective World Trade Organization, 39 JWT 671, 2005; R. Lawrence: Emerging Regional Arrangement: Building Blocks or Stumbling Blocks?, in R. O'Brien (eds): Regional Trade Agreements and the WTO Legal System, Oxford University Press, 1991: 22.

③ 参见《服务贸易总协定》第 5 条第 1 款 b 项："规定在该协定生效时或在一合理时限的基础上，对于(a)项所涵盖的部门，在参加方之间通过以下方式不实行或取消第 17 条意义上的实质上所有歧视：(i)取消现有歧视性措施，且或(ii)禁止新的或更多的歧视性措施，但第 11 条、第 12 条、第 14 条以及第 14 条之二下允许的措施除外。"

WTO 最惠国待遇原则的例外要求，而在 WTO 下取得合法性。

虽然 GATT 等协定是以区域一体化(regional integration)作为成员方在 WTO 多边贸易体系外缔结协议为目标，因此，论述上多以区域贸易协定相称，但是，从当前这类贸易协定签署的情况来看，缔约方并不限于同一区域内的国家或地区，如韩国与欧洲共同体、新加坡与美国签订的自由贸易协议，签署者相互间并不一定具有地域性关系，因此，松下满雄教授等学者认为，用 RTA 称呼这些协议无法充分描述 WTO 下成员方所另外签署的协议，而且从这些协议可排除 WTO 最惠国待遇适用来看，这种协议本质上即为成员方间的"优惠贸易协议"(Preferential Trade Agreement，PTA)，而将根据 GATT 1994 第 24 条和 GATS 第 5 条等成立的自由贸易协议统称为"优惠贸易协议"。① 然而，鉴于 WTO 秘书处及许多学者仍以 RTA 作为这些贸易协议的简称，② 同时也为了避免与同样可简称为 PTA 的一般适用于宗主国与附属国间经济整合型式的优惠性贸易(Preferential Trade Arrangement，PTA)相混淆，本书仍以 RTA 作为区域贸易协定的简称。

(二)RTA 对 WTO 的冲击

事实上，WTO 与 RTA 之间的关系存在双重性：一方面，两者之间存在着竞争关系；另一方面，两者之间还有互补关系。就竞争关系而言，RTA 采取对外保护，对内自由的政策，内部成员之间消除关税与非关税壁垒，对区域外却仍保留各种关税与非关税壁垒，亦即其贸易自由化的成果仅限于区域内的成员，而不适用于区域外的其他 WTO 成员，这构成对 WTO 最惠国待遇原则的重大例外。就互补关系而言，

① Mitsuo Matsushita，Thomas J. Schoenbaum，Petros C. Mavroidis，Michael Hahn：The World Trade Organization Law，Practice，and Policy，Oxford University Press，2006：549.

② WTO，Regional Trade Agreement，http://www.wto.org/english/tratop_e/region_e/region_e.htm（访问时间 2018 年 5 月 7 日）。

WTO 并不禁止 RTA 的建立，GATT 1994 第 24 条认为，RTA 可以发展各成员间密切结合的经济关系，以加强自由贸易，所以，其目的在于便利促成区域间贸易，而非对第三国增加贸易壁垒，区域贸易自由化的发展对世界贸易自由化的整体发展有正面帮助。况且，RTA 所标榜的原则、目标及规定在很多方面与 WTO 具有高度的共同性，甚至是援引、参考 WTO 的相关规定。

区域贸易协定虽然使得成员间减少贸易壁垒，但对 WTO 的多边贸易体制，也产生以下几个方面的冲击。

1. 对 WTO 最惠国待遇原则的挑战

最惠国待遇原则是 WTO 成员必须遵守的基本原则，构成了多边贸易体制的基石，但是 WTO 同意成员方签订区域贸易协定，使区域贸易区内的成员享有更优惠的待遇，这无异形成最惠国待遇的例外。虽然这一例外附有条件，要求区域内成员对区域以外的其他 WTO 成员实施的关税和非关税壁垒，不得比区域贸易协定成立之前的贸易保护水平更高。但是从区域贸易协定的实践来看，没有像 GATT 1994 第 24 条和 GATS 第 5 条所要求的那样，消除影响贸易的所有关税或非关税壁垒的区域贸易协定比比皆是。事实上，区域贸易协定对内实行贸易自由，对外却采取贸易限制政策，形成了全球贸易的新障碍，如果对此不加以严格约束，只会导致对 WTO 自由贸易宗旨的严重背离。① 换言之，GATT 1994 第 24 条在法律上承认了区域贸易协定，等于对 WTO 的最惠国待遇原则设置了一项重要的例外。随着区域贸易协定数量的激增，其在全球经贸中的作用和影响已远超出最初的“例外”定位，这使最惠国待遇原则大打折扣，甚至可以说成了其最大的“隐患”。② 区域贸易协定这种内外有别的待遇严重地损害了区域外第三方的利益，造成对 WTO 多

---

① 沈木珠、逯婷婷：《WTO 多边贸易体制与区域自由贸易协议的冲突与协调》，载《南京财经大学学报》2008 年第 1 期，第 79~80 页。

② 李朝鹤、温悦：《从区域贸易协定与 WTO 多边贸易体制整合看中国区域贸易合作路径》，载《郑州大学学报》(哲学社会科学版) 2008 年第 1 期，第 70 页。

边贸易体制发展的冲击和限制，甚至危及多边贸易体制核心原则和法律制度的有效实施。①

2. 阻碍多边贸易资源的最佳配置

区域贸易协定是否能为成员创造利益，应视其“贸易创造效果”(trade creation)是否大于“贸易转移效果”(trade diversion)②而定。从WTO 多边贸易体制的角度来看，区域贸易协定的开放，仅是对区域贸易协定成员的“有限”开放，这种优惠待遇并不及于区域外的其他 WTO成员。③ 对区域贸易的成员而言，区域贸易协定显然可以造成“贸易创造”的效果，因为区域内成员本来的贸易壁垒取消后，对某些产品具有“比较优势”的成员(即生产成本较低、较有效率的成员)，可将更多的产品销往其他成员，因而使其贸易量增加。但相对于此，区域内与区域外的贸易则必然会有一部分被区域内的贸易所取代,④ 而这种取代，常常是由区域内外差别待遇导致的。但该区域内成员在世界市场中不一定是最优的商品或服务的提供者，未必具有“比较优势”，却从区域贸易协定中获得了优于协议外非成员的交易机会和极低的贸易壁垒。而区域外拥有比较优势的国家，由于受到较高的贸易壁垒限制，其在区域内本应有的销售机会，很有可能被成本较高、较无竞争力的区域内产品取代，在这种状况下，势必导致“贸易转移效果”。区域经济一体化组织

① 吴敏：《全球经济一体化与区域经济一体化的冲突与协调——兼评 GATT/WTO 体制下区域经济一体化的法律制度》，载《华东师范大学学报》(哲学社会科学版)2008 年第 2 期，第 54 页。

② “贸易创造效果”是区域贸易协定签订后，区域内关税废除，促使区域内贸易自由流通，使得低成本成员产品替代高成本非成员产品的进口，促进贸易量增加而提高成员的社会福利水平。“贸易转移效果”乃指区域贸易协定成立之后，高成本成员产品由于对外仍维持关税保护，取代了低成本非成员产品的进口，造成进口成本增加与生产效率降低，经济资源被扭曲使用而使成员福利水平下降。

③ 郝洁：《全球区域贸易协定的发展及与多边贸易体制的关系》，载《中国经贸导刊》2010 年第 5 期，第 37 页。

④ 陈宪民：《论区域性国际经济组织建立和完善对国际多边贸易制度的发展和影响》，载《政治与法律》2004 年第 1 期。

都存在不同程度的“贸易转移”效应，背离了比较优势原则，对多边贸易体制和第三方利益造成威胁甚至损害。① 这种贸易转移并非理论上的假设，可以从 NAFTA 的实施中得到验证，当美国政府提高进口钢产品关税税率时，却免除了作为 NAFTA 成员的加拿大和墨西哥的义务，即使这两个国家钢铁的生产效率比较低，却由于 NAFTA 的签订与实施，原来被 NAFTA 外的非成员方占有的市场移转到加拿大和墨西哥，这显然有违贸易自由化的理念。②

3. RTA 对 WTO 多边贸易体制提出严峻挑战

WTO 成员签订区域贸易协定时，其内容大多包含自己的区域法律制度，部分法律规定与 WTO 多边贸易体制的原则及规定明显不同，但部分法律规范则与 WTO 相同或类似。大致而言，WTO 和 RTA 法律规定的关系，可分为以下 4 种类型③。

①RTA 法律规定完全独立于 WTO 法律，或是 RTA 的法律并非源自 WTO 的法律(称为“WTO-”事项)。例如，欧盟与智利的自由贸易协定，在货物和服务方面的市场准入优惠时限承诺，或是政府采购(因为智利不是 WTO 多边政府采购协议的成员)等方面，都不属于 WTO 规范的领域。

②RTA 法律规范的义务超出 WTO 的规范(称为“WTO+”事项)。多数 RTA 内容并不限于相关贸易承诺或规范，而包括很多 WTO 未规范的事项，然而这些事项虽非 WTO 所规范，但仍与 WTO 有密切关系。再以欧盟与智利的自由贸易协定(Free Trade Agreement，FTA)为例，在技术标准、卫生和动植物的检验检疫措施等方面，这些超过 WTO 的《技

① 杜玉琼：《论区域贸易协定和 WTO 规则的关系》，载《西南民族大学学报》(人文社会科学版)2005 年第 6 期，第 217 页。

② 沈木珠、逯婷婷：《WTO 多边贸易体制与区域自由贸易协议的冲突与协调》，载《南京财经大学学报》2008 年第 1 期，第 79~80 页。

③ Nguyen Tan Son：Towards a Compatible Interaction between Dispute Settlement Under the WTO and Regional Trade Agreement，MqJBL，2008，5：122~123.

术性贸易壁垒协定》(Agreement on Technical Barriers to Trade, TBT)和《实施卫生与植物卫生措施协定》(Agreement on the Application of Sanitary and Phytosanitary Measures, SPS)的条文，可被视为该协定寻求发展其自身的规则。

③RTA 法律的规定乃是对 WTO 法律的确认。这些义务通常与贸易救济，例如补贴、保障措施、反倾销和反补贴措施有关。例如，欧盟与智利的自由贸易协定关于反倾销和反补贴措施的第 78 条，即是对 WTO 法律的确认。

④RTA 的法律规定是隐含从 WTO 法律产生的。例如，欧盟与智利的自由贸易协定第 47 条关于国内税的国民待遇和管制规定，只是 GATT 第 3 条的复制；同样，其服务管制条文也是以 GATS 条文为蓝本。

由于 WTO 对区域贸易协定的监督程度很低，例如，区域贸易协定的成员方在成立或加入区域贸易协定之前，应通知 WTO 货物贸易理事会，并由理事会进行必要的法律审查。但目前许多成员经常在完成其国内对区域贸易协定的批准后才履行 WTO 的通知义务，导致即使 WTO 对区域贸易协定审查的结果是认为其不满足 GATT 第 24 条或 GATS 第 5 条的要求，但鉴于区域贸易协定已经实施在先，这时候这种事后的审查往往无能为力，使得审查机制形同虚设。WTO 的区域贸易协定委员会至今尚未完成一份关于区域贸易协定与 WTO 规则整体上是否相符的最终审查报告。① 况且，审查机制的规则与程序也模糊不清，使得执行时难有明确的审查标准，弱化了审查机制的效力。因此，现行各区域贸易协定的成员方大多仅从贸易利益考虑协议的内容，而未全面审查该协议的条文是否与 WTO 协定产生冲突或不协调，最终造成对 WTO 体制的冲击。②

---

① 徐崇利：《“政治性国际贸易争端”的裁判解决》，载《法商研究》2009 年第 3 期，第 114 页。

② 沈木珠、逯婷婷：《WTO 多边贸易体制与区域自由贸易协议的冲突与协调》，载《南京财经大学学报》2008 年第 1 期，第 80 页。

4. 影响多边贸易谈判的进展

由于区域贸易协定的参与成员较少，而且成员具有地区性，往往在经济和政治上具有相似性，所以贸易谈判中更容易达成协议。相较于 WTO 因为成员众多，彼此贸易利益差异大，难以达成相互妥协的结果。加上通过区域贸易发展和合作关系，对外提高本身谈判地位，使得发展中国家纷纷推动或争取加入区域贸易组织，避免在区域贸易发展过程中被边缘化，不利其经济贸易发展。所以，近年来，WTO 成员多热衷于签订 RTA，而区域贸易组织的更加深化和蓬勃发展也使 WTO 多边谈判进展缓慢。此外，部分 WTO 成员通过参加区域贸易协定，获得经济上的优惠而得到很好的贸易发展机会，这激励了越来越多的 WTO 成员更致力于区域贸易协定的签订，却在一定程度上导致 WTO 多边贸易谈判停滞不前，① 使多哈回合无疾而终。

第三节　WTO 与 RTA 争端解决机制分析

一、WTO 争端解决机制

WTO 争端解决机制是乌拉圭回合谈判的重点之一，其前身为 GATT 第 22 条及第 23 条规定的磋商以及利益的丧失与减损。但 GATT 争端解决规范在实际争端解决中常常发生争议，其中协商一致表决的设计更是倍受批评。协商一致表决是指缔约方须达成共识，才能将争端案件送交专家组进行争端解决，任一缔约方表示反对即无法达成共识。

在 20 世纪 80 年代后，以行使否决权为手段阻挠专家组成立与专家组报告通过的趋势越来越明显。1982 年部长宣言即说明，争端当事方应充分参与审议争端案件的程序，包括缔约国全体依据 GATT 对专家组

① 沈木珠、逯婷婷：《WTO 多边贸易体制与区域自由贸易协议的冲突与协调》，载《南京财经大学学报》2008 年第 1 期，第 79~80 页。

报告、建议与裁判进行审查的程序，以使争端获得圆满解决，虽然仍以传统的协商一致方式取得争端解决，但应避免因协商一致表决而阻碍争端获得解决。①

鉴于 GATT 争端解决规范所引起的争议，为有效解决成员方之间的争端，在乌拉圭回合谈判中，谈判者制定了专门的争端解决机制，将潜在、可能发生的争端都纳入该争端解决机制，以解决所有因适用 WTO 涵盖协定所产生的争端。② DSU 就是 WTO 争端解决机制与程序的基础规范。

（一）WTO 争端解决机制的基本程序

1. 争端解决机制的架构与目的

DSU 共 27 条，加上 4 个附件，是 WTO 争端解决的主要规范依据，但是如果 WTO 成员因适用涵盖协定产生争端，而该协定中有特殊争端解决程序时，则应优先适用该特殊争端解决程序。

依据 DSU 第 1 条，DSB 设立目的在于解决 WTO 成员因适用 WTO 涵盖协定而生的冲突。第 2 条对 DSB 关于争端解决管理的职权做出规定。DSU 第 3 条为总则性规范，规定 WTO 成员因适用涵盖协定所产生的争端案件，必须依 GATT 第 22 条与第 23 条以及 DSU 进行争端解决。而 DSU 为维护 WTO 涵盖协定下的权利与义务，提供多边贸易体系安全性与可预测性，由 DSB 依据国际解释惯例厘清涵盖协定的规定，并且在判决中不得增加或减少涵盖协定所规定的权利和义务。③ 除此之外，

---

① Ministerial Declaration adopted on 29 November 1982, BISD 29S/9. Section on "Dispute Settlement Procedures", BISD 29S/13.

② Peter Gallagher: Guide to Dispute Settlement, Kluwer Law International, 2002: 2.

③ 参见《关于争端解决规则与程序的谅解》第 3 条第 2 款："WTO 争端解决体制在为多边贸易体制提供可靠性和可预测性方面是一个重要因素。各成员认识到该体制适于保护各成员在适用协定项下的权利和义务，及依照解释国际公法的惯例澄清这些协定的现有规定。争端解决机构的建议和裁决不能增加或减少适用协定所规定的权利和义务。"

第3条还要求成员依据诚信原则解决争端，以及对举证责任的分配做了规定。①

2. 磋商、斡旋、调解与调停

为推动WTO成员进行磋商，并且改进磋商程序的效率，WTO成员在依据涵盖协定向DSB提出申诉前，应给予对方审慎、充分的机会进行磋商，如果在期限内没有获得回复或开始磋商，则该请求磋商的成员可以要求DSB成立专家组。如果争端当事方都同意，可采取斡旋、调解与调停的方式进行争端解决。在斡旋、调解与调停程序中，当事方所采取的立场应予以保密，而且不得损及双方中任何一方根据这些程序进行任何进一步诉讼程序的权利。根据《关于争端解决规则与程序的谅解》第5条第3款的规定，② 这种斡旋、调解或调停的启动和终止都非常灵活，一旦终止，申诉方就可以进入专家组程序。

3. 专家组

DSU第6条主要是关于专家组的设立程序。该条规定，应以书面形式请求DSB设立专家组，并在书面申请中说明是否经历磋商程序以及所申诉的贸易措施、请求争端解决的法律根据与案件事实，目的在于协助DSB与专家组厘清争端案件。

前述的书面请求形成了第7条专家组的授权条款，授权条款为专家组在个案中形成，据以作为争端解决的基础。

DSU第8条是关于专家组的组成，包括成员选任与成员资格要件等。第9条则为一案件牵涉多个当事方时的多个起诉方程序。第10条要求专家组在案件的审理过程中，将其他非争端当事方，但因争端而影响权益的WTO成员，一并纳入进行充分考虑。如果其他WTO成员对

---

① Duncan French, Matthew Saul, Nigwl D. White: International Law and Dispute Settlement: New Problems and Techniques, Oxford University Press, 2010: 175~176.

② 参见《关于争端解决规则与程序的谅解》第5条第3款："争端任何一方可随时请求进行斡旋、调解或调停。此程序可随时开始，随时终止。一旦斡旋、调解或调停程序终止，起诉方即可开始请求设立专家组。"

该争端享有实际利益，专家组应通知该成员，而当该享有实际利益的成员认为争端措施影响其权益或减损其享有的利益时，则可援引 DSU 下的正常争端解决程序。第 11 条规定专家组的功能与作用。专家组主要协助 DSB 履行 DSU 以及其他 WTO 涵盖协定的责任与义务。第 12 条为专家组审理争端案件的程序规定，专家组在争端解决程序中可给予发展中国家优惠的待遇。

第 13 条至第 16 条为专家组运作程序以及在该程序中享有的权利。其中第 13 条规定，专家组在争端解决过程中，有寻求信息的权利，可向任何个人或机构寻求信息和技术建议，也可对案件所涉及的科学或技术事项的事实问题，咨询专家意见。① 第 14 条为专家组审理案件的方式，规定专家组必须以秘密的方式审理案件。② 第 15 条为审查程序规范，专家组提交中期报告前应将报告草案中的描述部分散发给争端各方，并为争端方提交书面意见预留一定期限。③ 在该期限届满后，专家组应发布包括报告描述部分和结论部分在内的完整中期报告，同时为争端方就中期报告发表意见设定期限，争端方可以通过书面形式要求专家组审议中期报告的任何具体问题，如果该期限届满而未收到任何书面意见，则该中期报告即为最终报告。④ 争端各方有权全面参与 DSB 对专

---

① 何易：《欧盟和 WTO 处理贸易与环境案件法律之比较——以欧洲法院和 WTO 争端解决机构的实践为例》，载《中国法学》2004 年第 3 期，第 190 页。

② 参见《关于争端解决规则与程序的谅解》第 14 条第 2 款：“专家组报告应在争端各方不在场的情况下，按照提供的信息和所作的陈述起草。”

③ 参见《关于争端解决规则与程序的谅解》第 15 条第 1 款：“在考虑书面辩驳和口头辩论后，专家组应向争端各方提交其报告草案中的描述部分（事实和论据）。在专家组设定的期限内，各方应提交各自的书面意见。”

④ 参见《关于争端解决规则与程序的谅解》第 15 条第 2 款：“在接收争端各方书面意见的设定期限截止后，专家组应向各方提交一份中期报告，既包括描述部分，也包括专家组的调查结果和结论。在专家组设定的期限内，一方可提出书面请求，请专家组在最终报告散发各成员之前，审议中期报告中的具体方面。应一方请求，专家组应就书面意见中所确认的问题，与各方再次召开会议。如在征求意见期间未收到任何一方的意见，中期报告应被视为最终报告，并迅速散发各成员。”

家报告的审议，他们的意见应完整记录在案。

4. 上诉机构

DSU第17条规定了DSB的上诉机构程序。上诉机构是DSB的常设机构，与专家组在DSB受理个案时才组成不同，其组成、运作与上诉机构成员的资格限制，第17条都作出明确规定，并规定当事方不接受专家组报告时的上诉程序。

（二）WTO争端解决机制的管辖权

1. 对人管辖

依据DSU第3条第1款，WTO成员因适用涵盖协定而产生的争端案件，必须以GATT第22条与第23条以及DSU为依据进行争端解决。因此，在DSU协定下，DSB对人管辖以WTO成员为限，亦即仅有WTO成员可通过DSB进行争端解决，而非WTO成员不仅无法向DSB提出争端解决请求，也不具备WTO争端解决程序中的被诉资格。

DSB对人管辖限于WTO成员，是因为WTO涵盖协定的规范效力仅限于已经明确表示同意、愿受涵盖协定拘束的WTO成员。所以，只有WTO成员可以成为WTO争端解决程序的当事方，也只有WTO成员才可将争端案件提交给DSB，依据DSU的规定请求DSB对个案成立专家组进行争端解决。其他非争端案件当事方，但对该争端案件享有实质利益的国家或地区，也必须具备WTO成员身份，才可在争议案件的争端解决程序中取得第三方资格，参加争议案件的争端解决程序。

2. 对物管辖

依据DSU第3条第1款，WTO成员因适用WTO涵盖协定而产生争议案件，应依DSU以及GATT第22条及第23条进行争端解决。亦即，DSB是以解决WTO成员因适用WTO涵盖协定而产生的争端为限，而因适用WTO涵盖协定产生的争端贸易措施为其对物管辖的限制。

3. 授权条款

如同前述，DSB 接受成员请求并建立专家组后，专家组应依当事方援引的 WTO 涵盖协定及与所说明的争端事实为基础进行争端解决。此即为专家组的授权条款，授权条款赋予专家组依据请求进行争端解决的权限，专家组应依据授权条款对争端案件进行审理。因此，授权条款对于 WTO 的争端解决机制来说，是正当法律程序的重要实践。①

二、RTA 争端解决机制

正如 DSU 之于 WTO，RTA 争端解决机制对 RTA 的运行也至关重要，是保障 RTA 正常运行的中心环节。② 以下从不同方面对 RTA 争端解决机制进行考察。

（一）RTA 争端解决机制的分类

第一个系统地对 RTA 争端解决机制进行分类的学者是 Smith，其于 2000 年对 1957—1995 年的 62 个 RTA 作了详细分析。从现在来看，特别是考虑到 1995 年 WTO 成立后 RTA 的蓬勃发展，Smith 所使用的数据显然过于狭隘和陈旧。Smith 对 RTA 争端解决机制的分类基于这样一个"频谱"，一端为"外交方式"，另一端为"司法方式"。沿着这个"频谱"，Smith 使用"无""低""中""高"和"非常高"来描述 RTA 争端解决机制中不同层次的司法水平。③

为了确认 RTA 争端解决机制不同层次的司法水平，Smith 根据特定的标准审查每个 RTA 争端解决机制。这些标准包括：①是否有第三方

① Report of the Appellate Body, Brazil-Measures Affecting Desiccated Coconut, WT/DS22/AB/R, adopted 20 March1997.

② 陈立虎、赵艳敏：《中国参与建立的区域贸易争端解决机制》，载《当代法学》2007 年第 3 期，第 84 页。

③ J. Smith：The Politics of Dispute Settlement Design：Explaining Legalism in Regional Trade Pacts，International Organization，2000，54(1)：147~150.

裁决的规定；②第三方裁决的结果是否具有约束力；③第三方裁决是由常设仲裁庭还是临时指定的仲裁庭作出；④是否可以由条约当事方或私人启动争端解决程序；⑤执行第三方裁决时当事方可以采取何种救济措施。

如果 RTA 没有规定第三方裁决，则司法水平的等级被描述为“无”。如果有第三方裁决，但裁决不具约束力，则司法水平的级别被描述为“低”。在 RTA 提供第三方裁决的情况下，由裁决机构提出的结果对争端当事方具有约束力时，司法水平的级别被描述为“中等”。如果第三方裁决由常设法庭作出，则司法水平的级别被描述为“高”。在 RTA 允许常设法庭进行第三方裁决的情况下，允许条约当事方和私人发起争端解决程序，并规定由常设法庭规定的制裁措施或仲裁裁决直接影响一个缔约方的国内法律制度，司法水平的级别被描述为“非常高”。①

Jo 和 Namgung 的一项研究更新了 Smith 进行的关于争端解决机制的统计分析。② 他们分析了 1957—2008 年共 221 个 RTA。尽管 Smith 将 RTA 争端解决机制分为 5 类，分别对应“无”“低”“中”“高”和“非常高”等级的司法水平，但 Jo 和 Namgung 通过省略两个极端等级来简化这一范围。即将 RTA 争端解决机制分为 3 类，分别对应司法水平等级的“低”“中”和“高”等级。Jo 和 Namgung 对 RTA 争端解决机制司法水平审查的标准包括：①是否允许第三方审查；②第三方审查是否具有法律效力；③是否有常设法庭等制度化机构。“低等司法水平”是指，不提供第三方裁决的 RTA 争端解决机制，以及那些虽然提供第三方裁决，但其结果不具约束力的 RTA 争端解决机制。“中等司法水平”是指，提供具有法律约束力的第三方裁决的 RTA 争端解决机制。最后，“高等司

① J. Smith：The Politics of Dispute Settlement Design：Explaining Legalism in Regional Trade Pacts，International Organization，2000，54(1)：155~159.

② H. Jo，H. Namgung：Dispute Settlement Mechanisms in Preferential Trade Agreements：Democracy，Boilerplates，and the Multilateral Trade Regime，Journal of Conflict Resolution，2012，56(6)：1041.

法水平”是指，将常设法庭永久制度化的 RTA 争端解决机制，① 就如 Mohamed Shahabuddeen 所指出的那样：“常设司法机构的设立，提供了进一步发展法律的另一种机制。”②

Porges 对 RTA 争端解决的研究定义了 3 种争端解决模式，它们代表了 RTA 建立的争端解决机制类型。③ Porges 的研究本质上是定性的，并且不需要对 RTA 数据集进行经验分类。相反，Porges 定义了三种广泛的争端解决模式，她认为，在实践中，RTA 谈判者可以使用“基本选项”来确定 RTA 的争端解决机制类型。因此，这些模型可以理解为构成三种不同类型的争端解决机制的基本要素。RTA 谈判者围绕这些基本要素制定具体的争端解决条款，以确定 RTA 权利和义务的澄清和执行方式。

Porges 将 RTA 争端解决机制分为三大类：①政治或外交解决方式；②特设仲裁小组；③常设法庭。④ Porges 定义的这些模型至少在两个方面是有区别的：第一，通过将争议提交给第三方审判而允许授权的范围（政治/外交模式与临时以及常设仲裁庭模式）；第二，关于第三方仲裁机构的性质，假设 RTA 争端解决机制允许将争端解决职能委托给第三方（特设仲裁模式与常设仲裁庭模式）。类似地，中国学者钟立国也将争端解决机制概括为政治解决模式、混合解决模式和司法解决模式三大类型。⑤

① H. Jo, H. Namgung: Dispute Settlement Mechanisms in Preferential Trade Agreements: Democracy, Boilerplates, and the Multilateral Trade Regime, Journal of Conflict Resolution, 2012, 56(6): 1045.

② Mohamed Shahabuddeen: Precedent in the World Court, Grotius, Cambridge University Press, 1996: 45.

③ A. Porges: Dispute Settlement, in J. Chauffour, J. Maur (eds): Preferential Trade Agreement Policies for Development (The International Bank for Reconstruction and Development/The World Bank), 2011: 467.

④ A. Porges: Dispute Settlement, in J. Chauffour, J. Maur (eds): Preferential Trade Agreement Policies for Development (The International Bank for Reconstruction and Development/The World Bank), 2011: 470.

⑤ 钟立国：《论区域贸易协定争端解决机制的模式及其选择》，载《法学评论》2012 年第 3 期，第 58~59 页。

(二)RTA 争端解决机制的发展趋势

1. RTA 争端解决机制的演变

下文分析了从 1947 年建立《关税与贸易总协定》到 2018 年 9 月的区域贸易协定模式的演变。① 遵守 GATT 并且至今仍然有效的最早的区域贸易协定是欧盟(1958 年由《罗马条约》设立),欧洲自由贸易联盟(European Free Trade Association,EFTA,由《欧洲自由贸易联盟公约》于 1960 年设立)和中美洲共同市场(Communications of the ACM,CACM,1961 年生效)。欧盟和欧洲自由贸易联盟都使用司法的争端解决模式,而 CACM 使用准司法模式。政治模式首先用于 20 世纪 70 年代生效的区域贸易协定,如欧盟与冰岛,挪威、瑞士和叙利亚的区域贸易协定以及《亚太贸易协定》等。

总体而言,从 1958 年到 20 世纪 90 年代初,区域贸易协定的增长幅度不大。在 1995 年成立 WTO 时,只有 37 个 RTA 有效。这些 RTA 争端解决模式如下,其中 22 个采用政治模式,7 个采用准司法模式,8 个采用司法模式。20 世纪 90 年代初,区域贸易协定的数量开始急剧增加。

如图 2.1 所示,从 20 世纪 70 年代到 90 年代中后期,政治模式增长的速率和整个区域贸易协定增长的速率相当,而到了 20 世纪 90 年代末期,采用准司法模式的 RTA 相对增多。自 2000 年以来,采用准司法模式的区域贸易协定的增长速度几乎与区域贸易协定的总体增长速度相同,而使用政治模式的 RTA 相对却有所下降。2006 年,应用准司法模式的区域贸易协定数量首次超过采用政治模式的区域贸易协定数量。截至 2018 年 9 月 10 日,192 个区域贸易协定使用了准司法模式,而只有 81 个区域贸易协定采用政治模式,见表 2.2。在所分析的时期内,只有

① 截至 2018 年 9 月 10 日,通知 WTO 并有效的 RTA 共 306 个,由于部分 RTA 在 WTO 官网上没有英文版本的协定,鉴于语言的障碍,这里收集的样本共 288 个 RTA,详情参见附录一。

15 个区域贸易协定使用司法模式。

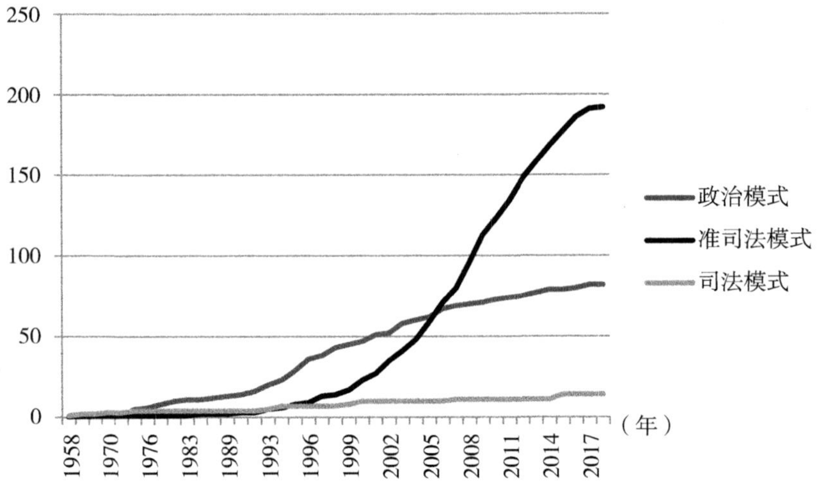

图 2.1　RTA 和相应的争端解决模式演变(详细数据参见附录一)

表 2.2　RTA 争端解决模式出现的频次(详细数据参见附录一)

争端解决模式	RTA 的数量	频次
政治模式	81	28.5%
准司法模式	192	66.7%
司法模式	15	4.8%
合计	288	100%

图 2.2 显示了 1995 年世界贸易组织《关于争端解决规则与程序的谅解》生效前后 RTA 采用争端解决模式的情况。在 1995 年以前，准司法模式占 16%(7 个)，司法模式占 22%(8 个)，政治模式占 62%(22 个)。1995 年以后，各类数字刚好相反。67%(185 个)的 RTA 采用准司法模式，28%(59 个)的 RTA 采用政治模式，5%(7 个)的 RTA 采用司法模式。由此可见，区域贸易协定采用准司法或司法性质的具有“规则导

向"因素的争端解决机制的兴起已成为不争的事实。①

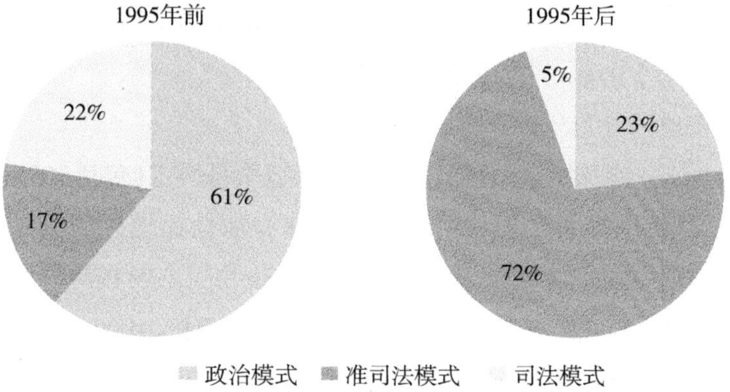

图 2.2 DSU 生效前后 RTA 争端解决模式对照图(详细数据参见附录一)

从政治模式转向准司法模式可能有多种原因。1994 年生效的《北美自由贸易协定》可谓引领了先进的准司法模式。一年后，随着世界贸易组织的成立，DSU 开始生效。到 20 世纪 90 年代后期，使用准司法模式的区域贸易协定的数量开始加速增长，这表明各国对 NAFTA 和 DSU 模式的接受程度和信心越来越强。

与此同时，RTA 的动态正在发生变化。20 世纪末和 21 世纪初，伴随更多国家或地区的参与，RTA 的数量迅速增加。先前主要依靠最惠国待遇原则自由化的一些国家(特别是亚洲国家)选择与优惠合作伙伴进行市场自由化。因此，参与区域贸易协定的国家的地理分布发生了变化。另一个变化是从邻国区域一体化的传统模式转向更多的跨区域伙伴关系。此外，各国开始致力于双边而不是多边的 RTA，这大概是因为双边 RTA 谈判更为快捷。同时的一个发展是 RTA 日益复杂化。这些条约的范围已经扩大，纳入关于服务贸易、投资、竞争和其他监管领域的

① 孙志煜：《"规则导向"的理论疏解：以区域贸易协定争端解决机制为例》，载《暨南大学学报》(哲学社会科学版)2017 年第 7 期，第 97 页。

条款。在《关税与贸易总协定》期间谈判和签署的老一代 RTA 中基本没有这些条款。这些新的 RTA 在向着更加复杂的区域贸易协定管理体制和更广的地域范围迈进的过程中，采用了更复杂的争端解决机制来处理成员方之间的争端，并加强裁决的约束力。

2. 按地区分布分析争端解决模式

在美洲，涉及加拿大和美国的所有区域贸易协定（包括 1995 年之前和之后）都使用准司法模式。对拉丁美洲和加勒比地区国家来说，在 1995 年之前的 5 个区域贸易协定中，中美洲共同市场和南方共同市场选择了准司法模式，安第斯共同体和加勒比共同体采用了司法模式，而拉美一体化协会则采用了政治模式。1995 年以后，涉及拉丁美洲和加勒比地区国家的所有区域贸易协定都采用准司法模式，无论这些区域贸易协定是与区域内国家签订的还是与区域外国家签订的。

在欧洲，1995 年前签订的仍然生效的 10 个区域贸易协定中，有 2 个（欧盟和欧洲自由贸易联盟）采用司法模式，6 个（欧盟与冰岛，欧盟与挪威，欧盟与瑞士/列支敦士登，欧盟与叙利亚，欧洲自由贸易联盟与土耳其，挪威与法罗群岛签署的 RTA）采用政治模式，2 个（欧盟与安道尔，欧洲自由贸易联盟与以色列签署的 RTA）采用准司法模式。自 1995 年以来，欧盟已经缔结了 35 项区域贸易协定，其中 4 个（欧盟与法罗群岛，欧盟与克罗地亚，欧盟与阿尔巴尼亚，欧盟与马其顿签署的 RTA）采用政治模式。其余的，包括最近与非加太国家签署的经济伙伴协定，采用准司法模式。

个别欧洲自由贸易联盟成员国与法罗群岛之间的 RTA 采用政治模式。① 欧洲自由贸易联盟国家共同缔结了 23 个区域贸易协定，其中第一个是欧洲自由贸易联盟与土耳其签署的 RTA（1992 年），采用政治模式。欧洲自由贸易联盟随后与欧洲和跨区域伙伴缔结的所有其他区域贸易协定都采用准司法模式。此外，最近的《瑞士与日本自由贸易协定》

① 包括与挪威（1993）、瑞士（1995）和冰岛（2006）签署的 RTA。

也采用准司法模式。

土耳其签署的 RTA 包括其与欧盟的关税联盟(1996 年)，采用准司法模式，土耳其与欧洲自由贸易联盟的 RTA(1992 年)采用政治模式。土耳其签署的其他区域贸易协定对争端解决模式的选择显示出强烈的区域性偏好：与巴尔干国家缔结的 RTA 采用政治模式，而与北非和中东合作伙伴签署的所有 RTA 采用准司法模式，与格鲁吉亚(2008 年)和智利(2011 年)签署的 RTA 也采用准司法模式。

在中东和北非(MENA)地区，诸如泛阿拉伯自由贸易区(1998 年)和海湾合作委员会(2003 年)等多边组织采用政治模式。而 1995 年以后，跨区域的 RTA 涉及中东和北非国家，例如美国与巴林、欧洲自由贸易联盟与埃及、欧盟与摩洛哥、土耳其与突尼斯签署的 RTA 都采用准司法模式。

在涉及撒哈拉以南非洲国家的 12 个区域贸易协定中，7 个是区域内的，5 个是跨区域的。在区域内的区域贸易协定中，5 个(西非经济共同体、东南非共同体、中非经济货币共同体、东非共同体、西非经济货币联盟)采用司法模式，2 个(南非发展共同体、南非关税同盟)采用准司法模式。涉及撒哈拉以南非洲国家和跨区域伙伴的 5 项区域贸易协定都采用准司法模式。

在亚洲，1995 年以前签署的涉及亚洲国家的 7 个区域贸易协定中，有 6 个采用政治模式解决争端。东盟是该地区第一个使用准司法模式的区域贸易协定。自 1995 年以来，大多数涉及亚洲国家(不论是区域内还是区域外)的区域贸易协定采用准司法模式，例外的是西亚国家、南亚国家之间缔结的区域贸易协定，例如《南亚优惠贸易协议》(The Agreement on SAARC Preferential Trading Agreement，SAPTA)，印度与斯里兰卡、印度与阿富汗、巴基斯坦与斯里兰卡、印度与不丹、以及印度与尼泊尔签署的 RTA 都采用政治模式，中国内地与中国香港、中国澳门，中国香港与中国澳门，以及中国大陆与中国台湾地区签署的 RTA 也采用政治模式。印度和巴基斯坦等与西亚以外的其他亚洲国家，如与中国、韩国、马来西亚和新加坡签署的区域贸易协定采用准司法模式。除澳大利亚和太平洋岛国签署的《太平洋岛国协定》，以及澳大利亚和新西兰签署的《澳新紧密经济关系协定》采用政治模式外，所有涉及澳大利亚和新西兰的区域贸易协定都采用准司法模式。

在独立国家联合体(以下简称“独联体”)国家中，只有 1 个 RTA(欧亚经济联盟)采用司法模式。独联体国家中的所有其他区域贸易协定都使用政治模式。涉及独联体国家和跨区域合作的只有土耳其与格鲁吉亚(2008 年)、欧洲自由贸易联盟与乌克兰(2012 年)、欧盟与乌克兰(2014 年)签署的三个区域贸易协定采用准司法模式。

上述数据表明，某些地理区域对特定争端解决模型的明显偏好。在美洲，准司法模式是首选模式，欧洲也是如此，土耳其与巴尔干国家的区域贸易协定除外。在亚洲，西亚一些国家采用政治模式(区域内区域贸易协定)，而其他亚洲地区签署的区域贸易协定(中国内地与中国香港、中国澳门地区，中国香港与中国澳门，以及中国大陆与中国台湾地区签署的 RTA 除外)都采用准司法模式。独联体国家明显偏好政治模式(除了区域外合作伙伴)。在非洲，大多数非洲区域内的 RTA 采用司法模式，而与非洲外的国家或地区签署的 RTA 采用准司法模式，所有涉及非洲国家的区域贸易协定都没采用政治模式。

3. 按一体化程度分析争端解决模式

本部分考察 RTA 中的贸易自由化程度是否与所选择的争端解决模式有关。为此，将 RTA 分为局部自由贸易协定(Partial Scope Agreements，PSA)①、自由贸易协定(FTA)、关税同盟(Customs Union，CU)和经济一体化协议(Economic Integration Agreement，EIA)。前三种是货物贸易自由化，第四种还包括服务贸易自由化。本书收集的数据包含 145 个只

① 局部自由贸易协定(Partial Scope Agreements，PSA)是指，贸易协定涵盖的商品范围有限，自由化程度不高，它主要存在于发展中国家之间，如《亚太贸易协定》。

开放货物贸易的 RTA，以及 143 个开放货物和服务贸易的 RTA。

其中，17 个局部自由贸易协定中有 12 个①采用政治模式，只有 5 个②采用准司法模式。除了《拉美一体化协定》(LAIA)，亚洲或太平洋国家在 1976—2009 年缔结的局部贸易协定外，都采用政治模式。采用准司法模式的 2 个局部贸易协定缔结于 2007 年和 2009 年，涉及明确偏好准司法模式的南美国家，因此可能影响了所采用的争端解决模式。

在我们的样本中，124 个 RTA 只涉及货物贸易，因而这些协定监管范围更加有限，其中 1995 年前签署的 RTA 有 30 个，1995 年后签署的 RTA 有 94 个。1995 年之前，采用政治模式(21 个)的 RTA 超过采用准司法模式(6 个)和司法模式(4 个)的 RTA。采用准司法模式的 RTA 在 1995 年以后有所增加，有 61 个，而采用政治模式的则有 50 个，采用司法模式的更少，只有 3 个。

涉及货物和服务贸易自由化的 RTA 在 1995 年以前有 6 个，其中 2 个采用准司法模式，1 个采用政治模式，3 个采用司法模式。自 1995 年以来，涉及货物和服务贸易自由化的 RTA 数量大幅增加，目前有 137 个，其中 125 个采用准司法模式，9 个采用政治模式，3 个采用司法模式。采用政治模式的 RTA 包括加入欧盟的候选国签署的 RTA，中国内地(大陆)与中国香港、中国澳门和中国台湾地区签署的 RTA，以及中国香港与中国澳门签署的 RTA，冰岛与法罗群岛签署的 RTA。由此可见，监管范围更广泛的 RTA 似乎明显倾向准司法模式。

---

① 12 个采用政治模式的 RTA：《印度—尼泊尔贸易协议》《毛里求斯—巴基斯坦优惠贸易协议》《印度—泰国自由贸易协议区》《印度—阿富汗贸易协定》《南亚优惠贸易协定》《经济合作组织贸易协定》《老挝—泰国贸易协定》《发展中国家全球贸易优惠制》《拉丁美洲一体化协定》《南太平洋区域贸易经济合作协定》《亚太贸易协定》《贸易谈判协议》。

② 5 个采用准司法模式的 RTA：《智利—印度优惠贸易协定》《南方共同市场—印度优惠贸易协定》《南方共同市场—智利自由贸易协定》《南方共同市场—南非关税联盟优惠贸易协定》《南方共同市场—墨西哥自由贸易协定》。

关税同盟要求其成员之间的协调程度远远高于自由贸易协定。所列的样本(见附录一)中只涉及货物贸易自由化的关税同盟协定有 15 个，其中 5 个采用准司法模式，7 个采用司法模式，3 个采用政治模式。样本中包括服务贸易自由化的关税同盟协定有 7 个，其中 6 个采用司法模式，1 个采用准司法模式。① 由此可见，相较于准司法模式，监管范围更广的关税同盟更偏向司法模式。在采用司法模式的 14 个 RTA 中，12 个是关税同盟协定，并且都是涉及同一地理区域的多边区域贸易协定。

上述研究结果表明，区域贸易协定一体化水平和监管范围与争端解决模式的选择之间存在密切关系。绝大部分局部贸易协定(只有少数关税自由化，监管范围有限)采用政治或外交模式解决争端；对于只涉及货物贸易自由化的 RTA，在 1995 年以前主要采用政治模式，1995 年后，准司法模式的使用超过了政治模式。对于同时涉及货物贸易和服务贸易自由化，亦即具有更广泛监管范围的区域贸易协定，在 1995 年前就表现出对准司法模式的青睐(3 个)，1995 年后，对准司法模式的偏好已经确立。关税同盟是一种比自由贸易协定更深层次的一体化形式，几乎完全采用准司法或司法模式(海湾阿拉伯国家合作委员会是例外)，表现出对准司法模式和司法模式的明显偏好。

4. 按缔约方的数量分析 RTA 争端解决模式

最后，我们分析 RTA 成员方的数量(双边还是多边)是否与 RTA 争端解决模式的选择有关。图 2.3 表明 1995 年以前略为偏好双边区域贸易协定，这在 1995 年以后已成为一种明显的优先选择。在我们选择的 288 个区域贸易协定样本中，190 个是双边的，36 个是多边的。1995 年之前签署的 21 个多边区域贸易协定中，10 个采用政治模式，4 个采用准司法模式，7 个采用司法模式。1995 年以后签署的多边 RTA 中，8 个采用政治模式，7 个采用司法模式，14 个采用准司法模式，这表明准司

① 没有涉及货物和服务贸易自由化的关税同盟采用政治模式。

法模式的流行。1995 年以前缔结的 16 个双边区域贸易协定中，12 个采用政治模式，3 个采用准司法模式，1 个采用司法模式。自 1995 年以来，已有 218 个双边区域贸易协定生效，其中 166 个采用准司法模式，52 个采用政治模式，没有双边 RTA 采用司法模式。

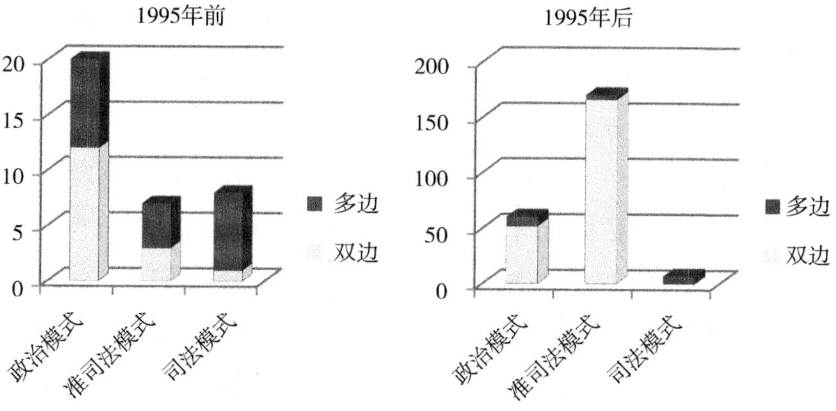

图 2.3 按缔约方的数量分析 RTA 争端解决模式(详细数据参见附录一)

(三)RTA 中的管辖条款

1. 场所选择条款及其在区域贸易协定中的实践

(1)RTA 管辖条款的类型

对于 RTA 争端解决条款，我们可以分为以下几种类型：①要求使用 RTA 争端解决机制或 WTO 争端解决机制；②允许连续但不同时使用 RTA 争端解决机制和其他国际争端解决机制；③规定当事人有选择争端解决场所的权利，但一旦选择了该场所就不可以使用另一个场所。

第一种类型规定只能使用 RTA 或 WTO 争端解决机制，我们可以将之称为专属管辖条款。所谓“专属管辖”是指，条款中约定当事方就特定争端仅能由特定争端解决机制审议，或是当事方提起诉讼后所获得裁决具终局确定性。如加拿大和智利间签署的 RTA，经被告主张后对涉及环境和保护协议的争端，原告仅能利用 RTA 下争端解决机制救济的规定,① 由于这些条款限制了当事方的争端解决场所，并强调特定争端解决机制对特定争端管辖的专属性，因此可将其归类为“专属管辖条款”。

第二种类型允许当事方选择不同的争端解决机制来解决 RTA 项下的争议，但是一般排除当事方同时就同一事项再向其他争端解决机制发起新的争端解决程序。这种管辖条款我们可以称为“一般选择条款”，如欧洲共同体就属于这种类型。该协议规定 RTA 下设立的仲裁小组，并不会减损缔约国在 WTO 涵盖协定下所享受的权利和需要履行的义务。并且，缔约国依据 RTA 第 6 议定书所采取的争端解决行为，不应减损、妨碍任何在 WTO 架构下的行为，包括争端解决行为。② 但缔约国对特定争端解决措施，依据第 5 议定书或是 WTO 争端解决机制开启争端解决程序后，直到先进行的争端解决程序完结前，该缔约国不能就同一事项向另一争端解决机制提请争端解决。欧洲共同体场所选择条款是针对 WTO 以及暂时协议的争端解决机制而设计。当事国完成场所选择后，并不会排除另一争端解决机制对争议措施的管辖权，而是要求当事国在选择的争端解决程序终结前，不得再就同一事项向另一争端解决机制提请争端解决。这种条款着眼于协议与 WTO 义务关系，不同于普遍的场所选择条款设计。

而第三种类型和第二种类型一样允许当事方选择不同的争端解决机制，但是一经选择，就不能再向其他争端解决机制寻求救济，称之为“选择性排他管辖条款”。“选择性排他管辖条款”和“一般选择条款”相

---

① 《加拿大与智利自由贸易协定》第 15 章第 5 条第 2 款：“如果被诉方声称其行为应遵守第 1 章第 4 条（与环境和自然保护有关的协定），并书面要求该事项在本协定下审议，则申诉方此后仅可根据本协议就该事项诉诸争端解决程序。”

② 欧共体与波斯尼亚和黑塞哥维那签订的《临时协议议定书》第 6 条第 16 款 a 项：根据本议定书设立的仲裁小组不得就 WTO 协定下每一方的权利和义务进行裁决。

同的是，两者都希望限缩当事方的争端解决场所；然而，和“一般选择条款”不同的是，“选择性排他管辖条款”约定，一旦当事方决定该争端的争端解决场所，当事方在条款中就明示放弃向其他争端解决机制寻求行使救济权利。以日本和秘鲁间的 RTA 为例，其规定当事方选定争端解决机制处理争端后，将直接“排除”利用其他争端解决机制救济的可能，① 从其明示排除当事方利用其他争端解决机制可能的特点，可将其归类为“选择性排他管辖条款”。“选择性排他管辖条款”由于在一定程度上可以避免与 WTO 争端解决机制之间管辖权的冲突，因而被越来越多的 RTA 所采纳，这种“排他式”的专属管辖方式在双边或多边贸易协议中已经成为一种较为普遍的现象。② 如《跨太平洋伙伴关系协定》(Trans-Pacific Partnership Agreement，TPP) 也规定了“选择性排他管辖条款”，根据 TPP 第 28 条第 4 款的规定，如果争议事项属于 TPP 和 WTO 的调整范围，申诉方有权选择争端解决场所，而且一旦做出选择，未被选择的争端解决机构的管辖权将被排除。换言之，如果争议措施同时违背了 TPP 和 WTO 的规定，那么申诉方可以任意选择 WTO 或 TPP 的争端解决机制用来解决争端，而且这种选择具有排除未被选择的争端解决机制管辖权的效力。可见，“选择性排他管辖条款”在某种程度上可以避免一事两诉的隐患，体现了司法经济原则和礼让原则。③

在当事方作出场所选择之前，“选择性排他管辖条款”并不排除其他争端解决机构的管辖权，但是如果申诉方选择在 RTA 争端解决机构维护其权利，则 RTA 争端解决机构将对争议事项拥有专属管辖权。尤其值得注意的是，不仅 RTA 争端解决机构的管辖权(如果选择的话)是

① 《日本与秘鲁艺术经济伙伴协定》第 207 条(法庭选择)：“一旦申诉方根据第 1 款所指协议就某项特定争端要求成立仲裁庭，则所选程序应排除该程序之外的任何其他程序适用于该特定争端。”

② 胡加祥：《TPP 争端解决机制研究——以 WTO 争端解决机制为比较视角》，载《上海交通大学学报》(哲学社会科学版) 2017 年第 2 期，第 48 页。

③ 姚铸：《TPP 争端解决机制及启示》，载《暨南学报》(哲学社会科学版) 2017 年第 1 期，第 120~121 页。

排他性的，申诉方(也可能是被诉方)也被禁止发起随后的 WTO 争端解决程序，因为选择 RTA 争端解决机制就排除了 WTO 争端解决机制的适用。南方共同市场和《北美自由贸易协定》都采用了“选择性排他管辖条款”。其中，南方共同市场可能最突出，因为它明确禁止申诉方和被诉方发起后续诉讼。① 部分采用“选择性排他管辖条款”的 RTA 还明确规定，如果不同场所可能处理的权利/义务“实质上是独立的和不同的”②，则使用所选场所排除另一个场所的义务不适用。总而言之，“选择性排他管辖条款”旨在提高确定性，并避免多个争议解决程序的适用。

在“选择性排他管辖条款”下，如果申诉方违反该条款行事，很可能导致 WTO 与 RTA 争端解决机构之间的管辖权冲突。在这里，区分两种不同的情况是很有必要的。第一种情况是申诉方首先选择 WTO 争端解决机制起诉，随后又向 RTA 争端解决机构起诉，在这种情况下，不存在 WTO 与 RTA 的管辖权冲突，因为 RTA 争端解决机构的管辖权因为 RTA 的管辖权条款而被排除；第二种情况是申诉方首先选择 RTA 争端解决机制寻求救济，并随后就同一事项启动 WTO 争端解决程序，只要符合 WTO 的受案条件，WTO 也应当受理，③ 在这种情况下，DSU 第 23 条第 1 款与第 3 类 RTA 管辖权条款之间的冲突就可能发生，特别是选择性排他管辖条款禁止申诉方根据 DSU 第 23 条第 1 款行使其发起

---

① 《奥利弗斯议定书》第 1 条第 2 款：“一旦根据前款确定的争端解决程序开始，任何一方都不得请求使用另一协定下的争端解决机制。”

② 《日本与文莱经济伙伴协定》第 107 条第 3 款、《日本与马来西亚经济伙伴协定》第 145 条第 3 款、《日本与墨西哥经济伙伴协定》第 151 条第 2 款、《日本与菲律宾经济伙伴协定》第 149 条第 3 款、《日本与新加坡经济伙伴协定》第 139 条第 3 款、《日本与泰国经济伙伴协定》第 159 条第 3 款、《马来西亚与巴基斯坦紧密经济伙伴协定》第 113 条第 6 款、《泰国与澳大利亚自由贸易协定》第 1801 条第 3 款、《泰国与新西兰紧密经济伙伴协定》第 17 条第 1 款第 4 项、TPP 第 15 条第 3 款。

③ 曾文革、吴雪燕：《CAFTA 与 WTO 争端管辖权的竞合及选择》，载《学术界》2010 年第 1 期，第 214 页。

WTO 诉讼的权利，这等同于真正的冲突。

综上所述，“一般选择条款”和“选择性排他管辖条款”都限制当事方就同一争端寻求复数救济和裁决，这是选择管辖条款的不同表现形态；然而两者最大的差异在于，当事方是否明示约定争端解决场所选择并获裁决后，即放弃向其他争端解决机制寻求救济的权利。

“选择性排他管辖条款”中包括选择后的排除管辖条款。在对争端案件享有管辖权的复数争端解决机制中，当事方选择一个请求进行争端解决，该争端解决机制受理案件后，即排除当事方就同一争端再向其他争端解决机制请求争端解决的权利。

这种场所选择后排除其他争端解决机制管辖的条款，可以《日本与文莱经济伙伴协定》为例。依据《日本与文莱经济伙伴协定》第 10 章争端解决的第 107 条规范，其中第 2 款规定，经济伙伴协议的争端解决机制以及争端解决程序，不会减损缔约国已经系属其他国际法的争端解决机制的争端案件的相关权利。第 3 款规定，如果当事国双方对特定争议措施开启经济伙伴协议或是其他国际争端解决程序，该争端的解决即因此排除其他尚未启动的争端解决机制的管辖权。①

由此可见，场所选择条款的设计可能会因此阻绝其他争端解决机制对同一争议事项再产生系属的情况发生。目前，许多区域贸易协定中有场所选择条款的设计，对场所选择条款进一步区分，分为涵盖国际法上所有争端解决机制的场所选择条款和限于区域贸易协定与 WTO 的争端解决机制间的场所选择条款两种。

涵盖国际法上所有争端解决机制的场所选择条款，可以参见《泰国

① 《日本与文莱经济伙伴协定》第 107 条第 2 款：“本章中的任何规定均不损害当事方利用当事方已加入的任何其他国际协议下可利用的争端解决程序的任何权利。”第 107 条第 3 款：“尽管有第 2 款，一旦根据本章或当事双方加入的任何其他国际协议就特定争端启动了争端解决程序，则该程序将排除任何其他争端解决程序适用该争端。但是，如果在不同的国际协议下有实质性的单独权利或义务存在争议，则该规定将不适用。”

与新西兰紧密经济伙伴协定》第 17 章的规定，依据紧密经济伙伴协定的争端解决程序，并不会减损缔约国在其他国际协定下争端解决程序的权利，但如果缔约国决定依据其他国际法下的争端解决程序进行争端解决，需以书面方式通知缔约他方。①

一旦缔约国一方依据紧密经济伙伴协定或是其他国际协定，对特定争议措施开启争端解决程序，则该争端解决机制会排除其他争端解决机制对同一事项的管辖权。但如果在不同国际协定有不同实体权利、义务时，则排除适用这一规范。②

仅在区域贸易协定与 WTO 争端解决机制间选择的场所选择条款，以《智利与土耳其自由贸易协定》为例。该协定第 39 条规定，如果因为适用自由贸易协定或是 WTO 涵盖协定而产生争端，则申诉方可以选择他所欲寻求争端解决的程序。③ 如果申诉方一旦向 WTO 或自由贸易协定争端解决机制提起争端解决请求，未被申诉方选择的争端解决程序就会遭致排除，致使无法对于同一事项行使管辖权。

由此可见，“选择性排他管辖条款”在避免 WTO 与 RTA 管辖权冲突或裁判冲突方面，具有重要的功能与意义。

(2)场所选择条款在 RTA 中的实践

在区域贸易协定框架下，以实际应用场所选择条款作为申诉、抗辩的案件目前并不多见，但可以《北美自由贸易协定》下的“美国与墨西哥

① 《泰国与新西兰紧密经济伙伴协定》第 17 条第 2 款：“在不违反第 4 款的情况下，尽管有第 1 款的规定，本章中的任何规定均不影响当事方诉诸于当事方已签署的任何其他国际协议下可利用的争端解决程序的权利。”第 17 条第 3 款：“如果一当事方决定诉诸另一国际协议下的争端解决程序，则在提交争端解决之前应将其意图以书面形式通知另一当事方。”

② 《泰国与新西兰紧密经济伙伴协定》第 17 条第 4 款：“一旦当事方之间根据本章或当事方加入的任何其他国际协议就特定争端启动了争端解决程序，则该程序将排除任何其他争端解决程序适用该争端。如果在不同的国际协议下有实质上且截然不同的权利和义务存在争议，则本款不适用。”

③ 《智利与土耳其自由贸易协定》第 39 条第 1 款：“如果根据本协议和 WTO 协定发生任何争端，申诉方可以选择争端解决程序。”

玉米扫帚”案为例加以说明。

1996年，美国对其国内的玉米扫帚产业采取保护措施，为此，美国国际贸易委员会展开两项世界性调查以及一项双边调查。依据其调查，确认进口玉米扫帚对于其国内玉米扫帚产业造成损害，并于1998年对从墨西哥进口的玉米扫帚提高关税。①

但是根据《北美自由贸易协定》的规定，美国同意给予原产于墨西哥的玉米扫帚更优惠的进口关税，并将该优惠税率列于NAFTA第3章附件302.2减让表中，此外，NAFTA第302条还规定，除自由贸易协定另有规定外，缔约方不得提高现有关税，而且缔约方应依据附件302.2的减让表，逐步降低、削减关税。②

针对美国所采取的全球性保障措施，墨西哥依据NAFTA第2006条第4款请求进行磋商，但双方磋商未果。墨西哥依据第2007条，请求NAFTA自由贸易委员会对这一争端案件进行处理，但自由贸易委员会也无法对此案进行圆满解决。因此，在1997年，墨西哥依据NAFTA第2008条，请求NAFTA建立仲裁小组。③

墨西哥的控诉涉及GATT的条款以及《保障措施协定》，主要以NAFTA第802条为基础，依据GATT与《保障措施协定》以及NAFTA的规定，墨西哥主张仅在进口国领域内的进口商品数量增加至严重损害国内产业时，缔约方才可以对该进口商品申请采取保障措施。④

对于墨西哥的控诉，美国首先认为，NAFTA下的仲裁小组对全球性保障措施是否符合GATT以及WTO涵盖协定的认定没有管辖权。另

① Marc L. Busch: Overlapping Institutions, Forum Shopping, and Dispute Settlement in International Trade, International Organization, 2007, 61(4): 753.

② Report of the Panel, In the Matter of the US Safeguard Action Taken on Broom Corn Brooms From Mexico, USA-97-2008-1, January 30, 1998, para. 2.

③ Report of the Panel, In the Matter of the US Safeguard Action Taken on Broom Corn Brooms From Mexico, USA-97-2008-1, January 30, 1998, para. 20.

④ Report of the Panel, In the Matter of the US Safeguard Action Taken on Broom Corn Brooms From Mexico, USA-97-2008-1, January 30, 1998, para. 22.

外，因为墨西哥的通知未符合程序要求，所以，即使墨西哥对美国国际贸易委员会违反 NAFTA 第 803 条以及附件 803.3(12)提出控诉，仲裁小组也无法审理该案件。①

换言之，美国认为 NAFTA 仲裁小组对于依据 WTO《保障措施协定》以及 GATT 第 19 条所实施的保障措施没有管辖权。因为依据 NAFTA 第 20 章，仲裁小组所拥有的授权条款范围限于 NAFTA 下的义务。所以，除非将 WTO《保障措施协定》的义务通过某种方式纳入 NAFTA，否则仲裁小组没有依据 GATT 审理案件的权利。亦即，NAFTA 第 802 条仅为保留缔约方依据 GATT 第 19 条与 WTO 涵盖协定实行保障措施的权利，但并非将 WTO 涵盖协定纳入 NAFTA。②

对于美国的抗辩，墨西哥首先说明，依据 NAFTA 第 2005 条第 1 款，当争端案件无论是涉及自由贸易协定、GATT，还是同时涉及自由贸易协定与 GATT 时，NAFTA 缔约方拥有开启争端解决的普遍性权利。亦即，该争端案件涉及 NAFTA 与 WTO 涵盖协定，依据 NAFTA 第 2005 条第 1 款，可以选择向 WTO 或是 NAFTA 请求争端解决。而依据 NAFTA 第 2005 条第 6 款，一旦选择 WTO 或 NAFTA 的争端解决机制，即会排除未被选择的争端解决机制。因此，依据 NAFTA 第 2005 条第 1 款的场所选择，被选择后的法庭对于涉及 GATT 的争端案件同样享有管辖权。③

然而仲裁小组认为，无须对该抗辩进行处理，因为对本争端案件而言，仲裁小组可以单独依据 NAFTA 审理案件。因为争端案件所涉及的保障措施包括 NAFTA 第 803 条第 3 款第 12 项以及 WTO 涵盖协定，仲

① Report of the Panel, In the Matter of the US Safeguard Action Taken on Broom Corn Brooms From Mexico, USA-97-2008-1, January 30, 1998, para. 26.

② Report of the Panel, In the Matter of the US Safeguard Action Taken on Broom Corn Brooms From Mexico, USA-97-2008-1, January 30, 1998, para. 27.

③ Report of the Panel, In the Matter of the US Safeguard Action Taken on Broom Corn Brooms From Mexico, USA-97-2008-1, January 30, 1998, para. 28.

裁小组可以选择NAFTA第803条第3款第12项作为规范基础，而不涉及《关税与贸易总协定》与WTO涵盖协定。①

本案为区域贸易协定下援引场所选择条款作为抗辩、说明依据的少数案例。墨西哥援引NAFTA第2005条第6款，争端案件当事方于WTO与NAFTA的争端解决机制间，选择其一进行争端解决，另一未获选择的争端解决机制对于该争端的管辖权，由于依据场所选择条款而作的选择行为被排除。因此，被选择的争端解决机制取得争端案件的管辖权。然而，仲裁小组认为，无须对美国提出的抗辩进行处理，所以并没有对场所选择条款作更多阐述。

2. 不同争端解决模式对管辖条款的偏好

从现有的RTA来看，场所选择条款在采用准司法模式和司法模式的RTA争端解决机制中相当普遍，而在采用政治/外交模式的RTA中，只有1个RTA争端解决机制包含场所选择条款。

采取准司法模式的RTA绝大多数包含允许申诉方在多边或RTA争端解决机制之间进行选择的“叉路”规定，但是一旦选择完成，就排除其他的争端解决方式。我们没有发现采用准司法模式的任何RTA争端解决机制要求排他性地采用RTA争端解决机制规则处理RTA成员之间的所有争议。然而，我们确实发现，当被诉方声称争议涉及特定事项时，有少数RTA争端解决机制规定排他性的争端解决方式，并要求根据RTA争端解决机制审理争议。加拿大加入的所有区域贸易协定(《加拿大与以色列自由贸易协定》《欧洲自由贸易联盟与加拿大自由贸易协定》除外)规定，当被诉方声称其措施是根据某些环境和保护协定采取的，并且以书面形式要求解决争端时，应根据RTA争端解决机制审理，申诉人只能诉诸RTA争端解决机制。类似的规定载于《智利与墨西哥自由贸易协定》中。NAFTA第20章也有这一规定，除环境保护事项之外，

① Report of the Panel, In the Matter of the US Safeguard Action Taken on Broom Corn Brooms From Mexico, USA-97-2008-1, January 30, 1998, para. 50.

还将其适用于 SPS 和 NAFTA 的“与标准有关的措施”章节中的争端。因此，根据 NAFTA 第 20 章，如果发生的争端涉及缔约方为保护其人类、动物或植物生命或健康或保护其环境而采取的措施；或提出与环境、健康、安全、保护有关的事实问题，包括直接相关的科学问题，被诉方可要求在 NAFTA 争端解决机制下审理争议，在这种情况下，NAFTA 争端解决机制排除所有其他争端解决机制而专属适用。

采取准司法模式的多数 RTA 规定，当争议涉及特定事项时，优先适用 WTO 争端解决机制的规则。这些事项包括 SPS 问题、TBT 问题和贸易救济。RTA 争端解决机制至少有两种方式表示对与某一特定主题领域有关的争端方面的 WTO 争端解决机制偏好。首先，少数 RTA 明确规定 WTO 争端解决机制应该适用于与特定事项有关的争议。例如，根据《加拿大与哥斯达黎加自由贸易协定》第 9 条第 5 款，当事各方“同意就 SPS 措施的任何正式争议适用 WTO 争端解决程序”。其次，多数情况下，这些区域贸易协定将争端解决的实质性章节排除在其争端解决章节之外，同时确认当事方在相关 WTO 协定下的权利和义务，例如 SPS 或 TBT。因此，实际上许多区域贸易协定通过排除区域贸易协定争端解决机制适用于某些特定领域，同时重申双方在 WTO 协定下的权利和义务，而将 WTO 争端解决机制专属地适用于这些争端。

有趣的是，有的 RTA 采用准司法模式(如《欧盟与智利经济一体化协定》)规定，如果违反 RTA 义务，实质上等同于违反 WTO 义务，应采用 WTO 争端解决机制，除非当事方另有协议。

少数采用准司法模式的 RTA 允许连续适用 RTA 和 WTO 争端解决机制。这些 RTA 绝大多数是欧盟作为成员一方在近些年签署的。例如，根据《欧盟与加勒比国家经济伙伴协定》第 224 条第 2 款，当一方根据 RTA 或 WTO 争端解决机制提起争议解决程序，在第一个程序结束之前，不能就同一事项在另外一个争端解决机制提起新的争端解决程序。

在采用政治或外交模式的 RTA 中，有少数规定了场所选择条款，如《乌克兰与摩尔瓦多自由贸易协定》。该协定要求争议当事方首先寻求双方同意的解决方案，最好是在由争议当事方代表组成的“工作组”内进行磋商，如果争议当事方之间的磋商没有提出一个双方同意的解决方案，那么申诉方就可以诉诸WTO争端解决机制。因此，该RTA允许连续但不同时使用RTA和WTO争端解决机制，并且以RTA争端解决机制作为使用WTO争端解决机制的先决条件。

采用司法模式的RTA绝大多数排他性地要求适用RTA争端解决机制，① 如安第斯共同体就是如此。在这方面，设立安第斯共同体法院的条约规定：“会员国不得将适用安第斯共同体条约而产生的任何争端提交给与本条约规定不同的任何其他法庭、仲裁制度或程序。”②也有少数采用司法模式的RTA不包含任何规定RTA争端解决机制与其他争端解决机制关系的条款，如《建立欧洲自由贸易联盟公约》和《西非经济货币联盟条约》。

当前，还有少数RTA争端解决机制除了规定场所选择之外，还对RTA下设立的特设法庭所审理争端时与WTO判例法的关系作了规定。在这方面，《韩国与欧盟自由贸易协定》规定：“本协议项下的义务与WTO协议下的义务相同，仲裁小组应采用与WTO争端解决机构在争端解决中确立的解释一致的解释。”③《加拿大与哥伦比亚自由贸易协定》明确要求仲裁小组在遵守法律程序时考虑WTO的判例。新近的TPP争端解决文本也有类似的规定，关于纳入该协定的任何WTO协定的任何义务，专家组也应考虑WTO争端解决机构通过的专家组和上诉机构报告中所作的相关解释。这无疑是TPP争端解决机制条约解释上最引人注目的创新。④ 采用政治/外交模式的乌克兰与摩尔多瓦的RTA也对与

① Andean Community, CARICOM, COMESA, EAC, EU, CEMAC, ECOWAS, and EAEC.

② Article 42 of the Treaty establishing the Court of Justice of the Andean Community. Article 42 by contrast allows Member States of the Andean Community to make use of the Court of Justice in their relations with third countries.

③ Article 14. 16 of the Korea-EU.

④ 许多：《TPP协定争端解决机制文本评析——以WTO争端解决机制改革为视角》，载《南京社会科学》2016年第8期，第146页。

WTO 法的关系有一个有趣的规定。该协定第 29 条规定，其任何条款“均不得以 WTO 规则和原则不一致的方式解释和适用，也不得以任何方式违反作为 WTO 成员而承受的权利和义务”。该协定还规定：“如果本协定条款的解释与 WTO 规范存在不一致和差异，那么以 WTO 规范为准。”

由此可见，采用准司法模式的 RTA 对场所选择条款表现了明显的偏好。

（四）小结

综上所述，当前大多数区域贸易协定都采用了争端解决的准司法模式，而且区域贸易协定对准司法模式的青睐已经持续多年。新缔结区域贸易协定选择政治/外交或司法模式的非常少见。就政治/外交模式和准司法模式的选择而言，RTA 成员方更倾向于采取更具有“司法意义”的争端解决程序，与此同时，RTA 成员方似乎又不愿超越准司法裁决模式所提供的“司法化”的程度。大多数 RTA 采用的准司法模式是一种仲裁型机制。诉讼是由当事方驱动的，并且明显倾向于争端各方商定的安排。仲裁小组的成立往往是为了解决特定的争议，并在作出裁决后解散。在准司法模式下很少有专门的常设性争端解决机构。

此外，绝大多数采用准司法模式的 RTA 争端解决机制实施一裁终决制，换言之，采用准司法模式的绝大多数 RTA 的争端解决机制不包括上诉程序。只有南部非洲共同体、南方共同市场和东盟例外地提供上诉程序。RTA 争端解决机制对单一审判阶段的偏好可能来自若干考虑因素。这可能反映了准司法模式“司法化”的程度有限。RTA 成员方对特别裁决的偏好可能还存在更多其他理由，如不希望延长诉讼期限，或为节约争端解决机构的成本考虑，因为常设争端解决机构需要更多财政预算。

区域贸易协定采用的准司法模式在许多方面与 WTO 争端解决机制的专家组程序类似。在这方面，大多数遵循准司法模式的 RTA，特别是 1995 年 WTO 成立后缔结的 RTA，其争端解决程序与 WTO 争端解决程序类似，如都包含磋商条款、专家组程序、执行裁决程序、遵守和救济机制。采用准司法模式的 RTA 在很大程度上都遵循 WTO 争端解决机制的专家组程序，对专家组程序的背离非常有限。采用准司法模式的 RTA 争端解决机制鲜有对 WTO《关于争端解决规则与程序的谅解》所规定的专家组程序作出重大改变，也没有迹象表明 RTA 成员方广泛采用当前关于 DSU 改革谈判中提出的方案。此外，与 WTO 争端解决机制相比，大多数 RTA 争端解决机制的设计思路并不具有更高的可执行性。

RTA 与 WTO 争端解决机制之间管辖权的冲突问题似乎受到 RTA 谈判人员的更多关注，而且近期缔结的 RTA 争端解决机制中大多数都包含明确的条款来调整这一问题。

很少有 RTA 争端解决机制完全禁止使用 WTO 争端解决程序。相反，许多 RTA 通过“叉路”条款将场所选择权留给提起申诉的当事方。这样的规定允许申诉方在 WTO 或 RTA 争端解决机制之间进行选择，但是一旦做出选择就排除了使用另一个争端解决机制的可能性。在 RTA 成员尊重“叉路”规则的情况下，某种程度上，该规则通过在 RTA 和 WTO 争端解决机制之间创建一个不可逆转的选择，将大大降低 WTO 与 RTA 之间管辖权冲突的可能性。然而，目前还不完全清楚在 WTO 争端解决程序中“叉路”规则会产生多大影响。①

此外，大量采用准司法模式的 RTA 争端解决机制在某些议题上关闭了 RTA 争端解决途径，同时重申了 WTO 协定下各方在这些议题上的权利和义务，这些议题通常是 SPS、TBT 和贸易救济。因此，就某些实

① 迄今为止，在数个 WTO 争端解决案件中出现了 WTO 与 RTA 争端解决机制之间的关系问题，如“阿根廷家禽案”“墨西哥饮料案”“巴西翻新轮胎案”等。但这些案例都没有澄清两者之间的关系，如“墨西哥饮料案”上诉机构认为，具有管辖权的 WTO 专家组不能拒绝在缺乏某种法律障碍的情况下行使该管辖权。然而，上诉机构并没有就可能构成这种法律障碍的问题发表看法。详情见后文关于这 3 个案例的分析。

质性贸易管制领域而言，区域贸易协定的成员方似乎表达了对 WTO 争端解决机制的明显偏好。

极少数 RTA 争端解决机制包含与 WTO 争端解决机制关系的附加条款。《韩国与欧盟自由贸易协定》提供了一个有趣的例子，协定的起草者试图解决 WTO 判例法的相关性，而在协定中增加了一个条款，要求 RTA 仲裁小组采用与 WTO 争端解决机构裁决中确立的任何相关解释一致的解释，前提是《韩国与欧盟自由贸易协定》下的义务与 WTO 协定下的义务相同。① 《哥伦比亚与加拿大自由贸易协定》要求仲裁小组在遵守法律程序时考虑 WTO 的判例。② 如果这类条款成为 RTA 争端解决机制设计中的标准实践，这可能成为促进 RTA 与 WTO 争端解决机制之间通过 WTO 判例达成一致的有效途径。

第四节 WTO 与 RTA 争端解决机制管辖权的冲突

根据《关于解释 1994 年〈关税与贸易总协定〉第 24 条的谅解》的规定，有关自由贸易协定的争端解决，也适用 WTO 争端解决机制的相关规定。然而，从上文的统计数据可见，绝大多数区域贸易协定有其自身的争端解决机制，无论该争端解决机制是准司法模式还是司法模式。因此，当区域贸易协定的缔约方之间发生贸易争端，应向哪个争端解决机制提出，就可能产生 WTO 与 RTA 争端解决机制之间管辖权的冲突。

一、WTO 与 RTA 管辖权冲突的定义

根据 WTO《关于争端解决程序与规则的谅解》第 23 条的规定，WTO 协定下引起的所有争端，WTO 争端解决机制有专属管辖权。WTO 这种强制性和自动性管辖的规定，与 RTA 的选择管辖条款或专属管辖条款

① Article 14. 16 of Free Trade Agreement between the European Union and and the Republic of Korea.

② Article 2115 of Canada-Colombia Free Trade Agreement.

之间，造成WTO与RTA争端解决机制明显发生重叠与冲突，尤其是WTO和RTA的争端解决机制可能都声称其在某一争端上有最高的管辖权，因此，当争端相似或相同的时候，很有可能被不同的争端解决机构审查两次，而可能在相似或相同的争论点中作出不同甚至相反的裁决，进而损害世界贸易体系的安全性和可预见性，可能使WTO成员对争端解决机构的信任产生不良的结果。①

所谓管辖权冲突，是指不同条约下的多个争端解决机制，对当事方间的同一争端均有管辖权，而形成多个裁决的状况②；或是同一争端能被多个争端解决机制所审议，形成争端解决机制间管辖权相互排斥，而呈现相互冲突的状况③。由此可知，如果当事方间的贸易争端可能同时适用WTO与RTA，在WTO和RTA都设有争端解决机制的情况下，当事方可能就同一争端向不同争端解决机制寻求救济，而产生管辖权冲突。④ 管辖权冲突具体包括以下几种类型：①两个争端解决机构对争端事项都主张专属管辖权；②针对相同争端事项或其相关事项，一个争端解决机构主张专属管辖权，另一争端解决机构同时也主张管辖权；③两个不同的争端解决机构都可审理相同或类似的事项。

处理RTA和WTO争端解决机制管辖冲突问题的原因在于，希望确保相同的争端不会被RTA和WTO争端解决程序同时或先后审查，以建

---

① Nguyen Tan Son: Towords a Compatible Interaction between Dispute Settlement Under the WTO and Regional Trade Agreement, MqJBL, 2008, 5: 126.

② Vaughan Lowe: Overlapping Jurisdiction in International Tribunals, AUSTL. Y. B. INT'L L, 1999, (20)11: 191.

③ Kyung Kwak, Gabrielle Marceau: Overlaps and Conflicts of Jurisdiction between the World Trade Organization and Regional Trade Agreement, in Lorand Bartels, Federico Ortino(eds): Regional Trade Agreements and the WTO Legal System, Oxford University Press, 2006: 465.

④ Kyung Kwak, Gabrielle Marceau: Overlaps and Conflicts of Jurisdiction between the World Trade Organization and Regional Trade Agreement, in Lorand Bartels, Federico Ortino(eds): Regional Trade Agreements and the WTO Legal System, Oxford University Press, 2006: 467.

构规范的确定性，并预先防范裁决冲突的情况出现。然而，在思考对一案件是否有重复审理裁决问题，或适用既判力原则所要求的“诉讼标的”和“请求权基础”同一性要件时，我们必须面对何时争端具同一性，而必须避免管辖和裁判冲突的情况。目前，RTA 争端管辖条款及国际司法机构中最常用的同一性标准，主要有下列两种。

(1)事实同一性

以事实同一性为检验争端是否同一的标准，其概念出自同一客观事实不应给予复数评价，因此，如果为同一争端事实，那么，该事件即具有同一性；至于基于该同一基础事实当事方可援引的复数法律主张，并不影响争端同一性的认定，因为基本上如果当事方在争端审议中未适时提出其主张，那么，争端解决机构自可利用“禁止反言原则”等概念拒绝接受当事方事后补提的主张，而使该案件除经上诉外而能终局获得确定。

(2)规范同一性

以规范同一性标准检验争端是否同一时，我们所考虑的是当事方对同一事实在诉讼中争执的规范是否同一，以规范同一性为出发点的观点主要认为，当事方在各种规范下的权利、义务应受同等尊重，如果前诉中仅对当事方间部分权利、义务作出裁决，对于尚未经裁决的权利、义务部分，当事方自可再行主张。以规范同一性作为争端是否同一的见解，其中又包含了以规范“名义”(nominal)及“实质”(substaintial)作区分的两种分类法。

以规范名义进行区分，是指不论各条约规范内容是否相同，凡当事方所签署缔结的条约，从缔约方有遵守义务及各条约相互独立的角度来看，对同一事实可能衍生多个法律适用争端，从而要求缔约方对各个条约一并加以遵守，即使前后诉讼中涉及的不同条约下的条文规范的目的、方法甚至使用文字都相同，这时在“名义”意义下理解各条约间的异同时，规范内容实质相同但规定于不同条约中的规范应被视为相异规范，当事方对实质内容相同的不同条约提起的前后诉讼也将被认定为不同的争端，从而不会出现重复审理或管辖竞合的问题。

如果以实质规范内容作为规范同一性的区分标准，此时，不同条约下内涵相同(identical)或相似(similar)的规范将被认定为相同规范，从而当事方间在同一事实下发生的争端，虽然名义上可能同时违反多个条约，但是由于该多个条约规范的内容相同或相似，因而缔约方实际上仅违反了一个国际法下的义务(亦即将多个条约下相同的规范理解为当事方在国际法下的同一义务)，因而在当事方仅有一个国际法义务履行争端的情况下，无论由哪一争端解决机构审理，国际法下争端解决机制仅应对该单一的国际法争端作出一次性裁决。

目前在 WTO 实践中，因为 DSU 要求 WTO 争端解决机构仅审理成员间就协定解释适用所产生的争端，由此来看，WTO 争端解决机制所重视的仅限于该争端下的 WTO 协定的权利、义务是否得到审理，RTA 的规定即使与 WTO 的规定相同或相似，也不是 WTO 争端解决机制所重视的。此外，对于由 RTA 争端解决机构审理的 WTO 争端，因 DSU 下并不存在承认其他国际争端解决机构判决的条款，所以，此时 WTO 争端解决机制对于已经由 RTA 争端解决机构作出裁决的 WTO 争端，当事方是否可主张既判力原则颇令人怀疑。

二、WTO 与 RTA 管辖权冲突产生的原因

(一)管辖权竞合

管辖权竞合是指两个争端解决机构均有管辖权，而管辖权又可分为属人管辖权和属事管辖权。① 由于 RTA 的缔约方也是 WTO 的成员，所以对 RTA 成员方之间的争端，WTO 与 RTA 的争端解决机构均有管辖权。而且 RTA 的合法性得到 WTO 的承认，许多 RTA 的条文也大多在 WTO 协定的基础上对 RTA 成员方作了更高程度的自由化要求。所以，

① 何志鹏、隽薪：《WTO 与 NAFTA 争端解决机制管辖权冲突研究》，载《世界贸易组织动态与研究》2011 年第 2 期，第 58 页。

RTA 往往规定了与 WTO 平行或类似的实体规范，因而很有可能与 WTO 产生法规竞合。一项措施违反了 RTA 的规定，很可能同时也违反了 WTO 的规定。

（二）欠缺协调管辖权竞合的规定

RTA 虽依据 GATT 第 24 条、GATS 第 5 条等规定而缔结，但是 GATT 第 24 条和 GATS 第 5 条并没有规定解决管辖权竞合的方法。DSU 第 23 条试图通过强制成员遵守 DSU 的多边规则与程序来阻止 WTO 成员单方面解决涉及 WTO 权利与义务的争端，但对 RTA 成员内部产生的争端无能为力。① 由于 RTA 在组织上完全独立于 WTO，所以 WTO 争端解决机构与 RTA 争端解决机构之间并不存在上下层级的垂直关系。因此，当 WTO 争端解决机制与 RTA 争端解决机制产生管辖权竞合时，WTO 并未就其争端解决机制与 RTA 争端解决机制的关系作出规定，而且也没有任何国际条约对两者之间的冲突问题作出协调。② 如果两个争端解决机制各依其相关法律裁决同一或相关争端事实，可能产生裁决不一致，甚至冲突的结果。由此可见，国际法的碎片化和 WTO 缺乏与其他争端解决机制协调的规定是上述管辖权冲突的深层次原因。③

（三）申诉方的场所选择

管辖权的行使是由于争端当事一方提出控诉，以 NAFTA 为例，如果一当事方先向 WTO 提出申诉，继而向 NAFTA 提出申诉，依据 NAFTA 第 2005 条规定，NAFTA 将会自动排除其管辖权。反之，如当事

① 陈立虎、赵艳敏：《区域贸易争端解决机制刍议》，载《武汉大学国际法评论》2007 年第 1 期，第 235 页。

② 徐运良：《WTO 与 RTAs 争端解决机构管辖权冲突的成因分析》，载《法学杂志》2008 年第 5 期，第 143 页。

③ 王春婕：《区域与 WTO 管辖权冲突协调机制探析——以 NAFTA 的实践为例》，载《东岳论丛》2012 年第 12 期，第 178 页。

方一方先向 NAFTA 提出申诉，而后向 WTO 提出申诉，因为 WTO 并无协调与 RTA 管辖权的条款，则依据 DSU 第 23 条的规定，WTO 对于违反 WTO 协定的贸易争端，具有强制的、专属的管辖权，使得 WTO 和 NAFTA 对该案都有管辖权。因此，申诉方的场所选择也可能造成管辖权竞合的情形。相似的规定也见诸其他 RTA，例如 ASEAN、《欧盟与墨西哥自由贸易协定》、《美国与以色列自由贸易协定》、《澳大利亚与美国自由贸易协定》，以及《新西兰与新加坡自由贸易协定》等。

由此可见，在这种情形下极易出现"挑选法院"的困境，因为成员对于一个相同事实的争端可以在两个裁决机构之间，或两个不同的裁判之间选择。对于已经向一个法庭提请上诉，又发动另一个平行程序或是连续程序的情形，可能会引起两方面的问题。首先，两个争端解决机构何者是最后或最高的裁判机构？其次，这两个争端解决机构可能作出不同或甚至相反的结论。①

三、WTO 与 RTA 管辖权冲突的后果

（一）平行诉讼

管辖权冲突最直接的结果即是平行诉讼，通常在国际民事诉讼领域较为常见，然而近年来，在 WTO 与 RTA 之间也有平行诉讼的情形。②随着区域贸易协定的蓬勃发展，国际贸易争端解决机构的数量大幅增加，平行诉讼也受到越来越多的关注。

通常而言，当事方进行平行诉讼，其动机大致有如下几个方面：①争端长期在某个争端解决机制下不能得到审理，因而当事方希望通过另外的争端解决机制来解决该争端；②当事方通过重复诉讼来补救正在进

① Nguyen Tan Son: Towords a Compatible Interaction between Dispute Settlement Under the WTO and Regional Trade Agreement, MqJBL, 2008, 5: 124.

② 何志鹏、隽薪：《WTO 与 NAFTA 争端解决机制管辖权冲突研究》，载《世界贸易组织动态与研究》2011 年第 2 期，第 60 页。

行的先前诉讼中所处的不利地位，以期在新的争端解决机制下获得更有利的裁决；③不一致的裁决为败诉的当事方提供了不执行对自己不利裁决的依据；④增加争端对方的诉讼负担，以期达成有利于己的和解方案。①

秉公而言，如果同时在 WTO 和 RTA 下就同一争端启动争端解决程序，某种意义上可以为当事方提供双重司法保障，但其负面影响也不可小觑。平行诉讼必然导致当事方在同一个案件中面临两套诉讼程序，以及由此产生的双倍诉讼成本。除此之外，在平行诉讼下，两个争端解决机制要对同一案件进行重复审理，这是对司法资源的严重浪费，违背了诉讼经济原则。

（二）裁决冲突

除了上述负面影响之外，管辖权冲突还可能造成更严重的后果，即裁决冲突。不同争端解决机构依据同样的规则审理同一案件很容易作出不一致的裁决，遑论在 WTO 协定和 RTA 的实体内容有一定出入时，两个争端解决机构作出裁决冲突的可能性更是大增，而这种相互矛盾的裁决，对条文的解释及裁决的执行，将造成很大困扰。②

裁决冲突的最终结果，可能使败诉的一方得以据此辩解并拒绝执行，例如，一争端中对某条文或标准因不同的判决而有不同的解释，则执行其中一个裁决必然违反另一个裁决，而胜诉的一方也未获得好处，对 WTO 或 RTA 而言，是对其司法资源的浪费以及司法权威的破坏，也不利于国际经济秩序的统一与协调。③

① 何志鹏、隽薪：《WTO 与 NAFTA 争端解决机制管辖权冲突研究》，载《世界贸易组织动态与研究》2011 年第 2 期，第 58 页。

② 纪文华、黄萃：《从案例看 WTO 如何处理 RTA 争端管辖权问题》，载《河北法学》2006 年第 11 期，第 60 页。

③ 纪文华、黄萃：《从案例看 WTO 如何处理 RTA 争端管辖权问题》，载《河北法学》2006 年第 11 期，第 60 页。

综上所述，虽然 RTA 的争端解决机制相对于 WTO 多边争端解决机制而言，尚不足以构成显著的威胁，但是，WTO 协定的谈判者并未察觉 WTO 与 RTA 间潜在的管辖权冲突，随着国际贸易关系的复杂性和 RTA 数量的增加，WTO 和 RTA 关系的性质未来可能会有显著的改变，而可能演变成世界贸易体制受到多个争端解决机制严重冲突的危害。

为了使国际贸易关系更加安全及可预测，现在思考其解决之道正当时，这有助于避免 WTO 和 RTA 间的争端解决所引发的潜在问题。因此，为了使 WTO 与 RTA 的争端解决机制间兼容并存的互动，应有效解决其管辖权冲突的问题。

第三章　协调管辖冲突的国际法规范及其对 WTO 与 RTA 管辖权冲突适用的困境

第一节　国际法院的管辖冲突与协调管辖冲突的国际法规范

一、国际法院的管辖权冲突

作为当前唯一具有普遍性和一般管辖的国际争端解决机构，即使国际上各种专业性质或区域性质争端解决机制林立，国际法院仍具有举足轻重的作用。一般而言，国际法院的管辖权可以分为对人管辖、协议管辖和强制管辖三种类型。

《国际法院规约》第 34 条规定了国际法院的对人管辖，仅有国家可向国际法院请求争端解决，依据规约第 35 条第 1 款以及《联合国宪章》第 93 条第 1 款的规定，国际法院仅受理《国际法院规约》会员国的诉讼。① 因此，国际法院的对人管辖仅限于联合国会员国。

依据《国际法院规约》第 35 条第 2 款，其他非会员国如果符合联合

---

① Edvard Hambro: The Jurisdiction of the International Court of Justice, The Hague Academy of International Law, 1950, 76: 23.

国安理会(Security Council)所规定的条件，而且该条件内容未破坏非会员国在国际法院中的平等地位的情况下，也可向国际法院提出争端解决请求。对此，联合国安理会于1946年通过第9号决议。① 该决议规定，依据《国际法院规约》第35条第2款，如果国际法院欲受理非联合国会员国提出的诉讼，该非会员国应声明接受国际法院管辖，并以《联合国宪章》及《国际法院规约》为争端解决的规范基础，然后将该声明提交国际法院。该非联合国会员国必须保证会执行国际法院对争端案件做出的判决，并承担《联合国宪章》第94条规定的各项义务。②

所以，国际法院对人管辖的范围原则上以《国际法院规约》会员国为限，非联合国会员国如果符合第9号决议的要件，依据《国际法院规约》第35条第2款，国际法院也可以取得争端案件的管辖权。③

依据《国际法院规约》第36条第1款的规定，国际法院的管辖权包括各当事方提交的一切案件，以及《联合国宪章》或现行条约及协约中所特定的一切事件，这就是国际法院的对物管辖。第36条第1款还规定，争端案件当事方的同意是国际法院管辖权依据的基础。④ 因此，联合国会员国与非联合国会员国，依据《国际法院规约》作出愿意接受国际法院管辖的同意，而将争端案件提交国际法院进行争端解决时，国际法院即取得该争端案件的管辖权。⑤ 国家行使同意的方式包括：①由争

---

① 1946年10月15日《联合国安理会第9号决议》。

② 《联合国安理会第9号决议》第1段："在下列条件之下，国际法院受理非法院规约当事国之诉讼；该国应事先将声明书交存高级法院书记官长；表明该国依照联合国宪章并依照国际法院规约及规程之条款，以及规约及程序所订之条件，接受法院之管辖；承诺以诚意遵守法院之判决，接受宪章第94条所加诸联合国会员国之一切义务。"

③ Andreas Zimmermann, Christian Tomuschat, Karin Oellers-Frahm: The Statute of The International Court of Justice, Oxford University Press, 2006: 72.

④ Chittharanjan F. Amerasinghe: Jurisdiction of Specific International Tribunals, Martinus Nijhoff Publishers, 2009: 11~21.

⑤ J. G. Merrills: International Dispute Settlement, Cambridge University Press, 2005: 127.

端案件当事方以协议方式表明同意接受国际法院管辖；②争端案件当事方在其他的国际条约中表明，针对特定种类的争端案件或条约条文的解释、适用疑问，在没有其他方法可供解决时，由国际法院管辖并进行争端解决；③虽然未曾有接受国际法院专门管辖的同意，然而当争端案件当事方的一方向国际法院提起争端解决请求，而他方也于国际法院应诉时，国际法院对该争端案件取得管辖。①

国际法院的强制管辖见《国际法院规约》第 36 条第 2 款的规定，国家除同意令国际法院对特定争端案件取得管辖外，在争端案件发生前，也可同意授予国际法院普遍性管辖，使国际法院对该国所发生的争端案件享有强制管辖权。但依据《国际法院规约》第 36 条第 3 款，除无条件接受国际法院强制管辖外，也可在同意国际法院强制管辖的声明中，附限特定国家或是特定时间的条件限制。当争端案件当事方双方都曾经同意国际法院强制管辖，而且管辖不为条件限制所排除时，国际法院对争端案件才有管辖权。② 因此，国际法院对争端案件所享有的管辖权，是建立在争端案件当事方依据《国际法院规约》所作同意的基础上。③ 目前，联合国 193 个成员国中共有 66 个国家发表了接受这种管辖权的声明，但其中多数国家都附有保留或一定的条件。④

由上述规定可见，在符合《联合国宪章》和《国际法院规约》要件的情况下，国际法院对人管辖与对物管辖拥有广泛的管辖权限。在现代国际法各种专责性与区域性争端解决机制林立的背景下，国际法院普遍性

---

① Stanimir A. Alexandrov：The Compulsory Jurisdiction of the International Court of Justice：How Compulsory Is It? Chinese Journal of International Law，2006，5(1)：30.

② Stanimir A. Alexandrov：The Compulsory Jurisdiction of the International Court of Justice：How Compulsory Is It? Chinese Journal of International Law，2006：31.

③ Edvard Hambro：The Jurisdiction of the International Court of Justice，The Hague Academy of International Law，1950：190.

④ 江国青、杨慧芳：《联合国改革背景下国际法院的管辖权问题》，载《外交评论》2012 年第 2 期，第 122 页。

管辖的特性很容易与其他国际争端解决机构发生管辖权冲突。不仅国际法院与其他国际争端解决机构之间存在管辖权冲突的风险，国际法院之外的其他国际争端解决机构之间也可能发生管辖权冲突，如 Mox Plant 案就是如此。在该案中，英国于连接爱尔兰海的谢菲尔德设立了一个核燃料厂，爱尔兰政府担心该厂的营运将会污染爱尔兰海，并强调将核燃料的运入和运出该厂所涉及的潜在风险，称英国未向其披露相关信息，从而发生争议。① 欧盟法院、《联合国海洋法公约》下设的特别仲裁庭与《东北大西洋海洋环境保护公约》下设的仲裁庭都声称对该案有管辖权，② 从而发生管辖权的冲突。

二、协调管辖权冲突的国际法规范

国际法院因为本身管辖权所具备的特性，与其他国际争端解决机制间存在管辖权冲突的可能性显而易见。因此处理与其他国际争端解决机制之间的管辖权冲突，是国际法院所要解决的一个重要问题。在国际法中，可用来处理国际争端解决机制间管辖权冲突的依据，主要有禁止重复诉讼原则(lis alibi pendens)、既判力原则(res judicata)和场所选择原则(electa una via)，这三项原则被称为国际法上三大传统管辖权规范。③ 从国际联盟时期的常设国际法院至联合国时期的国际法院，这三项原则都曾作为法庭进行争端解决处理管辖权冲突的基础，或是争端当事方采用作为申诉或抗辩的依据。

(一)禁止重复诉讼原则

禁止重复诉讼原则，是针对已经系属争端解决机制，但仍然悬而未

① 杨永红：《分散的权力：从 Mox Plant 案析国际法庭管辖权之冲突》，载《法学家》2009 年第 3 期，第 108 页。

② 陈亚芸：《EU 和 WTO 预防原则解释和适用比较研究》，载《现代法学》2012 年第 6 期，第 150 页。

③ Yuval Shany：The Competing Jurisdictions of International Courts and Tribunals，Oxford University Press，2003：22.

决的诉讼，属于争端解决机制的程序规范，用于同一当事人之间，基于同一事实背景的同一争端，分别系属不同争端解决机制时，避免不同争端解决机制对于同一案件产生判决冲突。因此，一争端案件已经与特定争端解决机制发生系属，启动争端解决程序后，就不得再向其他争端解决机制递交案件，请求争端解决。①

国际法上关于禁止重复诉讼原则的应用，可以联合国人权委员会为例。联合国人权委员会在许多案件中都适用了禁止重复诉讼原则。除因场所选择议定书尚未生效之外，特定争端解决机制对于不同控诉方对同一争端案件所提出的争端解决请求，即使是不同控诉方所为，依然受禁止重复诉讼原则效力拘束。②

（二）既判力原则

源于罗马法时代的既判力原则，发展至今已广被大陆法系与英美法系所共同采用，并且被作为内国法不同司法体系之间的整合依据。③ 最终拘束力为既判力原则的特性，因此也有学者将既判力原则称为最终主义原则。④ 与大陆法系相同，英美法系将既判力原则定义为：对争端案件享有管辖权限的法院，依据争端当事人双方的请求做出最终判决，该最终判决构成当事人双方对同一案件再行诉讼的限制，并且具有绝对禁

① Bernardo M. Cremades，Ignacio Madalena：Parallel Proceedings In International Arbitration，http://www.luzmenu.com/cremades/Noticias/97/97.pdf（访问时间 2017 年 12 月 17 日）。

② Francisco Orrego Vicuña，Lis Pendens Arbitralis：Articles by ICCA Members，2009，http://www.arbitration-icca.org/media/0/12224290630120/lis_pendens_arbitralis.pdf（访问时间 2017 年 12 月 17 日）。

③ Christoph Schreuer，August Reinisch：CME Czech Republic B. V.（The Netherlands）v. The Czech Republic，UNCITRAL Arbitration Proceedings Quantum proceedings. http://www.univie.ac.at/intlaw/pdf/cmequant_2.pdf（访问时间 2017 年 12 月 17 日）。

④ Yuval Shany：The Competing Jurisdictions of International Courts and Tribunals，Oxford University Press，2003：22.

止的效力。① 因此，既判力原则是以当事方相同、诉讼标的相同以及请求权基础相同为构成要件。②

除内国法之外，在国际法中既判力原则也被广泛接受，有学者认为，既判力原则是国际法中的习惯法规范，但大多数学者认为，既判力原则是国际法所承认的一般法律原则，并且具备法律拘束力。③ 从国际实践来看，不同国际争端解决机制进行争端解决时，都曾援引既判力原则为依据，如常设仲裁庭的“加州慈善基金案”就是如此。④

在“加州慈善基金案”中，美国控诉墨西哥违背其应向加州慈善基金履行给付的义务，因此向常设仲裁庭请求对争议案件事实进行仲裁。但常设仲裁庭在审理过程中发现，美国与墨西哥对同一案件，已在1876年完成仲裁，而因已作出仲裁判决，而且判决产生既判力并拘束当事方双方，所以美国要求墨西哥向加州慈善基金履行给付义务一案，不得再行提起诉讼。⑤

而在常设国际法院的“Chorzow 工厂案”中，常设国际法院的法官也对既判力原则作了解释。⑥ Chorzow 位于西里西亚高地，与维斯瓦河支流拉瓦河为邻，是波兰位于南方的领土，靠近卡托维兹。Chorzow 所在的上西里西亚拥有丰富的煤矿与铁矿，在19世纪初成为重要的工业区。

---

① Christoph Schreuer, August Reinisch: CME Czech Republic B. V. (The Netherlands) v. The Czech Republic, UNCITRAL Arbitration Proceedings Quantum proceedings, p. 4.

② Joost Pauwelyn, Luiz Eduardo Salles: Forum Shopping Before International Tribunals: (Real) Concerns, (Im) Possible Solutions, Cornell International Law Journal, 2009, 42(1): 103.

③ Joost Pauwelyn, Luiz Eduardo Salles: Forum Shopping Before International Tribunals: (Real) Concerns, (Im) Possible Solutions, Cornell International Law Journal, 2009, 42(1): 5.

④ Pious Fund of the Californias (U. S. v. Mex.), Hague Ct. Rep. (Scott) 1, 5 (Perm. Ct. Arb. 1902).

⑤ Pious Fund of the Californias (U. S. v. Mex.), Hague Ct. Rep. (Scott) 1, 5 (Perm. Ct. Arb. 1902). p. 3.

⑥ Chorzow Factory, 1927 PCIJ (Ser. C) No. 13-I.

1919 年第一次世界大战结束后，依据《凡尔赛条约》，德国必须承认波兰独立，并且归还原本属于波兰的领土，其中包括 Chorzow 所在的上西里西亚东半部。但 1919—1921 年，上西里西亚总共发生 3 次暴动，在公民投票中，60%以上西里西亚居民反对加入波兰。为此，德国与波兰于 1922 年签署《东西里西亚条约》，以《东西里西亚条约》来划分两国边界，东西里西亚包括 Chorzow 及 Krolewska Huta 为波兰领土。①

1915 年德国与位于上巴伐利亚的巴伐利亚氮肥股份公司签订合同，由巴伐利亚氮肥股份公司在上西里西亚的 Chorzow 地区建立一家硝酸厂。② 合同内容包括以下几方面。①由德意志帝国提供巴伐利亚氮肥股份公司所需要的土地，巴伐利亚氮肥股份公司可以享有在 Chorzow 地区设立工厂的特许权、取得执照与因营业所获取经验及收益，并可对 Chorzow 工厂进行管理直至 1941 年 3 月 31 日。②德意志帝国对于巴伐利亚氮肥股份公司每年的盈利，享有参与分配的权利。另外，在每年的 3 月 31 日可以终止巴伐利亚氮肥股份公司的工厂管理契约，但终止契约必须于 15 个月前通知巴伐利亚氮肥股份公司。如果德意志帝国一直都没有从巴伐利亚氮肥股份公司获得一定比例的利润分配，则最早可于 1921 年 3 月 31 日终止契约。③

1919 年 12 月 24 日，德国另外成立上西里西亚氮肥股份公司，并且将 Chorzow 工厂与其所有巴伐利亚氮肥股份公司的土地、建筑物及其他 Chorzow 工厂的附属物及股份，转卖给上西里西亚氮肥股份公司。但 Chorzow 工厂的管理及运作，包括特许权、执照、营运所获得的经验及

---

① 第一次世界大战后，1921 年，国际联盟依据《凡尔赛条约》，将德国原有的部分领土划归波兰，包括 Poznania、West Prussia 的部分，Pomerellia 以及 East Upper Silesia。但当时没有任何迹象显示，德国实际上接受了国际联盟土地划分的安排。在这种空背景下，波兰与德国间产生许多纷争，包括“德国利益案”以及“Chorzow 工厂案”。

② 张磊：《论外交保护中的求偿权与受益权》，载《学术探索》2013 年第 1 期，第 101 页。

③ Chorzow Factory，1927 PCIJ (Ser. C) No. 13-I. p. 9.

契约，仍然为巴伐利亚氮肥股份公司所拥有。①

1922年，因为上西里西亚氮肥股份公司没有在波兰财政部完成注册登记，所以波兰法院认定上西里西亚氮肥股份公司原有的注册登记因被撤销而无效。对此，上西里西亚氮肥股份公司向德国、波兰联合仲裁法院请求仲裁，请求波兰政府对上西里西亚氮肥股份公司恢复原状，并且对因撤销登记所发生的损害给予赔偿。对于上西里西亚氮肥股份公司的控诉，波兰政府要求德国、波兰联合仲裁法院作出无管辖权的认定。德国、波兰联合仲裁法院没有对案件作出无管辖权认定，并预计于1923年10月15日进行审理程序。②

而上西里西亚氮肥股份公司对同一案件，另向Kattowitz法院提出控诉。Kattowitz法院认为，波兰政府于1922年撤销上西里西亚氮肥股份公司的注册以及一系列清算行动，取得上西里西亚氮肥股份公司于Chorzow的工厂所拥有的财产，应负返还责任，并且赔偿一切因此所产生的损失，并于1923年12月17日完成判决。③

另外，德国政府也针对波兰政府所进行的一系列行为，于1925年5月15日，向常设国际法院请求争端解决。德国请求常设国际法院：①确认波兰依据其国内法进行的清算，所涉及的权利与利益；②确认该清算行为违背《凡尔赛条约》第92条与第297条；③同时违反1922年德国、波兰所订立的《日内瓦公约》第6条；④波兰必须依据上述条约规范履行义务。④

对于德国向常设国际法院提起的控诉，波兰主张：①常设国际法院对案件不具备管辖权；②如果常设国际法院受理德国的请求，必须等德国、波兰联合仲裁法院完成判决后才能进行。波兰进一步说明，常设国际法院因为以下两点，因此对于案件并不具有案件管辖权：其一，德国

① Chorzow Factory, 1927 PCIJ (Ser. C) No. 13-I. p. 9.

② Chorzow Factory, 1927 PCIJ (Ser. C) No. 13-I. p. 10.

③ Chorzow Factory, 1927 PCIJ (Ser. C) No. 13-I. p. 10.

④ Chorzow Factory, 1927 PCIJ (Ser. C) No. 13-I. p. 11.

于波兰的指控中，没有存在适用《日内瓦公约》所引发的争议，德国与波兰之间的争议，是因为适用 1920 年解释规范法所引起，而清算措施与据以施行的基础规范，也只是违反了《凡尔赛条约》第 297 条；其二，德国与波兰之间的争议也不是《日内瓦公约》第 23 条所规范的争议，所以常设国际法院并不能以《日内瓦公约》第 23 条为基础，取得案件管辖权。①

常设国际法院对于波兰的抗辩，表示：①《日内瓦公约》第 23 条的内容包括许多争端解决的仲裁程序，但并没有明确规定何种争端解决程序具有优先采用的地位；②《日内瓦公约》第 23 条说明，争端案件的发生，应是解释或适用第 6 条至第 22 条所引起的，而波兰并没有在程序中提供相关文件，也没有进一步说明支持其所提出的抗辩，法院无法因单方请求而否决诉讼案件的管辖权，必须通过调查来认定波兰的抗辩是否有理，而依据调查结果认定，德国与波兰之间的争议确实为适用《日内瓦公约》导致的，波兰的抗辩没有理由，常设国际法院依据《日内瓦公约》取得管辖权限；③无论是德国、波兰联合仲裁法院，或是 Kattowitz 法院所进行的诉讼，都不会影响常设国际法院依据德国、波兰《东西里西亚条约》第 23 条所建立的管辖。②

虽然为同一事件，但常设国际法院与德国、波兰联合仲裁法院以及 Kattowitz 法院所受理的诉讼案件，当事人并不相同，是非典型的争端解决机制间的管辖权冲突。但常设国际法院在审理与判决过程中，仍然有法官援引既判力原则作为不同意见书的基础。Anzilotti 法官在不同意见书中即说明，既判力原则是法律一般原则，而且被各国普遍接受和承认，也是《常设国际法院规约》第 38 条第 3 项所规定的“一般法律原则为文明各国所承认者”。③

① Chorzow Factory, 1927 PCIJ (Ser. C) No. 13-I. p. 12.

② Chorzow Factory, 1927 PCIJ (Ser. C) No. 13-I. p. 12.

③ PCIJ Statute Art. 38. 3: The General Principles of Law Recognized by Civilized Nations.

(三)场所选择原则

场所选择原则是指，不同争端解决机制对于同一争端解决案件都享有管辖权时，争端当事方可以依据与争端案件相关的各种考虑，包括过去争端解决的经验或是争端案件涉及的规定，在多个拥有案件管辖权的争端解决机制中选择对其最有利的争端解决机制，请求争端解决管辖。①

国际争端解决机制通常不会限制成员国行使场所选择的权利，但为维护争端解决机制的有效管辖，并且避免成员国滥用选择权，造成诉讼资源浪费，争端解决机制可能会对成员国行使场所选择权设定规范加以限制。② 国际法利用场所选择原则，处理争端解决机制间管辖权冲突已经行之有年，常设国际法院与国际法院的实证案例中不乏场所选择原则的实践情况，例如，常设国际法院的"Rights of Minorities 案"即是如此。

常设国际法院的"Rights of Minorities 案"为德国以其自由的意志依据《常设国际法院规约》第 35 条与第 40 条，选择常设国际法院对争端案件请求进行争端解决的案例。也是德国依其自由意志，行使《日内瓦协定》关于常设国际法院争端案件管辖权规定，同意常设国际法院对"Rights of Minorities 案"具有案件管辖权。所以，德国对常设国际法院案件管辖权的同意，即是基于德国对争端解决机制的选择，是场所选择原则的适用。对此，常设国际法院也在"Rights of Minorities 案"判决中表示，同意争端解决机制是行使管辖权的基础，除争端当事方所递交的争端案件为其他争端解决机制专属管辖之外，获取同意的争端解决机制都可行使其管辖权。③

---

① Krista E. Wiegand, Emilia Justyna J. Powell: Past Experience and Methods of Territorial Dispute Resolution, APSA, 2009, Toronto Meeting Paper: 1.

② Kurt Siehr, Eric H. Leake: Forum Shopping in International Litigation. http://www.needenglish.com/SHOPPING.htm#_Toc30408869(访问时间 2017 年 12 月 17 日)。

③ Rights of Minorities, 1928 PCIJ (Ser. A) No. 15, p. 23.

第二节　传统管辖权规范调和争端解决机制间管辖权冲突面临的困境

如前所述，禁止重复诉讼原则、既判力原则以及场所选择原则，为国际法三大传统管辖规范。国际法中对争端解决机制的管辖产生争议时，经常援引这三项原则，或作为抗辩依据或作为解决管辖争议的基础规范。然而，禁止重复诉讼原则、既判力原则与场所选择原则，针对国际争端解决机制间发生的管辖权冲突，是否可以完全避免或调和，并非毫无疑问。

一、禁止重复诉讼原则

禁止重复诉讼原则是针对已经系属争端解决机制，但争端解决程序尚未完结、尚未完成争端解决的诉讼案件，不得再向其他争端解决机制请求争端解决。同一当事人、同一事实背景的同一争端案件，分别系属不同的争端解决机制时，不同争端解决机制对同一争端案件的判决，可能会产生判决的冲突。

因此，为避免判决冲突的发生，同一争端案件已经提交特定争端解决机制而且发生系属后，即不得再向其他争端解决机制请求争端解决。由此可知，禁止重复诉讼原则所规范的是两个水平、并行的争端解决程序间的关系。亦即，当一案件递交一特定争端解决程序而发生系属后，则禁止将相同争端递交其他争端解决程序并且产生系属。①

国内法中对禁止重复诉讼原则有许多实践，使禁止重复诉讼原则成为法律一般原则。然而各国都认为，禁止重复诉讼原则是用于同一司法系统中不同争端解决机制之间，以避免因为诉讼策略的运用造成规范效

① Yuval Shany：The Competing Jurisdictions of International Courts and Tribunals，Oxford University Press，2003：22.

力削减的情况发生。因此，禁止重复诉讼原则适用于解决同一司法系统内的管辖权冲突时，可被视为具有法律上一般原则的地位。①

与内国司法系统相比，国际法平台上的国际争端解决机制对防范、限制重复诉讼的发生有更高的需求。详言之，与内国司法系统中的自然人相比，在国际法层面，国际社会成员拥有更多资源可供运用，在同一争端有多重国际争端解决机制享有管辖权的情况下，有丰富资源可以投注在多重国际诉讼程序上。②

可是，国际争端解决机制间管辖权冲突并不是在同一个司法系统内发生，国际争端解决机制受理争端案件后，争端解决机制对该案件所享有的管辖范围，无法及于其他争端解决机制对同一案件展开的争端解决程序，所以无法依据禁止重复诉讼原则避免管辖权冲突的发生。因此，虽然申诉国以重复诉讼的方式将争端案件递交不同的国际争端解决机制，但仍然无法构成禁止重复诉讼原则适用。③

如出于避免诉讼策略不当利用的目的，为阻止国际争端解决机制间判决相互冲突以导致法律秩序的混乱，而对禁止重复诉讼原则采取适当的例外，如先受理并且发生系属的争端解决程序中，存在权利滥用情形时，先系属的争端解决程序对于争端案件即不具备优先权限，或第三国或整个国际社会对特定事件享有重大利益时，即使该争端案件已经与其他争端解决机制发生系属，也应该转由特定的争端解决机制负责该争端案件的审理等。④

但事实上，将争端案件的当事方强制集结于一个争端解决程序中，

① Yuval Shany：The Competing Jurisdictions of International Courts and Tribunals, Oxford University Press, 2003：162.

② Yuval Shany：The Competing Jurisdictions of International Courts and Tribunals, Oxford University Press, 2003：162.

③ Yuval Shany：The Competing Jurisdictions of International Courts and Tribunals, Oxford University Press, 2003：163.

④ Yuval Shany：The Competing Jurisdictions of International Courts and Tribunals, Oxford University Press, 2003：163.

是国际性争端解决机制的重要价值。国际争端解决机制的管辖权基础，是建立于争端案件当事方的同意之上。限制争端案件当事方依据自由意志而采取行为，必须要小心而且谨慎，否则有损争端当事方的主权。因此，禁止重复诉讼原则对于国际争端解决机制间管辖权冲突，在调和适用上，仍然困难重重。①

二、既判力原则

既判力原则是国际社会在长期实践中遵守的国际法原理原则，具备终局性与拘束性的法律效果，已经为数个主要国际争端解决机制在判决中适用，历经数个世纪的实践累积而确立，是各国司法判决形成的一种强制性通用力。② 既判力原则的规范拘束特性，也因不断的实践而得以确立，使得国际争端解决机制的判决，因为既判力原则，而拥有最终性质与拘束性质。③

除另有明文规定外，争端案件由国际性争端解决机制作出最后裁决后，败诉一方对同一争端，再向其他争端解决机制请求争端解决的行为，会遭受既判力原则禁止。④ 争端解决中败诉的一方，必须遵守争端解决机制的司法判决或至少不得对争端解决机制的司法判决公然挑战。在国际争端解决机制不断的实践下，既判力原则因持续不间断的一致性累积，而成为习惯国际法。⑤

虽然既判力原则被国际争端解决机制广泛接受，并且经过不断的实

① Yuval Shany：The Competing Jurisdictions of International Courts and Tribunals，Oxford University Press，2003：163.

② Yuval Shany：The Competing Jurisdictions of International Courts and Tribunals，Oxford University Press，2003：163.

③ Yuval Shany：The Competing Jurisdictions of International Courts and Tribunals，Oxford University Press，2003：163.

④ Yuval Shany：The Competing Jurisdictions of International Courts and Tribunals，Oxford University Press，2003：164.

⑤ Yuval Shany：The Competing Jurisdictions of International Courts and Tribunals，Oxford University Press，2003：163.

践累积，成为习惯国际法，但既判力原则并非完全绝对，争端解决机制完成最终裁决后，在许多情况下，其他争端解决机制可以再对同一案件重启争端解决程序。而这些潜在的情况包括，争端解决机制对争端案件的审理欠缺能力、违反争端案件当事方的听审权、部分审判者涉及诈欺或贪污、部分争端案件当事方涉及诈欺、判决中存有明显且实质的错误或发现争端案件的新证据。①

其中，判决中存有明显且实质的错误，为同一案件重启诉讼最常见的事由。而且与其他事由不同，判决中存在明显且实质的错误所处理的，主要是争端解决程序上的缺陷。而因为事实或是法律上的判决重大错误重启诉讼，如判决未取得共识，视为反映潜在性事由列表的规范缺陷，国际性争端解决机制可以搁置或是调整判决。② 因此，既判力原则虽然具有终局性与拘束性，但仍有诸多例外，可对已获得最终判决的争端案件重起诉讼。

即使判决形成既判力，然而因为既判力原则的要件限制十分严格，在当事方相同、诉讼标的相同以及请求权基础相同的情况下才符合要件。而国际争端解决机制间，各自的请求权基础规范都不相同，是否能适用既判力原则不无疑问。

三、场所选择原则

场所选择原则是指当事方对争端案件具有管辖权限的众多争端解决机制中，择一作为争议案件的争端解决场所。③ 依据场所选择原则，一争端当事方选定某特定程序进行争端解决时，该当事方即被限制不得再

① Yuval Shany：The Competing Jurisdictions of International Courts and Tribunals, Oxford University Press, 2003：246.

② Yuval Shany：The Competing Jurisdictions of International Courts and Tribunals, Oxford University Press, 2003：24.

③ Yuval Shany：The Competing Jurisdictions of International Courts and Tribunals, Oxford University Press, 2003：23.

以该争端案件向其他争端解决机制请求争端解决。亦即，该当事方向其他有管辖权的争端解决机制请求对同一案件进行争端解决的权利，会因为当事方先前已经选择某特定争端解决机制请求受理案件而受限制。①

当事方向其他争端解决机制请求争端解决的权利，会因为场所选择原则而受到限制，起因于争端当事方选择特定争端解决机制的行为，被视为有指定该争端解决机制进行争端解决的意图，因此排除其他替代的争端解决机制。即当事方第一次选定争端解决机制受理该争端案件后，另于其他争端解决机制开启争端解决程序，或是对已经完成争端解决的案件向其他争端解决机制请求争端解决等行为，都是场所选择原则所禁止的。②

因此，场所选择原则与禁止重复诉讼原则以及既判力原则相辅相成。但是，场所选择原则立基于禁止反言原则之上，其拘束效力仅限于争端案件的申诉方所开启的第一次争端解决程序，而未及争端案件中其他当事方在其他争端解决程序提起诉讼的行为。③

而场所选择原则在国际法层面上存在国际实践不足的隐忧。详言之，场所选择原则在国际法中所面临的困境是，目前并没有足够的国际实践证明场所选择原则具有国际法普遍原理原则的地位。以前述"Rights of Minorities 案"为例，常设国际法院在判决中表示，同意将场所选择原则作为争端解决机制管辖权的基础，只有在特殊的情况下，如当事方将争端案件划归、保留其他争端解决机制为专属管辖时，接受争端解决管辖的同意才会因此失去效力。

亦即，另一争端解决机制与常设国际法院之间对同一争端产生管辖

① Yuval Shany：The Competing Jurisdictions of International Courts and Tribunals，Oxford University Press，2003：23.

② Yuval Shany：The Competing Jurisdictions of International Courts and Tribunals，Oxford University Press，2003：23.

③ Yuval Shany：The Competing Jurisdictions of International Courts and Tribunals，Oxford University Press，2003：23.

权冲突时，除非该争端解决机制对该争端案件享有专属管辖权，否则即使争端案件已经先系属其他争端解决机制，而后才递交常设国际法院，常设国际法院仍不会受到影响，仍对争端案件行使管辖权。因此，许多国际法争端案件，包括常设国际法院以及国际法院的案例，采用场所选择原则。然而，即使争端案件构成场所选择原则的适用，但在争端解决机构对案件具备管辖权的情况下，争端解决机构，如常设国际法院以及国际法院，大多不愿依据场所选择原则对该争端案件拒绝履行管辖。①

所以，虽然场所选择原则的司法性质，是由当事方依据自由、毫无瑕疵的意思表示，作出争端解决机制的选择所构成，并令其他当事方形成正当而且合法的真挚信赖，可以依据诚实信用原则、禁止权力滥用原则或礼让原则，使该当事方选择争端解决机制的权利受到限制。② 但在国际争端解决实践中，即使争端案件构成场所选择原则的适用，也无法使争端解决机构依据场所选择原则拒绝履行对案件的管辖。因此，场所选择原则没有累积足够的国际实践，还没有形成法律一般原则的地位。

综上所述，虽然禁止重复诉讼原则、既判力原则以及场所选择原则，被常设国际法院与国际法院适用于争端解决实践中，但仍然无法充分解决国际争端解决机制间的管辖权冲突问题。如场所选择原则在国际争端解决的实践上，即使争端案件构成场所选择理论的适用，也往往无法使争端解决机构依据场所选择原则拒绝行使案件管辖权，因此没有累积足够的国际实践，还没有形成法律一般原则。

禁止重复诉讼原则虽然具有法律一般原则地位，但限于同一个司法系统内才能适用。因此在国际法环境下，国际争端解决机制的管辖权有限，无法及于其他国际争端解决机制对同一争端案件所展开的争端解决程序。所以国际争端解决机制间的管辖权冲突，并非发生于同一司法系

① Yuval Shany：The Competing Jurisdictions of International Courts and Tribunals，Oxford University Press，2003：233.

② Yuval Shany：The Competing Jurisdictions of International Courts and Tribunals，Oxford University Press，2003：267.

统内，无法依据禁止重复诉讼原则进行调和。

既判力原则因为持续不间断的一致性累积，已经具备习惯国际法地位。然而既判力原则的适用，必须符合当事方相同、诉讼标的相同以及请求权基础相同等三项要件，而国际争端解决机制在每个争端解决程序中所依据的规范基础都不一样，所以很难构成既判力原则的第三项要件。① 因此，请求权基础相同这一要件，是既判力原则无法限制其他国际法上的争端解决机制行使管辖权的原因。②

即使禁止重复诉讼原则和既判力原则属于《国际法院规约》第 38 条第 1 款 C 项的规定，具备法律一般原则或国际习惯法的地位，但这两个规则用来解决国际争端解决机制之间管辖权冲突问题时，仍存在种种困难。③ 而场所选择原则目前还不具备一般法律原则的地位，因此，这三个规范是否可以有效解决 WTO 与区域贸易协定争端解决机制间的管辖权冲突，仍然疑问重重。

第三节 以传统管辖权规范调和 WTO 与 RTA 管辖权冲突的困境

如前所述，场所选择原则、禁止重复诉讼原则和既判力原则虽然是国际法传统管辖权规范，但在国际性争端解决机制间管辖权冲突的调和上，却无法达到定纷止争的功效。而在 WTO 与 RTA 争端解决机制之间管辖权冲突的问题上，场所选择原则、禁止重复诉讼原则及既判力原则

① Yuval Shany：The Competing Jurisdictions of International Courts and Tribunals, Oxford University Press, 2003：267.

② Joost Pauwelyn, Luiz Eduardo Salles：Forum Shopping Before International Tribunals：(Real) Concerns, (Im) Possible Solutions, Cornell International Law Journal, 2009, 42(1)：103.

③ Luca G. Radicati di Brozolo：“Res Judicata and International Arbitral Awards” ASA Special Series, 2011. http://papers.ssrn.com/sol3/papers.cfm?abstract_id=1842685(访问时间 2017 年 12 月 18 日)。

是否同样遭遇困境，不无疑问，以下分别结合 WTO 的争端解决案例来进行讨论。

一、场所选择原则与禁止重复诉讼原则

在“阿根廷家禽案”中,① 巴西向南方共同市场仲裁庭请求仲裁后，再对同一争端措施依据 GATT 第 22 条、《反倾销协定》第 17 条与 DSU 第 6 条，请求 WTO 争端解决机构成立专家组。亦即，在南方共同市场仲裁庭与 WTO 争端解决机构都对同一争端享有管辖权情况下，巴西依据其自由意志，先向南方共同市场仲裁庭提起申诉，再针对同一争端向 WTO 争端解决机构请求进行争端解决。②

巴西分别向两个具有管辖权限的争端解决机制，控诉阿根廷的同一项争议措施，该行为属于当事方相同、诉讼标的相同，而可能构成场所选择原则与禁止重复诉讼原则的违反。关于场所选择原则部分，巴西依其自由意志先选择南方共同市场仲裁庭为争端解决机制，而该意思形成过程并未受到任何干扰。

这种选择特定争端解决机制请求争端解决的行为，可被视为当事方有指定该争端解决机制进行争端解决的意图，依据场所选择原则，因为当事方已经作出选择，所以排除其他争端解决机制的管辖。亦即，依据场所选择原则，对于同一争议措施具有管辖权的 WTO 争端解决机构，即因此而遭致排除，不得再对该争议措施行使管辖权。

关于禁止重复诉讼原则部分，巴西向南方共同市场针对阿根廷的反倾销措施请求进行争端解决，南方共同市场受理了该案件，但巴西随即向 WTO 争端解决机构请求对同一反倾销措施成立专家组。

巴西在该争端系属南方共同市场后，再向 WTO 争端解决机构对同

---

① “阿根廷家禽案”在第四章中将详细介绍，本处仅涉及该案中关于场所选择与禁止重复诉讼原则的讨论。

② Report of the Panel, Argentina-Definitive Anti-Dumping Duties on Poultry from Brazil, WT/DS241/R.

一事项请求争端解决的行为，使南方共同市场仲裁庭与 WTO 争端解决机构对同一项争端分别受理并产生系属，两争端解决机制对该争事项的判决可能发生裁决冲突，违反了禁止重复诉讼原则。

对此，阿根廷向专家组说明，巴西事实上已于 2002 年 2 月 18 日完成《奥利弗斯议定书》(Protocol of Olivos)的签署，而签署《奥利弗斯议定书》的行为，即为巴西接受场所选择条款拘束的表示。但巴西却于 7 天之后，在 2002 年 2 月 25 日，对已经系属南方共同市场仲裁庭的争端案件，再向 DSB 请求成立专家组，前后行为存有明显的相互矛盾。①

依据专家组报告，巴西场所选择的行为事实上并没有影响巴西在 WTO 争端解决机制下所享有的权利。即使巴西已经于南方共同市场仲裁庭下展开争端解决程序，但该使南方共同市场仲裁庭受理诉讼的行为，并不代表巴西放弃其于 DSU 下所享有的争端解决权利。特别是在《巴西利亚议定书》(Protocol of Brasilia)中没有任何明文规定，禁止案件递交南方共同市场请求进行争端解决后，再将同一事项交由 WTO 争端解决机构，开始 DSU 下的争端解决程序。②

因此，依据"阿根廷家禽案"专家组报告可知，依 DSU 规范，单纯的场所选择行为并不会因为场所选择原则的效力，而影响当事方在 DSU 下的争端解决权利。而且，即使同一当事方对同一案件事实的同一争端，重复向包括 WTO 争端解决机构在内的两个争端解决机制提起诉讼，也不表示争端案件当事方放弃其于 DSU 下的争端解决权限，对于 DSB 的管辖权不会产生任何影响。

换言之，包括 WTO 争端解决机构在内的两个争端解决机制对同一争端案件都有管辖权的情况下，除争端当事方放弃其于 DSU 下的争端

① Report of the Panel, Argentina-Definitive Anti-Dumping Duties on Poultry from Brazil, WT/DS241/R, adopted 22 April 2003, Para. 7. 37.

② Report of the Panel, Argentina-Definitive Anti-Dumping Duties on Poultry from Brazil, WT/DS241/R, adopted 22 April 2003, para. 7. 38.

解决权限的明确和有效表示之外，即使争端案件先系属其他争端解决机制，而再向 WTO 争端解决机构请求争端解决，也不会影响争端当事方于 DSU 架构下请求争端解决的权限，因此，场所选择原则与禁止重复诉讼原则在 WTO 架构中也面临适用上的障碍。

二、既判力原则

既判力原则虽然具备习惯国际法地位，但对争端解决机制间产生的管辖权冲突，仍然存在适用上的困难。下文主要从既判力原则的适用范围与效力范围两个方面探讨该原则在 WTO 争端解决中的作用，特别是该原则能否调和 RTA 和 WTO 争端解决管辖权的冲突。

（一）既判力原则适用范围

既判力要处理的问题在于相同案件是否可于裁判确定后再重新起诉。所谓相同案件是指当事方相同、诉讼标的相同、请求权基础相同的案件。① 因此，专家组与上诉机构在适用既判力原则认定是否为相同案件时，是否采取相同内容进行审查便是我们应关注的重点。

曾经有类似案件发生在 GATT 时期，专家小组对于已裁决过的事实维持原审判决，遗憾的是，专家小组所作的报告并没有被采纳通过，因此仍然没有拘束力，专家小组也并没有在报告中适用既判力原则作为驳回申诉方主张的依据。②

WTO 专家组曾于“印度影响汽车零部件进口措施案”中适用既判力原则，处理 WTO 争端解决机制关于前后案是否为相同案件。在该案中印度指出，美国在本案所提出的申诉已经于“印度进口农产品、纺织品

---

① Starke：An Introduction to International Law，The Modern Law Review，1949，12(3)：397.

② GATT Report of the Panel，European Economic Community-Payments and Subsidies Paid to Processors and Prodecers of Oilseeds and Related Animal-Feed Proteins，DS28/R-39S/91 (1992).

和工业产品数量限制案”①中实质审理完毕，因此，争议的印度进口许可证措施已被确定违反 GATT 第 6 条的规定，从而印度据此主张，基于既判力原则专家组应拒绝审理美国所提出的控诉。② 美国提出印度的争议措施违反 WTO 下相关义务，专家组据此审查双方的主张。由于美国的申诉将不可避免地使专家组必须审查先前“印度进口农产品、纺织品和工业产品数量限制案”中的进口许可证措施，因此专家组认定，该进口许可证措施对本案而言具有事实的地位，从而得以进一步审查本案争议措施。而由于已审查该进口许可证措施，因此也将对印度于本案中所提出的既判力抗辩作出审理。③

针对印度提出的既判力抗辩，专家组认为，印度指出，由于本案的争端已于“印度进口农产品、纺织品和工业产品数量限制案”中审理完成，因此本案专家组应据该原则拒绝审理这一已审理完的争端。对此，专家组指出，首先，应先讨论既判力原则于本案究竟有无适用的余地；其次，再决定本案的事实是否满足该原则的要件。④ 对于第一个问题，即既判力原则在 WTO 争端解决程序中有无适用的余地，专家组指出，在 DSU 中并没有规定既判力原则于本程序中有无适用的余地，只有上诉机构在其报告中曾提出，上诉机构报告对于特定争端及争议当事方有拘束力，因此由于相关资料不足，专家组决定先跳过第一个问题，直接讨论本案是否符合既判力的要件。专家组认为，如果要件不符的话，则

---

① Report of the Panel, India-Quantitative Restrictions on Imports of Agricultural, Textile and Industrial Products, WT/DS90/R. Report of the Appellate Body, India-Quantitative Restrictions on Imports of Agricultural, Textile and Industrial Products, WT/DS90/AB/R.

② Report of the Panel, India-Measures Affecting the Automotive Sector, WT/DS146/R, adopted 21 December 2001, para. 7. 42

③ Report of the Panel, India-Measures Affecting the Automotive Sector, WT/DS146/R, adopted 21 December 2001, paras. 7. 51~7. 52.

④ Report of the Panel, India-Measures Affecting the Automotive Sector, WT/DS146/R, adopted 21 December 2001, paras. 7. 54~7. 55.

第一个问题也不用回答。①

因此，对于认定既判力的内容以及要件上，专家组首先注意到既判力已经数度被国际法院援引，并且一般而言大部分国际司法机构将既判力原则定义为"一项争端已经被一个确定裁决解决，并且穷尽所有可能的上诉机会后，该争端就会被认为在争端当事方之间已告确定，因此，该已裁决确定的争端便不可在后续司法程序中再被提起"。因此，专家组认为，要先确定本案的"争端"究竟为何，其援引"危地马拉水泥 I 案"中上诉机构的主张，上诉机构在该案中指出，争端解决机构所谓的争端由两项要件组成，其一是争议措施，其二是请求权基础。据此专家组认为，所谓既判力的要件，指的是在争端相同、当事人相同的情况下，已审理的争端便会在该争端以及当事方之间产生拘束力，进而相同的争端便不得再被相同当事方在后诉中提起。②

专家组据此将本案与"印度进口农产品、纺织品和工业产品数量限制案"作比较。首先，在争议措施上，由于本案中美国的争议措施是印度发布的第 60 号行政公告以及两者间的谅解备忘录，然而本案专家组发现，这两个争议措施都是在"印度进口农产品、纺织品和工业产品数量限制案"专家组成立后才发布和签署的，因此"印度进口农产品、纺织品和工业产品数量限制案"专家组的职权内容不可能包含该两个争议措施，所以，专家组首先对此作出结论，本案中美国所提出的争议措施与"印度进口农产品、纺织品和工业产品数量限制案"的措施不同。③

其次，在请求权基础上，由于印度主张美国在本案中提出的印度争

① Report of the Panel, India-Measures Affecting the Automotive Sector, WT/DS146/R, adopted 21 December 2001, paras. 7.57~7.60.

② Report of the Panel, India-Measures Affecting the Automotive Sector, WT/DS146/R, adopted 21 December 2001, paras. 7.61~7.66.

③ Report of the Panel, India-Measures Affecting the Automotive Sector, WT/DS146/R, adopted 21 December 2001, paras. 7.83~7.86.

议措施违反 GATT 第 11 条的规定，已受到“印度进口农产品、纺织品和工业产品数量限制案”裁决，因而美国的主张应受到既判力原则的拘束，不得在本案中再次提出；然而，美国在本案中仍然有提起其他请求权的基础，例如 GATT 第 3 条第 4 款有关国民待遇的规定以及《与贸易有关的投资措施协议》第 2 条的规定，但印度并没有针对此提出程序上的反对主张，从而专家组也不对其他请求权基础进行说明。专家组接着说明，针对 GATT 第 11 条规定，本案与“印度进口农产品、纺织品和工业产品数量限制案”的确有表面上的高度相似性，因为在“印度进口农产品、纺织品和工业产品数量限制案”中，GATT 第 11 条也被援引作为请求权基础，然而专家组认为，在讨论既判力的请求权基础同一性上不应只受限于条文形式上的相同性，反之应从该条文本质上的适用来决定其有无同一性，不能单就形式上有被援引作为请求权就认定两案之间有同一性。据此，专家组认为，由于在本案中 GATT 第 11 条涉及的是贸易平衡以及本土化的条件，这两个实质内容并没有在“印度进口农产品、纺织品和工业产品数量限制案”中被专家组实质审理过，因此专家组认为，本案的请求权基础与“印度进口农产品、纺织品和工业产品数量限制案”不同。①

专家组最后指出，并不是所有被审判过的相关措施或是相同请求权基础都会产生既判力的效力，因此，既判力的适用上仍然必须依据个案而定，不能单纯就其形式上的请求权或是措施便认定有既判力的阻却效力。② 因此，专家组认为，本案是一个全新的案件，在争议措施以及请求权基础上都与“印度进口农产品、纺织品和工业产品数量限制案”不同。既判力所要求的请求权及措施相同的要件不符，从而本案无法适用既判力原则，因此专家组也无须进一步回答“既判力原则在 WTO 争端

① Report of the Panel, India-Measures Affecting the Automotive Sector, WT/DS146/R, adopted 21 December 2001, paras. 7. 87 ~ 7. 90.

② Report of the Panel, India-Measures Affecting the Automotive Sector, WT/DS146/R, adopted 21 December 2001, para. 7. 95.

解决程序中是否有适用的余地”①。

由“印度进口汽车零部件案”可以发现，专家组对 WTO 争端解决程序是否适用既判力原则仍然采取较为保守的态度。专家组认为，由于 DSU 中并没有对既判力是否被专家组和上诉机构适用作出规定，因此直接跳过这一问题，进入既判力在本案的要件适用。显然，专家组在本案中适用法律的逻辑值得商榷。专家组虽然指出既判力是一般国际法原则，被广泛接受与采纳，也被国际法院适用于判决中，但仍然没对既判力是否可以作为专家组和上诉机构适用的法律进行说明。进而专家组直接援引“危地马拉水泥 I 案”中对争端的定义，指出所谓既判力的要件，指的是在争端相同、当事方相同的情况下，已审理的争端便会在该争端以及当事人之间产生拘束力，进而相同的争端便不得再被相同当事方重新于后诉中提起，由此可见，专家组事实上承认了既判力的内容与效力。最后，专家组在结论中认为，本案的争议措施与请求权基础和“印度进口农产品、纺织品和工业产品数量限制案”不同，由于要件不符，所以既判力原则无法适用，因此专家组无须讨论既判力原则是否落入专家组的职权范围，从而也没有进一步说明既判力原则在可适用的法律中的地位。

尽管如此，从专家组的报告中仍然可以看出，其间接肯定了既判力原则的确是属于专家组认可适用的法律，因此当事方在程序事项中提起既判力作为反对理由时专家组应加以审理。并且在既判力效力的“确定性”中，专家组似乎也间接地承认了专家组报告是有确定性的，由于本案中专家组认为“印度进口农产品、纺织品和工业产品数量限制案”与本案不同，而直接忽略了讨论报告有无确定效力，所以，应是认为专家组报告已有确定效力。基于这一前提，才会进行案件相同性的分析，因此，专家组或上诉机构报告应该具有确定性。

从“印度进口汽车零部件案”中可以发现，专家组在适用既判力原则

---

① Report of the Panel, India-Measures Affecting the Automotive Sector, WT/DS146/R, adopted 21 December 2001, para. 10. 2.

时，其内容、要件、效力都与一般国际法原则下的一事不再理原则相同。国际性司法机构在适用既判力原则时都指出，该原则有三要件必须符合：当事方相同、诉讼标的相同以及请求权基础相同。符合则既判力原则，将产生不得再提出相同讼诉的效果，由此可见，专家组所采用的要件标准与其他国际司法性机构的相同。无论是国际法院还是常设国际法院，甚至是国际仲裁庭所适用的既判力原则都与本案的内容相同，进而可以认为，既判力在各个国际性司法机构中即使适用上有法律渊源地位的疑问，但不可否认的是，其在适用上的内容要件以及效力都是相同的。

通说都认为既判力的效力只限于判决本文(dispositif of judgment)，而不及于判决理由，并且判决本身也只拘束当事方以及争议事实。法院在判决中所表示的附随意见(dictum)也不会与判决一样有确定效力。换言之，附随意见不会产生既判力的效果，当事方也不受拘束，如果此后对附随意见的内容有争议，也可再提起诉讼。① 然而究竟应如何决定何谓判决本文，尤其是在请求权基础的判断上，如果不探求判决理由的陈述则难以得知，因此 Bin Cheng 指出，判决应整体审查用以解释最精确的文本内容，但并不是所有判决理由都会有拘束力，只有与判决文本有关的判决理由才会有拘束力。② 就“印度进口汽车零部件案”中专家组重新审查本案是否与“印度进口农产品、纺织品和工业产品数量限制案”的争端相同，专家组所审查的是“印度进口农产品、纺织品和工业产品数量限制案”的判决内容，用以审查本案争议措施与请求权基础是否与前案相同，也因此在适用上，专家组仍然是以前案的裁决为依据，与目前通说并没有什么不同。

对程序先决意见的裁决，或是对法院附随判决，一般认为，如果该判决将构成法院裁判的基本前提，则该判决便有拘束力。然而也有少数

---

① Rosa Theofanis: The Doctrine of Res Judicata in International Criminal Law, International Criminal Law Review, 2003, 3(3): 197.

② Bin Cheng: General Principles of Law as Applied by International Courts and Tribunals, Cambridge University Press, 2006: 348.

学者认为，程序判决以及附随意见判决并没有既判力原则下的拘束力，Ehrlich 法院在“Chorzow 工厂案”不同意见中便指出，由于“德国利益案”(1926)中对 Chorzow 工厂的所有权属只是附随意见判决，因此，本案法院应不受到该判决的拘束，换句话说，该前判决对本案判决并没有既判力的效力。然而该意见并没有受到重视，多数法官以及多数学者仍然认为，程序判决与附随意见判决如果构成判决的基本前提，则该判决就有拘束力。①

关于既判力的适用前提要件，一般认为必须在当事方相同、诉讼标的相同以及请求权基础相同的情况下才能适用。② 首先，就当事方相同而言，既判力的效力仅及于前、后案中相同原、被告之间。③ 如果当事方不同，既判力原则就不会发生效果。其次，诉讼标的必须相同，当事方之间对于前、后案的诉讼标的必须完全相同，才会使既判力发生效力。一般而言，诉讼标的的范围应通过判决文本来决定，由于判决文本所裁判的诉讼标的才是确定判决已解决的争端，所以发生既判力诉讼标的并不取决于当事方所提出的诉状，而是通过确定判决的内容来决定。④ 最后，就请求权基础相同要件，一般认为，就条约而言，必须是指同公约同条文或是同个习惯法等，然而，由于请求权基础与诉讼标的都会联结在一起讨论违法与否，因此，就请求权基础这点而言，通常会与诉讼标的一同审查。⑤ Bin Cheng 也指出，只要有新的权利被主张，

① Bin Cheng：General Principles of Law as Applied by International Courts and Tribunals，Cambridge University Press，2006：349~354.

② Dodge，William S.，Res Judicata：Oxford Public International Law，Max Planck Encyclopedia of Public International Law(2006)，para. 5. Available at SSRN：https：//ssrn. com/abstract=2778726.

③ Trail Smelter Case (Us V. Canada) R. I. A. A. 1905，1952.

④ Rosa Theofanis：The Doctrine of Res Judicata in International Criminal Law，International Criminal Law Review，2003，3(3)：197.

⑤ Dodge，William S.，Res Judicata：：Oxford Public International Law，Max Planck Encyclopedia of Public International Law(2006)，para. 7. https：//ssrn. com/abstract=2778726.

即使案件中当事人诉讼标的均与前判决相同，该新权利主张也不会被前判决阻却，因为两者是不同的案件。①

针对非法院职权下所作的判决内容，也没有既判力的效力。② 一般认为，法院或仲裁机构只能审理其职权范围的争端。如果法院作出在其权职范围外的判决，则该判决内容应不符合既判力的要件，从而没有拘束力。而国际性司法机构之间对于彼此的判决应承认对案件及当事方都有拘束力，因此在国际法院审理完毕而且已作出判决的案件应不可再重复提交 WTO 争端解决程序，如果有提交，则专家组或上诉机构应适用既判力原则，认为其对该案件无实质管辖权而拒绝审查。③

也有学者指出，既判力原则在适用上有不同标准。④ 既判力原则最大的问题在于适用解释上的宽严差别，也就是当事方相同、诉讼标的相同以及诉讼请求权基础相同三要件。Reinisch 主张，对请求权基础应采取较为宽松的认定标准，在不同诉讼程序中(或是不同国际司法性机关诉讼中)只要请求权基础实质上的内容相同，即使援引的是不同的法律文件，也应该被认为是相同的请求权基础。⑤ 然而也有主张严格解释适用的，认为既判力在适用上必须要求请求权基础在形式上完全相同，基于相同文件才能认为符合“请求权基础相同”的要件。⑥ 在宽松标准的

---

① Bin Cheng：General Principles of Law as Applied by International Courts and Tribunals，Cambridge University Press，2006：345.

② Bin Cheng：General Principles of Law as Applied by International Courts and Tribunals，Cambridge University Press，2006：356.

③ Dodge，William S.：National Courts and International Arbitration：Exhaustion of Remedies and Res Judicata under Chapter Eleven of Nafta，Hastings Int'l & Comp. L. Rev.，2000，23：367.

④ Nguyen：The Applicability of Res Judicata and Lis Pendens in World Trade Organisation Dispute Settlement，Bond Law Review，2013，25(2)：125.

⑤ Reinisch：The Use and Limits of Res Judicata and Lis Pendens as Procedural Tools to Avoid Conflicting Dispute Settlement Outcomes，The Law & Practice of International Courts and Tribunals，2004，3(1)：65.

⑥ Nguyen：The Applicability of Res Judicata and Lis Pendens in World Trade Organisation Dispute Settlement，Bond Law Review，2013，25(2)：25.

情况下，既判力原则适用时由于不要求形式请求权基础必须相同，因此许多 RTA 的争端解决机构报告由于其请求权的内容可能与 WTO 相关协定相同或是类似，在这种情况之下，如果一争端已于 RTA 争端解决机制中裁决完成，则专家组或上诉机构就可依据广义的既判力原则作为排除受理该争端的依据，诉讼经济的考虑之下，广义的既判力原则的确有助于实施诉讼经济的目的，① 然而广义的既判力原则适用上也并非没有风险，由于必须确定何谓"实质请求权基础相同"，因此，个案中法院或是争端解决机构必须实质审查每个争端的请求权基础是否一致，这可能会导致不同诉讼标的却被认定为相同诉讼标的或是相同诉讼标的被认定为不同诉讼标的。由于实质审查请求权基础牵涉的问题过于广泛，例如，虽然 WTO 与 RTA 都有反倾销的规定，然而由于 RTA 的规定较为具体，这种情况下究竟是相同请求权还是不同请求权基础则难以认定。其次，由于 RTA 与 WTO 的成员方必定不同，在认定上如果仅因请求权内容类似便将两者认为是相同请求权基础，则可能忽略背后条约所代表的国家意愿。因此，广义的既判力原则适用上确实有其困难性，目前，国际性司法机关采用该标准的情况并不普遍。

反之，既判力的严格、限制性解释适用比较容易操作。② 由于限制性解释三要件必须相同，尤其对诉讼标的的认定更是采取形式上相同的标准，依此标准，请求权基础必须在形式以及实质上完全相同，也就是认定诉讼标的时请求基础必须是基于相同条约之下的相同条文。如果基于不同条约之下的不同条文，即使条文内容相同，也不能认定为相同的请求权基础，因此诉讼标的便不会相同。在限制解释之下，有学者认为，既判力原则的排除后诉效果可以确保各组织的司法一致性以及可预

① Yuval Shany：Jurisdictional Competition between National and International Courts：Could International Jurisdiction-Regulating Rules Apply? Netherlands Yearbook of International Law，2006，37：164.

② Yuval Sinai：Reconsidering Res Judicata：A Comparative Perspective，Duke J. Comp. & Int'l L. 21，2010，21(2)：372.

测性，因为其可以确保各个国际性司法机关下成员方在条约中的诉讼权利，如果通过宽松解释方式则有可能过于扩张各机关之间的判决。① 并且由于各机关之间判决承认问题目前并没有条约规范，因此认定适用上也有困难。由于形式上认定较为清楚，国际组织之间在适用既判力原则时也较容易操作，例如，不同条约便是不同的形式法律基础，也因此就无法构成相同诉讼标的。然而，如果采用限制性解释，既判力原则对 WTO 与 RTA 之间的管辖冲突便无用武之地，由于 WTO 与 RTA 各为不同条约，因此形式上便不相同，更无可能形成相同的诉讼标的。②

从“印度进口汽车零部件案”中可看出，专家组在适用既判力原则时采用了限制性解释方法。专家组指出，所谓的争端是由争议措施以及请求权基础综合判断，因此在适用既判力原则时必须审查争议措施与请求权基础是否完全相同，如果相同，则既判力原则才有适用的余地。③ 也有学者指出，专家组所采取的是限制性解释方法，并认为该方法较能平衡 WTO 与 RTA 之间管辖冲突所产生的利益衡量问题。④ 虽然“印度进口汽车零部件案”中专家组处理的是 WTO 争端解决程序中前案与后案是否为相同争端的问题，但是从专家组的裁决也可看出，采取限制性解释仍然是目前的主流观点。

（二）既判力原则的效力

根据既判力对争端解决机制内以及机制外的效力，可以分成对内效力以及对外效力。对内效力指的是 WTO 争端解决机制中，当案件已由

---

① Nguyen：The Applicability of Res Judicata and Lis Pendens in World Trade Organisation Dispute Settlement，Bond Law Review，2013，25(2)：28.

② Nguyen：The Applicability of Res Judicata and Lis Pendens in World Trade Organisation Dispute Settlement，Bond Law Review，2013，25(2)：29.

③ Report of the Panel，India-Measures Affecting the Automotive Sector，WT/DS146/R，adopted 21 December 2001，para. 7. 66.

④ Nguyen：The Applicability of Res Judicata and Lis Pendens in World Trade Organisation Dispute Settlement，Bond Law Review，2013，25(2)：30.

专家组或上诉机构的报告确定，能否再次提起申诉，即相同场所的阻却效果，亦即先诉的裁决能否阻却后诉。而对外效力是指，其他国际性司法机构已裁判的案件，或是 WTO 争端解决机制已裁判的案件，能否在其他国际性司法机构再次提起诉讼。而对外效力对于我们讨论能否通过既判力原则解决 WTO 与 RTA 之间管辖权冲突问题有特别意义。

1. 对内效力

如前所述，既判力原则可于 WTO 争端解决机制中适用，并且"印度进口汽车零部件案"中专家组也曾通过可适用法律的方法审查既判力原则能否在该案中适用，虽然最后因为不符合相同诉讼标的而不适用，但是专家组也没有否认既判力可作为排除已裁决争端的依据。

在"危地马拉水泥 I 案"中，上诉机构在该案中指出，在 DSB 之下所谓的"争端"由两项要件组成，其一是争议措施，其二是请求权基础。因此，"印度进口汽车零部件案"专家组据此认为，所谓既判力的要件，指的是在争端相同、当事方相同的情况下，已审理完毕的争端便会在当事方之间产生拘束力，进而相同的争端便不得再被相同当事方重新在后诉中提起。①

从专家组和上诉机构的裁决可知，相同争端在专家组或上诉机构报告裁判确定后，相同当事方即不可再于后诉中再次提起。因此，专家组和上诉机构对既判力的对内效力应是持肯定意见。根据 DSU 第 15 条第 2 款的规定，② 专家组报告一旦通过，便会成为该案件的"最终报告"(final report)，也因此对该案件有确定的效力，进而当事方便不可再就

① Report of the Panel, India-Measures Affecting the Automotive Sector, WT/DS146/R, adopted 21 December 2001, paras. 7. 61-66.

② 参见《关于争端解决规则与程序的谅解》第 15 条第 2 款："在接收争端各方书面意见的设定期限截止后，专家组应向各方提交一份中期报告，既包括描述部分也包括专家组的调查结果和结论。在专家组设定的期限内，一方可提出书面请求，请专家组在最终报告散发各成员之前，审议中期报告中的具体方面。应一方请求，专家组应就书面意见中所确认的问题，与各方再次召开会议。如在征求意见期间未收到任何一方的意见，中期报告应被视为最终报告，并迅速散发各成员。"

相同争端提起诉讼，该案件即告确定。从 DSU 第 16 条第 4 款、第 17 条第 14 款，以及第 21 条第 1 款的规定可得知，专家组和上诉机构报告一旦被 DSB 通过，便会对争议当事方有拘束力，当事方如果不履行报告，则可能违反 DSU 的国家责任。

从而，对于已确定的报告，专家组应拒绝审理，可以通过附随管辖权依据职权或是通过当事方的主张，提出既判力原则作为依据而拒绝审理。因此，既判力原则对于 WTO 争端解决程序内部适用上的排除效果应没有疑问。值得注意的是，专家组可以援引既判力原则，认定该案已经前案裁决完成，因此无须再审理，但这并不代表专家组受到前案判决的拘束。虽然上诉机构对法律的解释意见可能对专家组适用法律上有影响，但是这并不代表通过的报告对后案专家组或上诉机构有拘束力，DSU 也没有条文规定专家组必须受到前案的拘束，因此，必须澄清专家组或上诉机构只是在其职权范围内认为必要时援引既判力原则作为其拒绝审理案件的依据，然而，这不表示专家组或上诉机构已受到前案确定报告的拘束。

除此之外，专家组也曾在“欧盟香蕉Ⅱ案”①中对欧盟提出的既判力作为抗辩理由作出判决。厄瓜多尔认为，欧盟现行香蕉进口管制仍然没有依照 WTO 相关协定的规定改善其违法行为，因此再次提出申诉，要求欧盟修正其违法行为。欧盟对此提出先决反对抗辩(Preliminary Objection)，指出其已遵照通过的报告内容履行义务，因此厄瓜多尔无理由再提出履行报告的申诉，因此其依据 DSU 第 16 条第 4 款、第 17 条第 14 款以及第 19 条第 1 款提出既判力作为抗辩，认为该争端已解决，因此，专家组组不应对本次申诉行使管辖权。② 然而专家组指出，欧盟

① Report of the Panel, European Communities－Regime for the Importation, Sale and Distribution of Bananas-Second Recourse to Article 21. 5 of theDSUby Ecuador, WT/DS27/R, adopted 22 May 1997.

② Report of the Panel, European Communities－Regime for the Importation, Sale and Distribution of Bananas, WT/DS27/R, adopted 22 May 1997, paras. 7. 225～7. 238.

所提出既判力的抗辩在本案并不适用。专家组认为，本案中厄瓜多尔针对的是欧盟是否依据该确定报告修正其违法行为，而非针对该报告再次提起申诉，因此，如果申诉方认为被诉方可能在履行报告上有疑义，依据 DSU 第 21 条第 5 款的规定向专家组提起履行报告的申诉，专家组仍然有权审理。①

该案中欧盟确实提起既判力作为其程序抗辩，然而专家组最后否决其适用。就此来看，专家组似乎也是在适用了既判力的要件后间接地否认本案不适用既判力原则，遗憾的是，专家组在本案中并没有对既判力的要件以及其效力多加阐述，也没有对于欧盟所提 DSU 第 16 条第 4 款、第 17 条第 14 款以及第 19 条第 1 款中含有既判力的规定作出说明，而是仅就本案能否适用下了结论。即使如此，从该案我们也可以发现，既判力原则仍然可以作为阻却已裁决的争端再次在 WTO 争端解决程序中提起，在内部程序中既判力的适用上确实有阻却已裁决争端重起申诉的效果。

2. 对外效力

既判力原则除了可适用国际司法性机构内部案件以外，还可以进一步适用国际组织之间的国际司法性机构，以防止裁判冲突。然而，由于既判力要件非常严格，三要件必须相同才会发生既判力的阻却效力，因此有学者认为，既判力即使可以作为防止裁决冲突的工具，但由于其严格的要件，在防止裁判冲突上的效力仍然相当有限。②

有学者认为，国际性司法机构之间对于彼此的判决应互相承认其对当事方有拘束力，因此在国际性法庭审理完毕且已下达判决的案件应不可再重复提交 WTO 争端解决程序，如果有提交，则专家组或上诉机构

---

① Report of the Panel, European Communities-Regime for the Importation, Sale and Distribution of Bananas, WT/DS27/R, adopted 22 May 1997, paras. 7. 239~7. 262.

② Joost Pauwelyn, Luiz Eduardo Salles: Forum Shopping Before International Tribunals: (Real) Concerns, (Im) Possible Solutions, Cornell International Law Journal, 2009, 42(1): 103.

应适用既判力原则，认为其对该案件无实质管辖权而拒绝作进一步审查。但国际性司法机构与国内法院之间的判决则不适用既判力原则。①换句话说，该学说认为国际司法性机构彼此之间应适用既判力原则。然而由于既判力的前提要件必须是当事方、争端(包含诉讼标的和请求权基础)相同，该要件在国际社会下要完全一致非常困难。举例来说，RTA 的争端解决机构可能与 WTO 的争端解决机构存在管辖上的竞合，成员方可能将相同事实分别提交 RTA 和 WTO 争端解决机制，然而由于 RTA 规定了有别于 WTO 的规范，因此成员方提起申诉时可能会选择不同的请求权基础，进而使相同事实配上不同请求权基础而成为“不同诉讼标的”，因此无论是 RTA 还是 WTO 争端解决机制，面对这种问题时也往往束手无策。

然而，在“阿根廷家禽案”中专家组却对相同当事方、相同争端的案件作出不同裁决。专家组指出，由于其无义务遵守 WTO 先前专家组通过的报告，更无理由受 WTO 以外的国际司法性机构所作裁判的拘束，从而作出与 MERCOSUR 仲裁庭相反的判决。② 该案的事实为阿根廷对巴西进口的家禽实行反倾销措施。然而，阿根廷与巴西双方已于 2001 年在 MERCOSUR 仲裁庭处理此次争端，由于 MERCOSUR 架构下并没有反倾销相关规范可以适用，因此仲裁庭便依据巴西的请求，援引 WTO《倾销与反倾销协定》作为裁判依据，MERCOSUR 仲裁庭最后认定巴西败诉。然而，次年，巴西针对同一争端向 WTO 争端解决机构申诉并获得胜诉判决。阿根廷于诉讼中指出，巴西先后在不同场所提出同一争端违反了禁止反言原则，并且依据《维也纳条约法公约》第 31 条第 3 款 c 项和 DSU 第 3 条第 2 款的规定，指出专家组不能忽略 MERCOSUR

---

① Dodge, William S.: National Courts and International Arbitration: Exhaustion of Remedies and Res Judicata under Chapter Eleven of Nafta, Hastings Int'l & Comp. L. Rev. 357, 2000, 23: 367.

② Report of the Panel, Argentina-Definitive Anti-Dumping Duties on Poultry from Brazil, WT/DS241/R, adopted 22 April 2003, para. 7.41.

仲裁庭作出的裁决，因此应拒绝行使管辖权。①

针对禁止反言的部分，专家组指出，禁止反言只适用于当事方明确同意或是例外情形下的默示同意。阿根廷在抗辩中指出，禁止反言的适用必须符合下列要件：①国家有清楚且明确的陈述；②国家是自愿且无条件地主张；③该主张必须被其他国家善意信赖。② 阿根廷指出，由于巴西已签署《奥利弗斯议定书》，在该议定书中有场所排除条款，禁止缔约方采取连续的诉讼程序，因此，巴西签订此议定书符合有清楚且明确的陈述，并且该陈述是自愿不附任何条件的授权，也因此，专家组应认定巴西受到其自身行为的拘束不得再提出申诉。然而，专家组最后认为，本案中由于巴西并没有作出明确表示其不会再重复提交相同案件到 WTO 的表示，专家组认为巴西向 MERCOSUR 仲裁庭提出案件时，《巴西利亚议定书》中并没有限制巴西不得就相同措施继续向 WTO 争端解决程序提出申诉的权利，因此，本案不适用禁止反言原则。针对阿根廷的抗辩，专家组认为巴西于 2002 年签订《奥利弗斯议定书》，该议定书并未开始生效，因此巴西无法受到该议定书的拘束，该议定书的义务也不会适用任何裁决。专家组进一步指出，通过《奥利弗斯议定书》的签订似乎可以反面推论出 MERCOSUR 的相同争端仍然可以提交到 WTO 争端解决程序，因此专家组认为，在《奥利弗斯议定书》生效前巴西将相同争端提交 WTO 争端解决程序似乎是可以预期的。至于阿根廷有无事实证明其已信赖巴西的陈述，专家组认为，没有任何事实可以证明阿根廷有积极信赖巴西所作的任何陈述。专家组指出，DSU 第 3 条第 2 款或条约法公约第 31 条规定指的是条约解释上的适用，因此与本案不同，进而驳回阿根廷的抗辩。最后，专家组指出，其不受非 WTO 争端解决程序所作判决的拘束。

---

① Report of the Panel, Argentina-Definitive Anti-Dumping Duties on Poultry from Brazil, WT/DS241/R, adopted 22 April 2003, para. 7. 18.

② Report of the Panel, Argentina-Definitive Anti-Dumping Duties on Poultry from Brazil, WT/DS241/R, adopted 22 April 2003, para. 7. 20.

本案似乎与既判力原则有高度关联，然而阿根廷并未以既判力原则提出抗辩。但是由于既判力原则的适用条件非常严格，在 WTO 与 RTA 争端解决机制管辖权冲突的情况下，援引该原则十分困难。特别是相同请求权基础这一要件在现实中几乎不能满足，因为争端当事方在不同争端解决程序中主张的诉因不同，一者主张违反 RTA 义务，另一者则主张违反 WTO 协定义务。①

综上所述，从 WTO 争端解决实践来看，场所选择原则、禁止重复诉讼原则以及既判力原则这三项国际法上传统管辖权规范，在 WTO 与 RTA 争端解决机制间管辖权冲突的调和上，无法达到定纷止争的功效。关于场所选择原则与禁止重复诉讼原则，除非争端当事方放弃其在 DSU 下的争端解决权限的明确表示，而且该表示成立且有效，否则即使争端案件先系属其他争端解决机制，而再向 WTO 争端解决机构请求争端解决，也不会因此影响争端当事方在 DSU 下请求争端解决的权利。而由于 WTO 与 RTA 争端解决机制间管辖权冲突不符合既判力原则所要求的请求权基础相同的要件，也无法适用，所以，前述国际法上三大传统管辖权规范，无论是在面对国际法院或是 WTO 争端解决机构与其他国际争端解决机制间所产生的管辖权冲突时，都无法作为有效的调和手段。因此，对于 WTO 与 RTA 争端解决机制间的管辖权冲突，无法凭借三大传统管辖权规范来进行调和，而应进一步在区域贸易协定争端解决规范与 WTO 争端解决实践中探寻可能的途径。

① 徐运良：《论协调 WTO 争端解决机制与 RTAs 争端解决机制管辖权冲突的原则》，载《法学杂志》2009 年第 3 期，第 138 页。

第四章　WTO与RTA争端管辖权冲突实证分析

第一节　阿根廷家禽案

一、案情简介

1997年，阿根廷对从巴西进口的家禽进行了倾销调查，并在2000年认定阿根廷的市场因巴西的倾销行为而受到损害，基于这种认定，阿根廷经济部决定对原产于巴西的家禽产品采取反倾销措施；而巴西则认为阿根廷在对倾销成立与否调查的发动、调查程序，以及最终对巴西家禽产品的反倾销措施，都有违《倾销与反倾销协定》的相关规定,① 因此，巴西向WTO争端解决机构寻求救济，并请求专家组判决，要求阿根廷取消其实施的反倾销措施。②

本案中巴西和阿根廷除为WTO成员之外，由于在1991年3月26日签署了建立南方共同市场的《亚松森条约》(Treaty of Asunción)③，同

① Report of the Panel, Argentina-Definitive Anti-Dumping Duties on Poultry from Brazil, WT/DS241/R, adopted 22 April 2003, para. 3. 1.

② Report of the Panel, Argentina-Definitive Anti-Dumping Duties on Poultry from Brazil, WT/DS241/R, adopted 22 April 2003, para. 3. 1.

③ Treaty Establishing a Common Market between the Argentine Republic, The Federal Republic of Brazil, November 29, 1991.

时也是“南方共同市场”的成员。在《亚松森条约》下，缔约方除针对贸易及反倾销措施另有约定外，也包含成立独立的南方共同市场仲裁庭，以解决区域贸易争端的《巴西利亚议定书》。①

在“阿根廷家禽案”中产生的争议，除实体上阿根廷是否违反 WTO《倾销与反倾销协定》之外，由于巴西在 2001 年 11 月向 WTO 争端解决机构提起诉讼前，已在 2000 年 8 月在南方共同市场就同一争端请求南方共同市场仲裁庭进行审理，2001 年南方共同市场仲裁庭裁定巴西败诉，② 因此，当巴西再将此案件提交请求 WTO 争端解决机构处理时，阿根廷主张本案已在区域贸易协定下的争端解决机构获得确定的裁决，WTO 专家组应拒绝审理巴西的申诉，③ 以避免不同争端解决机构间裁决发生冲突。

鉴定审判机构对管辖权的有无，是争端解决机构在审理争端前所必须首先解决的问题，因此，阿根廷请求 WTO 专家组应做出是否对本案行使管辖权的判断。④

二、当事方的主张

(一)阿根廷的主张

面对巴西主张阿根廷违反《倾销与反倾销协定》而向 WTO 争端解决机构提起申诉，阿根廷除重申该反倾销措施的适法性外，还认为在巴西向南方共同市场仲裁庭提诉并遭判决败诉确定后，WTO 专家组应该避免对同一案件再次进行审理。⑤ 此外，阿根廷提出，即使 WTO 专家组

---

① MERCOSUR/CMC/DEC. No 01/91: Protocol of Brasilia for the Solution of Controversies, Dec. 17, 1991.

② Report of the Panel, Argentina-Definitive Anti-Dumping Duties on Poultry from Brazil, WT/DS241/R, adopted 22 April 2003, para. 2. 10.

③ Report of the Panel, Argentina-Definitive Anti-Dumping Duties on Poultry from Brazil, WT/DS241/R, adopted 22 April 2003, para. 7. 17.

④ Id. Annex B-1, First Written Submission of Argentina, 9—15, B-5 toB-9.

⑤ Report of the Panel, Argentina-Definitive Anti-Dumping Duties on Poultry from Brazil, WT/DS241/R, adopted 22 April 2003, adopted 22 April 2003, para. 7. 17.

认为其可审理此案，也应受南方共同市场仲裁庭之前对同一案件裁决的拘束。①

阿根廷的主张和请求权基础主要基于如下理由。首先，阿根廷认为，巴西身为南方共同市场的成员，有义务遵守包括《亚松森条约》及《巴西利亚议定书》在内的条约规定，而且过往巴西和阿根廷运用南方共同市场仲裁庭裁决解决彼此纠纷，都为当事方接受南方共同市场仲裁制度的表现。然而，将案件提诉一争端解决机构后，出于对裁决结果不满的因素而再次向另一制度寻求救济，这种忽略前诉讼程序和结果的行为，显然将使争端复杂化并构成违反诚信原则。② 而且从巴西已签署的《奥利弗斯议定书》③约束 MERCOSUR 成员在南方共同市场仲裁庭仲裁后不得再向 WTO 提诉的规定来看，巴西的重复提诉也将违反禁止反言原则，④ 因此，阿根廷主张 WTO 争端解决机构应依一般国际法原则中的禁止反言原则拒绝受理巴西的申诉。⑤

此外，阿根廷也援引 DSU 第 3 条第 2 项以及"美国汽油标准案"WTO 上诉机构所阐释的 WTO 法规的适用不应偏离国际法基本原则的概念，⑥ 主张依据《维也纳条约法公约》第 31 条第 3 款 c 项规定，WTO 专家组解释适用 WTO 协定时，应同时考虑对当事方同样适用的其他国际

---

① Report of the Panel, Argentina-Definitive Anti-Dumping Duties on Poultry from Brazil, WT/DS241/R, adopted 22 April 2003, adopted 22 April 2003, para. 7. 17.

② Report of the Panel, Argentina-Definitive Anti-Dumping Duties on Poultry from Brazil, WT/DS241/R, adopted 22 April 2003, adopted 22 April 2003, para. 7. 18-. 19.

③ The Olivos Protocol for the Settlement of Disputes in MERCOSUR, Feb. 18, 2002, 42 I. L. M.

④ Report of the Panel, Argentina-Definitive Anti-Dumping Duties on Poultry from Brazil, WT/DS241/R, adopted 22 April 2003, adopted 22 April 2003, para. 7. 18, 7. 20.

⑤ Report of the Panel, Argentina-Definitive Anti-Dumping Duties on Poultry from Brazil, WT/DS241/R, adopted 22 April 2003, para. 7. 20.

⑥ Report of the Panel, Argentina-Definitive Anti-Dumping Duties on Poultry from Brazil, WT/DS241/R, adopted 22 April 2003, para. 7. 21.

法规范,① 而本案中基于巴西和阿根廷应履行《巴西利亚议定书》的义务，阿根廷主张南方共同市场仲裁庭作出的裁决也是 WTO 争端解决机构应加以考虑并适用的国际法，所以 WTO 专家组对本案争端的裁判，应受 MERCOSUR 特别仲裁庭裁决的拘束。②

(二)巴西的主张

面对阿根廷主张 WTO 争端解决机构应拒绝审理本案，巴西则主张南方共同市场仲裁庭审理的争端和其向 WTO 专家组请求救济的争端并不相同，并认为禁止反言原则不适用于本案。③

首先，巴西表示其在南方共同市场仲裁庭中主张的是阿根廷违反 MERCOSUR 下的反倾销协议，至于本案中巴西所请求审理的，是阿根廷对 WTO《倾销与反倾销协定》的违反,④ 鉴于巴西是依据不同条约提起诉讼，即使巴西向不同争端解决机构寻求复数裁决，也不会构成国际法义务的违反。⑤

其次，对"当事方间达成协议后，国家不应做出违反其原先承诺事项的行为"⑥的禁止反言原则，巴西认为，单从其将争端提交南方共同市场仲裁庭，并不能得出巴西同意不将此争端提交 WTO 争端解决的结论。此外，巴西也主张，即使其签署了包括禁止成员就同一争议不得再

---

① Report of the Panel, Argentina-Definitive Anti-Dumping Duties on Poultry from Brazil, WT/DS241/R, adopted 22 April 2003, adopted 22 April 2003, para. 7. 21.

② Report of the Panel, Argentina-Definitive Anti-Dumping Duties on Poultry from Brazil, WT/DS241/R, adopted 22 April 2003, adopted 22 April 2003, para. 7. 21.

③ Report of the Panel, Argentina-Definitive Anti-Dumping Duties on Poultry from Brazil, WT/DS241/R, adopted 22 April 2003, adopted 22 April 2003, para. 7. 21.

④ Report of the Panel, Argentina-Definitive Anti-Dumping Duties on Poultry from Brazil, WT/DS241/R, adopted 22 April 2003, adopted 22 April 2003, para. 7. 22.

⑤ Report of the Panel, Argentina-Definitive Anti-Dumping Duties on Poultry from Brazil, WT/DS241/R, adopted 22 April 2003, adopted 22 April 2003, para. 7. 22.

⑥ Report of the Panel, Argentina-Definitive Anti-Dumping Duties on Poultry from Brazil, WT/DS241/R, adopted 22 April 2003, adopted 22 April 2003, para. 7. 22.

向 WTO 寻求救济条款的《奥利弗斯议定书》，因巴西先前在南方共同市场仲裁庭所提起的争端解决，是根据《巴西利亚议定书》进行的裁决，因此并无理由援引《奥利弗斯议定书》的条款，认定巴西有明确放弃向 WTO 寻求救济的意思表示，况且也无理由认为后签署的《奥利弗斯议定书》可适用已依《巴西利亚议定书》裁决完毕的案件。总之，巴西不认为本案有禁止反言原则适用的可能。①

最后，巴西认为 DSU 第 3 条第 2 款仅处理 WTO 争端解决机构对 WTO 协定解释的问题，② 特别是要求专家组应在 WTO 协定被违反时做出正确的裁决，保护其他成员利益，而非如阿根廷所主张 WTO 专家组必须遵循其他国际审判机构裁决的义务，因此，WTO 专家组并不须遵循南方共同市场仲裁庭的判决结果。③

综上所述，巴西认为，阿根廷主张 WTO 专家组应拒绝行使对本案管辖权的请求没有理由，并主张 WTO 争端解决机构拒绝受理巴西的申诉，将侵害巴西在 WTO 协定下可享有的权利。

(三)第三方的主张

对于本案 WTO 专家组管辖权有无的争议，诉讼当事方以外的第三方也发表了下列意见。

1. 认为 WTO 专家组应对本案行使管辖权

首先，智利认为，鉴于巴西在 MERCOSUR 及 WTO 下分别提出的诉讼牵涉的法律争议并不相同，因此，巴西向 WTO 的申诉并无任何问题。④

---

① Report of the Panel, Argentina-Definitive Anti-Dumping Duties on Poultry from Brazil, WT/DS241/R, adopted 22 April 2003, adopted 22 April 2003, para. 7. 22.

② Report of the Panel, Argentina-Definitive Anti-Dumping Duties on Poultry from Brazil, WT/DS241/R, adopted 22 April 2003, adopted 22 April 2003, para. 7. 23.

③ Report of the Panel, Argentina-Definitive Anti-Dumping Duties on Poultry from Brazil, WT/DS241/R, adopted 22 April 2003, adopted 22 April 2003, para. 7. 23.

④ Report of the Panel, Argentina-Definitive Anti-Dumping Duties on Poultry from Brazil, WT/DS241/R, adopted 22 April 2003, adopted 22 April 2003, para. 7. 25.

其次，欧盟指出，DSU第3条第2款仅是对WTO条款解释适用的规定，而非对WTO可适用法律渊源的规定；而且由于南方共同市场仲裁庭判决和本案涉及反倾销协议解释适用间欠缺明显关联性，因此并无援引《维也纳条约法公约》而使MERCOSUR判决得以在WTO后审案件中被遵循的理由。① 此外，欧盟还认为参照WTO上诉机构在“欧共体香蕉I案”②对禁止反言原则要件及适用作出的解释，无论从前诉讼适用的《巴西利亚议定书》或是巴西先前于MERCOSUR提诉后从未再向WTO寻求救济的行为而言，都无法得出巴西有明确放弃就该争端再向WTO提出申诉的表示，因此并无禁止反言原则适用的可能。③

美国对本案件则表示，南方共同市场仲裁庭所审理的案件中，巴西所主张的并非阿根廷违反WTO协定，而是MERCOSUR的义务；④ 因此，根据DSU第7条第1款，由于WTO争端解决机构所处理的事项限于成员对WTO义务违反的判断，所以当阿根廷在本案中并未提出《巴西利亚议定书》的违反与巴西违反WTO协定关联的说理时，该争端并不属于WTO争端解决机构可管辖案件。退一步而言，即使巴西确实违反《巴西利亚议定书》，由于《巴西利亚议定书》不属于WTO协定下的争端，所以如果阿根廷确实希望对巴西不遵守《巴西利亚议定书》的行为请求裁判，此时阿根廷也应将该争端向MERCOSUR争端解决机制提诉以寻求救济，所以阿根廷的主张并不影响WTO专家组对本案的审理和管辖权的行使。⑤

① Report of the Panel, Argentina-Definitive Anti-Dumping Duties on Poultry from Brazil, WT/DS241/R, adopted 22 April 2003, adopted 22 April 2003, para. 7. 26.

② GATT Report of the Panel, EEC-Member States' Import Regimes for Bananas, DS21/R (June 3, 1993) (unadopted report), para. 361.

③ Report of the Panel, Argentina-Definitive Anti-Dumping Duties on Poultry from Brazil, WT/DS241/R, adopted 22 April 2003, adopted 22 April 2003, para. 7. 27.

④ Report of the Panel, Argentina-Definitive Anti-Dumping Duties on Poultry from Brazil, WT/DS241/R, adopted 22 April 2003, adopted 22 April 2003, para. 7. 31.

⑤ Report of the Panel, Argentina-Definitive Anti-Dumping Duties on Poultry from Brazil, WT/DS241/R, adopted 22 April 2003, adopted 22 April 2003, para. 7. 30.

对于本案是否存在禁止反言原则适用的争议，美国认为 WTO 体系下并无禁止反言原则存在及可适用的明文规定，WTO 争端解决实践中争端解决机构也未曾援引或适用该原则。任意将 DSU 以外的规定纳入考虑范围，或是任意将少数成员之间缔结的协议纳入考虑，并允许其影响 WTO 专家组对争端的管辖权，将危害 WTO 全体成员共同同意遵循的 DSU 运作的情形，美国反对以禁止反言原则作为决定 WTO 争端解决机构是否有管辖权的依据。①

2. 反对 WTO 专家组对本案行使管辖权

和前述国家的主张相反，巴拉圭认为，WTO 争端解决机构对本案没有管辖权，因此 WTO 专家组不应对本案行使管辖权。

巴拉圭主张的依据是《巴西利亚议定书》第 21 条，该条规定各成员均应受已裁决案件的拘束，而且不可对裁决再行上诉。因此，争议措施经南方共同市场仲裁庭作出裁决后，应适用“既判力原则”，本着一般国际法原则，WTO 争端解决机构自然不应再对争议措施重复审理。②此外，巴拉圭并以 MERCOSUR 下新签订的争端解决协议《奥利弗斯议定书》为佐证，认为即使巴西拥有选择将案件提诉 WTO 争端解决机构或南方共同市场仲裁庭的权利，但是案件一旦系属任一机构，或经任一机构作出裁决，巴西将案件提诉另一机构的权利将被剥夺，而不得请求其他争端解决机构再次审理同一案件。因此，巴拉圭主张 WTO 争端解决机构对本案没有管辖权。③

三、专家组的分析与裁决

WTO 专家组对本案有无管辖权的争议，可从以下三个方面进行分

① Report of the Panel, Argentina-Definitive Anti-Dumping Duties on Poultry from Brazil, WT/DS241/R, adopted 22 April 2003, adopted 22 April 2003, para. 7. 31.

② Report of the Panel, Argentina-Definitive Anti-Dumping Duties on Poultry from Brazil, WT/DS241/R, adopted 22 April 2003, adopted 22 April 2003, para. 7. 28.

③ Report of the Panel, Argentina-Definitive Anti-Dumping Duties on Poultry from Brazil, WT/DS241/R, adopted 22 April 2003, adopted 22 April 2003, para. 7. 29.

析：①成员方是否违背遵守条约的诚信原则(principle of good faith)；②巴西向WTO争端解决机构申诉是否违反禁止反言原则；③WTO争端解决机构审理此案是否会受南方共同市场仲裁庭判决拘束。

(一)成员方是否违背遵守条约的诚信原则

对于巴西是否依诚信原则履行条约义务，专家组援引了上诉机构在美国补偿法案(伯德修正案)①中的主张，表示对证明一国未依诚信遵循其所签订的条约，除必须举出一国违反条约义务的事实外，还必须证明其对条约义务的违反是出于"故意"而非仅为单纯"过失"。然而，由于阿根廷在本案中并未主张审议巴西违反禁止其重复提诉的条约，因而在第一个要件的检验上即不成立，所以巴西并未违反诚信原则。②

(二)巴西向WTO争端解决机构申诉是否违反禁止反言原则

关于本案中是否适用禁止反言原则，专家组首先赞同对禁止反言原则的要件应参考欧盟在"欧共体香蕉Ⅰ案"中的主张，③认为禁止反言原则仅在当事方间已存有明确合意时才适用，④然而本案中巴西在签署《巴西利亚议定书》时，并未明确约定当事方对争端向南方共同市场仲裁庭提起仲裁后，将放弃向WTO提起诉讼的权利，因此也不可将巴西向南方共同市场仲裁庭提起仲裁的行为，解释为巴西有放弃向WTO提诉的表示，因此，巴西向WTO争端解决机构提诉请求判决，并没有违反禁止反言原则，巴西向WTO请求解决争端的权利也不因

---

① Report of the Appellate Body, United States-Continued Dumping and Subsidy Offset Act of 2000, WT/DS217/AB/R, WT/DS234/AB/R, adopted Jan. 27, 2003.

② Report of the Panel, Argentina-Definitive Anti-Dumping Duties on Poultry from Brazil, WT/DS241/R, adopted 22 April 2003, adopted 22 April 2003, para. 7. 36.

③ Report of the Panel, Argentina-Definitive Anti-Dumping Duties on Poultry from Brazil, WT/DS241/R, adopted 22 April 2003, adopted 22 April 2003, para. 7. 38.

④ GATT Report of the Panel EEC－Member States' Import Regimes for Bananas, DS21/R (June 3, 1993)(unadopted report), para. 361.

此而受到影响。①

（三）WTO 争端解决机构审理此案是否会受南方共同市场仲裁庭裁决拘束

专家组在审视 DSU 第 3 条第 2 款以及条约法公约第 31 条的规定后，认定这两个条文是关于条约解释的规定，② 但是本案中阿根廷并未要求专家组应该采用特定的条约"解释方式"，而是要求以特定方式适用所涉及规则，专家组认为该主张早已超出 DSU 第 3 条第 2 款及条约法公约第 31 条的范围，而没有接受阿根廷的主张。至于 WTO 专家组对案件的认定是否受 MERCOSUR 判决的影响，由于 DSU 第 3 条第 2 款和其他条文中，没有 WTO 专家组应遵循南方共同市场仲裁庭或其他争端解决机构裁决的规定，因此，专家组没有任何理由接受其他争端解决机构裁决的拘束，③ 类似的观点贯穿 WTO 争端解决的报告，WTO 争端解决的当事方都未曾主张存在先例约束原则，④ 因此承认非 WTO 争端解决机构裁决的约束力的难度可想而知。换言之，虽然 WTO 规则是由各成员方达成的协定组成，具有国际法效力，但是 WTO 争端解决报告不是各成员方达成的协定，而仅是专家组或上诉机构对 WTO 规则的适用，其本身不能成为 WTO 规则的一部分。⑤ 基于这样的认识，专家组认为，阿根廷的这项主张没有任何依据，专家组无须拒绝行使对本

① Report of the Panel, Argentina-Definitive Anti-Dumping Duties on Poultry from Brazil, WT/DS241/R, adopted 22 April 2003, adopted 22 April 2003, para. 7. 38.

② Report of the Panel, Argentina-Definitive Anti-Dumping Duties on Poultry from Brazil, WT/DS241/R, adopted 22 April 2003, adopted 22 April 2003, para. 7. 41.

③ Report of the Panel, Argentina-Definitive Anti-Dumping Duties on Poultry from Brazil, WT/DS241/R, adopted 22 April 2003, adopted 22 April 2003, para. 7. 40.

④ 韩立余：《WTO 争端解决中的案例法方法》，载《现代法学》2008 年第 3 期，第 127 页。

⑤ 江必新、程琥：《论判例在 WTO 争端解决中的适用》，载《法律适用》2010 年第 2、3 期，第 75 页。

案的管辖权。①

四、评析

（一）国际法原则似可调和WTO与RTA管辖权冲突，但存在限制

专家组审查了诚信原则与禁止反言原则，以作为限制管辖权的来源。专家组虽然没有解释其审查这些国际法原则的理由，② 但可以将其视为专家组固有管辖权（inherent jurisdiction）的有效行使。③

专家组在本案指出，诚信原则作为WTO法律原则之一，在WTO中有特殊的含义。阿根廷在本案并未主张巴西未诚信遵守DSU的规定，然而事实上，阿根廷似乎也不容易证明巴西相继对同一措施采取诉讼的行为符合DSU本身有关诚信原则的规定。例如，有关成员诉诸WTO争端解决程序的决定，上诉机构在"墨西哥饮料案"曾引用诚信原则解释DSU第3条第7款。上诉机构认为，根据DSU第3条第7款的规定，有关成员提诉时，应判断在本程序下的行为能否获得有效的结果的规定，反映出成员方应以诚信诉诸WTO争端解决，而非任意提出（frivolously set in motion）DSU程序。然而，上诉机构也表示，当成员方提出成立专家组的请求时，WTO争端解决机构必须假设该成员已适当（duly）以诚信判断诉诸专家组能否获得有效的结果。④ 鉴于此，巴西在MERSOUR和WTO相继提诉的行为能否被证明为"任意提出"或"无法获得有效的结果"似有疑问。此外，阿根廷能否通过DSU第3条第10

① Report of the Panel, Argentina-Definitive Anti-Dumping Duties on Poultry from Brazil, WT/DS241/R, adopted 22 April 2003, adopted 22 April 2003, para. 7.42.

② Andrew D. Mitchell: Good Faith in WTO Dispute Settlement, MELB. J. INT'L L, 2006, 7: 339.

③ Andrew D. Mitchell: Good Faith in WTO Dispute Settlement, MELB. J. INT'L L, 2006, 7: 357.

④ Report of the Appellate Body, Mexico-Anti-Dumping Investigation of High Fructose Corn Syrup (HFCS) from the United States, WT/DS132/AB/R, adopted 22 October 2001, para. 74.

款主张巴西未能在WTO争端解决程序下以诚信致力解决其争端？依据Mitchell的主张，该项规定应被解读为要求成员方对争端解决保持开放的态度，不论是通过双方满意的解决或遵守DSB的建议或裁决，该义务可能因拒绝与成员磋商或参与诉讼程序而被违反，然而不包括未履行正当程序，例如，当事方迟延提出抗辩的情形。① 鉴于此，巴西的提诉行为似乎也未构成“未以诚信致力解决其争端”。何况，WTO成员或许将难以认同在WTO争端解决程序下的申诉行为将构成未能在WTO争端解决程序下以诚信致力解决其争端的矛盾结果。

其次，专家组在本案似乎指在诚信原则与固有管辖权的关系下，禁止反言原则有适用的空间。专家组似乎不排除成员以禁止反言原则作为有效的主张，使专家组拒绝行使管辖权。特别是，专家组接受阿根廷对禁止反言原则内涵的解释，即在符合有清楚和明确的事实陈述、该事实陈述为自愿无条件而且经授权、被善意信赖的情形下，可以适用禁止反言原则，② 并以此作为基础审查本案是否符合上述要件，有助于该原则的法律确定性。本案中阿根廷无法有效主张禁止反言原则的关键在于，专家组认为，本案的事实为巴西并未作出其在MERCOSUR提诉后，将不会就相同争议向WTO提诉的承诺。而含有场所排除条款的《奥利弗斯议定书》尚未生效，无法适用本案。因此，如果未来RTA场所排除条款已生效，而且可被理解为当事方明示同意禁止在RTA提诉后另外向WTO提诉的清楚明确的陈述，同时当事方也对此具有信赖利益，似乎有一定的空间，以此作为专家组拒绝行使管辖权的理由。

（二）专家组未考虑WTO与RTA裁决冲突

本案是有关WTO成员在RTA争端解决程序中得到不利裁决时，再向WTO重新申诉的问题。从本案适用的结果来看，“同一反倾销措施”

① Andrew D. Mitchell：Good Faith in WTO Dispute Settlement，MELB. J. INT‘L L，2006，7：353.

② Tim Graewert，Conflicting Laws and Jurisdictions in the Dispute Settlement Process of Regional Trade Agreements and the WTO，CONTEMP. ASIA ARB. J，2008，1(2)：302.

先后于 RTA 与 WTO 依据"同一 WTO《倾销与反倾销协定》"审理并获得相反的裁决，巴西在 MERCOSUR 获得败诉，却在 WTO 获得胜诉。对阿根廷而言，WTO 争端解决程序显然改变了本争端在 MERCOSUR 仲裁庭的实质结果，对其信赖 RTA 争端解决程序造成不利的影响，事实上也产生了 WTO 与 RTA 间的义务冲突。从 WTO 与 RTA 争端解决机制的互动关系而言，一方面，MERCOSUR 仲裁裁决可能因 WTO 专家组的裁决而"实质上"不具有终局性，使其成员必须面对场所选择下双重诉讼带来的裁决冲突风险；另一方面，WTO 争端解决机构似乎也将因此"间接"成为 RTA 争端机构的"上级"机构，对成员方在 RTA 架构下的贸易关系享有较高的合法性地位。这样不仅不利于 RTA 法律秩序体系的发展，还增加了国际贸易法律秩序不确定的风险。因为即使 RTA 争端解决机构在 RTA 架构下，适用解释"同一 WTO 贸易协议"，RTA 裁决仍可能因 WTO 的裁决而被否决。在 WTO 与 RTA 争端解决机构相互间不具有上下层级关系的情形下，WTO 裁决显然将干扰 RTA 的司法秩序。专家组在本案并未与 MERCOSUR 有任何程序合作或互动，也未在其裁决中对 MERCOSUR 裁决给予一定的尊重或考虑，显示了 WTO 争端解决体系隔绝于 RTA 司法秩序之外。

第二节　墨西哥饮料案

一、案情简介

依据原 NAFTA① 在 2008 年达成协定要求的完全自由贸易，在墨西哥转变为蔗糖剩余生产国前，在符合第 70 条第 3 款第 2 项及附件第 3

① 《北美自由贸易协定》包括美国、加拿大和墨西哥，三国于 1992 年 8 月 12 日签署，并于 1994 年 1 月 1 日生效，宣布成立北美洲贸易自由区。该协定内容为自由贸易区内国家的货物可以相互流通并免除关税，并规定 3 国须 15 年内撤除所有贸易壁垒，包括非关税贸易壁垒，如配额(quota)、进口许可证(import license)、进口保证金(import deposit)及外汇管制(foreign exchange control)等，但对于区域外的国家，仍可以继续维持关税等贸易壁垒。

条第2款“剩余生产者”(surplus producer)的要件下，允许墨西哥将过剩的蔗糖免税出口美国，但美国却未给予墨西哥蔗糖市场准入待遇；而美国认为，在NAFTA约定15年内完全撤销贸易壁垒前，墨西哥可以免税输入美国的蔗糖仍有数量限制。但这一规定遭到美国国内相关产业的强烈反对，美国政府在这种压力下，请求与墨西哥协商修改NAFTA相关条款，双方谈判后终于就NAFTA的修订达成一致，但案发时草案还未正式生效。因此，墨西哥要求美方执行原定NAFTA下关于蔗糖的协议，而遭到美国的拒绝。1998年墨西哥依据NAFTA一般争端解决机制提出申诉，但因美国对NAFTA仲裁小组成员选定程序的阻挠，导致仲裁小组一直无法成立，也使得NAFTA争端解决程序未能进行。

为报复美国限制蔗糖进口配额，墨西哥国会于2001年12月通过一项生产与服务特别税(IEPS)法案，根据该法案，自2002年1月1日起，墨西哥对从美国进口的不含酒精饮料及其他使用非蔗糖，即高果糖玉米糖浆(High Fructose Corn Syurp，HFCS)的甜味剂饮料，课征20%的饮料税(HFCS soft-drinks tax)；对提供不含酒精饮料及其他使用非蔗糖的甜味饮料的服务者课征20%服务税(distribution tax)，该服务包括委托、中介、代理、代表、经纪及销售。①

2004年4月16日美国依据WTO《关于争端解决规则与程序的谅解》第4条及GATT第22条，对墨西哥将使用非蔗糖的饮料及其他酒精予以课税的措施，在WTO下向墨西哥提出磋商请求。美国认为，墨西哥的3项课税违反GATT第3条的规定，尤其明显违反了第3条第2款和第4款的规定。2004年5月13日当事方经磋商后未能就争议达成双方满意的解决。2004年6月10日美国依据DSU第6条的规定，请求就本争端成立专家组。

专家组于2005年6月27日提出临时报告，并于同年8月8日向当

---

① Report of the Panel, Mexico-Tax Measures on Soft Drinks and Other Beverages, WT/DS308/R, adopted 7 October 2005, para. 4. 3.

事方发布最后报告。专家组裁决的结论及建议①主要如下。

①关于本案的管辖权，专家组审查后认为，根据 DSU 的规定，专家组对本案的管辖权并没有自由选择的决定权，而且本案并不存在管辖上的法律障碍，因此，专家组不得拒绝审理本案。

②关于墨西哥课征饮料税及服务税，专家组认为墨西哥的课税措施违反 GATT 第 3 条第 2 款和第 4 款的规定。

③关于墨西哥主张其课税措施符合 GATT 第 20 条 d 款规定的例外情形，专家组认为，争议措施并不符合为确保执行法令的必要措施，因为美国不履行在 NAFTA 中对于墨西哥的义务，并不违反 GATT 1994 的规定，所以，墨西哥的措施也不构成 GATT 第 20 条例外的情形。

④依据 DSU 第 3 条第 8 款的规定，成员如有违反涵盖协定所规定的义务的情形，即可视为具有形式上的证据而构成对成员利益的剥夺或减损。因此，专家组认为，本案墨西哥的课税措施违反 GATT 1994 的规定，美国的主张符合 GATT 的规定。

2005 年 12 月 6 日墨西哥正式向 DSB 提出上诉，主张对专家组报告中关于无管辖权部分，以及符合 GATT 第 20 条 d 款例外情形部分提出上诉。2006 年 1 月 6 日，美国就本案也提出上诉。

对于墨西哥的上诉，WTO 上诉机构于 2006 年 3 月 6 日提交上诉报告，其裁决结论重点如下。②

①上诉机构维持专家组报告关于墨西哥主张 WTO 应拒绝审理本案的结论，即依据 DSU 的规定，专家组对本案的管辖权没有自由选择的决定权。

②上诉机构维持专家组报告关于墨西哥主张其课税措施符合 GATT 第 20 条例外情形的结论，即墨西哥的课税措施并不符合为确保执行法

① Report of the Panel, Mexico-Tax Measures on Soft Drinks and Other Beverages, WT/DS308/R, adopted 7 October 2005, paras. 9. 2~9. 5.

② Report of the Appellate Body, Mexico-Tax Measures on Soft Drinks and Other Beverages, WT/DS308/AB/R, adopted 6 March 2006, paras. 8. 5~8. 6.

令的必要措施。

③上诉机构驳回墨西哥在上诉中提出专家组没有履行 DSU 第 11 条规定的义务的主张，上诉机构维持专家组报告认定在本案的客观环境下，墨西哥未能证明争议措施是确保法令得到遵守的必要措施。

④总而言之，上诉机构维持专家组报告关于墨西哥的课税措施并不构成 GATT 第 20 条 d 款规定的例外情形的结论。

二、当事方的主张

美国提出墨西哥自 2002 年 1 月 1 日起即对饮料及果汁课以歧视性税率，而对其国内蔗糖工业却采取优惠待遇，违反了 GATT 1994 第 3 条第 2 款和第 4 款的义务。具体而言，墨西哥国会于 2001 年 12 月核准生产与服务特别税修正法案，对于进口的使用高果糖玉米糖浆甜味剂的饮料和果汁课征 20%的饮料税，并对提供这些饮料和果汁的服务者课征 20%的服务税，生产与服务特别税法案自 2002 年 1 月 1 日起生效。①

墨西哥则认为，依据 NAFTA 第 703 条第 2 款与附录 703 条第 2 款的规定，在符合“生产者剩余”(Surplus Producer)要件下，NAFTA 容许墨西哥将过剩的蔗糖免税销售至美国。在 NAFTA 中，墨西哥取得一个最低保证的免税配额而得以进入美国市场。美国认为，如果墨西哥的蔗糖可以免税进入美国，会影响美国蔗糖的价格并降低利润，因此，美国蔗糖产业给华盛顿施加压力，反对 NAFTA。加上墨西哥饮料产业以往是采用蔗糖，但现在认为采用高果糖玉米糖浆有可能降低成本，美国担心会导致蔗糖剩余量增加，因此限制墨西哥的蔗糖进入美国市场。②

---

① Report of the Panel, Mexico-Tax Measures on Soft Drinks and Other Beverages, WT/DS308/R, adopted 7 October 2005, paras. 4. 3～4. 4.

② Report of the Panel, Mexico-Tax Measures on Soft Drinks and Other Beverages, WT/DS308/R, adopted 7 October 2005, paras. 4. 79～4. 84.

（一）美国的主张

美国针对墨西哥的课税措施向 WTO 提起申诉，主张该措施违反 GATT 第 3 条的规定，其主要理由如下。①

①就饮料和果汁的目的而言，蔗糖是高果糖玉米糖浆的直接竞争性及可替代性的甜味剂，在墨西哥国内，全部的甜味剂是蔗糖。因此，墨西哥的生产与服务特别税是国内税，对进口以高果糖玉米糖浆为甜味剂的饮料和糖浆课以 20%的饮料税以及服务税，不符合 GATT 第 3 条第 2 款和第 4 款的规定，违反了国民待遇原则。

②生产与服务特别税不符合 GATT 第 3 条第 2 款的规定：①以高果糖玉米糖浆为甜味剂的饮料和糖浆，与以蔗糖为甜味剂的饮料和糖浆为“同类产品”(like products)；②含高果糖玉米糖浆的饮料和糖浆的税率高过含蔗糖的饮料和糖浆，而生产与服务特别税则免除含蔗糖的饮料和糖浆的税赋；③高果糖玉米糖浆和蔗糖是具有直接竞争性或具可替代性的产品，而二者却适用不同的税率。②

③生产与服务特别税不符合 GATT 第 3 条第 4 款的规定：①生产与服务特别税是一项足以影响高果糖玉米糖浆的法律；②生产与服务特别税给予高果糖玉米糖浆较差的待遇。

（二）墨西哥的主张

墨西哥指出，生产与服务特别税课税法案虽违反了 GATT 第 3 条的规定，但该课税措施应符合 GATT 第 20 条第 4 款的例外规定，③ 其理

① Report of the Panel, Mexico-Tax Measures on Soft Drinks and Other Beverages, WT/DS308/R, adopted 7 October 2005, paras. 4. 3～4. 70.

② Report of the Panel, Mexico-Tax Measures on Soft Drinks and Other Beverages, WT/DS308/R, adopted 7 October 2005, paras. 4. 71～4. 138.

③ 参见《关税与贸易总协定》第 20 条第 4 款：“为保证与本协定规定不相抵触的法律或法规得到遵守所必须的措施，包括与海关执法、根据第 2 条第 4 款和第 17 条实行有关垄断、保护专利权、商标和版权以及防止欺诈行为有关的措施。”

由如下。

①生产与服务特别税法案是作为确保美国执行 NAFTA 协议的必要措施，所以是符合 GATT 第 20 条第 4 款所规定的措施。

②GATT 第 24 条允许缔约方建立自由贸易区及关税同盟，NAFTA 是依据 GATT 1994 协议授权而建立，因此符合第 20 条第 4 款中不与 GATT 规定相抵触的要件。

③GATT 第 20 条第 4 款所认定的“必要的”，必须是唯一、无可替代的方式，而生产与服务特别税是以确保美国执行 NAFTA 的“必要的”措施。

另外，墨西哥认为本案争端的关键因素起于 NAFTA，美国所提出 GATT 第 3 条的主张，与 NAFTA 争端具有不可分割的相互关联，仅有 NAFTA 仲裁小组可以整体解决本争端。因本案涉及两个 NAFTA 成员，而且与 NAFTA 条款有关，所以应在 NAFTA 下处理，仅有 NAFTA 仲裁小组能审理有关 NAFTA 的请求，本案不适宜在 WTO 争端解决机制下审理。因此，墨西哥建议专家组应拒绝行使本案的管辖权，将本案由 NAFTA 争端解决机构处理，只有这样才能整体上解决美国与墨西哥之间的所有争端。①

(三)第三方的主张

对于专家组是否应拒绝行使管辖权，其他 WTO 成员也提出了其各自的意见。

首先，加拿大认为，依据 DSU 中第 3 条第 2 款和第 11 条的规定，WTO 争端解决机构的目的在于保障成员方在 WTO 协定下的权利，并对申诉案件有作出客观裁决的义务；② 其次，由于美国在本案所争执的是其 GATT 下权益遭受损害，所以在 DSU 中没有其他条文显示专家组可

---

① Report of the Panel, Mexico-Tax Measures on Soft Drinks and Other Beverages, WT/DS308/R, adopted 7 October 2005, para. 4. 102.

② Report of the Panel, Mexico-Tax Measures on Soft Drinks and Other Beverages, WT/DS308/R, adopted 7 October 2005, para. 5. 13.

以援引“诉讼经济原则”拒绝对案件裁判时，依 DSU 第 7 条第 1 款和第 3 条第 4 款的规定，专家组不能以此为由拒绝行使管辖权。① 此外，加拿大还提及上诉机构在澳大利亚影响鲑鱼进口措施案中的主张：“在争端解决机制下援引诉讼经济原则时，必须谨记争端解决机构负有确保提请其解决的案件能获得有效处理的义务”，② 并主张除非专家组确定美、墨的争端一定可以获得有效的处理，否则即不应拒绝行使管辖权。③

中国在本案中表示，根据 DSU 第 7 条和第 11 条的规定，WTO 争端解决机构并无拒绝执行其法定职务（statutory function）的权力，④ 而且拒绝对本案行使管辖权将危害 WTO 法律体系的稳定性，因而反对 WTO 争端解决机构拒绝行使管辖权。⑤

欧盟则主张，墨西哥援引的诉讼经济原则只为使专家组能减缩与案件解决无关或者非必要部分声明裁判而设，因此“诉讼经济原则”并非争端解决机构拒绝行使本案管辖权的适当理由。⑥ 此外，纵使美国和墨西哥间之争端可能全部或部分再次于其他国际协议下发生，但仍不影响 WTO 争端管辖机构对案件应行使的管辖权，⑦ 而且 DSU 第 11 条规定，WTO 争端解决机构必须对争议案件作出裁决。⑧

---

① Report of the Panel, Mexico-Tax Measures on Soft Drinks and Other Beverages, WT/DS308/R, adopted 7 October 2005, para. 5. 15.

② Report of the Appellate Body, Australia-Measures Affecting Importation of Salmon, WT/DS18/AB/R, adopted 20 October 1998, para. 223

③ Report of the Panel, Mexico-Tax Measures on Soft Drinks and Other Beverages, WT/DS308/R, adopted 7 October 2005, para. 5. 16.

④ Report of the Appellate Body, Mexico-Tax Measures on Soft Drinks and Other Beverages, WT/DS308//AB/R, adopted 6 March 2006, para. 34.

⑤ Report of the Appellate Body, Mexico-Tax Measures on Soft Drinks and Other Beverages, WT/DS308//AB/R, adopted 6 March 2006, para. 34.

⑥ Report of the Panel, Mexico-Tax Measures on Soft Drinks and Other Beverages, WT/DS308/R, adopted 7 October 2005, para. 5. 35.

⑦ Report of the Panel, Mexico-Tax Measures on Soft Drinks and Other Beverages, WT/DS308/R, adopted 7 October 2005, para. 5. 37.

⑧ Report of the Appellate Body, Mexico-Tax Measures on Soft Drinks and Other Beverages, WT/DS308//AB/R, adopted 6 March 2006, para. 36.

最后，危地马拉表示，根据DSU第6条第1款、第2款和第7条的规定，WTO专家组对本案应享有管辖权，① 但危地马拉也提醒其他WTO成员，在自由贸易协议下有另外建立争端解决机构并选择以该争端解决机构处理彼此间争端的自由。②

三、专家组的分析与裁决

在“墨西哥饮料案”中，墨西哥提出管辖权的问题作为争端解决程序的初步主张，但专家组驳回了墨西哥的请求。专家组裁决的主要内容如下。

（一）墨西哥关于管辖权的异议

墨西哥认为，本案的争端起源于NAFTA中关于蔗糖的双边贸易争端，因此，本案应由NAFTA争端解决机构处理，才能彻底解决。墨西哥主张WTO专家组应拒绝行使本案管辖权的理由大致如下。

1. 本案的争端起源于NAFTA中关于糖业的双边贸易争端

（1）在NAFTA下，墨西哥与美国间就蔗糖的市场准入已达成协议

蔗糖产业在墨西哥的32个州里占了15个州，并对许多乡镇来说是一个经济和社会发展的主要来源。墨西哥糖业跟世界标准比起来，尤其是与美国高果糖玉米糖浆及糖业相较之下，规模较小也较零星，而且多半由大量的小型或中小型糖厂组成。然而，相较于美国，糖业对墨西哥来说是重要的产业，也是墨西哥政府提供给贫困市民的社会福利和当地的就业机会，这一重要特性墨西哥已在加入GATT和NAFTA的承诺中载明。③

---

① Report of the Panel, Mexico-Tax Measures on Soft Drinks and Other Beverages, WT/DS308/R, adopted 7 October 2005, paras. 5.68~5.69.

② Report of the Panel, Mexico-Tax Measures on Soft Drinks and Other Beverages, WT/DS308/R, adopted 7 October 2005, para. 5.75.

③ Report of the Panel, Mexico-Tax Measures on Soft Drinks and Other Beverages, WT/DS308/R, adopted 7 October 2005, para. 4.77.

在 NAFTA 协商时期（1991—1992 年），就三国农业作最初磋商时，由于 GATT 乌拉圭回合谈判将农产品贸易议题包括在内，最后，NAFTA 谈判小组认为，大多数农业事项应纳入多方贸易协议。所以，NAFTA 中只有少数特定一般规范是以 NAFTA 成员三方制定，而部分特定承诺是基于双边协商制定。而 NAFTA 附录 703. 2 的 A 段中，美国和墨西哥都同意所列糖类及糖浆的贸易处理规则，也都同意通过制定两国共同外部关税及削减有关双边贸易关税及壁垒，朝共同区域市场迈进。

而在 NAFTA 达到自由贸易前的过渡期，双方协议就农产品在一定的最低额度内保证最低免税，而对出口过剩的产量免税，直到 2008 年达到自由贸易时为止。在 NAFTA 附录 703. 2（26）中对生产净利过剩作出定义，当一方境内产品的生产数量超过糖类消费总需求时即属于生产过剩。因此，如果墨西哥的蔗糖连续两年达到生产净值过剩的状态，就可以将全数过剩产量免税出口至美国。然而，高果糖玉米糖浆在某些工业使用上是糖类的替代品，但高果糖玉米糖浆并没有列入附录 703. 2。①

（2）美国拒绝本案在 NAFTA 争端解决机制中解决

墨西哥与美国对 1993 年协议的看法存在分歧，墨西哥认为，其可以免税进口到美国的蔗糖数量额度较美国许可的数量为多，因此，墨西哥针对蔗糖市场准入的争端，依据 NAFTA 第 20 章向 NAFTA 争端解决机制对美国提起申诉，并请求 NAFTA 成立仲裁小组审议争端。但美国对 NAFTA 仲裁小组的委员名单拒绝行使同意权，因此，本争端无法通过 NAFTA 争端解决机制获得处理。②

（3）墨西哥采取的课税措施有正当理由

在 NAFTA 下，墨西哥与美国协商达成的糖业贸易协议主要包含糖以及高果糖玉米糖浆，这两种产品无论是在墨西哥还是在美国，在市场

---

① Report of the Panel, Mexico-Tax Measures on Soft Drinks and Other Beverages, WT/DS308/R, adopted 7 October 2005, para. 4. 82.

② Report of the Panel, Mexico-Tax Measures on Soft Drinks and Other Beverages, WT/DS308/R, adopted 7 October 2005, para. 4. 92.

定位上具有相互竞争性，而美国并未将 NAFTA 下的双方糖业争端的复杂背景作为参考，因此，两国对 NAFTA 管辖糖业贸易的含义及范围仍存在许多争论。本案是关于能销售给美国糖类贸易总额免税的争端，根据 NAFTA，墨西哥有权配置其生产过剩的总额，尤其是高果糖玉米糖浆能够取代蔗糖，这对墨西哥市场来说更为重要。

墨西哥国会提出课税措施的理由包括如下两个方面：首先，美国已违反其在糖业贸易中的 NAFTA 市场准入的承诺，该承诺属于 NAFTA 的一部分，高果糖玉米糖浆持续以关税优惠的方式进军墨西哥市场，已危及墨西哥的糖业；其次，墨西哥对本争端已提交 NAFTA 争端解决机制解决，而美国持续拒绝接受 NAFTA 争端解决程序的处理。墨西哥认为 NAFTA 程序是实行数年的争端解决机制，而且有能力解决本争端。①

2. WTO 专家组应拒绝行使管辖权

(1) WTO 专家组应可独立行使管辖权，包括决定拒绝行使管辖权

墨西哥承认 WTO 专家组具有管辖权，可对美国的请求作出裁决，就像其他国际法庭，WTO 专家组拥有的管辖权必然包含从判决主体的本质衍生的管辖权，而这种管辖权包含决定其在合法建立之下是否该拒绝行使管辖权。争议措施与在 NAFTA 下所承诺的义务密不可分，然而墨西哥认为，专家组在对相关案例拥有管辖权的特定情形下，是否该行使独立管辖权。②

(2) 本案在 WTO 争端解决机制下无法获得公正的解决

WTO 在某些特殊案件中应拒绝行使其管辖权，例如，争端的主要因素无法在 WTO 得到公正解决时，可以不行使管辖权。本案主要起源于 NAFTA 的履行，因此本案如在 WTO 争端解决机制处理，应依据符合 NAFTA 下所提出的事实及合法事证进行审查，尤其，本案已先提交

① Report of the Panel, Mexico-Tax Measures on Soft Drinks and Other Beverages, WT/DS308/R, adopted 7 October 2005, para. 4. 98.

② Report of the Panel, Mexico-Tax Measures on Soft Drinks and Other Beverages, WT/DS308/R, adopted 7 October 2005, para. 4. 78～4. 82.

给 NAFTA 争端解决机制，而美国又拒绝在该机制下处理本争端，WTO 专家组对本案应拒绝行使管辖权，使本案得以在 NAFTA 争端解决机制下更公正地得到审理。而且在本案中，美国所主张的 GATT 第 3 条的规定，在 NAFTA 第 301 条也有相同的规定，因此，美国主张在 NAFTA 争端解决机制之下处理并无损害，反而在 WTO 争端解决机制下，由于专家组无法完全地解决该争端的所有事件，墨西哥可能遭受损害。①

(3)专家组如仍决定行使管辖权，应依据 NAFTA 来解决蔗糖的贸易争端

如果经过墨西哥提出异议后，WTO 专家组仍决定行使管辖权，则墨西哥要求专家组应在其裁决中特别考虑对墨西哥加以特别照顾，尤其是要求专家组在解决双方糖业贸易争端时，应依据 NAFTA 采取相关措施。另外，墨西哥也要求在商议的过程中，考虑墨西哥是发展中国家而给予最优惠的待遇，以及调整国内产业所需的较长时间。②

(二)专家组的裁决和理由

对于专家组是否应该拒绝行使管辖权，专家组的回答是否定的。

专家组的主要理由是，依据 DSU 的规定，专家组并没有决定是否有拒绝行使管辖权的裁量权，即便专家组有此裁量权，也会由于现有事实不足，不会考虑拒绝行使管辖权。③ 另外，专家组认为，争端双方都同意专家组有审理本案的管辖权，因此在本案中，争端双方从未质疑专家组的管辖权，由此可知，专家组具有适当的管辖权，以及对衍生的事项作出裁决的权利。④

---

① Report of the Panel, Mexico-Tax Measures on Soft Drinks and Other Beverages, WT/DS308/R, adopted 7 October 2005, para. 4. 104～4. 108.

② Report of the Panel, Mexico-Tax Measures on Soft Drinks and Other Beverages, WT/DS308/R, adopted 7 October 2005, para. 4. 109.

③ Report of the Panel, Mexico-Tax Measures on Soft Drinks and Other Beverages, WT/DS308/R, adopted 7 October 2005, para. 7. 1.

④ Report of the Panel, Mexico-Tax Measures on Soft Drinks and Other Beverages, WT/DS308/R, adopted 7 October 2005, para. 7. 4.

对于墨西哥的请求理由，专家组从以下几个方面作出了回应。①

①对于墨西哥的请求，专家组强调依据 DSU 第 11 条的规定，② 其没有审理是否拒绝行使管辖权的裁量权，因此，专家组应对争议措施作出客观的评价，包含案件的事实及与相关协议的遵守与适用性，或是作出符合 WTO 法律规定的判决。③

②关于墨西哥主张专家组有权决定是否行使管辖权的问题，诚如墨西哥所言，专家组的选择自由是存在的，但 WTO 争端解决机制的作用在于解决争端，并且提出一个积极的争端解决方法，因此，专家组并不是绝对处在选择要不要行使管辖权的地位。如果专家组选择不行使管辖权，将会丧失专家组的权责。更明确地说，如果专家组对争议不能作出客观的评价，包含案件的事实与相关协议的遵守与适用性，或是作出符合 WTO 法律规定的判决，则专家组便丧失其应有作用。④

③此外，专家组指出，DSU 第 3 条第 2 款和第 19 条第 2 款对其职责作出明确规定，即专家组不应脱离 WTO 协定而任意增加或减损 WTO 成员的权利与义务。如果专家组决定在此案中不行使管辖权，则会减损成员在 WTO 协定下的权利。⑤ 而且根据 DSU 第 23 条的规定，⑥《关于争端解决规则与程序的谅解》是 WTO 争端解决当事方的法律依据。

---

① Report of the Panel, Mexico-Tax Measures on Soft Drinks and Other Beverages, WT/DS308/R, adopted 7 October 2005, para. 7. 5.

② 参见《关于争端解决规则与程序的谅解》第 11 条："专家组的职能是协助 DSB 履行本谅解和适用协定项下的职责。"

③ Report of the Panel, Mexico-Tax Measures on Soft Drinks and Other Beverages, WT/DS308/R, adopted 7 October 2005, para. 7. 6.

④ Report of the Panel, Mexico-Tax Measures on Soft Drinks and Other Beverages, WT/DS308/R, adopted 7 October 2005, paras. 7. 7~7. 8.

⑤ Report of the Panel, Mexico-Tax Measures on Soft Drinks and Other Beverages, WT/DS308/R, adopted 7 October 2005, para. 7. 9.

⑥ 参见《关于争端解决规则与程序的谅解》第 23 条："当成员寻求纠正违反义务情形或寻求纠正其他造成适用协定项下利益丧失或减损的情形，或寻求纠正妨碍适用协定任何目标的实现的情形时，应援用并遵守本谅解的规则和程序。"

④墨西哥曾抗辩本案争端源于 NAFTA 下的两国糖业贸易事件。在墨西哥看来，专家组依据美国的主张所作出的裁决是不恰当的。根据墨西哥提供的数据，墨西哥和美国分别对墨西哥糖业进入美国市场的条件有不同的阐释。然而，墨西哥未曾抗议，也未曾提出任何证据，关于在 NAFTA 及其他国际协议下美国和墨西哥的双边法律责任，这会导致专家组审理本案的“法律障碍”。①

⑤不论是争端双方的主张或其各自立场，在本案的争端中都不是完全相同。在本案中，提出申诉的一方是美国，而造成争端的责任方是墨西哥。在 NAFTA 下的案件中，情况刚好相反，提出申诉的是墨西哥，而造成争端的责任方是美国。在本案中，美国针对的是墨西哥国内税造成对美国的差别待遇；而在 NAFTA 下的案件中则完全不同，墨西哥抗议美国违反 NAFTA 下所达成的市场准入协议。② 亦即，墨西哥在 NAFTA 项下提出的是美国与墨西哥之间协议的问题，美国在 WTO 项下提出的是墨西哥国内税政策问题，完全是不同的事项，也没有直接法律联系(但存在事实联系)。③

⑥专家组即使承认，在 NAFTA 之下，美国与墨西哥之间存在未解决的争端，但本案中的实体裁决仍然无法与 NAFTA 的争端有所关联，其结论及建议也只会涉及 WTO 协定下墨西哥的权利与义务，而与其他的国际协议无关，如 NAFTA 下的权利与义务。针对某些争议，在某些情况下应该给予专家组权力，使某些争端可以因作出裁决而得到适当的解决，专家组认为，其考虑的因素必须是该争端具有关联性。专家组认为，墨西哥提出本案应在 NAFTA 的争端解决机制处理的请求，并非因

① Report of the Panel, Mexico-Tax Measures on Soft Drinks and Other Beverages, WT/DS308/R, adopted 7 October 2005, paras. 7. 11 ~ 7. 13.

② Report of the Panel, Mexico-Tax Measures on Soft Drinks and Other Beverages, WT/DS308/R, adopted 7 October 2005, para. 7. 14.

③ 黄萃、纪文华:《世贸组织体制下自贸区争端管辖冲突问题研究》, 载《国际贸易问题》2006 年第 11 期, 第 43 页; 纪文华、黄萃:《WTO 与 FTA 争端解决管辖权的竞合与协调》, 载《法学》2006 年第 7 期, 第 42 页。

此能得到更好的结果，而是将允许墨西哥得以争取其他可与美国抗衡的主张。专家组唯恐如果不限制行使管辖权的决定，将导致该决定变成政治性的考虑，而不是探讨争端事件本身的合法性。①

四、上诉机构的分析与裁决

WTO 专家组作出的裁决报告拒绝了墨西哥对管辖权的请求，墨西哥就管辖权部分提出上诉，其上诉理由大致为以下两点。

其一，墨西哥抗辩专家组拒绝墨西哥的请求是错误的裁决，墨西哥认为，专家组的决定是基于 DSU 第 11 条的规定，所以专家组对已合法成立的管辖权，没有权力决定是否行使。但是，专家组行使管辖权的权力包含缩减行使独立管辖权的权力，这是国际法规所衍生的，却无法在 WTO 中实行。而本案中美国关于 GATT 1994 第 3 条的主张，其争端源自 NAFTA 下对墨西哥糖业进入美国市场的条件，只有 NAFTA 专家组能解决当事方之间的争端。②

其二，墨西哥强调，在 DSU 中虽没有明确规定专家组有权拒绝行使管辖权，但基于“诉讼经济”的原则，如果依据争端当事方所签署协议的规定，WTO 专家组仍可以决定不要行使管辖权。墨西哥认为，毋庸置疑专家组拥有一些内在的权力，尤其是对专家组决定是否有管辖权的权力，以及决定具有本身存在性的判决功能的事件。③

上诉机构关于墨西哥针对管辖权部分上诉的裁决，仍维持专家组裁决的结论：依据 DSU 的规定，专家组对本案的管辖权并无自由选择的决定权。④

---

① Report of the Panel, Mexico-Tax Measures on Soft Drinks and Other Beverages, WT/DS308/R, adopted 7 October 2005, para. 7. 17.

② Report of the Appellate Body, Mexico-Tax Measures on Soft Drinks and Other Beverages, WT/DS308/AB/R, adopted 6 March 2006, para. 10.

③ Report of the Appellate Body, Mexico-Tax Measures on Soft Drinks and Other Beverages, WT/DS308/AB/R, adopted 6 March 2006, para. 11.

④ Report of the Appellate Body, Mexico-Tax Measures on Soft Drinks and Other Beverages, WT/DS308/AB/R, adopted 6 March 2006, para. 44~57.

上诉机构对墨西哥上诉的审查标准及理由，大约包括以下几点。

①上诉机构认为，墨西哥并不质疑专家组有管辖权来审理美国的主张，而上诉机构也同意墨西哥主张专家组拥有权力来决定其在特定的争端中是否有管辖权，并决定其管辖权的范围。

②上诉机构审查了专家组管辖权的规定，特别是 DSU 中第 3 条第 2 款，第 7 条第 1、第 2 款，第 11 条，第 19 条第 2 款及第 23 条的规定。DSU 第 7 条对专家组委托权限的条件作了规范，专家组应在审查一些相关事项后提出调查结果，该结果是 DSB 作出裁决的基础。DSU 第 11 条规定："专家组的职能是协助 DSB 履行本谅解和适用协定项下的职责。"而 DSU 第 23 条还规定："当成员寻求纠正违反义务情形或寻求纠正其他造成适用协定项下利益丧失或减损的情形，或寻求纠正妨碍适用协定任何目标的实现的情形时，应援用并遵守本谅解的规则和程序。"

③如果专家组做出拒绝行使其固有管辖权的决定，似乎会减损申诉方寻找消除违反责任的权利，在 DSU 第 23 条第 2 款的解释下，并且以第 3 条第 3 款规定为依据，似乎没有任何理由不同意专家组的裁决，亦即专家组对其管辖权的行使与否并无自由裁量权。

④审查墨西哥的上诉声明，上诉机构对于是否存在法律障碍，阻止专家组对主张的法律依据作出裁决并无意见。在本案中，墨西哥指出，美国的申诉只有 NAFTA 专家组才能整体解决争端，因为当事方有关市场准入的争端是在 NAFTA 下发生。但上诉机构认为，墨西哥并未主张 NAFTA 第 2005 条第 6 款的"排除条款"。在本案中，上诉机构认为不存在法律障碍的情形。

⑤基于上述理由，上诉机构维持专家组的结论，依据 DSU 的规定，专家组在本案中没有权利拒绝行使管辖权。①

五、评析

综上所述，对专家组和上诉机构在本案中关于 WTO 与 RTA 管辖权

① Report of the Appellate Body, Mexico-Tax Measures on Soft Drinks and Other Beverages, WT/DS308/AB/R, adopted 6 March 2006, para. 7. 18.

冲突的裁决，可以得出如下两个方面的认识。

（一）专家组固守 WTO 体系赋予的职权，未考虑 WTO 与 RTA 管辖权的冲突

专家组与上诉机构通过对 DSU 的文义解释，强调了依据 DSU 第 3 条第 2 款与第 3 款、第 7 条、第 11 条、第 19 条、第 23 条的规定，WTO 成员就违反 WTO 的争端，有被审理与取得裁决的权利；而专家组或上诉机构也有责任对案件作出客观评估与裁决，以履行其争端解决的职能。因此，专家组或上诉机构都肯定，在 DSU 下，专家组对已适当提交的案件并无拒绝行使管辖权的裁量权，而且不认为本案与 NAFTA 具有密切关系的事实，足以构成其拒绝审理的理由。这种解释是适用 DSU 相关规定的结果，也展现了 WTO 争端解决程序所具有的强制性与自动性。换言之，在 DSU 架构下，一旦一成员主张其他成员所采取的措施影响或损及其贸易利益，经磋商无果后，有权请求成立专家组，专家组即自动成立。一旦专家组审理该案的管辖权被建立，专家组则需对该个案作出裁决。依这种解释，WTO 争端解决程序将具有相当的开放性，即成员有权请求专家组应对案件做出审理。专家组对“管辖权”的处理似乎以接近机械式的方式运作，在维护 WTO 多边贸易秩序的稳定与安全的前提下并未提供足够的弹性。在这种情形下，尽管本案是源自墨西哥与美国长久以来在 NAFTA 下有关糖产品市场准入的争议；尽管 NAFTA 仲裁小组由于美国的抵制而未能审理墨西哥有关市场准入的请求；尽管美国针对墨西哥所采取的违反国民待遇的歧视性措施，原本可依据 NAFTA 第 301 条第 1 款提出请求，而使本案在 NAFTA 下得以解决；尽管 WTO 裁决可能无法真正解决墨西哥在 NAFTA 下的困境，专家组面对本案可能与 NAFTA 产生管辖权冲突的事实、本争端的历史沿革、争端整体的真正解决、美国实施场所选择的策略可能对 WTO 与 RTA 体系造成的风险等，都未能以更广泛的角度加以考虑。专家组仅依据 DSU 第 3 条第 10 款“有关不同事项的起诉和反诉不应联系在一起”

的规定，认定NAFTA争端与本案争端并非同一争端，认为本案不能与NAFTA争端相联结，其裁决不及NAFTA下的权利与义务。换言之，在WTO与RTA管辖权冲突的问题上，专家组似固守WTO体系下DSU所赋予的职权，当事方间存在RTA下的争议并不影响专家组行使管辖权。事实上，专家组自外于RTA体系的作法，虽然反映了WTO与RTA法律体系独立存在的事实，然而，其只依据DSU审视管辖权行使的作法也表明WTO与RTA管辖权冲突的可能结果，并非其主要的考虑事项。墨西哥与美国的争端虽然原本系属NAFTA，而且NAFTA还未对争端作出裁决，但针对这一事实或涉及的相关事项，专家组并未主动向NAFTA寻求任何程序合作或互动，也未将此事实纳入考虑。从WTO与RTA的法律关系来看，WTO虽然明文授权其成员成立RTA，然而专家组在本案所展现的态度是不考虑与RTA法律秩序密切相关的争端。

（二）以法律障碍调和WTO与RTA管辖权冲突的可能性

上诉机构承认，专家组作为裁判机关，有隐含的权力认定其是否具有管辖权及处理DSU衍生或未规范的程序事项的裁量权，显示了在不忽略或修改DSU实体规范的范围内，专家组仍享有司法裁量权。上诉机构在本案多次提及“法律障碍”的概念，强调基于墨西哥上诉的范围，其并未针对本案是否存在妨碍专家组对相关请求作出裁决的其他“法律障碍”发表意见，本案并无适用方面的“法律障碍”。上诉机构在作出结论时再度指出，其维持专家组“在DSU下，对已提交的案件无拒绝行使管辖权的裁量权”的认定，在上诉阶段，并无必要对专家组关于行使该项管辖权的裁量权的适当性作出裁决。事实上，在本案中，上诉机构对“法律障碍”界定这一问题采取了回避的态度，这也是专家组和上诉机构在实践中经常采取的“问题回避技法”。①

① 姜作利：《评WTO争端解决机构的“问题回避技法”及我国对策》，载《上海对外经贸大学学报》2014年第5期，第13页。

依据上诉机构的观点，我们可以认为，上诉机构虽然承认专家组依据 DSU 对本案具有管辖权，但是如果存在“法律障碍”，仍可能妨碍专家组行使管辖权。上诉机构一方面赋予“法律障碍”具有妨碍专家组行使管辖权的效力，另一方面，认为在本案中无须对专家组行使该裁量权的适当性作出裁决。由此可见，从专家组作为裁判机关的固有权限来看，专家组对 DSU 赋予的管辖权，仍有依据“法律障碍”拒绝行使管辖权的裁量权。因为专家组执行其司法功能，对程序事项本应具有若干司法裁量权，例如，举证责任的分配、证据取得或法庭之友所提交的报告。该司法裁量权并非 DSU 所明文规定的，而是专家组作为裁判机关的本质具有的权力。① 而上诉机构在 DSU 之外，创造了“法律障碍”的概念，可使专家组通过对“法律障碍”的裁量权限考虑是否在个案中行使管辖权。鉴于此，专家组是否行使管辖权的判断将具有一定的弹性，而非局限于 DSU 的刚性规定。这种弹性对 WTO 具有强制性色彩的争端解决程序而言尤为重要。

然而“法律障碍”概念的具体内涵是什么并不明确。墨西哥并未援引 NAFTA 场所排除条款，根据场所排除条款，一旦启动 NAFTA 争端解决程序，即应排除 WTO 的管辖权。而且墨西哥也未主张 NAFTA 或任何其他国际协议可能对专家组审理本案或美国向 WTO 申诉构成法律障碍。由于墨西哥明确主张其未行使 NAFTA 场所排除条款,② 上诉机构没有对场所排除条款能否构成专家组审理本案的“法律障碍”发表意见，其确切含义有待未来的专家组或上诉机构作出界定。RTA 场所排除条款常见于 RTA，可确保相同的争端不会被 RTA 与 WTO 争端解决程序同时处理，有助于建构法律秩序的确定性。在避免 WTO 与 RTA 管辖权或

① Andrew D. Mitchell：The Legal Basis for Using Principles in WTO Disputes，J. INT'L ECON. L，2007，10(4)：830~833.

② Joost Pauwelyn，Luiz Eduardo Salles：Forum Shopping Before International Tribunals：(Real) Concerns，(Im) Possible Solutions，Cornell International Law Journal，2009，42(1)：89.

裁决冲突的目的上，具有重要的功能与意义。从上诉机构不排除RTA场所排除条款可作为“法律障碍”的开放态度来看，应有助于调和WTO与RTA管辖权冲突。然而，法律障碍与RTA场所排除条款之间的关系是什么，上诉机构没有做出说明。专家组表示，墨西哥没有主张NAFTA或任何其他国际协定可能对专家组审理本案或美国向WTO申诉的法律障碍的裁决来看，法律障碍的概念，似乎有可能容纳国际法原则或其他国际条约，但还有待WTO争端解决机构在未来实践中作出澄清。

值得注意的是，上诉机构一方面承认，在DSU下，专家组对已提交的案件无拒绝行使管辖权的裁量权，但另一方面又承认专家组对“法律障碍”是否妨碍其行使管辖权具有裁量权。从表面来看，两者似有矛盾。如果参考其他国际争端解决机构的实务作法，似有助于进一步厘清上诉机构这一主张。管辖权可分为“领域管辖权”(field jurisdiction)与“固有管辖权”(inherent jurisdiction)。前者是关于法庭有权审理的案件类型，即法庭的管辖权领域。后者是关于诉讼程序结束前，对若干争端点具有决定性的问题，但不是对整体争议的最后决定，当国际争端解决机构面对会影响其行使司法功能的问题时可以主张“固有管辖权”。“固有管辖权”旨在确保争端解决机构在行使有限的领域管辖权时，能维持其司法功能的完整性。在WTO架构下，“领域管辖权”是由WTO涵盖协定及专家组的授权条款所限制。而专家组的“固有管辖权”则是司法裁决者所固有的。鉴于此，上诉机构有关“在DSU下，专家组对已提交的案件无拒绝行使管辖权的裁量权”的说法，似乎是指在DSU下，专家组对已提交的案件无拒绝行使领域管辖权的裁量权。有关“专家组作为裁判机关，有隐含的权力认定其是否具有管辖权及处理DSU衍生或未规范的程序事项的裁量权”，似乎是承认专家组具有“固有管辖权”，而该固有管辖权并非来自DSU的规定，而是专家组原本就拥有的司法权力。针对本案是否存在“法律障碍”而妨碍专家组行使“领域管辖权”，则有赖于专家组运用“固有管辖权”作出判断。此外，从“法律障碍”足以作为妨碍专家组行使管辖权的作用来看，“法律障碍”类似其他国际争端解决机构有关“适格性”的概念。“适格性”的判断着重当事国间的法律关系，由拘束当事国的原则或规则来决定。换言之，如果一国主张他国的申诉“不具适格性”，则是针对特定行为或申诉要件而言，例如原告是否应用尽当地司法救济？原告是否有豁免权？由此可见，国际争端解决机构对某项主张具有领域管辖权，然而该主张“不具合格性”，因而争端解决机构拒绝行使管辖权。

第三节　巴西翻新轮胎案

一、案情简介

由于历史原因，数百万废弃轮胎散落巴西境内，在热带与亚热带气候环境下，未回收的废弃轮胎就成为蚊子携带疾病的“温床”，例如登革热、黄热病及疟疾。然而回收轮胎废弃物非常昂贵，技术上也难以适当处理。为控制伴随废弃轮胎导致的健康风险，巴西于 1991 年禁止旧轮胎进口,① 并进一步于 2000 年正式禁止翻新轮胎的进口。

虽然从技术上而言，翻新轮胎并非旧轮胎，但巴西仍视其为旧轮胎，而且依据 1991 年规定禁止其进口。② 尽管已实施进口禁令，1995 年以后，翻新轮胎进口仍大幅增加，主要来自欧盟。巴西于 2000 年发布规定(Portaria SECEX8/2000)，明确禁止进口翻新轮胎。至 2002 年，

① Report of the Panel, Brazil-Measures Affecting Imports of Retreaded Tyres, WT/DS332/R, adopted 20 June 2005, para. 7. 28.

② 值得注意的是，进口翻新轮胎与进口旧轮胎对环境的影响基本相同，因为每一进口翻新轮胎(来自外国的旧轮胎)将为巴西带来额外的旧轮胎。所有使用外国来源旧轮胎的翻新轮胎，不论是在国外生产并进口至巴西，还是在巴西当地所生产，如果不是重新出口至其他国家，最终都成为巴西的废弃轮胎。相较于新轮胎，翻新轮胎成为废弃轮胎的速度快，其生命周期较短，而且在多数情形下不能再被翻新。

翻新轮胎的总进口量已降回 1995 年以前的水平，从欧盟进口的数量则跌落至零。①

2001 年 8 月，乌拉圭通过 MERCOSUR 临时仲裁庭程序控诉巴西 2000 年颁布的翻新轮胎进口禁令违反 MERCOSUR 的规定。乌拉圭主张，在实施 2000 年禁止令之前，该国出口重塑轮胎(remoulded tyre，为翻新轮胎的一种类型)至巴西而无任何障碍。然而，2000 年 Portaria SECEX8/2000 禁令引进了新措施，构成了“新”的商业限制，违反了 MERCOSUR 成员不得采取任何“新”贸易壁垒的决定。② 巴西则抗辩称，其 2000 年禁止翻新轮胎进口的规则并非新的限制，仅是对 1991 年旧轮胎禁令“适用范围”的澄清。

MERCOSUR 仲裁庭则驳回巴西的主张。在 2002 年 1 月 9 日发布的仲裁裁决中，仲裁庭认为，巴西 2000 年的禁令属于新的限制措施，不符合 MERCOSUR 2000 年 6 月 29 日所实施的 CMC No. 22 决定，因为该措施干扰了以往从乌拉圭持续进行的翻新轮胎进口。因此，仲裁庭认为，进口禁令不符合 MERCOSUR 的规定，并要求巴西修正其法律以符合该仲裁裁决。为符合仲裁裁决，巴西于 2002 年 3 月 8 日制定新的规定(Portaria SECEX No. 2)，将来自 MERCOSUR 成员的重塑轮胎的进口豁免适用翻新轮胎进口禁令(即 MERCOSUR 豁免)。③ 换言之，MERCOSUR 豁免不构成禁止翻新轮胎进口规定的一部分，是巴西为履行 MERCOSUR 仲裁裁决的结果。

2005 年，欧盟依据 WTO 争端解决程序对巴西翻新轮胎进口禁令提

---

① Fabio C. Morosini：The MERCOSUR and WTO Retreaded Tires Dispute：Rehabilitating Regulatory Competition in International Trade and Environmental Regulation (SIEL Working Paper No. 42/08，2008).

② The Council of Common Market，Revitalization of MERCOSUR，MERCOSUR/CMC/DEC. no. 22/00 (2000).

③ Portaria SECEX14/2004 第 40 条包含三项主要规定：①对翻新轮胎的进口禁令；②对旧轮胎的进口禁令；③对源产其他 MERCOSUR 国家若干翻新轮胎免除进口禁令。

出申诉。在双方磋商未果的情况下，欧盟于 2006 年 3 月 6 日要求 DSB 成立专家组，3 月 16 日专家组成立。经过审理，专家组于 2007 年 4 月 23 日发布最终报告。

二、当事方的主张

欧盟主张，进口禁令违反 GATT 第 11 条有关数量限制禁止义务，而且 MERCOSUR 豁免对欧盟构成歧视，违反 GATT 第 1 条与第 11 条的规定。欧盟还指出，巴西无义务以仅对 MERCOSUR 成员取消进口禁令为其执行 MERCOSUR 仲裁裁决的方式，巴西应对所有 WTO 成员取消进口禁令。①

巴西则援引 GATT 第 20 条 b 款以支持其主张。按该条的规定，成员方保护人类、动植物生命或健康的必要措施可豁免 WTO 义务。针对 MERSOCUR 豁免，巴西强调，其容许 MERSOCUR 成员进口重塑轮胎是该国在国际法下有义务执行 MERCOSUR 仲裁裁决，而且其对 MERCOSUR 成员的差别待遇是 GATT 第 24 条所容许的。事实上，该国执行 MERCOSUR 仲裁裁决是以最狭隘的可能方式进行的，即仅对一项特定种类的翻新轮胎豁免适用进口禁令。②

三、专家组的分析与裁决

专家组认为，巴西有关翻新轮胎进口禁令违反 GATT 第 11 条，而且无法因第 20 条 b 款取得正当性，因为巴西并未以符合第 20 条前言的方式执行该措施。然而，专家组同意巴西的主张，该翻新轮胎进口禁令为保护健康与环境的必要措施。③ 专家组这项裁决，是基于巴西通过法院禁令允许旧轮胎进口违反了实施禁令的基本原理：巴西禁止旧轮胎被

① Report of the Panel, Brazil-Measures Affecting Imports of Retreaded Tyres, WT/DS332/R, adopted 20 June 2005, para. 4. 299.

② Report of the Panel, Brazil-Measures Affecting Imports of Retreaded Tyres, WT/DS332/R, adopted 20 June 2005, para. 7. 279.

③ Chad P. Bown, Joel P. Trachtman: Brazil-Measures Affecting Imports of Retreaded Tyres: A Balancing Act, World Trade Review, 2009, 8(1): 85.

翻新后进口(翻新轮胎)，却容许旧轮胎在被翻新前进口(旧轮胎)，而且其数量大到严重损及禁令所宣称的目标。①

专家组在 GATT 第 20 条前言的架构下审视了 MERCOSUR 豁免的正当性。依据第 20 条前言的规定，第 20 条所列举的措施应“不至于构成对相同条件下的不同国家有任意(arbitrary)或不合理的(unjustifiable)歧视或对国际贸易变相的限制”②。专家组指出，虽然 MERCOSUR 豁免造成了对非 MERCOSUR 国家的歧视，然而并未构成前言意义下的“任意”或“不合理”的歧视。专家组认为，巴西实行 MERCOSUR 豁免并非基于“任性或无法预测的理由”(capricious or unpredictable reason)，而是依据 MERCOSUR 仲裁裁决，这是对 MERCOSUR 裁决所实行的进一步措施，作为 MERCOSUR 成员，该裁决对巴西有法律拘束力。专家组还说明，该项裁决是在区域贸易协定架构下实施的。这类协议本质上即对其成员提供优惠待遇，而导致成员与非成员间的歧视。对关税同盟成员给予优惠而产生的歧视，是该协议运作的固有部分。为执行 MERCOSUR 协议而产生 MERCOSUR 成员与其他 WTO 成员间的歧视，并非不合理(a priori unreasonable)。③ 鉴于此，专家组认为，源自 MERCOSUR 豁免的歧视，并非“任意”或“随意”（random)的，所以争议措施并不构成“任意”的歧视。专家组还强调，其并非主张在 GATT 第 20 条前言下，援引任何国际协议就足以正当化争议措施。本案是基于特定个案的考虑，包括国际协议的本质与巴西赖以为基础的 MERCOSUR 裁决的本质。④

---

① Julia Ya Qin：Managing Conflicts Between Rulings of WTO and RTA Tribunals：Reflections on the Brazil-Tyres Case(Wayne State Univ. L. Sch. Legal Studies Research Paper Series No. 09-24，2009)，http://papers.ssrn.com/sol3/papers.cfm? abstract_id=1490035.

② 参见《关税与贸易总协定》第 20 条。

③ Report of the Panel，Brazil-Measures Affecting Imports of Retreaded Tyres，WT/DS332/R，adopted 20 June 2005，para. 7.272~7.273.

④ Report of the Panel，Brazil-Measures Affecting Imports of Retreaded Tyres，WT/DS332/R，adopted 20 June 2005，para. 7.284.

专家组进而指出，如果进口数量重大损及(significantly undermine)争议措施目标的实现，则实施与 MERCOSUR 豁免有关的进口禁令将构成不正当歧视。通过豁免进入巴西领域的进口愈多，巴西所称将尽最大可能降低不必要的废弃轮胎积累的政策目标将被损害，将因此影响对 WTO 其他成员(非 MERCOSUR 成员)维持进口禁令的正当性。鉴于适用豁免的翻新轮胎进口数量并非“重大”，所以其认为 MERCOSUR 豁免的执行并未构成不正当的歧视。①

值得一提的是，欧盟主张巴西至少应对其必须执行 MERCOSUR 仲裁裁决的义务负部分责任，因为其在 MERCOSUR 仲裁程序中并未以《蒙得维的亚条约》第 50 条 d 款有关人类健康与安全的理由对乌拉圭的主张进行抗辩。② 专家组则指出，其并未处于详细评估巴西在 MERCOSUR 程序中有关主张的选择，或依据巴西在该程序中的诉讼策略对该案的结果提出事后评论的立场。专家组并认为，其不适当作如此评价。专家组注意到，虽然巴西在 MERCOSUR 程序的诉讼策略未能说服仲裁庭，然而其本身并非不合理或荒谬。不同诉讼策略是否必然导致不同的诉讼结果并不清楚。③ 专家组在本案以诉讼经济为由，并未处理欧盟有关 MERCOSUR 豁免违反最惠国待遇的主张。因此，其并未审查巴西于 GATT 第 24 条下的抗辩。

四、上诉机构的分析与裁决

针对专家组的裁决，欧盟提出了上诉。上诉机构虽然维持专家组的主要裁决，但驳回了有关 MERCOSUR 豁免的裁决。上诉机构指出，如

① Report of the Panel, Brazil-Measures Affecting Imports of Retreaded Tyres, WT/DS332/R, adopted 20 June 2005, para. 7. 287.

② Report of the Panel, Brazil-Measures Affecting Imports of Retreaded Tyres, WT/DS332/R, adopted 20 June 2005, para. 7. 268.

③ Report of the Panel, Brazil-Measures Affecting Imports of Retreaded Tyres, WT/DS332/R, adopted 20 June 2005, para. 7. 271.

果GATT第20条前言下歧视措施的理由与GATT第20条所列目标不具有合理的关联（bear no rational connection to the objective）或违背该目标，则为任意或不合理的歧视。换言之，裁决歧视是否为任意或不合理，应依据措施的目标加以评估。① 本案中，MERCOSUR仲裁裁决并非巴西进行歧视的可接受理由，因为其与进口禁令所追求的合法目标（落入GATT第20条b款的范围）并无关系，甚至违背该目标，尽管程度不大。鉴于此，上诉机构认为，MERCOSUR豁免造成了进口禁令以构成任意或不合理的歧视的方式实施。此外，上诉机构也驳回专家组有关"仅有翻新轮胎的进口量严重损害争议措施的目标时，该歧视才是不正当"的裁决。上诉机构指出，专家组以歧视的"效果"解释"不正当"一词，无法获得GATT第20条规定的支持，而且不符合以往争端解决的观点。②

上诉机构还重申，其不认为巴西为遵守MERCOSUR仲裁裁决的作为是"任意"或"随意"的。执行司法或准司法机构的决定，例如MERCOSUR仲裁庭的决定，难以被归列为"任意"或"随意"的决定。然而，"歧视"可出自合理的决定或行为，而且仍然是"任意或不合理的"，因为歧视的"理由"与GATT第20条的任何目标无关或冲突。此外，上诉机构对巴西在MERCOSUR仲裁庭的抗辩策略也发表意见。上诉机构注意到，巴西可依据《蒙得维的亚条约》第50条d款（类似GATT第20条b款）有关人类、动植物健康的理由寻求正当化其进口禁令，然而巴西并未这样做。如同专家组一样，上诉机构虽表示其不适合对巴西不援引《蒙得维的亚条约》第50条的决定作事后审查，但是进而推论《蒙得维的亚条约》第50条d款规定以及巴西得在MERCOSUR程序提出这一抗辩的事实，显示了与MERCOSUR豁免关联的歧视不必来自MERCOSUR

---

① Report of the Appellate Body, Brazil-Measures Affecting Imports of Retreaded Tyres, WT/DS332/AB/R, adopted 3 December 2007, para. 227.

② Report of the Appellate Body, Brazil-Measures Affecting Imports of Retreaded Tyres, WT/DS332/AB/R, adopted 3 December 2007, para. 228~229.

与 GATT 1994 规定的冲突。①

五、评析

(一)上诉机构对 GATT 的解释未关切 RTA 司法秩序与裁决冲突

专家组与上诉机构都未回避 MERCOSUR 仲裁裁决在 WTO 法律秩序下的评价。然而，专家组与上诉机构对 MERCOSUR 仲裁裁决的价值与重要性却采取相当迥异的态度。专家组对 MERCOSUR 豁免的考虑，展现了其对 GATT 条文的解释，同时顾及对 RTA 法律秩序的尊重。详言之，专家组承认巴西执行 MERCOSUR 仲裁裁决为符合其“国际法”义务的行为，并考虑 MERCOSUR 作为 GATT 第 24 条意义下的关税同盟，成员间的优惠措施本质上即具有歧视其他非成员的效果。专家组未审查或评论 MERCOSUR 仲裁裁决的有效性，而仅接受其在本案中为“事实”，而且为其裁决本争端案的“起点”。② 专家组在 GATT 第 20 条前言下通过创造性地解释“效果”检验(以歧视措施的“效果”裁决是否构成不正当歧视)，使 MERCOSUR 豁免符合 GATT 第 20 条前言的规定，避免了与 MERCOSUR 仲裁裁决的立即冲突，相当程度上保全了 MERCOSUR 仲裁裁决的公信力。③

然而相较专家组的做法与 MERCOSUR 仲裁庭容许 MERCOSUR 成

---

① Report of the Appellate Body, Brazil-Measures Affecting Imports of Retreaded Tyres, WT/DS332/AB/R, adopted 3 December 2007, para. 234.

② Nikolaos Lavranos: The Solange-Method as a Tool for Regulating Competing Jurisdictions Among International Courts and Tribunals, LOY. L. A. INT'L & COMP. L. REV, 2008, 30(3): 302~303.

③ James H. Mathis: The WTO Brazil-Tyres Case and GATT Article XXIV: One More Step To a Legal Regime?, in Nikolaos Lavranos (eds): Multilevel Judicial Governance between Global and Regional Economic Integration. Systems: Institutional and Substantive Aspects, EUI Working Papers, 2009: 29. http://www.academia.edu/13530516/Multilevel_Judicial_Governance_between_Global_and_Regional_Economic_Integration_Systems_Institutional_and_Substantive_Aspects.

员进口翻新轮胎的裁决，上诉机构则以该 MERCOSUR 仲裁裁决是基于经济考虑，并未与巴西于 WTO 所提的环境健康事由相关为由，拒绝对该裁决进行司法礼让。① 上诉机构认为，除非 GATT 第 20 条前言下歧视措施的"理由"与 GATT 第 20 条范围内的"目标"具有合理的关联，否则为任意或不合理的歧视。上诉机构聚焦 GATT 第 20 条前言下歧视措施与 GATT 第 20 条例外条款间的关联，在本案固有其逻辑性，因为上诉机构承认巴西禁止翻新轮胎进口为其减少废弃轮胎累积政策的必要措施，如果容许 MERCOSUR 国家的翻新轮胎的进口，似乎将减损该措施的必要性。然而，采取这种解释则可能限缩 GATT 第 20 条前言下歧视措施被正当化的空间。未来 WTO 成员依据 RTA 作出的承诺或 RTA 仲裁裁决本身将无法符合 GATT 第 20 条，因为该目标与 GATT 第 20 条例外规定所设目标无关。上诉机构似乎指出，在 GATT 第 20 条前言下，GATT 非歧视义务优先适用 RTA 义务。如果持这种观点，未来 RTA 下针对卫生环境措施的安排，是否还有给予 RTA 成员较优惠待遇的空间？

另一方面，上诉机构也未对 RTA 司法秩序给予适当的尊重。上诉机构虽不认为 MERCOSUR 仲裁裁决为任意的，或成员方遵守其他仲裁机构的行为是任意或随性，然而其表示，执行司法或准司法机构的裁决不必然符合 WTO 的规定。依其解释，在 GATT 第 20 条前言架构下，即使巴西必须执行 MERCOSUR 裁决以符合 MERCOSUR 义务，其仍必须"同时"以符合 WTO 义务的方式执行。依其解释，尽管 RTA 有其追求市场一体化的目标，RTA 争端解决机构未来仍必须考虑其裁决是否违反 WTO，或者 RTA 成员至少应确定，执行 RTA 裁决的"方式"不能违

① Ernst-Ulrich Petersmann: Administration of Justice in the Mutilevel Judicial Trade Governance: Did the WTO Appellate Body Commit 'Grave Injustice'?, in Nikolaos Lavranos (eds): Multilevel Judicial Governance between Global and Regional Economic Integration. Systems: Institutional and Substantive Aspects, EUI Working Papers, 2009: 52. http://www.academia.edu/13530516/Multilevel_Judicial_Governance_between_Global_and_Regional_Economic_Integration_Systems_Institutional_and_Substantive_Aspects.

反 WTO。上诉机构似赋予 WTO 法律高于 RTA 法律秩序的地位,① 而且未关切 WTO 与 RTA 裁决冲突问题。这或许源自以 WTO 为中心的思维或 WTO 优于 RTA 的意识。从法律体系来看，RTA 源自 WTO 的授权，所以在 GATT 第 24 条、GATS 第 5 条所设条件范围内，WTO 体系可针对 RTA 体系的运作进行监督。然而这并不代表 RTA 争端解决机构附属 WTO 争端解决机构，或者 WTO 可以就 RTA 裁决进行司法审查。因为从国际法来看，RTA 为独立的条约，而且与 WTO 平行运作。上诉机构对法律条文的解释，未能顾及维持 RTA 司法秩序的重要性，显示了 RTA 体系虽为 WTO 所授权容许，然而在 WTO 体系中却未受到真正的尊重。即使从维护多边贸易体系法律稳定性的目的来看，如果涉及 RTA 体系与司法秩序议题，上诉机构对 WTO 的解释似乎应保持对 RTA 体系或其组织的一定尊重，避免不必要的裁决冲突。换言之，如果在 WTO 可容许的范围内，应考虑是否有其他较不具冲突性的解释方式，例如，本案专家组所做的那样，以减少 RTA 裁决随时可能因“解释 WTO”的结果而被否定的风险。否则，除将增加成员方诉诸 WTO 的可能性与争议外，也无助于 RTA 建立区域贸易法律案例与其法律秩序的稳定性与可预见性。而且如果 RTA 成员之间的贸易纠纷无法得到及时有效的解决，区域贸易协定的实体规则可能会逐步涣散，最终失去存在的价值。② WTO 与 MERCOSUR 都针对巴西翻新轮胎禁止进口措施的适法性提出裁决，如果 WTO 愿意寻求与 MERCOSUR 的司法合作或互动，将有助于调和 WTO 与 RTA 裁决冲突的可能性。

---

① Nikolaos Lavranos：The Brazilian Tyres Case：A Case-Study of Multilevel Judicial Governance，in Nikolaos Lavranos（eds）：Multilevel Judicial Governance between Global and Regional Economic Integration. Systems：Institutional and Substantive Aspects，EUI Working Papers，2009：18. http://www. academia. edu/13530516/Multilevel_Judicial_Governance_between_Global_and_Regional_Economic_Integration_Systems_Institutional_and_Substantive_Aspects.

② 陈咏梅：《WTO 法在区域贸易协定解释中的适用探究》，载《现代法学》2014 年第 4 期，第 154 页。

(二)上诉机构似不当评价巴西在 MERCOSUR 程序的诉讼策略

巴西在 MERCOSUR 程序未以环境健康事由提出抗辩，在 WTO 争端解决程序中显然付出相当的代价。上诉机构虽然重申其不宜对巴西在 MERCOSUR 程序的诉讼策略为事后审查，然而其对巴西未在 MERCOSUR 程序中提出有关人类、动植物生命或健康的抗辩，仍给予评价："《蒙得维的亚条约》第 50 条 d 款的规定，以及巴西应在 MERCOSUR 程序提出此抗辩的事实，显示了与 MERCOSUR 豁免关联的歧视，不必然来自 MERCOSUR 与 GATT 1994 规定的冲突。"

相较专家组对巴西在 MERCOSUR 程序的抗辩策略采取司法自我克制的态度，上诉机构似乎对巴西的抗辩策略多有苛责。然而，上诉机构在 WTO 争端解决程序中是否有权评估成员方在 RTA 争端解决体系保卫其利益的主权,① 似乎值得商榷，因为成员方在其他争端解决程序所提抗辩的策略不受 WTO 法律拘束。如上所述 RTA 争端解决体系是平行独立于 WTO 争端解决体系，并不受 WTO 上诉机构的监督，如果成员方在 RTA 程序中所提诉讼策略可能影响其在 WTO 的诉讼结果，对成员方权益的维护将极为不利，也混淆了 WTO 与 RTA 法律秩序的界限。

上诉机构似乎假定，如果巴西援引《蒙得维的亚条约》第 50 条 d 款的规定，MERCOSUR 仲裁庭将会采取与其解释 GATT 第 20 条 b 款相同的方式，进而避免本案的争端。这项假定的基础存在一定的疑问，虽然《蒙得维的亚条约》第 50 条 d 款与 GATT 第 20 条 b 款有类似规定，然而它们分别属于不同的、独立的国际条约。而 MERCOSUR 仲裁庭与 WTO

① Nikolaos Lavranos: The Brazilian Tyres Case: A Case-Study of Multilevel Judicial Governance, in Nikolaos Lavranos (eds): Multilevel Judicial Governance between Global and Regional Economic Integration. Systems: Institutional and Substantive Aspects, EUI Working Papers, 2009: 19. http://www.academia.edu/13530516/Multilevel_Judicial_Governance_between_Global_and_Regional_Economic_Integration_Systems_Institutional_and_Substantive_Aspects.

争端解决程序并不具有上下层级的关系，可独立行使裁判权。在法规竞合的情形下，不同争端解决机构即使适用类似的法律规定，也无法确保裁决结果必然相同。在乌拉圭与阿根廷有关禁止翻新轮胎进口案中，MERCOSUR 常设仲裁庭驳回阿根廷有关《蒙得维的亚条约》第 50 条 d 款的抗辩即为一例。换言之，如果巴西在 MERCOSUR 程序下援引保护人类、动植物生命或健康的例外条款，MERCOSUR 仲裁裁决也可能与 WTO 裁决有所不同。因为在区域贸易协定的架构下，RTA 有其独立的法律体系，而且可能对"必要性"概念有不同的解释。例如，对可得的替代措施采取限制看法或适用更严格的必要性检验。① 在阿根廷与乌拉圭仲裁裁决中，仲裁庭即指出，WTO 规则与其裁决不应直接作为 MERCOSUR 仲裁裁决的案例法，因为市场一体化的法律相较 WTO 法律有不同的本质、目标与范围。对仲裁庭而言，其责任在于确保区域贸易协定的有效适用，如果不执行其所作的裁决将有广泛的影响，而且已超出成员方的利益。② 上诉机构显然未考虑，即使巴西在 MERCOSUR 实行与 WTO 程序下相同的抗辩，也可能有不同的结果。就本案而言，如果巴西在 MERCOSUR 程序实行健康例外抗辩，除非 MERCOSUR 仲裁庭作出与上诉机构相同的裁决（即应禁止 MERCOSUR 成员进口翻新轮胎），否则似乎无法减少发生本案的可能性。上诉机构似乎将本案与 MERCOSUR 裁决冲突的问题引导至 MERCOSUR 仲裁庭未能审查健康例外抗辩，而该结果是巴西诉讼策略所致。这一立场似乎展现了 RTA 争端解

① James H. Mathis：The WTO Brazil-Tyres Case and GATT Article XXIV：One More Step To a Legal Regime?，in Nikolaos Lavranos（eds）：Multilevel Judicial Governance between Global and Regional Economic Integration. Systems：Institutional and Substantive Aspects，EUI Working Papers，2009：29. http://www.academia.edu/13530516/Multilevel_Judicial_Governance_between_Global_and_Regional_Economic_Integration_Systems_Institutional_and_Substantive_Aspects.

② Jeanine Gama Sá Cabral，Gabriella Giovanna Lucarelli de Salvio：Considerations on the MERCOSUR Dispute Settlement Mechanism and the Impact of Its Decisions in The WTO Dispute Resolution System，J. WORLD TRADE，2008，42(6)：1035.

决机构“应”符合 WTO 及其裁决，而且“应”作出与 WTO 相同裁决的“假设”。上诉机构这一“假设”除不具有法律基础外，也有悖现实。事实上，WTO 如何期待数百项 RTA 争端解决机构必然依其解释作出相同裁决，进而减少 WTO 的诉讼？特别是 RTA 与 WTO 固然享有若干共同的价值，然而它们终究属于不同的国际法规范。如果本案中巴西在 MERCOSUR 程序提出健康例外抗辩，上诉机构是否会有不同的裁决？上诉机构对 GATT 第 20 条前言的解释是否将因此不同？上诉机构是否将因此对 MERCOSUR 仲裁裁决的有效性给予较高的尊重？如果答案为否定，则上诉机构为何要对巴西的诉讼策略、MERCOSUR 仲裁裁决与健康例外的关系给予评价？

（三）巴西面临 WTO 与 RTA 条约义务冲突

上诉机构对 GATT 第 20 条前言的解释，造成了成员方遵守 WTO 裁决必然违反另一条约的国际法义务。上诉机构既肯定了巴西翻新轮胎禁止进口措施的合法目标，并认为 MERCOSUR 豁免有悖该目标，上诉机构的裁决似乎可被理解为要求巴西取消 MERCOSUR 豁免，而非取消翻新轮胎的进口禁令。因为完全取消进口禁令，“表面上”虽同时符合 WTO 与 MERCOSUR 的裁决，却与巴西的环境保护目标不符。这样，WTO 的裁决将直接与巴西在 MERCOSUR 下的义务冲突，而使巴西面临两难：遵守 WTO 裁决，则必然违反 MERCOSUR 义务；而执行 MERCOSUR 裁决，就必然违反 WTO 义务。

2009 年 9 月 14 日，巴西通知 WTO 其已禁止核发进口旧轮胎与翻新轮胎的新授权，而不论其来源（包括 MERCOSUR 成员），① 并表示已充分执行 WTO 的裁决。巴西最终选择尊重 WTO 义务，以符合其所宣称的环保目标。无论巴西是否或如何在 MERCOSUR 架构下与 MERCO-

① Status Report by Brazil Addendum, Brazil-Measures Affecting Imports of Retreaded Tyres, WT/DS332/19/Add. 6 (Sept. 15, 2009).

SUR成员另达成有关翻新轮胎的协议，WTO的裁决与巴西在MERCOSUR下的条约义务已经发生直接冲突。上诉机构显然未对成员方在RTA架构下应遵守RTA司法裁决的义务作适当的考虑。相对于此，专家组则尊重MERCOSUR仲裁裁决对巴西有法律拘束力的事实，并考虑RTA与其他国际协议存有本质上的不同、RTA裁决是在RTA架构下执行等特点。专家组的做法不但顾及了巴西诚信履行其国际义务的需要，也维护了WTO与RTA贸易体系的和谐共存，应值得赞许。

第五章　WTO与RTA争端管辖权冲突调和的可能途径

从“阿根廷家禽案”“墨西哥饮料案”到“巴西翻新轮胎案”，我们可以发现，WTO争端解决机构无论在管辖权冲突或法律解释的议题上，对RTA法律秩序的维护并未展现一致的司法调和态度。这无疑增加了WTO与RTA间管辖权冲突或裁决冲突的风险。从上文的分析可以得知，在这些案件的裁决中，专家组与上诉机构在既有DSU架构的限制下，似乎也指出调和WTO与RTA司法关系的可能性，并发展出若干有助于建立两者和谐关系的规范工具。下文将探讨建构WTO与RTA争端解决机制间和谐关系的必要性，并探寻调和两者之间关系的可能途径。

第一节　WTO与RTA争端解决司法融合的必要性

当前国际贸易法领域呈现出多元化的趋势，但不同贸易体系的“一致化”有其重要性，因为全球市场的运作及其可预测性与法律稳定性将依赖贸易体系如何互动。① 在全球贸易体系下，几乎所有WTO成员已经签署一项或多项RTA，RTA俨然已成为平行于WTO的贸易体系，为成员方进一步发展自由贸易及新贸易规则的场所。不同于WTO与其他

① N'Gunu N. Tiny: Judicial Accommodation: NAFTA, the EU and the WTO, Jean Monnet Working Paper, 2005: 5. http://centers.law.nyu.edu/jeanmonnet/papers/05/050401.pdf.

国际条约，就WTO与RTA的关系而言，它们争端解决机制之间的互动实际上是不可避免的。一方面，RTA成员是WTO的部分成员，RTA本质上源自WTO的规定；另一方面，RTA诸多实体规范与WTO类似甚至完全相同，反映出两者享有共同的价值，例如自由贸易、非歧视待遇等。事实上，从RTA场所排除条款的设计可以得知，在管辖权竞合的情形，某一贸易争端如果不是在RTA下获得解决，即可能在WTO下获得解决。因此，如何避免WTO与RTA裁决冲突并建立争端解决机制间的和谐关系，是WTO与RTA应共同面对的课题。对当事方而言，裁决冲突不但可能无法解决争端，还可能导致新的争端。对多边贸易体制而言，裁决冲突也将威胁该体系运作的稳定性与安全性。

以"墨西哥饮料案"为例，专家组与上诉机构在管辖权冲突的处理上侧重WTO多边贸易体系，并仅审查DSU的规定。在"巴西翻新轮胎案"中，上诉机构通过GATT条文的解释，否定了MERCOSUR仲裁裁决的有效性，使巴西面临WTO与RTA义务的直接冲突。这或许是由于专家组或上诉机构认为WTO与RTA并不同处一个"全球"贸易体系之下。从DSU第23条的规定可知，WTO争端解决机制是在强化"多边"贸易体系，而且力促成员方对WTO相关争端利用该机制。从这个角度来看，或许可以认为WTO体系不宜关切其他体系所保护的权利。① 如果基于这种理念，WTO将不会考虑其所作出的裁决是否或如何影响RTA，遑论寻求以避免裁判冲突的方式解决争端。但是这种主张无助于WTO成员(同时为RTA成员)解决争端及建立RTA法律秩序，与WTO明文允许RTA存在以期达成全球自由贸易的宗旨也大相径庭。如果RTA争端解决体制无法以其应有的方式充分运作，例如，其司法裁决无法对当事方产生拘束力而且被遵守，那么成员方应如何参与该RTA机制？RTA如何实现其经济一体化或经济合作的目标？鉴于WTO与

① William J. Davey, André Sapir: The Soft Drinks Case: the WTO and Regional Agreements, World Trade Review, 2009, 8(1): 16.

RTA 的特殊关系，对 WTO 而言，维护多边贸易体系的安全性与可预测性，应正视当今国际贸易秩序中数百项 RTA 存在的事实，并寻求彼此和谐的司法关系。如果仅以 WTO 规范为唯一考虑因素，并以 WTO 争端解决机制为 RTA 贸易争端的最终裁决者，除了可能增加 WTO 的诉讼负担外，也必然会增加裁决冲突，并导致法律的不确定性。可以想象，如果在"巴西翻新轮胎案""阿根廷家禽案"中，巴西和阿根廷都选择遵守 MERCOSUR 仲裁裁决，那么 WTO 或许将面临裁决不能被遵守的结果，而使成员方之间的争端无法被解决。这样，必然会危及 WTO 多边贸易体系的稳定性。

与此可见，WTO 与 RTA 争端解决机制间的和谐关系对维持全球贸易的发展与国际贸易法律秩序整体的稳定性与可预见性具有相当的重要性。而 WTO 与 RTA 争端解决机制的融合，将依赖 WTO 与 RTA 两者的司法实践。以 NAFTA 为例，NAFTA 仲裁庭在"Broom Corn Brooms 15 案"①中，曾援引 WTO《保障措施协定》中"同类产品"与"直接竞争产品"的裁决，来解释 NAFTA 相关条款。NAFTA 仲裁庭承认，WTO 裁决可作为 NAFTA 法律秩序下审理争端案件的规范来源。② 而 WTO 作为多边贸易体系的维护者，似乎也有必要从包容 RTA 司法秩序的角度，务实解释或适用 WTO 法律，以此减缓 WTO 与 RTA 裁决冲突的可能性，并增强贸易法律秩序的稳定性。

第二节　以条约解释方法调和 WTO 与 RTA 争端管辖权冲突

WTO 和 RTA 都属于国际条约，依据条约必须遵守原则，缔约方有

---

① NAFTA Final Report of the Panel, In The Matter of the U. S. Safeguard Action Taken on Broom Corn Brooms from Mexico, USA-97-2008-01 (Jan. 30. 1998).

② N'Gunu N. Tiny: Judicial Accommodation: NAFTA, the EU and the WTO, Jean Monnet Working Paper, 2005: 25. http://centers.law.nyu.edu/jeanmonnet/papers/05/050401.pdf.

履行条约的义务。然而，条约在适用上最容易出现的争议在于，如何理解条约的效力及缔约方所承担的义务，① 因而国际间也在多边架构下缔结了“规范条约的条约”(the treaty on treaties)，② 亦即《维也纳条约法公约》，以解决国际条约解释适用发生的问题。

《维也纳条约法公约》的目的在于处理国际条约的解释适用，③ 鉴于 WTO 协议谈判要求协商一致的特点，在许多协议中都存在所谓“推定式模糊”，因此，在履行协议时就有必要依据条约法公约对其内容作出澄清。④ 而 WTO 和 RTA 争端解决机制管辖权冲突问题源自 RTA 的争端管辖条款和 WTO 下 DSU 相互适用的条约冲突问题，所以对该问题，《维也纳条约法公约》是探寻冲突解决方法的首选。

一、条约解释的各种方法

(一)条约必须遵守原则

基于诚信原则的条约必须遵守原则，不论其是被成文化(codify)的习惯法或国际法一般法律原则，或者是具有强行法(jus cogen)地位，⑤ 条约生效后缔约方应以最大善意遵守条约是不可否认的国际法义务，因此，在条约必须遵守的概念下，不论是 WTO 下的 DSU 还是各国于 RTA 下的争端管辖条款，缔约方都有以最大善意遵守条约的义务。

然而，在面对条约规范可能相互冲突时，必须确保缔约方对其缔结

① Ian Brownlie: Principles of Public International Law, Oxford University Press, 2008: 608.

② Anthony Aust: Modern Treaty Law and Practice, Cambridge University Press, 2007: 6.

③ Ian Brownlie: Principles of Public International Law, Oxford University Press, 2008: 607.

④ 王毅:《WTO 争端解决中的法律解释》，载《法学研究》2009 年第 5 期，第 63 页。

⑤ Joost Pauwelyn: Conflict of Norms in Public International Law: How WTO Law Relates to other Rules of International Law, Cambridge University Press, 2003: 37.

的 RTA 和 WTO 涵盖协定能有效遵守，实践条约必须遵守原则。如果在处理条约冲突状况下僵化地适用单一规范，将势必造成被选定适用以外的条约规范遭到忽略，造成缔约方无法履行对该条约的守约义务，因此，虽然条约必须遵守原则并未提供缔约方处理条约冲突或不同条约之间的适用指示，但是对不同条约之间的选择适用，仍然必须凭借条约解释或一般法律原则理论提供适用上的依据加以确定，然而该原则阐释的各缔约方应以最大善意遵守条约的基本原则，是对条约的冲突竞合规范寻求和谐解释的基础。

（二）对条约解释的后续协议或惯例（subsequent agreements and practice）

根据《维也纳条约法公约》第 31 条第 3 款，缔约方对条约解释的后续协议或惯例，应在解释适用条约和条约约文时一并考虑，缔约方（在彼此合意下）可通过事后修正条约规范或赋予条约权威性解释，指引该条约的适用，① 这种对条约解释的后续实践并不需要所解释条约的全体缔约方共同参与。②

在 WTO 关于争端解决程序的 DSU 中，仅规定各成员方可在对条约解释适用有争议时向 DSB 请求救济和裁决，然而对于 WTO 争端解决机构在何种情况下不应行使或已丧失对案件管辖权，DSU 则没有作出规定。RTA 争端管辖条款也是成员方对彼此贸易争端解决的协议，当 RTA 争端管辖条款中已明确说明 RTA 和 WTO 争端解决机构对成员方争端的管辖问题处置时，即使该协议并非全体 WTO 成员方所签订，但从前述对条约解释的后续协议制定者和实践者无须为原条约全体缔约方可知，RTA 确实可能被认为是成员方对 WTO 下 DSU 对案件管辖权行使的

---

① Anthony Aust：Modern Treaty Law and Practice，Cambridge University Press，2007：238.

② Ian Brownlie：Principles of Public International Law，Oxford University Press，2008：634.

后续惯例，在适当条件下以 RTA 争端管辖条款排除 WTO 争端管辖机制对案件管辖权并非不可能。

至于对条约解释的后续惯例，如同联合国对《联合国宪章》第 27 条第 3 款的解释一般，虽然该条中要求安理会对非程序事项的表决必须取得五位常任理事国的“同意”(concurring vote)才能通过，然而在实践上将其解释为常任理事国“不反对”(not objecting)，而这种对宪章第 27 条第 3 款“同意”的解释方式，被国际法院在“西南非洲案”审理中认可，而成为该条被肯定的解释方法。① 类似的，在“阿根廷家禽案”中，阿根廷提出从 MERCOSUR 缔约方将案件提交南方共同市场仲裁庭裁决后，在过往实践中，当事国均未再将案件提交请求 WTO 争端解决机构裁决，从这点来看，WTO 争端解决机构并非不能将这种选择争端解决管辖机构的模式，解释为 MERCOSUR 成员国认定在将案件提交 RTA 争端解决机构后，WTO 争端解决机构即对案件无管辖的实践。因此，即使 DSU 并未规定 WTO 争端解决机制何时不得行使对案件管辖权，但根据 MERCOSUR 缔约方在“阿根廷家禽案”之前的实践，都认为当事国选定争端管辖机构后即不得将案件提交请求其他争端解决机构审议，WTO 争端解决机构可根据缔约方的这一实践，并将之解释为缔约方在选定争端解决机制后有排除其他争端解决机制管辖权限的意思，而拒绝对已审理案件重复管辖，以避免多重救济或裁决并存情况发生。

(三)《维也纳条约法公约》第 30 条

《维也纳条约法公约》第 30 条规定，就同一事项先后签订条约时，如果后订条约未如条约法公约第 60 条终止(terminated)前条约的适用，此时后订条约应优先于先订条约适用；如果前后两条约缔约方不完全相同，则后订条约优先规则仅适用于同为两条约缔约方之间。

① Anthony Aust: Modern Treaty Law and Practice, Cambridge University Press, 2007: 243.

虽然对《维也纳条约法公约》第30条所谓规范的"同一事项"要件应以宽松或严格方式解释尚无定论。① 如果采取严格解释标准，规定可管辖WTO争端的RTA条款，显然和WTO下DSU授权WTO争端解决机制审理WTO争端属于同一事项的规范；如果采取宽松解释标准，规范缔约方就贸易争端管辖机构的RTA条款与WTO下DSU同属对同一事项的规范，因此，条约法公约第30条在RTA和WTO争端管辖机制管辖权因RTA争端管辖条款而产生冲突竞合时，自然有适用的空间，而如果RTA下争端管辖条款签署于WTO协定之后，此时RTA争端管辖条款自应优先适用。

虽然在国际法一般原理下也有后法优于前法等与《维也纳条约法公约》第30条相似的概念，但该条文是否是国际习惯法的成文化仍有争论，② 虽然WTO上诉机构在"美国汽油标准案"中表示，对解释条约具有国际习惯法地位的《维也纳条约法公约》在WTO体系下可以适用，但上诉机构在该案中仅指出，条约法公约第31条和第32条为其适用规范，至于第30条等其余部分则没有说明。因此，如果对上诉机构在"美国汽油标准案"的主张采取严格解释标准，那么WTO争端解决机构可适用的将限于条约法公约第31条和第32条，如果采取宽松解释标准，那么似乎可以认为《维也纳条约法公约》对条约解释适用规则在WTO下都可适用，从而形成《维也纳条约法公约》第30条将以条约法形式被适用，或者是以国际习惯或一般法律原则适用，将取决于对"美国汽油标准案"解释宽严而有所不同的现象。似乎可以认为，"美国汽油标准案"上诉机构的意思在于，说明WTO规范不应不同于国际习惯法

① 有学者主张应严格解释，参见Anthony Aust：Modern Treaty Law and Practice，Cambridge University Press，2007：228. 也有学者主张应宽松解释，参见L. D. Guruswamy，B. R. Hendricks：International Environmental Law in a Nutshell，West Publishing，1997：28.

② Wolfrum和Matz教授认为，《维也纳条约法公约》第30条不是被成文化的国际习惯法。Rüdiger Wolfrum，Nele Matz：Conflicts in International Environmental Law，International Environmental Agreements：Politics，Law and Economics，2007，7(3)：306. 持相反见解的有Anthony Aust：Modern Treaty Law and Practice，Cambridge University Press，2007：228.

的解释方式，因此，即使条约法公约第 30 条在该案中并未被列举为 WTO 可适用的规范，但从使 WTO 法和国际法相互融合的立场出发，第 30 条仍可作为解决 WTO 和 RTA 争端管辖条款适用关系的规范。

(四)后法优于前法原则

和《维也纳条约法公约》第 30 条相似，后法优于前法是指，就同一事项先后制定不同条约时，后约应优先于先约适用,① 适用这一原则时应注意先后条约是否对同一事项作出规范，以及先后条约缔约方是否全部相同。

WTO 在"印度进口汽车零部件案"的裁决中显示，对先后条约是否为对"同一事项"规定应采严格解释,② 然而，由于 RTA 和 DSU 都是对缔约方贸易争端救济程序的规范，因此，将它们认定为同一事项应无问题。在先后条约缔约方是否相同问题上，因国际法一般法律原则下的后法优于前法概念，未如《维也纳条约法公约》第 30 条那样，针对条约缔约方是否相同赋予该原则适用的不同效力。③ 也因此，在适用时仅以时间的先后作为认定对同一事项规范的条约适用优先级别时，由于各条约的决议方式和缔约方缔约时的主观也可能有差异，因此，采取较严格的解释标准更为适当，只有在先后条约都有相同缔约方时才适用这一原则。④ 在这种情况下，由于 RTA 和 WTO 的缔约方并非全相同，因此，RTA 争端

---

① Black's Law Dictionary's definition, "The principle that a later statute negates the effect of a prior one if the later statute expressly repeals, or is obviously repugnant to, the earlier law", 2009.

② Report of the Panel, Indonesia-Measures Affecting the Automotive Sector, WT/DS54/R, adopted July 23, 1998.

③ Wolfrum 和 Matz 教授认为，在缔约国不完全相同的多边协议下，后法优于前法概念并不适合用以解决条约适用关系。Rüdiger Wolfrum, Nele Matz: Conflicts in International Environmental Law, International Environmental Agreements: Politics, Law and Economics, 2007, 7(3): 308.

④ Jenks 教授对仅以时间为决定要素而让条约的缔结时间先后作为条约适用持反对态度。C. W. Jenks: The Conflict of Law Making Treaties, BRIT. Y. B. INT'L L., 1953, 30: 405.

管辖条款和WTO下DSU的适用关系似乎无法以后法优于前法原则加以协调适用。

(五)特别法优于一般法原则

《维也纳条约法公约》第30条并未就特别法优于一般法原则作出规定，但该原则作为一项有关条约适用的习惯法原则，在理论和实践中得到广泛接受。① 在两个条约发生真实规范冲突时，特别法优于一般法原则是指"特定性规范"(more special norm)应优先于"原则性规范"(general norm)而适用，② 在"Gabcikovo案"中国际法院认为，该原则应适用于条约。③ 根据Pauwelyn教授所整理Grotius、de Vattel和Pufendorf等学者对特别法优于一般法原则的法理，特定性规范应优先于原则性规范的主要原因是"特定性规范是更为有效或精确的规范，在适用时有助于产生较少的例外情况；而且特定性规范能较精确反映缔约方处理争议问题的解决合意"④，其中对特定性的认定又可分别从"规范事务"(subject matter)和"缔约方"(membership)两个方面进行考察。⑤

就条约而言，特定性规范是指，对于同一主体，某一条约对该主体有更精确或直接的规定，例如，相较于一般国际公法，WTO是国际法中贸易领域的特别规范；而WTO规范中，为处理成员方之间卫生检验检疫措施实施而制定的《动植物卫生检验检疫措施协议》(SPS)和为处理技术性标准和规范而签订的《技术性贸易壁垒协议》(TBT)，可以被认

① 于敏友、陈喜峰：《论解决WTO法内部冲突的司法解释原则(上)》，载《法学评论》2002年第5期，第84页。

② Joost Pauwelyn: Conflict of Norms in Public International Law: How WTO Law Relates to other Rules of International Law, Cambridge University Press, 2003: 385.

③ Case Concerning the Gabcikovo—Nagymaros Project (Hungary v. Slovakia), 1997 ICJ Report, para. 132.

④ Joost Pauwelyn: Conflict of Norms in Public International Law: How WTO Law Relates to other Rules of International Law, Cambridge University Press, 2003: 387.

⑤ Joost Pauwelyn: Conflict of Norms in Public International Law: How WTO Law Relates to other Rules of International Law, Cambridge University Press, 2003: 389.

为是 GATT 的特别规范，在涉及动植物检疫措施和技术性标准时优先获得适用。① 至于以缔约方作为条约特定或原则性区分，并不是指两条约比较下缔约方较少的取得特别法资格，② 相对地，是指特定缔约方在特定性规范中，不论在规范细节或两条约共同目的的实践上，规定了较原则性规范更具体的规则。③

WTO 争端解决机构在加拿大关于期刊的某些措施案中，就涉及 GATT 和 GATS 潜在冲突时的规范适用问题，上诉机构认为，当 GATT 对争议措施有更详细规定时应优先适用。此外，在欧共体沙丁鱼案中，专家组处理 GATT 和 TBT 关系时和“欧盟香蕉Ⅲ案”上诉机构处理《进口许可程序协定》和 GATT 第 10 条第 3 款 a 项时，都运用了特别法优于一般法原则，以决定应适用的规范；④ 印度尼西亚影响汽车工业的若干措施案专家组更直言，特别法原则在处理条约冲突竞合时是相互联系的概念。⑤ 可见，特别法优于一般法原则是 WTO 争端解决中可用来解决规范冲突的国际法原则。⑥

综上所述，对于 WTO 和 RTA 争端管辖规范，WTO 成员方在对 WTO 协定适用有所疑义或认为其权益受损的情况下都有提起申诉的权利，DSU 的规范对 WTO 成员方自属原则性争端解决规范。相对的，

① Joost Pauwelyn: Conflict of Norms in Public International Law: How WTO Law Relates to other Rules of International Law, Cambridge University Press, 2003: 398.

② Joost Pauwelyn: Conflict of Norms in Public International Law: How WTO Law Relates to other Rules of International Law, Cambridge University Press, 2003: 390.

③ Joost Pauwelyn: Conflict of Norms in Public International Law: How WTO Law Relates to other Rules of International Law, Cambridge University Press, 2003: 290.

④ Report of the Appellate Body, European Communities-Regime for the Importation, Sale and Distribution of Bananas, WT/DS27/AB/R, adopted 9 September 1997, para. 204; Report of the Panel, European Communities-Trade Description of Sardines, WT/DS231/R, adopted 29 May 2002, para. 7. 15~7. 19.

⑤ Report of the Panel, Indonesia-Certain Measures Affecting the Automobile Industry, WT/DS54/R, adopted 2 July1998, para. 14. 63.

⑥ David Palmeter, Petros C. Mavroidis: Dispute Settlement in the World Trade Organization: Practice and Procedure, Cambridge University Press, 2004: 82.

RTA 争端解决条款仅处理特定当事方间发生贸易争端时 RTA 缔约方间的贸易救济规范，更遑论这种条款的启动往往包含如涉及贸易环境等争端的处理，和 DSU 相比之下，RTA 争端管辖条款属于缔约方间就特定事项(或特定对象间)适用的特别规范而属特定性规范条款。因此，当面对缔约方在 RTA 下设定争端管辖条款而可能造成 WTO 争端解决机制不得行使管辖权时，根据特别法优先于一般法原则，缔约方间特别签订的 RTA 争端管辖条款应优先于 DSU 而适用，因此，如果缔约方已合意在特定情形下排除 WTO 争端解决机构对争端的强制管辖权，该特定性条款自应或优先适用。

(六)诚信原则

源于罗马法的诚信原则不仅体现在世界各国的法律制度中，也被包括 WTO 法律制度在内的国际法所吸收。① 诚信原则在条约解释和一般国际法原则下具有不同内涵，并扮演着不同角色。② 一般国际法原则下的诚信原则强调的是缔约方如何践行条约履行的问题；③ 相对的，条约解释下的诚信原则概念则强调在《维也纳条约法公约》第 31 条第 1 款的实践。

1. 遵守条约概念下的诚信原则

目前，作为一个无可争论的国际法规则，有约必守仅仅是诚信原则的一个表达，其首先表示信守，遵守国家的承诺。没有这一规则，国际法将徒具形式。④ 在美国《2000 年持续倾销和补贴抵消法》中，上诉机

① 姜作利：《诚信原则在 WTO 争端解决机制中的适用评析》，载《现代法学》2010 年第 1 期，第 109 页。

② Jeff Waincymer：WTO litigation：procedural aspects of formal dispute settlement，Cameron May，2002：498.

③ 举例而言，《维也纳条约法公约》第 26 条的条约必须遵守原则和《联合国宪章》第 2 条第 2 项规定，即包含了以最大善意遵守缔约国所签订条约的概念；此外，《维也纳条约法公约》第 18 条，条约签署国于条约生效前应避免从事违背条约宗旨和目的的行为，也是对签署国以最大善意遵循所签订条约的要求。

④ 郑斌：《国际法院与法庭适用的一般法律原则》，韩秀丽、蔡从燕译，法律出版社 2012 年版，第 116~117 页。

构认为，成员方就遵守条约概念下的诚信原则违反的要件，是成员方故意的违反条约规定，① 因此，如果 RTA 缔约方间签订了排除 WTO 争端解决机制管辖的争端管辖条款，又将案件递交请求 WTO 争端解决机构，在这种情形下，应不难认定申诉方有意违背相互签署的 RTA 管辖条款而违反诚信原则。

然而，WTO 上诉机构虽然承认争端解决机构有权认定缔约方对所签署条约最大善意的违反，② 然而对 WTO 的争端解决机构而言，其对诚信原则违反的权限，也仅止于对缔约方是否遵守 WTO 规范，而在“阿根廷家禽案”中，虽然被告在该案中抗辩当事方间的《奥利弗斯议定书》将影响 WTO 争端解决机制对案件的管辖权，而使原告的申诉行为构成对《奥利弗斯议定书》遵守的诚信原则的违反，但因 WTO 专家组维持其不认为 RTA 或其附带议定书属于 WTO 涵盖协定的一部分，并且对 RTA 的履行没有管辖权的观点，造成不论缔约方是否以诚信原则遵循 RTA 争端管辖条款，WTO 对这种争端没有管辖权没有审酌余地。③

2. 条约解释概念下的诚信原则

近年来，WTO 争端解决机构加强了诚信原则在争端解决过程中的适用性，强调当事方应善意行使其在 WTO 协定和 DSU 中的权利，不得滥用任何权利。④ 在“美国海龟案”中，上诉机构认为，诚信原则的应用之一即是对“权利滥用”(abus de droit)的规范，要求缔约方应以“善意”(bona fide)且“合理”(reasonable)的方式解释适用条约规范；⑤ 而在

---

① Report of the Appellate Body, United States-Continued Dumping and Subsidy Offset Act of 2000, WT/DS217/AB/R, adopted 16 January 2003, para. 298.

② Report of the Appellate Body, United States-Continued Dumping and Subsidy Offset Act of 2000, WT/DS217/AB/R, adopted 16 January 2003, para. 297.

③ Report of the Panel, Argentina-Definitive Anti-Dumping Duties on Poultry from Brazil, WT/DS54/R, adopted 22 April 2003, para. 7. 36.

④ 于丹翎：《WTO 争端解决机构中善意原则的适用及其意义》，载《外交评论》2009 年第 1 期，第 138 页。

⑤ Report of the Appellate Body, United States-Import Prohibition of Certain Shrimp and Shrimp Products, WT/DS58/AB/R, adopted 12 October 1998, para. 158.

“美国 301 条款案”中，专家组更认为，对可能同时有多数解释方法的条约进行解释时，相较于决定何种解释方法不符合诚信原则(in bad faith)，更好的处置是决定何种解释方法反映了缔约者较佳的善意(better faith)，更能完整体现诚信原则的内涵。①

在 WTO 和 RTA 之间因 RTA 争端管辖条款所产生的争端解决机制管辖竞合关系中(特别是规定了“选择性排他管辖条款”的 RTA 中)，将可能产生排除 RTA 适用、优先适用 WTO 规范，而在两个条约规范不冲突状况下以 RTA 补充、优先适用 RTA 规范或是完全排除 WTO 规范适用等状况。然而，根据前述专家组在“美国 301 条款案”的解释，在缔约方签署 WTO 和 RTA 下，直接排除其中一个条约的适用，显然不符合缔约者应尽可能履行其条约义务的概念，所以即使“诚信原则”遵守条约概念未能指示条约冲突时规范适用的处理方式，但其至少表明对两个冲突规范不应任意排除其中一个的适用，因此，在 WTO 和 RTA 规范都可能有适用空间，争端解决机构在考虑其对案件管辖权有无时，也应尽可能对 WTO 和 RTA 规范都加以适用，单纯排除某一个规范的适用并非妥当的条约冲突处理方式。

二、减少 WTO 与 RTA 争端解决裁决冲突的解释义务

从“巴西翻新轮胎案”来看，上诉机构对 GATT 第 20 条前言的解释，并不关切 WTO 与 MERCOSUR 裁决冲突对巴西及 MERCOSUR 法律秩序的负面影响。特别是，如果 RTA 成员无法有效诚信执行其 RTA 裁决，或 RTA 司法秩序下的裁决需承受违反 WTO 的风险，或上诉机构可对 RTA 裁决进行司法审查，从全球经贸相互依赖的角度来看，这并不是正向的发展。而且这与 WTO 在 GATT 第 20 条的范围内授权其成员积极缔结 RTA，并给予 RTA 争端解决机构合法性地位不一致。

① Report of the Panel, United States-Sections 301—310 of the Trade Act1974, para. 7. 68.

在“阿根廷家禽案”中，专家组已明确表示，依据 DSU 第 32 条的规定，其无须以特殊的方式“裁决”或“适用”WTO 相关规定，所以其不受 RTA 裁决的拘束。然而，在“巴西翻新轮胎案”中，专家组在“解释”GATT 条文时，在一定程度上展现了对 RTA 裁决的礼让，并尊重成员方在 RTA 体系下执行国际法义务的重要性。从促进 WTO 与 RTA 司法融合的目的来看，如果专家组或上诉机构在条文解释时承担减少与 RTA 裁决冲突的解释义务，在很大程度上会降低裁决冲突的可能性。① 但是，在 DSU 架构下寻求 WTO 与 RTA 司法融合的法律依据仍存在许多困难。一般认为，WTO 争端解决机构是以 WTO 涵盖协定作为其审理案件的依据。依据 DSU 第 3 条第 2 款，DSB 在确认各成员在 WTO 下的权利义务时，必须“依据国际公法解释的习惯规则，以澄清该协议的条款”。然而“国际公法解释的习惯规则”是什么？早在 1996 年的“美国汽油标准案”中，上诉机构就已明确指出，其应为《维也纳条约法公约》。自此，条约法公约第 31 条与第 32 条经常成为 WTO 争端解决机构援引的条款。② 在 DSU 第 3 条第 2 款依国际习惯解释原则的引导下，条约法公约第 31 条第 3 款 c 项的规定“适用于当事国间关系之任何有关国际法规则”，在 WTO 争端解决机构解释涵盖协定时，应考虑“非 WTO 法律”。这一规定就把 WTO 适用协议和国际公法紧密地联系起来了，架起了沟通一般国际法中非 WTO 法与 WTO 法之间的桥梁。③ 如在“美国海龟案”中，上诉机构虽未提及条约法公约第 31 条第 3 款 c 项，但其仍引述若干国际公约与宣言来解释“自然资源”(natural resources)

---

① Julia Ya Qin: Managing Conflicts Between Rulings of WTO and RTA Tribunals: Reflections on the Brazil-Tyres Case, (Wayne State Univ. L. Sch. Legal Studies Research Paper Series No. p. 18. 2009). http://papers.ssrn.com/sol3/papers.cfm? abstract_id = 1490035 (访问时间 2018 年 4 月 12 日).

② Michael Lennard: Navigating by the stars: Interpreting the WTO Agreements, Journal of International Economic Law, 2002, 5(1): 17.

③ 陈立虎、周敏：《非 WTO 法在 WTO 争端解决中的适用》，载《当代法学》2006 年第 3 期，第 76 页。

的概念。① 因此，专家组或上诉机构是否有责任在解释 WTO 协定条款时考虑 RTA 争端解决机构作出的裁决，取决于该 RTA 裁决是否符合条约法公约第 31 条第 3 款 c 项的要件，亦即 RTA 争端解决机构的裁决是否是“适用于当事国间关系之任何有关国际法规则”。

依据“欧共体影响生物技术产品核准与上市措施案”的裁决②，“条约”属于条约法公约第 31 条第 3 款 c 项的适用范围，而且外部国际规则与阐明 WTO 协定条文中的名词有关时就是“有关的”。③ 虽然条约法公约并未明文规定先案裁决在解释条文时的作用，然而根据《国际法院规约》第 38 条的规定，司法判例可作为确定法律原则的补充材料。RTA 裁决源自 RTA 争端解决机构的司法行为，应属于第 38 条所指的司法判例，从而属于确定“国际法原则”的适用范畴。该裁决与阐明 WTO 特定条文“有关”时，应符合条约法公约第 31 条第 3 款 c 项“有关国际法规则”的含义。

但是 RTA 裁决能否符合“适用于当事国关系”的要件却不无疑问。“欧共体影响生物技术产品核准与上市措施案”专家组认为，“当事国”(party)一词是指同意受到具有效力的条约拘束的国家(a state which has consented to be bound by the treaty and for which the treaty is in force)。④ 专家组否定了条约法公约第 31 条第 3 款 c 项下的“当事国”仅指“争端当事国”的主张，换言之，被解释条约所有签署国必须为另一条约的签署国时，才构成“适用于当事国关系”的国际法规则。从 WTO 的角度来

① Report of the Appellate Body, United States-Import Prohibition of Certain Shrimp and Shrimp Products, WT/DS58/AB/R, adopted 12 October 1998, para. 130.

② Report of the Panel, European Communities-Measures Affecting the Approval and Marketing of Biotech Products, WT/DS291/R, adopted 29 Sept. 2006.

③ Benn McGrady: Fragmentation of International Law or “Systemic Integration” of Treaty Regimes: EC-Biotech Products and the Proper Interpretation of Article 31(3)(c) of the Vienna Convention on the Law of Treaties, World Trade, 2008, 42(4): 591.

④ Report of the Panel, European Communities-Measures Affecting the Approval and Marketing of Biotech Products, WT/DS291/R, adopted 29 Sept. 2006, para. 7.68.

看，专家组解释 WTO 条文时应考虑的外部国际法规则，将仅限于可拘束“所有”WTO 成员的规则。专家组的这种解释显然具有相当大的限制性。由于鲜有 WTO“所有”成员都参与的其他多边协议，因此，未来 WTO 对条文的解释或将无法包括绝大多数国际条约。① RTA 仅仅是部分 WTO 成员缔结的条约，其在本质上不及于“所有”WTO 成员。依据专家组的解释，RTA 将无法符合外部国际法规则的要求，RTA 或 RTA 裁决将不是专家组解释 WTO 协定时应考虑的对象。除非未来专家组或上诉机构对条约法公约第 31 条第 3 款 c 项采取扩张解释，否则限缩解释的结果无助于 WTO 与 RTA 的融合。

尽管如此，在 DSU 架构下探求专家组或上诉机构“考虑”或“调和”RTA 裁决的义务，也并不是完全没有可能。一方面，上诉机构在“日本酒精饮料税案”中承认：对 WTO 规则的解释并非如此刚性或无弹性，使其对现实世界不断变化的实际案例无合理判断的空间。WTO 规则以这种方式被解释对多边贸易体系而言无疑是最佳方式。只有这样，成员方通过建立 WTO 争端解决机制才可能实现多边贸易体系的“安全性与可预测性”。② 依据这一解释，专家组或上诉机构对 WTO 规则的解释，如果能考虑数百项 RTA 是当今全球贸易秩序中无法忽略的现实，而在争端解决中对其作出弹性而合理的裁决，或许是实现多边贸易体系安全性与可预测性的较好方式。③ 在适当尊重其他法庭对事实问题和法律问题已裁决的背景下，建立双方之间的信息交流反馈机制，避免出现“不一致解释”及“不一致裁决”，积极消除国际法碎片化的局面。④

① Gabrielle Marceau：WTO Dispute Settlement and Human Rights，EUR. J. INT'L L，2002，13(4)：781.

② Report of the Appellate Body，Japan-Taxes on Alcoholic Beverages，WT/DS8/AB/R，adopted 4 October 1996，para. 34.

③ Report of the Appellate Body，United States-Standards for Reformulated and Conventional Gasoline，WT/DS2/AB/R，adopted 20 May1996，para. 16.

④ 蔡莉妍：《论区域贸易协定和 WTO 协定的法律竞合》，载《沈阳大学学报》(社会科学版)2014 年第 4 期，第 505 页。

另一方面，条约法公约第 26 条似乎也为这一目标提供了可能性。依据条约法公约第 26 条的规定，任何一个生效的条约，其效力及于全体缔约国，缔约国必须善意地履行条约义务。因此在解释时，可以推定一国对其所有条约义务应以一致的方式诚信履行；① 而各国的条约义务在累积适用的关系下宜被同时解读。遵循这一逻辑，条约解释者面临多种可能的解释时，可推定其有责任优先适用可容许调和不同国际义务的解释，以避免冲突。鉴于此，如果专家组或上诉机构认识到 RTA 裁决有可能与其所作的解释冲突，似乎应依据条约法公约的诚信原则，在 WTO 容许的范围内，选择与 RTA 裁决较一致的解释方式。当然，条约法公约诚信原则的适用，并非课予专家组或上诉机构必须“依据”RTA 裁决解释 WTO 条文或“适用”该 RTA 裁决的义务。一方面，专家组或上诉机构从根本上来说不受 RTA 裁决的约束；另一方面，专家组或上诉机构本应以 WTO 涵盖协定为裁决基础，而且在 WTO 与 RTA 实体规范竞合时，WTO 所具有的合法性通常具有引导 RTA 争端机构解释的功能。

从协调 WTO 与 RTA 法律秩序的角度来看，如果 WTO 未来能纳入若干规定，要求专家组或上诉机构在解释 WTO 时，减少采取对 RTA 司法秩序冲击的解释，将有助于建构 WTO 与 RTA 贸易秩序的和谐性。在这方面《倾销与反倾销协定》有关反倾销案件“审查基准”的规定，似乎提供了一定的参考价值。依据《倾销与反倾销协定》第 17 条第 6 款第 2 项的规定，专家组解释协议的相关条款时，如果其认为某一条款有超过一种以上“可被容许”解释，只要主管机关措施符合其中一项解释，则其应认为该措施符合该协议。② 鉴于此，专家组对反倾销案件的司法审查，则在国际习惯解释原则的容许下，维持了各国主管机关措施的合法

① Report of the Appellate Body, EC-Trade Description on Sardines, WT/DS231/AB/R, adopted 26 Sept. 2002, para. 278.

② 陈良刚：《试析反倾销司法审查的几个基本问题》，载《法律适用》2008 年第 8 期，第 50 页；赵骏、韩小安：《WTO 法治和中国法治的砥砺与互动》，载《浙江大学学报》(人文社会科学版)2011 年第 5 期，第 152 页。

性。如果未来 DSU 能针对涉及 RTA 裁决或 RTA 整体法律体系秩序的问题，课予专家组或上诉机构义务：依据条约解释原则，探求是否存在其他可被容许的解释，并采取对 RTA 法律秩序较不具冲击性或限制性的解释，则将进一步促进 WTO 与 RTA 的和谐关系。

不仅 WTO 争端解决机构在争端解决中应通过解释避免 WTO 与 RTA 的冲突，RTA 的争端解决机构也应负有同样的义务。在这方面，一些新出现的 RTA 的规定值得借鉴。如《韩国与欧盟自由贸易协定》就是一个很好的范例，协定的起草者试图解决 WTO 判例法的相关性，而在协定中增加了一个条款，要求 RTA 仲裁小组采用与 WTO 争端解决机构裁决中确立的任何相关解释一致的解释，前提是《韩国与欧盟自由贸易协定》下的义务与 WTO 协定下的义务相同。① 此外，《哥伦比亚与加拿大自由贸易协定》要求仲裁小组在遵守法律程序时考虑 WTO 的判例。如果这类条款成为 RTA 争端解决机制设计中的标准实践，可能成为促进 RTA 与 WTO 争端解决机制之间通过 WTO 判例达成一致的有效途径。

第三节 以一般国际法原则调和 WTO 与 RTA 争端管辖权冲突

对于 WTO 法与国际法之间的关系问题，多年来学者们众说纷纭，莫衷一是。但是不可否认的是，WTO 法像其他条约一样，是在广义国际法基础上创设的，② 因此，WTO 法受一般国际法影响的深度与广度自是不言而喻。作为国际法的一个分支，WTO 法不是与国际法隔绝的法律体系，其实施和运作都离不开国际法的框架。尤其在解释 WTO 规则时，国际法是可资参考的重要背景，这对有些带有很大模糊性的

① Article 14.16 of Free Trade Agreement between the European Union and and the Republic of Korea.

② 周忠海：《论国际法在 WTO 体制中的作用》，载《政法论坛》2002 年第 4 期，第 7 页。

WTO 条款的解释和适用具有极大的帮助作用。在解释 WTO 协定的必要范围内，专家组和上诉机构有权使用或考虑其他条约、习惯和一般法律原则。① 下文探讨一般法律原则在调和 WTO 与 RTA 终端管辖权冲突中可能的作用。

一、禁止反言原则(principle of estoppels)

(一)禁止反言原则的含义

禁止反言原则是诚信原则的子概念，是指表示者不得嗣后否认其曾为意思表示的事实。② 鉴于禁止反言原则的主旨是一国应受其自身表示的拘束，在实践上，禁止反言原则又常常被适用于程序问题方面。③ 根据国际判决和各国实践所整理的禁止反言原则的要件，主要包含以下几个方面：①该声明事实清楚而不模糊；②该声明的作出为自愿、无条件且有权的；③将因此声明不被遵守而受损害的或因此声明的实践而获得利益的，是以最大善意信赖该声明。④ 而常设国际法院在"东格陵兰法律地位案"⑤中，指出挪威外交部长在向丹麦政府表示，其将不争辩格陵兰全岛的政治经济利益的"Ihlen 宣言"的内容，将对挪威有约束力，⑥ 因

① 许楚敬：《国际公法在 WTO 争端解决中的作用与应用》，载《现代法学》2010 年第 6 期，第 125 页。

② 禁止反言原则和诚信原则违反的差异在于此原则的适用，一国的行为无须是出于恶意(bad faith)，参见 T. W. Bowett：Estoppel Before International Trivunals and its Relation to Acquiescence，BRIT. Y. B. INT'L L，1957，33：176.

③ Jeff Waincymer：WTO litigation：procedural aspects of formal dispute settlement，Cameron May，2002：505.

④ T. W. Bowett：Estoppel Before International Trivunals and its Relation to Acquiescence，BRIT. Y. B. INT'L L，1957，33：176.

⑤ Legal Status of Eastern Greenland (Den. v. Nor.)，1933 P. C. I. J. (ser. A/B) No. 53，p. 22 (Apr. 15).

⑥ Legal Status of Eastern Greenland (Den. v. Nor.)，1933 P. C. I. J. (ser. A/B) No. 53，p. 71 (Apr. 15).

此，挪威不得就丹麦对格陵兰岛主权行使加以抗议，也不得占领该岛的部分土地，① 这凸显了一国受其先前表示的约束。而国际法院在“普里维希神庙”案中论及禁止反言原则时指出，该原则是避免一国在法院再度争执对其之前已陈述的事实，并使他国得基于一国的声明保有其应享受的利益。② 在学理上，众多学者也认为禁止反言原则是一般国际法原则。③

（二）WTO 中的禁止反言原则

对于 WTO 协定中是否适用禁止反言原则，目前仍存在争议，反对者的主要依据是专家组在“欧共体香蕉 I 案”中驳回了禁止反言原则的适用。④ 然而，从“阿根廷家禽案”在处理禁止反言原则适用问题时仍回归适用“欧共体香蕉 I 案”赋予禁止反言原则的定义可知，⑤ 即使“欧共体香蕉 I 案”中专家组似乎未采纳当事方禁止反言原则的主张，但是，专家组在该案中拒绝适用禁止反言原则的原因并非该原则不可适用于 WTO 协定，而是该原则的构成要件在争议案件中并未被满足，如“墨西哥高果糖玉米糖浆反倾销调查案”中，上诉机构表示，当事方不得在诉讼程序中再行主张其在磋商阶段未提出的反对观点。⑥ 另外，在

① Legal Status of Eastern Greenland (Den. v. Nor.), 1933 P. C. I. J. (ser. A/B) No. 53, p. 73 (Apr. 15).

② Case Concerning the Temple of Preah Vihear (Cambodia v. Thailand), 1962 ICJ Report 6, pp. 143-144.

③ T. W. Bowett: Estoppel Before International Trivunals and its Relation to Acquiescence, BRIT. Y. B. INT'L L, 1957, 33: 202.

④ GATT Report of the Panel, EEC-Member States' Import Regimes for Bananas, DS38/R, 11 February1994, para. 361 ~ 363. Waincymer 教授认为，禁止反言原则在 WTO 的适用尚不明确，参见 Jeff Waincymer: WTO litigation: procedural aspects of formal dispute settlement, Cameron May, 2002: 507.

⑤ Report of the Panel, Argentina-Definitive Anti-Dumping Duties on Poultry from Brazil, WT/DS241/R, adopted 22 April 2003, para. 7. 17.

⑥ Report of the Appellate Body, Mexico-Anti-Dumping Investigation of High-Fructose Corn Syrup (HFCS) from the United States, WT/DS132/R, adopted 28 January 2000, para. 75.

“美国外国销售公司税收待遇案”①和“美国软木木材措施案”②等案中，虽然上诉机构或专家组在判决中未直接使用“禁止反言”的字眼，但其仍依据禁止反言原则的法理审查一成员是否因其过往声明而不得对争端对方再提出主张，前述GATT/WTO判决显示了GATT/WTO争端解决实践已接受并已在争端解决实践中对禁止反言原则实质适用的事实，此外，许多学者也同样认为，禁止反言原则已是在WTO下加以运用的一般国际法原则。③

各国对条约签署和批准的行为，可认为是缔约方接受条约拘束的意思表示，而WTO和RTA争端管辖机制因RTA争端管辖条款而出现的管辖竞合或冲突问题，也可以将其解释为成员方同意受DSU和RTA争端管辖条款拘束，所产生的意思表示冲突问题而加以处理。对于禁止反言原则的定义，“危地马拉水泥Ⅱ案”采用了Ian Brownlie教授的观点，即“一国信赖他国之前行为依赖他国的保证，因而如果他国改变立场将导致信赖国受损，他国变更立场的行为将被禁止”④，这一定义与前述国际法院主张相似，都要求禁止反言原则的适用，需符合以下三个要件：①该声明事实清楚而不模糊；②声明的作出为自愿、无条件且有权的；③将因此声明不被遵守而受损害者或因此声明的实践而获得利益者，是以最大善意信赖该声明。⑤

① Report of the Appellate Body, United States-Tax Treatment for “Foreign Sales Corporations”, WT/DS108/AB/R, adopted 20 March 2000, para. 133.

② GATT Report of the Panel, United States-Measures Affecting Imports of Softwood Lumber from Canada, SCM/162, adopted 27 October 1993, para. 308.

③ Thomas Cottier, Krista N. Schefer: Non-Violation Complaints in the WTO/GATT Dispute Settlement: Past, Present and Future// Petersmann (ed.): International Trade Law and the GATT/WTO Dispute Settlement System, Kluwer Law International, 1997: 177.

④ Report of the Panel, Guatemala-Definitive Anti-Dumping Measure on Grey Portland Cement from Mexico, WT/DS156/R, adopted 24 October 2000, paras. 8.23—8.24.

⑤ T. W. Bowett: Estoppel Before International Trivunals and its Relation to Acquiescence, BRIT. Y. B. INT'L L, 1957, 33: 76.

（三）禁止反言原则的要件

1. 声明明确性要件

在“欧共体香蕉Ⅰ案”中，专家组认为，禁止反言原则仅在当事方先前已存在明确合意时才适用，① 由此可见，此要件要求当事方的合意必须为“明确”的，由于明确与否并非确定的法律概念，因此，下文试图分析各类型 RTA 争端管辖条款是否构成缔约方“明确放弃对同一事件再提请裁决的合意”。

（1）没有争端解决机制或没有争端管辖条款的 RTA

由于没有规定争端解决条款的当事方间根本没有争端管辖冲突问题的存在，因此，自然不存在分析明确性要件适用可行性的问题。在 RTA 中设有争端管辖机制，但仅规定该机制可管辖缔约方间贸易争端时，因缔约方在该种 RTA 争端管辖条款中并未作出将影响其于 WTO 或其他争端解决机制救济权行使的意思表示，所以，基本上应不能认为满足缔约方有放弃对同一争端另寻裁决“明确”意思表示而不适用禁止反言原则。

（2）规定专属条款和选择条款的 RTA

对于缔约方在 RTA 下设有争端解决机制并授予其对特定贸易争端裁决权，而且在“专属条款”和“选择条款”这两种类型的 RTA 争端管辖条款下达成对 RTA 或 WTO 争端管辖机制管辖权限的意思表示时，不同争端解决机构间即存在依禁止反言原则决定缔约方可行使救济权的问题。

在“专属条款”中（即缔约方表示特定争端仅可由特定争端解决机制处理，如 NAFTA 第 2005 条第 4 款表示涉及环境保护等特定争端，仅可由 NAFTA 争端解决机制管辖并裁决），缔约方在专属管辖条款下明示“该争端仅可由特定争端解决机制管辖”，这时，缔约方一旦将该争端

① GATT Report of the Panel, EEC-Member States' Import Regimes for Bananas, DS38/R, 11 February1994, para. 361.

提交其他争端解决机制处理，根据禁止反言原则，缔约方向其他争端解决机制的提诉将被禁止。

选择条款又可以分为“一般选择条款”和“选择性排他管辖条款”。“一般选择条款”允许当事方选择不同的争端解决机制，来解决 RTA 项下的争议，但是一般排除当事方同时就同一事项再向其他争端解决机制发起新的争端解决程序。而“选择性排他管辖条款”约定，一旦当事方决定该争端的争端解决场所，当事方在条款中明示放弃向其他争端解决机制寻求救济权利的行使，亦即缔约方约定，争端经裁决后排除其他争端解决机制对该争端的管辖，以避免复数裁决的出现，因此，这种争端管辖条款明示缔约方，争端经审议后“不得向其他争端解决机制寻求救济”，此和专属管辖条款相似。因缔约方在该条款中表达了在争端裁决后放弃向其他争端解决机制寻求救济的意思，因而，在这种条款下，缔约方寻求重复裁决的行为将因禁止反言原则的适用而遭到阻却。

(3)“一般选择条款”和“选择性排他管辖条款”适用禁止反言原则的差异

“一般选择条款”和“选择性排他管辖条款”的规范形式虽不相同，但这两种条款都可适用禁止反言原则，避免缔约方对同一争端寻求复数裁决。但两者对禁止反言原则适用的可能性将因对该原则的“明确性”要件适用宽严差异而有所不同。

首先，以禁止反言原则处理 RTA 和 WTO 争端解决机制冲突与竞合的目的，在于选择一争端解决机制，以避免同一争端经不同争端解决程序审议而出现复数裁决。由于向争端解决机制寻求救济可被认为是缔约方在协议下的权利，因此，如果适用禁止反言原则而排除缔约方对其救济权或诉权的行使，必须审视缔约方放弃行使该救济权或诉权的意思是否明确。

在“选择性排他管辖条款”中，毫无疑问缔约方已明确同意排除其在其他争端解决机制下诉权的行使；然而，在“一般选择条款”中，我们认定缔约方适用禁止反言原则而不能重复提诉，原因是“推论”缔约方“明示”将对争端的裁决权限制由一争端解决机制行使时，缔约方同时带有放弃向其他争端解决机制寻求救济的“默示”表示。虽然在这种分析下“选择性排他管辖条款”和“一般选择条款”的差异性仅在于“一般选择条款”下缔约方放弃诉权的意思表示，并未直接明文规定在条文中，而是逻辑推导得出的默示表示；然而，如果对禁止反言原则的“明确性”要件采取最严格的解释，则可能仅在条文“明示”缔约方在择定争端解决机制后放弃对其他争端解决机制的诉权的情况下，才能以禁止反言原则排除缔约方的重复提诉，在这种情况下，仅具默示放弃向其他争端解决机制提诉的“一般选择条款”，有可能不符合明确性要件而无法援引禁止反言原则。

2. 自愿性及有权表示

一国受其表示的拘束而不得为相反主张的前提，在于该表示是有效的。在禁止反言要件中，为了确保国家主张的有效性，首先除要求该表示为有权者作出外，更要求在作出表示时，表示人是出于自愿，以排除在强迫、胁迫下等有瑕疵意思表示的适用。基本上，RTA 管辖条款是缔约方的有权代表签署所作的表示，在自愿性及有权要件上并不存在问题。

3. 他国利益因禁止反言而受损害

经有权者在意思自由下作出的表示，国家并不必然受其拘束，禁止反言原则的成立，还需要有第三国因信赖该表示而取得利益，并将因表示国违反该表示而受损害才会成立。RTA 争端管辖条款如果欲适用禁止反言原则，而使 RTA 缔约方签署专属管辖条款后，选定 RTA 争端解决机制审理争端时，不得再向 WTO 争端解决机制申诉援引禁止反言原则，作为抗辩的 RTA 缔约方，应证明其因对方不遵守 RTA“一般选择条款”而遭受损害。

综上所述，基于禁止反言原则是 WTO 下已被接受适用的国际法原则，而“一般选择条款”和“选择性排他管辖条款”中，分别有缔约方择定争端解决机制后，放弃向其他争端解决机制提诉的“默示”或“明示”意思表示，因此，如果争端当事方间签订这两种类型的条款，而且又无合意将已经裁决的争端另交由其他争端解决机制再行审理，此时，拒绝让案件被重复审理的当事方可以主张禁止反言原则使其他当事方重复提诉行为不发生效力；而且即使对禁止反言原则的明确性要件采取最严格的解释标准，至少实行“选择性排他管辖条款”的成员方之间符合明确性要件，在表示自愿性和信赖利益等要件履行无意外状况下，将适用禁止反言原则，可阻却他国重复提诉行为的发生。

二、既判力原则

既判力原则作为一般国际法原则①是指，如果一案件已经司法裁决，该案件不应被重复诉讼。② 每个法律体系都对同一体系内做出的判决和仲裁裁决适用既判力原则。③ 在WTO体系下，既判力原则也是已被成熟适用的国际法原则，在“日本酒精饮料税案”“美国外国销售公司税收待遇案”“美国海龟案”以及“美国2000年抵消法案”中，我们都可发现争端解决机构对这一原则的适用。④ 而该原则适用的要件包含如下三个方面：①争端当事方相同；②诉讼标的相同；③请求权基础相同。⑤ 目前，在WTO争端解决中，专家组和上诉机构所认可的仅是既

① Jeff Waincymer: WTO litigation: procedural aspects of formal dispute settlement, Cameron May, 2002: 510.

② Jeff Waincymer: WTO litigation: procedural aspects of formal dispute settlement, Cameron May, 2002: 519.

③ 尤瓦·沙尼：《国际法院与法庭的竞合管辖权》，韩秀丽译，法律出版社2012年版，第313页。

④ Report of the Appellate Body, Japan-Taxes on Alcoholic Beverages, WT/DS8/AB/R, adopted 4 October 1996, para. 14; Report of the Appellate Body, United States — Tax Treatment for "Foreign Sales Corporations", WT/DS108/AB/R, adopted 24 February 2000, para. 108; Report of the Appellate Body, United States-Import Prohibition of Certain Shrimp and Shrimp Products, WT/DS58/AB/R, adopted 12 October 1998, para. 97; Report of the Appellate Body, United States-Continued Dumping and Subsidy Offset Act of 2000, WT/DS217/AB/R, adopted 16 January 2003, para. 7. 57.

⑤ Vaughan Lowe: Res Judicata and the Rule of Law in International Arbitration, AFRICAN J. INT'L L, 1996, 8: 39.

判力原则的内部效力，由于成员方分别依据 RTA 和 WTO 协定提起的诉讼如果依据严格解释标准，不符合既判力原则所要求的请求权基础相同的要件，因此，无法调和 RTA 与 WTO 之间的争端管辖权冲突。

因此，欲使既判力原则在 RTA 与 WTO 争端管辖权冲突的解决中占有一席之地，或许只能通过对既判力的要件作扩大解释，将既判力原则适用于 WTO 与 RTA 争端解决管辖权冲突之间。如果对"请求权基础"要件采取较为宽松的认定标准，即在不同的诉讼程序中(或是不同的国际司法性机关诉讼中)只要请求权基础实质上的内容相同，即使援引的是不同的法律文件，也应该被认为是相同的请求权基础。① 依据这种解释，WTO 与 RTA 之间的管辖权冲突或许可通过既判力原则调和。例如，假设在 RTA 中已经裁决过的反倾销争端，再次提交给 WTO 争端解决机构时(相同的是以反倾销规定作为请求权基础)，专家组如果扩大解释既判力原则，就可以认定，RTA 和 WTO 争端解决机制下的两个案件完全符合既判力原则适用的三要件，而争端已经在 RTA 争端解决机制下获得确定的裁决，即争端已告解决，专家组就可适用既判力原则拒绝审理该案，从而有效地调和 WTO 与 RTA 争端解决机制之间的冲突。然而，这样扩大解释适用既判力原则也可能引起其他问题，即根据 DSU 的规定，是否允许专家组或上诉机构承认其他国际司法性机构的判决？由于专家组援引该争端已被 RTA 争端解决机制裁决完毕，则可能涉及专家组是否有权承认其他争端解决机制的判决问题？进一步而言，专家组是否受其他争端解决机制的裁决拘束？

专家组和上诉机构应在解释适用条约时，采取对 WTO 与 RTA 冲击较少的解释方式，这样有助于建构国际贸易体系下的国际贸易法的和谐。在"日本酒精饮料税案"中，上诉机构承认对 WTO 规则的解释，并非如此刚性或无弹性，使其对现实世界不断变化的实际案例无合理判断

① Report of the Panel, Argentina-Definitive Anti-Dumping Duties on Poultry from Brazil, WT/DS241/AB/R, adopted 22 April 2003, para. 7. 30.

的空间，这种观点对多边贸易体系而言是最佳方式，有助于实现多边贸易体系的安全性与可预测性。① 由此可见，专家组与上诉机构在适用既判力原则时，由于必须顾及WTO与RTA之间的和谐性，因此，应尽量采取减少彼此冲突的解释方式，根据DSU第3条第2款的规定，② 专家组与上诉机构有解释条约约文权限，并且在解释时承担提供多边贸易体系安全性及可预测性的义务。因此，将既判力原则扩大解释适用，尽量让实质内容相同的请求权基础认定为相同的请求权基础，这种做法似乎也是符合成员方对专家组与上诉机构在DSU下的期待。

但是，从WTO争端解决机制的实践来看，扩大解释的既判力原则到目前为止还没有被接受。同前所述"印度进口汽车零部件案"中专家组对既判力原则的认定，认为必须是事实以及请求权基础都完全相同，③ 可见专家组对既判力的要件采取限制性解释标准。从这样的实践来看，由于请求权基础的认定必须在形式与实质上完全相同，因此，如果当事方将同一个事实分别依据WTO协定和RTA提出申诉，那么这两项争端将属于完全不同的争端，因此不符合相同请求权基础的要件，从而既判力原则自然不适用，也无法产生阻却的效力。总之，既判力原则在当前还无法作为WTO与RTA之间管辖权冲突的调和手段，但是WTO争端解决机构在未来如果能对"请求权基础"要件采取宽松解释标准，既判力原则在一定程度上就能起到减少或避免WTO与RTA争端解决机制间管辖权冲突的作用。

---

① Reinisch: The Use and Limits of Res Judicata and Lis Pendens as Procedural Tools to Avoid Conflicting Dispute Settlement Outcomes, The Law and Practice of International Courts and Tribunals, 2004, 3(1): 65.

② 参见《关于争端解决规则与程序的谅解》第3条第2款："WTO争端解决机制在为多边贸易机制提供可靠性和可预测性方面是一个重要因素。各成员认识到该机制适于保护各成员在适用协定项下的权利和义务，及依照解释国际公法的惯例澄清这些协定的现有规定。争端解决机构的建议和裁决不能增加或减少适用协定所规定的权利和义务"。

③ Report of the Appellate Body, Japan-Taxes on Alcoholic Beverages, WT/DS8/AB/R, adopted 4 October 1996, para. 34.

第四节　以"法律障碍"调和 WTO 和 RTA 争端管辖权冲突

一、以"法律障碍"调和 WTO 和 RTA 争端管辖权的可能

法律障碍的概念是专家组在"墨西哥饮料案"中第一次提出,① 专家组指出，墨西哥没有主张，也没有任何证据表明 NAFTA 或任何其他美国与墨西哥之间的条约下的法律义务可能对美国在 WTO 提起申诉或专家组对案件的审理构成法律障碍。但是，专家组在报告中并未表示，管辖权法律障碍的发生必然导致 WTO 争端解决机构"不得"行使管辖权，可见，专家组提及"法律障碍"概念，仅是描述 WTO 和 RTA 争端解决机制间可能出现的"规范冲突现象"，并未赋予该"现象"任何具体的法律效果。② "墨西哥饮料案"上诉机构虽然表示受限于上诉方的主张，而不会对该案中是否有"法律障碍"状况存在加以认定,③ 但其在论述中似乎进一步赋予"法律障碍"处理管辖权"规范冲突""现象"时的法律效果，亦即认为管辖权法律障碍发生时，争端解决机制审理该争端的权力将可能被排除。④

上诉机构在"墨西哥饮料案"赋予"法律障碍"现象排除特定争端解决机制行使管辖权的"法律效果"，这对 RTA 和 WTO 争端解决机制管辖权冲突问题的解决是有帮助的。首先，因"法律障碍"概念的适用，

① Report of the Panel, Mexico-Tax Measures on Soft Drinks and Other Beverages, WT/DS308//R, adopted 7 October 2005, para. 7. 13.

② Report of the Panel, Mexico-Tax Measures on Soft Drinks and Other Beverages, WT/DS308//R, adopted 7 October 2005, para. 7. 18.

③ Report of the Appellate Body, Mexico-Tax Measures on Soft Drinks and Other Beverages, WT/DS308/AB/R, adopted 6 March 2006, para. 53.

④ Report of the Appellate Body, Mexico-Tax Measures on Soft Drinks and Other Beverages, WT/DS308/AB/R, adopted 6 March 2006, para. 53.

使 WTO 争端解决机构有可能挣脱 DSU 第 3 条第 2 与第 3 款、第 7 条、第 11 条、第 19 条第 2 款 和第 23 条等解释规范时，不得侵害成员方权利(包括诉权)和必须处理成员方提交争端的僵硬规定；其次，上诉机构已明确表示“法律障碍”的法律效果为可使特定争端解决机构排除或拒绝行使争端管辖权，这时如果 RTA 争端解决条款能和 WTO 的 DSU 形成“法律障碍”，就能通过该概念确定由单一法庭行使管辖权而简化裁决。

上诉机构通过提出“法律障碍”概念，赋予 WTO 争端解决机构决定是否在个案中行使管辖权的权限。但不可否认的是，上诉机构这种赋予“法律障碍”特定法律效果的见解，在未以国际法解释方法或一般法律原则补充法理的状况下，“墨西哥饮料案”中的上诉机构显然已超越了“适用法律”而进入“司法者立法”阶段，因此，“法律障碍”的法律效果是否会继续被后案专家组或上诉机构所遵循而成为 WTO 实质规范的组成部分还有待 WTO 争端解决未来的实践。① 此外，从“墨西哥饮料案”中，我们除知悉 RTA 争端管辖条款的援引可能构成“法律障碍”外，对于以“法律障碍”作为争端解决机构拒绝行使管辖权时还必须满足哪些要件，在 WTO 争端解决机制以司法实践补充之前，法律障碍的适用方法仍不明确。

值得思考的是，禁止反言原则是指，在他国善意信赖并将因此获利的情况下，一国受其自身先前清楚自愿的声明所拘束。法律障碍概念与禁止反言原则有一定程度的相似性。

首先，根据“墨西哥饮料案”，上诉机构认为，NAFTA 下选择性排他管辖条款的适用，可能与成员方向 WTO 争端解决机制寻求救济的规范出现“法律障碍”的情况，但从选择性排他管辖的含义及 DSU 赋予 WTO 成员向 WTO 争端解决机制寻求救济的“权利”来看，后者是保障 WTO 成员提诉救济的权利，前者则是成员对限制行使该权利所作出的意思表示，性质上属于成员间因声明而导致丧失向特定场所请求救济的权利，所以，如果这种限制权利行使的意思表示在由成员间签订条约而

① John Ragosta et al：WTO Dispute Settlement：the System is Flawed and Must be Fixed，37 INT'L L，2003，37(3)：750~751.

形成时将被上诉机构赋予"法律障碍"的名称，或许我们可以直接将"法律障碍"定义为"以法律规范规定形式发生的禁止反言原则"，而援用禁止反言原则适用法律障碍。亦即"在他国善意信赖并因此或有利益的情况下，一国受其自身先前清楚自愿性制定规范的拘束，而不得任意背离"，对法律障碍采取这种理解的情况下，除一方面有助于厘清并理解"法律障碍"的操作与适用，更可进一步将"法律障碍"中当事方受其自愿签订的协议拘束要件，结合诚信原则、条约必须遵守原则等一同适用，赋予国际法下不同体系规范相互适用的可能，并促进各国际法体系间的调和适用。

综上所述，"墨西哥饮料案"上诉机构提出的"法律障碍"概念，或许是未来解决 WTO 和 RTA 争端解决机制管辖冲突的重要因素，但"法律障碍"在未来实践中究竟是仅会被以"规范冲突"的"现象"角度理解，抑或是将成为"解决规范冲突"的"方法"，目前尚不明确。以"禁止反言原则"观点理解"法律障碍"的理念，甚至使其与"诚信原则"和"条约必须遵守原则"一同适用，都可供未来 WTO 争端解决机构参考，但仍待后续专家组和上诉机构的实践才能进一步厘清。

二、强化"法律障碍"与 RTA 场所排除条款的联结

如前文所述，在"墨西哥饮料案"中，上诉机构认为，专家组依据 DSU 第 23 条以及其他相关规定取得涉及 WTO 涵盖协定的争端案件的"领域管辖权"后，依据"固有管辖权"赋予专家组的权利，在存在"法律障碍"的情况下，可以拒绝行使"领域管辖权"，进而终止或暂停案件的审理。上诉机构创造性地采用了"法律障碍"的概念，间接开放了 RTA 场所排除条款可能妨碍专家组行使管辖权的空间。这种解释方式并未直接承认 RTA 场所排除条款本身足以使专家组丧失"领域管辖权"，对 DSU 第 23 条和 WTO 争端解决机制造成的冲击较小，也为 WTO 与 RTA 的司法融合提供了一定的弹性，是当前较为务实的解释方式。但是，专家组或上诉机构在将来需要进一步具体化"法律障碍"概念的内涵及其要素。例如，什么是"法律障碍"？其适用标准是什么？适用范围是什么？RTA 场所排除条款在什么情况下可以构成"法律障碍"？是基于尊

重成员方自愿选择管辖权的约定，还是考虑 WTO 与 RTA 之间的司法融合？是否是指 WTO 将通过个案决定是否承认 RTA 场所排除条款的效力？如果是，个案的判断标准是什么？专家组或上诉机构是否可以依据其职权审理争端案件存在“法律障碍”与否以及当事方是否已经在 RTA 启动“场所排除条款”？或者应该完全由当事方提出？“法律障碍”是否包含其他与 RTA 相关的含义？例如，RTA 成员没有规定“场所排除条款”，而在诉讼程序中另行约定排除 WTO 的管辖，能否构成“法律障碍”？对于没有规定场所排除条款，但仍具有独立争端解决机制的 RTA 而言，什么情形可以构成“法律障碍”？所有这些问题，对于澄清法律障碍的含义，乃至发挥“法律障碍”在协调 WTO 与 RTA 争端解决机制管辖权的冲突方面至关重要，但是，鉴于当前 WTO 谈判停滞不前，近期内部长级会议就“法律障碍”的含义做出界定的可能性不大，因此，考虑到 WTO 专家组和上诉机构报告作为 WTO 判例法的载体，是“实践中的 WTO 法”，① 将来专家组和上诉机构如果在 WTO 争端解决个案中，逐渐对上述问题的解释形成先例，由于前案专家组获上诉机构报告对后案裁决具有相当强的“说服力”，② 对今后 WTO 与 RTA 管辖权冲突的解决无疑具有指导意义。

从避免 WTO 与 RTA 管辖权及其裁决冲突的目的考虑，如果 DSU 第 23 条的规定由于 RTA 包含“场所排除条款”，而使专家组丧失“领域管辖权”，可能是目前解决争议最直接的方式。然而，这种方式将对 DSU 第 23 条和 WTO 争端解决机制造成相当大的冲击，并产生限制 WTO 管辖权的疑虑。③ 学界对 WTO 是否应承认 RTA 场所排除条款有不少讨论。Joost Pauwelyn 主张，应以条约冲突法原则作为 WTO 承认

---

① 左海聪：《WTO 专家组和上诉机构可适用的法律》，载《法学评论》2005 年第 5 期，第 73 页。

② 徐崇利：《从规则到判例：世贸组织法律体制的定位》，载《厦门大学学报》（哲学社会科学版）2002 年第 2 期，第 48 页。

③ William J. Davey: Dispute Settlement in the WTO and RTAs: A Comment, in Lorand Bartels, Federico Ortino (eds): Regional Trade Agreements and the WTO Legal System, Oxford University Press, 2006: 343.

“场所排除条款”的基础。① Gabrielle Marceau 则认为，WTO 没有承认 RTA“场所排除条款”的空间，并主张当事方违反的是执行 RTA 的诚信问题，与 WTO 无关。② William Davey 主张，除非通过 WTO 下的豁免，成员方无权豁免向 WTO 争端解决程序提出申诉的权利。如果容许或鼓励成员方将 WTO 争端交给其他场所处理，其他成员方将无权参与案件的审理，而剥夺其他成员作为第三方的权利。③

WTO 能否直接承认 RTA“场所排除条款”，应值得深入讨论。根据《维也纳条约法公约》第 41 条的规定，如果当事方修改条约的规定并非该多边条约所禁止的，而且也未影响其他成员在该条约下权利的享有或义务的执行，则该条约的两个或两个以上成员须仅就其相互间的适用缔结修改该条约的协议，RTA“场所排除条款”是有关排除 WTO 领域管辖的争端解决条款。从《维也纳条约法公约》第 41 条的规定来看，如果 WTO 并不禁止成员方在特定情形下脱离 WTO 的管辖，并且不影响其他 WTO 成员在 WTO 下的权利与义务，那么 RTA 成员似乎可以通过协议改变其互相间有关 DSU 第 23 条的义务而约定 RTA“场所排除条款”。因此可以认为，DSU 第 23 条虽然规定 WTO 成员应将其 WTO 争议依据 DSU 寻求争端解决，然而其并未禁止成员方以约定的方式豁免向 WTO 申诉的权利。但是，具有争议的是，RTA“场所排除条款”是否影响其他 WTO 成员在 WTO 下权利的享有？RTA“场所排除条款”虽然未妨碍其他 WTO 成员在 WTO 程序中成为申诉方的权利，但可能会妨碍其他 WTO 成员在 WTO 程序中担任第三方的权利。以“巴西翻新轮胎案”为

① Joost Pauwelyn：Conflict of Norms in Public International Law：How WTO Law Relates to other Rules of International Law，Cambridge University Press，2003：98.

② Kyung Kwak，Gabrielle Marceau：Overlaps and Conflicts of Jurisdiction between the World Trade Organization and Regional Trade Agreements，in Lorand Bartels，Federico Ortino（eds）：Regional Trade Agreements and the WTO Legal System，Oxford University Press，2006：476.

③ William J. Davey，André Sapir：The Soft Drinks Case：the WTO and Regional Agreements，WORLD TRADE REV.，2009，8(5)：16.

例，假设 WTO 由于乌拉圭所约定的南方共同市场“场所排除条款”而丧失“领域管辖权”，乌拉圭或巴西都无法因同一争端在 WTO 提起申诉。在这种情形下，欧盟在南方共同市场仲裁程序中无权以第三方参与该案，由于 WTO 已经丧失对该相同争端案件的领域管辖权，欧盟在 WTO 程序中担任第三方的权利也当然无所依附。当然，这并不妨碍欧盟在 WTO 另行提出申诉的权利。严格来说，RTA“场所排除条款”似乎难以依据《纳也纳条约法公约》第 41 条取得正当性，亦即 WTO 没有直接承认该条款排除其“领域管辖权”的法理基础。然而，如果采取这种解释，无异于宣告 RTA 成员所约定的 RTA“场所排除条款”将无法使 WTO 丧失“领域管辖权”。RTA 争端解决机构审理的案件可能在 WTO 下被重新审理，RTA 成员也可能必须面对在 WTO 下的重复诉讼，甚至裁决冲突的结果，“阿根廷家禽案”就是如此。从长远来看，这种严格解释无助于 WTO 与 RTA 争端解决管辖权冲突的解决，也不利于 WTO 与 RTA 的司法融合。

第五节　在 DSU 中纳入场所选择条款以调和 WTO 与 RTA 管辖权冲突

DSU 为 WTO 争端解决机制处理 WTO 成员方之间规范解释适用应遵循的规范，然而，目前，DSU 中并未就国际争端解决机制间的管辖权冲突规定场所选择条款，对于 WTO 规范与其他国际规范出现适用竞合时，因冲突法选择条款的欠缺而导致 WTO 争端解决机制面对与其他国际争端解决机制出现管辖权竞合时，DSU 无法解答管辖权冲突问题。① 如果 WTO 认为确实不应允许在 RTA 下设立争端解决机制，那

① Sieber：Legal Orderin a Global World, in A. von Bogdandy, R. Wolfrum,(eds)：Max Planck Yearbook of United Nations Law, 2010：33-34. http://www.mpil.de/en/pub/publications/periodic-publications/max-planck-yearbook/Vol.ume-14.cfm（访问时间 2018 年 3 月 12 日）。

么，应明文规定，要求成员方不得以任何方式缔结将影响 WTO 争端解决机制争端管辖权行使的协议。相对的，如果 WTO 认为 RTA 下的争端解决机制可被设立，为了厘清 DSU 和 RTA 下争端解决和场所选择条款的适用问题，也应该将公约与其他国际协议的互动与适用关系加以明确规定，其中《联合国海洋法公约》第 311 条第 3 款的规定方式，似乎可以借鉴。①

DSU 第 7 条、第 11 条和第 23 条等已明确规定，WTO 争端解决机构对成员方之间在涵盖协定下的争端有管辖权，在当前 WTO 没有冲突规范的情况下，就形成了 DSU 规定 WTO 争端解决机制对案件有管辖权，而 RTA 场所选择条款却可能规定 WTO 争端解决机制没有管辖权的这种冲突局面。虽然前文提到尝试以国际条约的解释适用和一般法律原则补充处理这一冲突问题的可能解决方案，但在可供解决争端管辖冲突问题的非 WTO 规则适用可能性及优先性尚不明确的情况下，为使 WTO 争端解决机制未来处理这一冲突时能有较明确的规范，而非由成员方间自行立法或在个案中挣扎地尝试主张各种国际法原则，以认定争端管辖权的归属，这一问题的根本解决办法是在 DSU 中规定场所选择条款，通过明文规定 WTO 与其他国际争端解决机构的关系，为 WTO 争端解决机构处理管辖权冲突提供明确的指示及依据。

一、场所选择条款协调 WTO 与 RTA 管辖权冲突的可能性

（一）WTO 争端解决中场所选择条款的缺失

为了避免 WTO 与 RTA 之间的管辖权冲突，许多区域贸易协定规定

① 《联合国海洋法公约》第 311 条第 3 款："本公约两个或两个以上缔约国可订立仅在各该国相互关系上适用的、修改或暂停适用本公约的规定的协定，但须这种协定不涉及本公约中某项规定，如对该规定予以减损就与公约的目的及宗旨的有效执行不相符合，而且这种协定不应影响本公约所载各项基本原则的适用，同时这种协定的规定不影响其他缔约国根据本公约享有其权利和履行其义务。"

了场所选择条款来解决管辖权冲突。这些场所选择条款可由 WTO 专家组或上诉机构用来处理 WTO 与 RTA 之间的管辖权冲突。为了在 WTO 法律文本中设计一个场所选择条款，WTO 也可以参考和借鉴 RTA 中场所选择条款的结构和内容。

特定 RTA 的场所选择条款通常允许申诉方在 RTA 争端解决机制与任何其他争端解决机制之间自由选择来解决争端，例如《北美自由贸易协定》《智利与墨西哥自由贸易协定》等。为了避免管辖权重叠，除了场所选择条款外，一些 RTA 还规定了排除条款。例如，《以色列与美国自由贸易协定》规定："任何一方就本协定下的任何事项选择本协定争端解决机制或任何其他适用的国际争端解决机制，这一择定的争端解决机制对该事项拥有排他管辖权。"①东盟与中国自由贸易区协定的争端解决机制第 2 条第 6 款也有类似规定。②

但是，WTO 协定中没有场所选择条款。WTO 赋予其司法机构对其涵盖协定中提出的事项拥有充分的管辖权。③ 这不仅为 DSU 第 1 条所规定，DSU 第 7 条、第 23 条和附录 1 也对此加以强调。

由于 WTO 协定中没有场所选择条款，因此，即使 RTA 争端解决机制已经解决了的争议，如果该争议属于 WTO 涵盖协定之下的事项，从 DSU 现有的规定来看，DSU 对该争端的管辖权毋庸置疑。从"管辖排除条款"设立的目的来看，其排除效果应该适用于 WTO 和 RTA 的争端解决机制，但由于 RTA 和 WTO 争端解决机制之间缺乏互动，RTA 的这种

① Agreement on the Establishment of A Free Trade Area between the Government of Israel and the Government of the United States of America, U. S. -Isr. , art. 19. 1. f, Apr. 22, 1985.

② 《中国与东盟全面经济合作框架协议争端解决机制协议》第 2 条第 6 款："涉及本协议项下或者争端当事方均是缔约方的其他条约项下具体权利或义务的争端，若本协定项下或其他条约项下的争端解决程序已经启动，起诉方所选择的争端解决场所应排除其他争端解决场所对该争端的适用。"

③ 参见《关于争端解决的规则与程序谅解》第 1 条、第 7 条、第 23 条和附件 1。

排除条款事实上只能起到排除 RTA 争端解决机制适用的作用。就法律而言，排除条款这种单方排除 RTA 管辖权的效果似乎无可厚非，因为在国际法上，RTA 和 WTO 是两个不同的条约，双方没有隶属关系，作为 RTA 一部分的“管辖排除条款”，其效力范围仅仅及于该 RTA 本身，而不能对 WTO 产生任何约束力。因此，要实现管辖排除条款双向排除的初衷，除非 RTA 和 WTO 争端解决程序都有同样的规定，或者 WTO 争端解决机制承认 RTA“管辖排除条款”的效力。① 前文提到的 WTO 与 RTA 管辖权冲突的实际案例就证明了这一点。当然，如果 RTA 规定了“选择性排他管辖条款”，那么在 WTO 争端解决机构已经解决某一案件时，RTA 争端解决机制不会受理该案件。原因是 RTA 的争端解决机制下的这种重新诉讼将违反其场所选择条款，即“选择性排他管辖条款”不允许重新诉讼的行为。遗憾的是，WTO 体系下没有规则来处理 WTO 与 RTA 之间的管辖权冲突。可见，WTO 与 RTA 之间管辖权冲突的一个重要原因是 WTO 缺乏场所选择条款。

（二）场所选择条款在 WTO 争端解决机制中的可适用性

由于 WTO 缺乏有效的相关规则来解决其与区域贸易协定的管辖冲突，因此，许多人认为，关于管辖权冲突问题的国际法的一般原则似乎是最合适的解决方案。② 事实上，WTO 争端解决机构能够利用国际法

① 纪文华、黄萃：《WTO 与 FTA 争端解决管辖权的竞合与协调》，载《法学》2006 年第 7 期，第 41 页。

② Jennifer Hillman: Conflicts Between Dispute Settlement Mechanisms in Regional Trade Agreements and the WTO—What Should the WTO do?, CORNELL INT'L L. J, 2009, 42(2): 202; Caroline Henckels: Overcoming Jurisdictional Isolationism at the WTO—FTA Nexus: A Potential Approach for the WTO, EUR. J. INT'L L, 2008, 19(3): 584; Karen Alter, Sophie Meunier: Nested and Overlapping Regimes in the Transatlantic Banana Trade Dispute, J. EUR. PUB. POL'Y, 2006, 13(3): 362; Joost Pauwelyn: Going Global, Regional, or Both? Dispute Settlement in the Southern African Development Community (SADC) and Overlaps with the WTO and Other Jurisdictions, MINN. J. GLOBAL TRADE, 2004, 1 (13): 295.

的一般原则作为其协定的补充来解决其与区域贸易协定的管辖权冲突。① 是否适用这些一般原则在 WTO 协定中没有任何强制规定。因此，争端解决机构有可能拒绝适用这些国际法的一般原则。

为了从根本上解决 WTO 与 RTA 之间的管辖权冲突问题，WTO 应充分认识到国际法渊源的约束力。因此，WTO 应修改其法律文本，以更多地关注 WTO 下的区域贸易协定的形成后“运作”，而不仅仅是“形成”阶段。② 根据本文的理解，修正 WTO 向专家组或上诉机构提供 WTO 的场所选择条款是解决 WTO 与 RTA 之间管辖权冲突的根本方法。

1. RTA 与 WTO 的平等位阶

理论上，现行国际法中没有正式的“等级制度”。③ 国际法的不同来源之间没有统一的等级制度，这使得各个国际法庭可以孤立地适用这些不同来源的国际法制度，④ 从而加剧了国际法的碎片化现象。这种碎片化体现在“缺乏集中的机构、法律的专业化、法律规范的不同结构、平行的规章、竞争性的规章、扩大的国际法范围以及不同的次级规则体系”⑤。

有人可能会争辩说，《国际法院规约》第 38 条列出了国际法不同渊源的等级，并能够在国际层面规制不同法律规范的冲突。然而，许多学

① Songling Yang: The Key Role of the WTO in Settling its Jurisdictional Conflicts with RTAs, CHINESE J. INT'L L, 2012, 11(2): 305.

② Sungjoon Cho: Breaking the Barrier between Regionalism and Multilateralism: A New Perspective on Trade Regionalism, HARV. INT'L L. J, 2001, 42: 452; Zakir Hafez, Weak Discipline: GATT Article XXIV and the Emerging WTO Jurisprudence on RTAs, N. D. L. REV, 2003, 79: 879.

③ Joost Pauwelyn: Conflict of Norms in Public International Law: How WTO Law Relates to other Rules of International Law, Cambridge University Press, 2003: 94.

④ Gabrielle Marceau, A Call for Coherence in International Law: Praises for the Prohibition Against ‘Clinical Isolation’ in WTO Dispute Settlement, Journal of World Trade, 1999, 33(5): 115.

⑤ Christian Leathley: An Institutional Hierarchy to Combat The Fragmentation of International law: Has The ILC Missed An Opportunity?, N. Y. U. J. INT'L L. & POL, 2007, 40: 262~263.

者反对这一观点。①《国际法院规约》第 38 条第 1 款(a)至(c)项所列条约、习惯法和一般法律原则并未建立任何等级制度。② Brownlie 指出，第 38 条中的渊源"没有被描述为代表等级制度"。③ 第 38 条只是在法官的想法中显示了这些资料来源的逻辑顺序，不希望在国际舞台上为这些资料来源设定一定的等级。④

国际法渊源之间没有正式等级制度的根本原因是国际法与国内法不同，国际法是"分散的"，因为它没有中央立法者制定规则，国家既是国际法的主要创造者，也是国际法最重要的主体。⑤ 国际社会必须尊重国家的意志。的确，国际法是一部合作的法律，而不是从属的法律，并且因为所有规范实质上都源于同一来源(国家同意)，因此，推定它们具有相同的约束价值。⑥ 所有的国家都处于同等法律地位，因此很难得出这样的结论，即 RTA 成员之间的协定比 WTO 法律文本具有更低的约束价值。事实上，它们都是国家之间的协议，应该得到同等的尊重。换言之，WTO 规则在等级上不高于包括 RTA 在内的任何其他国际法规则。⑦

---

① Joost Pauwelyn：Conflict of Norms in Public International Law：How WTO Law Relates to other Rules of International Law，Cambridge University Press，2003：22；Michael Akehurst：The Hierarchy of the Sources of International Law，BRITISH YEAR BOOK OF INT'L L，1975，47 (1)：274.

② Dinah Shelton：Normative Hierarchy in International Law，AM. J. INT'L L，2006，100(2)：291.

③ John K. Setear：Responses to Breach of A Treaty and Rationalist International Relations Theory：the Rules of Release and Remediation in the Law of Treaties and the Law of State Responsibility，VIRGINIA LAW Review，1997，83(1)：203.

④ Michael Akehurst：The Hierarchy of the Sources of International Law，BRITISH YEAR BOOK OF INT'L L，1975，47 (1)：273.

⑤ Joost Pauwelyn：Conflict of Norms in Public International Law：How WTO Law Relates to other Rules of International Law，Cambridge University Press，2003：95.

⑥ Joost Pauwelyn：Conflict of Norms in Public International Law：How WTO Law Relates to other Rules of International Law，Cambridge University Press，2003：95.

⑦ 许楚敬：《非 WTO 法在 WTO 争端解决中的运用》，社会科学文献出版社 2012 年版，第 242 页。

因此，区域贸易协定的场所选择条款和世界贸易组织的管辖权条款处于同一层级，在彼此冲突时很难判断哪一个拥有优先权。对于国际司法制度来说，没有一手遮天的“雨伞管辖权”(umbrella jurisdiction)。在这种情况下，唯一的规则是条约必须遵守原则。① 这意味着WTO争端解决机构应该遵守其自身的法律文本，RTA下的争端解决机构也应遵守自己的条约义务。面对这样的困难，最好在WTO争端解决程序中适用场所选择条款。那么，WTO争端解决机构就能决定，在WTO和RTA之间的管辖权冲突发生时，WTO或RTA争端解决机构何者拥有优先权。

2. 条约优先

虽然在理论上不同国际法渊源之间不存在等级制度，但从适用的角度来看，不同渊源之间存在某种等级。通常，条约优先于习惯法适用，习惯法又优先于一般法律原则适用，当然这种顺序并非绝对化的。②《国际法院规约》第38条第1款没有明确提出国际法不同渊源的等级，但它确实提供了一个不同渊源的适用顺序规则，而条约在这些渊源中应被优先适用。③

从实践方面看，《国际法院规约》第38条第1款在国际法庭的法官或仲裁员的脑海中显示了这些来源的不同职能，尽管在理论方面它们之间没有层次关系。国际法庭更喜欢像多边协议这样的条约，因为条约明确反映了其成员国的协议，并准确界定了其权利和义务。④ 例如，国际法院倾向于依赖“两国之间明确确立的做法，缔约方接受这种做法来调

① Joost Pauwelyn: Conflict of Norms in Public International Law: How WTO Law Relates to other Rules of International Law, Cambridge University Press, 2003: 327.

② Joost Pauwelyn: Conflict of Norms in Public International Law: How WTO Law Relates to other Rules of International Law, Cambridge University Press, 2003: 147.

③ Juliana Murray: Assessing Allegations: Judicial Evaluation of Testimonial Evidence in International Tribunals, CHI. J. INT'L L, 2010, 10(2): 771.

④ John McGinnis: The Appropriate Hierarchy of Global Multilateralism and Customary International Law: The Example of the WTO, VA. J. INT'L L, 2003, 44: 229, 239.

整它们之间的关系”，并且这种做法在证明这些国家之间的具体权利和义务时具有决定性的作用。①

国际法的一般原则通常是除强制法以外的国际法的次要渊源。② 法律的一般原则的预期功能主要是“填补条约和习惯法留下的空白，以避免法律秩序的不确定”③。与习惯法和一般法律原则相比，条约的内容较为确定，因而更容易被国际法庭适用。WTO 协定是其所有成员的公约，WTO 专家组或上诉机构更倾向基于 WTO 法律文本审理成员方之间的争端。

因此，如果对 WTO 协定进行修订，为 WTO 专家组或其上诉机构提供 WTO 争端解决程序中的场所选择条款。这是解决 WTO 与 RTA 之间管辖权冲突的重要方法。这种方法确保场所选择条款成为解决 WTO 与 RTA 之间管辖权冲突的法律基础。但是，是否适用国际法的有关一般原则来解决这些管辖权冲突是 WTO 争端解决机构的裁量权。

（三）在 WTO 争端解决中适用场所选择条款的前提条件

根据以下分析，在 WTO 争端解决程序中有两种方式可以向 WTO 专家组或其上诉机构提供场所选择条款。其一是提供 WTO 争端解决机制法律基础来适用 RTA 的场所选择条款，另一种是在 WTO 法律文本中规定场所选择条款。这两种方法将分别在下文详细讨论。这里强调在 WTO 争端解决程序中适用场所选择条款的前提条件。前提条件侧重于如何界定重叠管辖权案件中涉及的“同一争议”。导致重叠管辖权问题

---

① Right of Passage over Indian Territory（Port. v. India），1960 I. C. J. 44，233（Apr. 12）.

② Bin Cheng：General Principles of Law as Applied by International Courts and Tribunals，Cambridge University Press，2006：394.

③ Joost Pauwelyn：Conflict of Norms in Public International Law：How WTO Law Relates to other Rules of International Law，Cambridge University Press，2003：129.

的“同一争议”和场所选择条款旨在避免对“同样的争议”启动不同的争端解决程序。

如果向不同的法庭申诉争端，有关“同一争议”的辩论有所不同。传统上，根据不同协议引发的诉讼请求构成不同的理由。但应注意到，当这些理由涉及同样的法律义务。在“南方蓝鳍金枪鱼案”中，《联合国海洋法公约》仲裁庭指出：“这一争端的当事方并非两个独立争端的当事方，事实上是两个公约下产生的单一争端。在本案中，依据《联合国海洋法公约》产生的争端与依据马苏金枪鱼养护委员会（CCSBT）产生的争端的区别是人为的。”①

目前，许多学者和专家都倾向审查争端的本质，而不仅是其表面上的分类方式。② 这符合国际社会的实际情况。不同的国际法庭有权对相同的争端依据各自的协定解决，如果不同协议下的权利主张构成不同的争议，RTA 的场所选择条款将变得毫无意义。

例如，《美国和以色列自由贸易协定》规定，如果当事方就任何事项援引本协议下的争端解决机制或任何其他国际争端解决机制，被援引的争端解决机制对该事项拥有专属管辖权。③ 在《美国和以色列自由贸易协定》的场所选择条款中提到的事项，显然是指相同争议当事方之间就其涉及的同一利益问题。虽然争议双方在不同的争端解决机制下可对同一问题寻求救济，但这并不意味着不同争端解决机制下的这些争议是不同的事项。

同样的争议可以被扩张性解释为“在相关的当事方之间存在着与相

① Southern Bluefin Tuna（Austl. and N. Z. v. Japan）：Award of Jurisdiction and Admissibility，2000，4：54. http://legal.un.org/riaa/cases/Vol._XXIII/1-57.pdf（访问时间 2017 年 10 月 27 日）。

② August Reinisch：The Use and Limits of Res Judicata and Lis Pendens as Procedural Tools to Avoid Conflicting Dispute Settlement Outcomes，LAW PRAC. INT'L CTS. & TRIB，2004，3(1)：71.

③ Agreement on the Establishment of a Free Trade Area between the Government of Israel and the Government of the United States of America，Aug. 19，1985.

关法律关系相似的情况”。许多双边和多边法庭或仲裁庭已经采用依据争端的性质而非其形式上的分类来审查争端的方法。根据当前的国际实践，当同一原告就同一事实情况向不同国际争端解决机制申诉同一被告时，场所选择条款是有效的。

二、在 WTO 争端解决程序适用 RTA 场所选择条款

根据前面的分析，解决 WTO 与 RTA 之间管辖权冲突的更好措施是在 WTO 争端解决程序中适用场所选择条款。许多区域贸易协定已经规定了场所选择条款，这些条款可以填补 WTO 协定中缺乏 WTO 与 RTA 之间管辖权冲突的规则空白。因此，一种方法是修改 WTO 协定，以允许 WTO 争端解决机构适用区域贸易协定的场所选择条款。一些学者支持这样的观点，即国际法庭或仲裁庭之间管辖权冲突的最佳解决方案是应用争议协定中的场所选择条款，例如，已经在区域贸易协定中规定的场所选择条款。① 事实上，许多区域贸易协定已经有管辖权冲突的规则，但 WTO 协定还没有类似的规定。如果 WTO 争端解决机制能够适用 RTA 的场所选择条款，管辖权冲突问题自将大为缓解。

(一)适用场所选择条款的国际法依据

依据同意理论，国际法演进是源于国际实践的累积，而国际法即是源自国家在实践中的同意，因此，国际法规范所产生的拘束力源于国家的同意。国家可通过不同形式表达其同意的意思，包括通过习惯累积的方式为消极默示的意思表示，以及通过条约签订方式为积极明确的意思表示。②

详言之，国际法奠定于国家同意的基础上，而国家于国际法负担的义务即是奠基于国家的同意，对国家产生拘束效力。国家可依其自由意

① Joost Pauwelyn, Luiz Salles: Forum Shopping Before International Tribunals: (Real) Concerns, (Im) Possible Solutions, CORNELL INT'L L. J, 2009, 42(77): 91.

② Martin Dixon: Textbook on International Law, Oxford University Press, 2005: 16.

思，决定是否为同意的承诺，如果国际法的演进、变动与国家利益有所不符，则国家可通过订立条约的方式，表达不受变动后的国际法拘束。① 因此，依据传统的同意理论，国际法未获得国家同意即无法对国家产生拘束力。虽然随着时间迁移，这一观点并非完全正确，而且与国际法上的公平原则相互违背，但仍清楚呈现现代国际法奠定于国家同意基础上的样貌。②

而随着国际环境改变，如新兴国家以及国际组织的数量增加等，传统国际法规范仅因国家同意而产生拘束力的见解面临许多挑战，但国家同意为国际法重要基石，仍具有无可动摇的地位。③ 国际法中的条约必须遵守原则，也是奠基于条约缔约国的同意之上，依据国际实践，条约对于缔约国产生的拘束力普遍源于缔约国积极接受条约拘束的同意。④

对此，《维也纳条约法公约》即对条约拘束力源于缔约国的同意一事进行定义性的说明。条约法公约第 2 条第 1 款 a 项规定：“称‘条约’者，谓国家间所缔结而以国际法为准之国际书面协定，不论其载于一项单独文书或两项以上相互有关之文书内，亦不论其特定名称如何。”⑤f 项则规定：“缔约国是指，无论条约生效与否，都同意受条约拘束的国家。”g 项指出，当事方即同意条约生效后受条约拘束的国家。这就是《维也纳条约法公约》第 26 条所指的条约必须遵守原则，所有成立且生效的条约都拘束条约的当事方，当事方必须以诚实信用的方式履行条约

① Andrew Guzman：The Consent Problemin International Law，Berkeley Program in Law and Economics（2011）Working Paper Series，p. 2.

② Andrew Guzman：The Consent Problemin International Law，Berkeley Program in Law and Economics（2011）Working Paper Series，p. 4.

③ Matthew Lister：The Legitimating Role of Consent in International Law，Chicago Journal of International Law，2011，11(2)：691.

④ Martin Dixon：Textbook on International Law，Oxford University Press，2005：16.

⑤ 参见《维也纳条约法公约》第 2 条第 1 款 a 项。

义务。

因此，国家同意被条约拘束的意思表示，可通过不同渠道来表现，是国家与条约规范产生拘束关系的基础。而依条约必须遵守原则，成立且生效的条约会对条约当事方产生拘束力，当事方必须以诚实信用的方式履行条约。据此可知，条约对于当事方产生拘束力，必须具有当事方表明其愿接受条约拘束的同意以及条约生效两项要素。①

（二）在 WTO 争端解决程序适用场所选择条款的优点

如果 WTO 专家组或上诉机构无法利用 RTA 中的场所选择条款，则问题就可能像“美国金枪鱼Ⅱ案”中美国与墨西哥之间的问题。2009 年 3 月 9 日，墨西哥要求成立专家组，就美国进口、营销和销售金枪鱼和金枪鱼产品采取的某些措施进行审查。② DSB 于 2009 年 4 月 20 日成立专家组，2009 年 11 月 5 日，美国依据 NAFTA 第 2005 条，要求在 NAFTA 争端解决机制下就墨西哥无法将“海豚安全”标签争议从 WTO 移交给《北美自由贸易协定》与墨西哥进行磋商。③ 美国认为，“海豚安全”标签争端涉及保护人类、动植物的生命健康或环境。④ 因此，该争议应根据 NAFTA 第 2005 条第 4 款的规定，专门在 NAFTA 争端解决机制中解决。

但是，墨西哥未能采取任何步骤，在《北美自由贸易协定》争端解

① Anthony Aust: Modern Treaty Law and Practice, Cambridge university press, 2007: 94.

② Report of the Panel, United States-Measures Concerning the Importation, Marketing and Sale of Tuna and Tuna Products, WT/DS381/R, adopted 15 September 2011.

③ Press Release, Office of the United States Trade Representative, United States Initiates NAFTA Dispute with Mexico over Mexico's Failure to Move Its Tuna-Dolphin Dispute from the WTO to the NAFTA (Nov. 2009). http://www.ustr.gov/about-us/press-office/press-releases/2009/november/united-statesinitiates-nafta-dispute-mexico-over（访问时间 2017 年 12 月 26 日）。

④ Report of the Panel, United States-Measures Concerning the Importation, Marketing and Sale of Tuna and Tuna Products, WT/DS381/R, adopted 15 September 2011, para. 4. 71.

决机制中任命专家小组，或同意将 WTO 案件移交给《北美自由贸易协定》。美国也没有援引 NAFTA 第 2005 条第 4 款规定的排他性选择条款，要求 WTO 专家组或上诉机构拒绝审理该案。本案中的 WTO 专家组和上诉机构都没有考虑管辖权冲突问题，并作出了裁决。① 这一争端最终以美国和墨西哥之间达成协议获得解决，即美国应在 13 个月内实施 DSB 建议和裁决。

与阿根廷在“阿根廷家禽案”中的主张不同，美国并没有坚持 NAFTA 第 2005 条第 4 款作为 WTO 争端解决程序的可能抗辩。在“阿根廷家禽案”中，阿根廷反对 WTO 专家组行使管辖权，并要求“根据先前的南方共同市场诉讼程序，专家组对巴西在目前的 WTO 争端解决程序中的主张不应作出裁决。② 南方共同市场议定书允许南方共同市场成员选择它们希望解决争端的场所，同时由排除条款加以限制，一旦一个成员方在某个法庭上启动了争端解决程序，就排除其他争端解决机制的适用。③

WTO 专家组或上诉机构对 RTA 的场所选择条款的态度在“美国金枪鱼Ⅱ案”中没有披露。DSB 对其管辖权的强烈态度反映在“墨西哥饮料案”中，在“阿根廷家禽案”中也没有改变，这一立场将在管辖权冲突发生时削弱 RTA 争端解决机制下的场所选择条款的效力。“墨西哥饮料案”中上诉机构认为，根据 DSU 的相关规定，解决其管辖范围内已有效建立的争端是专家组义务的一部分。④ 根据 DSU，启动争端解决程序的申诉方有权获得 WTO 专家组的裁决。⑤ 在“阿根廷家禽案”中，专家组

① Report of the Appellate Body, United States-Measures Concerning the Importation, Marketing and Sale of Tuna and Tuna Products, WT/DS381/AB/R, adopted 16 May 2012, para. 402.

② Report of the Panel, Argentina-Definitive Anti-Dumping Duties on Poultry from Brazil, WT/DS241/R, adopted 22 April 2003, para. 7. 17.

③ Report of the Panel, Argentina-Definitive Anti-Dumping Duties on Poultry from Brazil, WT/DS241/R, adopted 22 April 2003, para. 7. 29.

④ Report of the Appellate Body, Mexico-Tax Measures on Soft Drinks and Other Beverages, WT/DS308/AB/R, adopted 6 March 2006, para. 21.

⑤ Report of the Appellate Body, Mexico-Tax Measures on Soft Drinks and Other Beverages, WT/DS308/AB/R, adopted 6 March 2006, para. 52.

认为，其没有适用禁止反言原则的理由。①

如果 WTO 协定增加一个新条款，允许专家组或上诉机构适用 RTA 的场所选择条款，专家组或上诉机构目前关于 WTO 与 RTA 之间的管辖权冲突的困境将被减缓。这个新的条款将为专家组在管辖权冲突的情况下拒绝行使管辖权提供依据。② 根据这一条款，专家组或上诉机构将不会赋予其司法机构全面管辖其涵盖协定下提出的事项。如果专家组或上诉机构根据 WTO 协定中的新条款为该 RTA 的管辖权辩护，则特定 RTA 的争端解决机制将成为可能的争端解决场所。

（三）在 WTO 争端解决程序适用场所选择条款的挑战

然而，WTO 的 DSB 对 RTA 场所选择条款的适用也可能受到如下质疑：根据 DSU 的规定，WTO 争端解决机构对涵盖协定下的争议享有管辖权。③ 这一观点在"印度专利案"中得以反映。虽然专家组在制定自己的工作程序方面享有一定的自由裁量权，但这种自由裁量权并不涉及修改 DSU 的实质性条款，DSU 中的任何内容都不会让专家组有权无视或修改，遑论 DSU 的明文规定。④

似乎专家组或上诉机构无法根据 RTA 的实质性规定（如场所选择条款）来决定具体案件。有些学者还认为，世界贸易组织 DSB 的管辖权限于 WTO 涵盖协定。⑤ 尽管对 WTO 争端解决程序中 RTA 场所选择条款

---

① Report of the Panel, Argentina-Definitive Anti-Dumping Duties on Poultry from Brazil, WT/DS241/R, adopted 7 October 2005, para. 21.

② Report of the Appellate Body, Mexico-Tax Measures on Soft Drinks and Other Beverages, WT/DS308/AB/R., adopted 6 March 2006, para. 52.

③ Joost Pauwelyn: The Role of Public International Law in the WTO: How Far Can We Go? AM. J. INT'L L, 2001, 95(3): 535.

④ Report of the Appellate Body, India-Patent Protection for Pharmaceutical and Agricultural Chemical Products, WT/DS50/AB/R, adopted19 December 1997, para. 92.

⑤ Joel B. Trachtman: Book Review: Conflict of Norms in Public International Law by Joost Pauwelyn, 98 AM. J. INT'L L, 2004, 98(4): 858.

的适用存在批评，但本文认为，这些批评不会成为修改 WTO 协定文本建议的障碍。具体原因分析如下。

首先，WTO 专家组的实质性管辖权仅限于 WTO 涵盖协定下的权利主张的事实，并不意味着专家组适用的法律必然仅限于 WTO 涵盖协定。① 在 Pauwelyn 看来，最好是将争议的法律基础与适用于解决争议的法律区分开来。他进一步指出，DSU 第 3 条第 2 款和 19 条第 2 款未涉及专家组的管辖权，也没有涉及专家组在特定争议中可以适用的法律，而这些条款并未宣称 WTO 涵盖协定必须始终优先于所有过去和将来的法律。② WTO 规定并不禁止专家组或上诉机构适用非 WTO 规则来解决争端。DSU 第 3 条第 2 款的最后一句话表明，它仅仅涉及专家组的解释功能，而不涉及专家组可适用的法律，也不涉及规范冲突。③ 这些条款并不意味着 WTO 专家组及上诉机构无法适用非 WTO 规则来解决争端。

这样，上诉机构本身也注意到"专家组禁止处理不属于其职权范围的法律诉求"，但"DSU 中没有任何内容限制专家组自由使用任何由争端当事方的主张或者发展自己的法律推理来支持自己在审议问题上的裁决和结论"④。可以说，WTO 专家组拥有广泛的裁量权来适用争议当事方的论据，尤其是在 WTO 协定关于争端事项的规定很模糊或者甚至没有相关规定的情况下。因此，如果任何当事方提交 RTA 场所选择条款，那么，专家组或上诉机构就可以利用这些条款来支持其裁决和结论。

---

① Joost Pauwelyn：Conflict of Norms in Public International Law：How WTO Law Relates to other Rules of International Law，Cambridge University Press，2003：460.

② Joost Pauwelyn：Conflict of Norms in Public International Law：How WTO Law Relates to other Rules of International Law，Cambridge University Press，2003：353.

③ Joost Pauwelyn：Conflict of Norms in Public International Law：How WTO Law Relates to other Rules of International Law，Cambridge University Press，2003：353.

④ Report of the Appellate Body，European Communities-Measures Concerning Meat and Meat Products（Hormones），WT/DS26/AB/R，adopted 16 January1998，para. 156.

实际上，阿根廷提交了《奥利弗斯议定书》中的场所选择条款，作为其在“阿根廷家禽案”中的论点。① 专家组在本案中确实考虑了阿根廷的论点，并没有忽视南方共同市场场所选择条款的有效性。② 然而，WTO 专家组并没有依赖这个场所选择条款来评估案件，因为该场所选择条款在发生争端时尚未生效。③ 根据专家组在本案中的态度，场所选择条款如果已经生效，可能会被专家组用于解决管辖权冲突问题。

最后，当专家组及上诉机构拒绝基于 RTA 场所选择条款解决争议时，专家组或上诉机构的管辖权不受影响。在这种情况下，这只意味着专家组及上诉机构并不直接就争议点直接作出裁决。事实上，专家组或上诉机构可以依靠 RTA 争端解决机制对争议事项作出客观评估。如果专家组及上诉机构同意 RTA 争端解决机制的裁决，它们可以接受这些决定。如果 RTA 法庭没有解决该争端或专家组及上诉机构认为 RTA 法庭的裁决违反 WTO 协定，争端仍可由 WTO 争端解决机构来审理。因此，专家组及上诉机构并没有被剥夺管辖权，它们实际上已经行使上述管辖权，尽管它们放弃就该事项作出裁决。④

（四）不同场所选择条款的效力

如前所述，区域贸易协定争端解决机制的类型，大体上可以分为如下 4 种：①没有争端解决机制的区域贸易协定；②没有场所选择条款的区域贸易协定争端解决机制；③仅有场所选择条款的区域贸易协定争端解决机制；④具有场所选择条款以及选择后排除条款的区域贸易协定争

① Report of the Panel, Argentina-Definitive Anti-Dumping Duties on Poultry from Brazil, WT/DS241/R, adopted 7 October 2005, para. 7. 37.

② Report of the Panel, Argentina-Definitive Anti-Dumping Duties on Poultry from Brazil, WT/DS241/R, adopted 7 October 2005, para. 7. 37.

③ Report of the Panel, Argentina-Definitive Anti-Dumping Duties on Poultry from Brazil, WT/DS241/R, adopted 7 October 2005, para. 7. 38.

④ Report of the Appellate Body, Mexico-Tax Measures on Soft Drinks and Other Beverages, WT/DS308/AB/R, adopted 6 March 2006, para. 51.

端解决机制。从前文的分析可知，当前大多数 RTA 中都规定了场所选择条款，在当前 WTO 协定中没有协调两者之间关系的规定，可能是解决 RTA 与 WTO 争端解决管辖权冲突的重要方法。

首先，没有争端解决机制设计的区域贸易协定，多以磋商为争端解决手段。因此，如果同一争端分别涉及 WTO 涵盖协定与区域贸易协定，区域贸易协定当事方可通过磋商或是将争议案件提交 WTO 争端解决机构寻求争端解决，对此，不会出现区域贸易协定争端解决机构与 WTO 争端解决机构对同一争端产生管辖权冲突的情况。

而没有场所选择条款设计的区域贸易协定争端解决机制，在同一争端分别涉及 WTO 涵盖协定与区域贸易协定时，区域贸易协定当事方可以选择将同一争端提交 RTA 争端解决机制或是 WTO 争端解决机制，或是先后将同一争端分别递交 RTA 争端解决机制与 WTO 争端解决机制，或是同时将同一争端分别递交 RTA 争端解决机制与 WTO 争端解决机制。因此，在这种 RTA 争端解决规范设计下，两者之间存在高度的管辖权冲突可能。

虽然区域贸易协定当事方同时或先后将同一争端分别提交 RTA 争端解决机制与 WTO 争端解决机制的行为，构成场所选择理论以及禁止重复诉讼原则的违反。但场所选择理论在国际法上还未具备习惯国际法地位，而禁止重复诉讼原则局限于同一个争端解决机制对案件享有的管辖范围，无法规范其他争端解决机制对同一案件所展开的争端解决程序，因此，无法调和 RTA 争端解决机制与 WTO 争端解决机制间的管辖权冲突。

而区域贸易协定当事方先向区域贸易协定争端解决机制对同一案件提出争端解决请求，仅是单纯对同一争端选择争端解决机制进行争端解决的行为，并非区域贸易协定当事方对同一争端仅于区域贸易协定争端解决机制与 WTO 争端解决机制间择一进行争端解决的表示，无法构成禁止反言成立的信赖基础。因此，区域贸易协定当事方同时或先后将同一争端分别递交区域贸易协定争端解决机制与 WTO 争端解决机制的行为，并没有违反禁止反言原则。

因此，没有争端解决机制设计的区域贸易协定并不会出现 RTA 争端解决机制与 WTO 争端解决机制对同一争端产生管辖权冲突的情况，而没有场所选择条款设计的 RTA 争端解决机制与 WTO 争端解决机制间存在高度管辖权冲突可能，在同一争端分别系属 RTA 争端解决机制与 WTO 争端解决机制时，无法依据场所选择理论以及禁止重复诉讼原则对管辖权冲突予以解决，也因为作为信赖基础的事实不存在而不构成禁止反言，所以，无法依据 DSU 第 3 条第 10 款请求专家组拒绝行使管辖权。

其次，有的区域贸易协定仅规定了场所选择条款。这种场所选择条款的内容通常为：一争端案件同时为区域贸易协定争端解决机制以及其他国际争端解决机制管辖时，区域贸易协定当事方可在其中择一作为该争端的解决平台。区域贸易协定当事方订立、签署区域贸易协定的行为，即表示其同意接受场所选择条款拘束，而具备仅在区域贸易协定争端解决机制与 WTO 争端解决机制中选择一个进行争端解决的同意，可供区域贸易协定当事方作为信赖基础。

因此，当同一争端分别涉及 WTO 涵盖协定与区域贸易协定规范时，依据场所选择条款，区域贸易协定当事方仅能在 RTA 与 WTO 争端解决机制中择一请求争端解决。RTA 当事方选择区域贸易协定争端解决机制请求争端解决后，再对同一争端向 WTO 争端解决机制请求争端解决的行为，对于被诉方而言，违反其同意受场所选择条款拘束的表示而构成禁止反言。

详言之，区域贸易协定当事方签署具有场所选择条款的区域贸易协定时，即表示其同意受场所选择条款拘束。依据同意原则、条约必须遵守原则以及《维也纳条约法公约》第 26 条，该同意行为构成区域贸易协定当事方相信彼此会遵守场所选择条款的信赖基础。但他方违反这一信赖基础，将同一争端再提交给 DSB 请求争端解决，而使当事方遭受损害，违反了禁止反言原则，并因此违背诚实信用原则。

但这里仅有从 RTA 争端解决机制与 WTO 争端解决机制中选择一个

争端解决机制进行争端解决的同意，而欠缺选定区域贸易协定争端解决机制或 WTO 争端解决机制为争端案件的争端解决场所后，即排除向未被选定的争端解决机制对同一案件请求争端解决的同意。亦即，欠缺区域贸易协定当事方不再对同一争端向择定之外的争端解决机制请求进行争端解决的同意，依据专家组在美国《2000 年持续倾销和补贴抵消法》报告中的意见，仍然无法在 WTO 争端解决机制架构下构成违反禁止反言原则，因此，专家组无法依据 DSU 第 3 条第 10 款行使其固有的自由裁量权。

另外，有的 RTA 在规定场所选择条款后，还补充规定了排除条款，场所选择条款和排除条款结合起来就是前文所述的选择性排除管辖条款。大部分有场所选择条款设计的区域贸易协定争端解决机制还规定了排除条款。亦即，区域贸易协定当事方依据场所选择条款对同一争端在 RTA 或 WTO 争端解决机制择一请求争端解决后，依据选择后排除条款，该区域贸易协定当事方对同一争端不得再向未获选择的争端解决机制请求争端解决。因此，同一争端分别涉及 WTO 涵盖协定与区域贸易协定时，区域贸易协定当事方先对同一争端向区域贸易协定争端解决机制请求争端解决，再对同一争端向 WTO 争端解决机制请求争端解决的行为，会因为违反场所选择条款与选择后排除条款而构成禁止反言。

详言之，区域贸易协定当事方签署包含场所选择条款与选择后排除条款的区域贸易协定时，即表示区域贸易协定当事方有愿受场所选择条款与选择后排除条款拘束的同意。依据同意原则、条约必须遵守原则以及《维也纳条约法公约》第 26 条，该同意行为构成区域贸易协定当事方相信彼此会遵守场所选择条款的信赖基础。因此，区域贸易协定当事方就一争端向 RTA 争端解决机制请求争端解决，再对同一争端向 WTO 争端解决机制请求争端解决的行为，违背信赖基础而造成被诉方受到损害，该行为构成违反禁止反言原则。

而在 RTA 争端解决机制具有场所选择条款与选择后排除条款的情况下，区域贸易协定当事方愿受区域贸易协定规范限制的同意，包括两个部分：①仅在 RTA 争端解决机制与 WTO 争端解决机制中选择一个争端解决机制进行争端解决的同意；②选定 RTA 争端解决机制或 WTO 争端解决机制作为案件的解决场所后，即排除向未被选定的争端解决机制对同一案件请求争端解决的同意。

因此，依据美国《2000 年持续倾销和补贴抵消法》专家组的主张，区域贸易协定当事方具有同意不再对同一争端向 WTO 争端解决机制请求进行争端解决的明确表示。在 WTO 争端解决程序中，该当事方提出的争端解决请求因构成禁止反言原则而违反诚实信用原则，依据 DSU 第 3 条第 10 款会产生抑制行使争端解决请求权的效果。这时，专家组即可依据其固有自由裁量权，决定拒绝对争议案件行使管辖权。

所以，在 WTO 争端解决程序中，禁止反言原则的构成需要有区域贸易协定当事方具有同意不再对同一争端向 WTO 争端解决机制请求进行争端解决的明确表示作为信赖基础。因此，没有场所选择条款设计的区域贸易协定争端解决机制根本不具有信赖基础，而仅有场所选择条款设计的区域贸易协定争端解决机制，则欠缺不再对同一争端向 WTO 争端解决机制请求进行争端解决的明确表示，二者都无法在 WTO 争端解决程序中构成禁止反言原则的适用。

依据禁止反言原则、诚实信用原则以及 DSU 第 3 条第 10 款，对于违反明确表示其同意不再对同一争端向 WTO 争端解决机制请求进行争端解决的案件，依据固有的自由裁量权，专家组可以拒绝行使管辖权，作为 WTO 争端解决机制与区域贸易协定争端解决机制间管辖权冲突的调和手段，则除该区域贸易协定争端解决机制有场所选择条款的规定外，还需规定选择后的排除条款，才能满足 WTO 争端解决程序中禁止反言原则的构成要件。

三、在 WTO 协定中规定场所选择条款

正如前文所述，区域贸易协定的场所选择条款在 WTO 争端解决程序中的适用是 WTO 解决其与区域贸易协定管辖权冲突的一种方式。但

是 RTA 管辖权排除条款名义上具有双向排除效果，目前实践上却只能排除自己的适用，因此，要有效地避免 WTO 争端解决机构与区域贸易协定争端解决机构之间的管辖权冲突，必须修改 WTO 的《争端解决规则与程序谅解》，在 WTO 协定中规定场所选择条款。① 如果 WTO 协定明确规定了场所选择条款，就能顺利地解决 WTO 和 RTA 之间的管辖权冲突。

（一）在 WTO 协定中规定场所选择条款的动机

在 WTO 协定中规定场所选择条款的动机之一是 WTO 和 RTA 之间越来越严重的管辖权冲突目前很难解决。这个问题在前文中作过具体讨论。当前，许多区域贸易协定规定了场所选择条款，这反映了 RTA 最新的发展趋势。② 这是在 WTO 协定中规定场所选择条款的另一个动机，也是下文要讨论的重点。自由选择解决主权争端方式的原则一直支持这种趋势。根据以下的分析，这一趋势将逐渐形成解决管辖权冲突的新的国际惯例，可能进一步促进在 WTO 协定中规定场所选择条款。

许多学者已经注意到国际法规则快速增加的倾向："非国际法规则成为软法，软法成为硬法，各种习惯法和条约规则成为强制法。"③从国际实践中可以发现，一项被许多国家签署和实施的条约，可能会逐渐改变关于同一主题的习惯法，以使习惯法符合这一条约。④ 如果签署的国家日益增多，该条约就可能成为习惯国际法形成的确凿证据，这将使整

---

① 史晓丽：《区域贸易协定争端解决机制中的"场所选择条款"探析》，载《政法论坛》2008 年第 2 期，第 110 页。

② Henry Gao，Chin Leng Lim：Saving the WTO from the Risk of Irrelevance：The WTO Dispute Settlement Mechanism as a 'Common Good' for RTA Disputes，J. INT'L ECON. L，2008，11(4)：908.

③ Dinah Shelton：Normative Hierarchy in International Law，AM. J. INT'L L，2006，100(2)：321.

④ Joost Pauwelyn：Conflict of Norms in Public International Law：How WTO Law Relates to other Rules of International Law，Cambridge University Press，2003：136.

个国际社会，包括那些没有签署该条约的国家受该条约义务的约束，①这似乎也蕴含在《维也纳条约法公约》第 38 条的规定之中。②

如前所述，许多区域贸易协定规定了场所选择条款。由此可见，场所选择条款已经成为国际组织的普遍做法。这些国际组织的成员将适用场所选择条款来处理管辖权冲突问题。③ 根据前段的分析，这些国际实践可能逐渐形成解决管辖权冲突的新国际习惯。这种新习惯将影响 WTO 协定的法律文本，可能会促进 WTO 在其法律文本中增加一个场所选择条款，以解决其与 RTA 的管辖权冲突。Kontou 强调说："新的习惯法可能被作为终止或修订先前条约的理由。"④

事实上，WTO 也关注其与其他国际法的关系。在"美国汽油标准案"中，WTO 上诉机构认为，DSU 第 3 条第 2 款表明 GATT 1994 不应被解释为与国际公法隔绝。⑤ 习惯法和条约都代表了国家对特定问题的同意，虽然习惯法通常是由所有国家默示同意反映出来。⑥ 但是，无论是通过明确同意还是仅通过默示同意而制定，国际法具有同等约束力。⑦一项新的习惯法拥有优先前法的效果，其反映了各国在该事项上的最新意志。根据新的习惯法修改 WTO 法律文本将避免 WTO 法律文本与新习惯法之间的冲突，并让 WTO 法律文本适应国际法的新发展。

---

① Burns H. Weston, Richard A. Falk, Hilary Charlesworth, Andrew L. Strauss: International Law and World Order: A Problem Oriented Coursebook, West Academic Publishing, 1990: 76~77.

② 参见《维也纳条约法公约》第 38 条："第 34 条至第 37 条之规定不妨碍条约所载规则成为对第三国有拘束力之公认国际法习惯规则。"

③ Report of the Panel, Argentina-Definitive Anti-Dumping Duties on Poultry from Brazil, WT/DS241/R, adopted 22 April 2003, para. 7. 37.

④ Nancy Kontou: The Termination and Revision of Treaties in the Light of New Customary International Law, Clarendon Press, 1995: 146.

⑤ Report of the Appellate Body, United States-Standards for Reformulated and Conventional Gasoline, WT/DS2/AB/R, adopted 29 April1996, para. 17.

⑥ Antonio Cassese: International Law, Oxford University Press, 2001: 119.

⑦ Baron Arnold Duncan McNair: The Law of Treaties, Clarendon Press, 1961: 64.

从 WTO 协定的规定来看，WTO 协定的修改并非不可能。在 WTO 部长级会议的修正过程中，决定向 WTO 成员提出接受或批准修正案的决定通常应以协商一致方式或至少 WTO 成员的 2/3 多数作出。修改 WTO 法律文本的多数表决机制确保 WTO 法律文本中可能规定大多数 WTO 成员已经广泛接受的国际习惯。

WTO 法律文本的修改过程“允许所有成员有机会参与和表达”它们的意愿。① 一个广泛的国际实践意味着包括 WTO 成员在内的更多国家接受这种做法。然后，这种做法更容易得到 WTO 成员的足够赞成票数同意该修正案。目前，许多 WTO 成员支持适用场所选择条款来解决管辖权冲突，这已成为一种普遍的国际实践。② 因此，基于这种广泛的国际实践，WTO 成员有可能推动 WTO 规定场所选择条款。

(二)在 WTO 协定中规定场所选择条款的优点

如果 WTO 在其法律文本中规定了场所选择条款，WTO 和 RTA 之间的管辖权冲突将从根本上得到解决。区域贸易协定的场所选择条款在 WTO 争端解决程序中的适用，赋予 WTO 专家组或上诉机构有权适用区域贸易协定的场所选择条款。而这里提出的修正案更直接地在 WTO 争端解决程序中适用场所选择条款。如果 WTO 法律文本中有场所选择条款，专家组或上诉机构将不得不适用场所选择条款。因为适用该场所选择条款已经成为专家组或上诉机构的条约义务。

WTO 协定中增加的场所选择条款将“更容易证明和确定”。③ 条约

① Oscar Schachter: Entangled Treaty and Custom, in Yoram Dinsten (eds): International Law at a Time of Perplexity: Essays in Honour of Shabtai Rosenne, Springer Netherlands, 1989: 720.

② Oscar Schachter: Entangled Treaty and Custom, in Yoram Dinsten (eds): International Law at a Time of Perplexity: Essays in Honour of Shabtai Rosenne, Springer Netherlands, 1989: 32.

③ Joost Pauwelyn: Conflict of Norms in Public International Law: How WTO Law Relates to other Rules of International Law, Cambridge University Press, 2003: 134.

的书面文本"具有明确性和准确性"。① 这就是大多数国际法庭希望适用条约法而非国际法的其他渊源。国际法庭更喜欢适用条约规则，因为条约规则的内容和效力范围更容易确定，因此，与其他规则相比，对法院和当事方更有说服力。②

作为国际法庭，专家组或上诉机构也希望依靠自己的法律文本解决提交给它们的争端。如果场所选择条款是 WTO 法律文本的一部分，专家组或上诉机构将遵守这一条款，并将其适用于解决与区域贸易协定的管辖权冲突。Jennifer 指出，对 WTO 成员来说，最好的解决办法是通过多边谈判来解决 RTA 与 WTO 之间的法律关系，并为解决两者争端解决机制之间的冲突制定明确的规则。③

WTO 的场所选择条款可以借鉴许多区域贸易协定中采用的选择性排他管辖条款模式。例如，《北美自由贸易协定》第 2005 条第 6 款规定，"根据第 2007 条或关贸总协定启动的争端解决程序，所择定的法庭应排除其他法庭的适用"④。"选择性排他管辖条款"是解决国际法庭之间管辖权冲突的有效措施，并且在管辖权冲突发生时能够明确证明特定的争端解决场所是合理的。目前，"选择性排他管辖条款"也是处理管辖权冲突问题的热门条款。除了《北美自由贸易协定》之外，《欧盟与墨西哥自由贸易协定》《东盟与韩国自由贸易协定》等也规定了选择性排他管辖条款。

如果采用"选择性排他管辖条款"的模式，一旦 DSU 下的争端解决程序或 RTA 的任何其他争端解决机制被申诉方选择用来处理成员方之

---

① Joost Pauwelyn: Conflict of Norms in Public International Law: How WTO Law Relates to other Rules of International Law, Cambridge University Press, 2003: 134.

② Wolfke Karol: Custom in Present International Law, Springer Netherlands, 1993: 93.

③ Jennifer Hillman: Conflicts Between Dispute Settlement Mechanisms in Regional Trade Agreements and the WTO—What Should the WTO do?, CORNELL INT'L L. J, 2009, 42(2): 205.

④ North American Free Trade Agreement, U. S. -Can. -Mex., Dec. 17, 1992, 32I. L. M. 289 (1993) at art. 2005. 6.

间的争端，那么，该择定的争端解决机制应排除任何其他争端解决机制的适用。当然，适用 WTO“选择性排他管辖条款”有两个前提条件。其一是在 WTO 和该 RTA 的争端解决机制下，该特定争端的当事方是相同的；另一个是该特定争端的当事方是 WTO 和 RTA 的成员方。

如果 WTO 规定了“选择性排他管辖条款”，就可以避免 RTA 场所选择条款无法真正排除其他争端解决机制管辖权的现象。专家组和上诉机构曾经受理过这样的案件，因为它们认为这是其管辖范围内决定事宜的权利,① 所以没有拒绝行使管辖权。在“墨西哥饮料案”中，专家组认为，“根据 DSU，其无权酌情决定是否在案件中适当行使其管辖权”②。在 WTO 和 NAFTA 之间的管辖权冲突方面，上诉机构认为，“如果专家组拒绝行使有效的管辖权并放弃就争议事项作出任何裁决，那么专家组将无法履行其在 DSU 下的义务”③。这是 WTO 争端解决机构在与 RTA 管辖权冲突时坚持自己的管辖权的关键原因。

如果一个特定案件已经由 RTA 的争端解决机制作出裁决或正在审理，WTO 的“选择性排他管辖条款”就为专家组或上诉机构提供了足够的拒绝行使管辖权的法律依据。根据 WTO 的“选择性排他管辖条款”，专家组或上诉机构将不再坚持对 RTA 已经作出裁决或正在审理的争端拥有管辖权。一旦 RTA 争端解决机制下的争端解决机制受理了争端，则申诉方选定的法庭应排除任何其他争端解决机制的适用。因此，专家组或上诉机构虽然可能拒绝行使管辖权，但由于拟议的“选择性排他管辖条款”，其这么做并不违反 DSU 的规定。

如果 WTO 协定规定了“选择性排他管辖条款”，当事方在先前争端

---

① Report of the Appellate Body, United States-Anti-Dumping Act of1916, WT/DS136/AB/R, adopted 28 August 2000, para. 54.

② Report of the Panel, Mexico-Tax Measures on Soft Drinks and Other Beverages, WT/DS308/R, adopted 7 October 2005, para. 7. 18.

③ Report of the Appellate Body, Mexico-Tax Measures on Soft Drinks and Other Beverages, WT/DS308/AB/R, adopted 6 March 2006, para. 51.

解决机制下即使获得不利的裁决，也不能寻求适用另一个争端解决机制以获得更有利的裁决。在“阿根廷家禽案”中，巴西向 WTO 争端解决机构提交了同一争议，因为南方共同市场法庭的裁决对其不利。当然，阿根廷反对 WTO 专家组行使管辖权，并要求“鉴于先前的 MERCOSUR 程序，专家组不应对巴西在 WTO 争端解决程序中提出的主张作出裁决”①。专家组驳斥了阿根廷的主张，因为专家组认为“没有适用禁止反言原则的基础”②。

“选择性排他管辖条款”将成为专家组或其上诉机构不对已经在特定 RTA 争端解决程序中作出裁决的争端行使管辖权的法律依据。根据拟议的“选择性排他管辖条款”，如果 RTA 争端解决机制涉及特定争议，则申诉方选择 RTA 争端解决机制应排除任何其他争端解决机制的适用，包括 WTO 争端解决机制。因此，即使当事方不满意 RTA 争端解决机制的裁决，其也无法诉诸 WTO 争端解决机制来实现其期望的结果，DSB 也不会对 RTA 争端解决机制已经审理的争端作出裁决。

在 WTO 协定中规定“选择性排他管辖条款”，这不仅有益，而且十分必要。在这种情况下，无论争端解决场所是根据 WTO 场所选择条款还是 RTA 的场所选择条款来确定，所选择的争端解决场所都是一样的。例如，如果争议方首先向 RTA 争端解决机制提起申诉，WTO 和 RTA 的选择性排他管辖条款都将证明该 RTA 下的仲裁庭享有专属的管辖权。因此，避免了 WTO 与 RTA 之间的管辖权冲突。

在 WTO 协定中规定“选择性排他管辖条款”将减少因同一争议的平行程序造成的成本和时间的浪费，并避免裁决冲突。③ 在“巴西翻新轮

① Report of the Panel, Argentina-Definitive Anti-Dumping Duties on Poultry from Brazil, WT/DS241/R, adopted 22 April 2003, para. 7. 17.

② Report of the Panel, Argentina-Definitive Anti-Dumping Duties on Poultry from Brazil, WT/DS241/R, adopted 22 April 2003, para. 7. 17.

③ Jennifer Hillman: Conflicts Between Dispute Settlement Mechanisms in Regional Trade Agreements and the WTO—What Should the WTO do?, CORNELL INT'L L. J, 2009, 42(2): 202.

胎案”中，专家组要求巴西将南方共同市场豁免符合第 20 条。① 但是，巴西的南方共同市场豁免是为了遵守南方共同市场仲裁庭的裁决，这是巴西根据南方共同市场协定承担的义务。② 当不同争端解决机构作出裁决冲突时，当事方将面临不能同时履行两项冲突裁决的困境。当 RTA 争端解决机制对特定争议拥有专属管辖权时，拟议的“选择性排他管辖条款”将允许 WTO 争端解决机制放弃其管辖权。这不仅便利当事方，而且可以降低当事方同时实施 WTO 和 RTA 争端解决机制裁决的风险。

四、结论

由于 RTA 的蓬勃发展，WTO 与 RTA 之间的管辖权冲突越来越严重。条约解释方法和一般国际法原则以及 RTA 的场所选择条款在解决 WTO 与 RTA 管辖权冲突方面有一定的作用，但存在局限性，在 WTO 协定缺乏相关规定之际，上述方法可以作为权宜之计。但如果要从根本上解决两者管辖权的冲突，应修改 WTO 协定，向 WTO 专家组或上诉机构提供 WTO 争端解决程序中的场所选择条款。该修正案确保专家组或上诉机构在 WTO 协定中具有法律依据，以适用场所选择条款来解决 WTO 与 RTA 之间的管辖权冲突。

在 WTO 争端解决程序中有两种方法可以提供场所选择条款。一种方法是在 WTO 协定中增加一个新条款。该条款将允许专家组或其上诉机构适用特定 RTA 的场所选择条款，以解决 WTO 与 RTA 之间的管辖权冲突，作为争议各方自己选择的适当争端解决场所的证据。另一种方法是直接规定 WTO 协定的“选择性排他管辖条款”。根据这一条款，WTO 专家组或上诉机构将不得不依赖这一“选择性排他管辖条款”来解决 WTO 与 RTA 之间的管辖权冲突，因为该条款已经成为专家组或上诉机构的条约义务。因此，这种方法将从根本上解决 WTO 与 RTA 之间的管辖权冲突。

---

① Report of the Panel, Brazil-Measures Affecting Imports of Retreaded Tyres, WT/DS332/R adopted 12 June 2007, para. 7. 35.

② Report of the Panel, Brazil-Measures Affecting Imports of Retreaded Tyres, WT/DS332/R adopted 12 June 2007, para. 7. 348.

第六章　美国、欧盟运用 WTO 与 RTA 争端解决机制实践及其对中国的启示

第一节　美国运用 WTO 及 RTA 争端解决机制的实践及其策略分析

自 1985 年与以色列签订自由贸易协定至 2018 年 5 月，美国共与 20 个国家和地区签署了 14 个区域贸易协定。① 通过区域贸易协定，美国可以自由选择对特定贸易议题存在共同或相近立场的国家或地区进行谈判，充分发挥区域贸易协定进程快、议题广、标准高等特点。② 在这 14 个自由贸易协定中，《北美自由贸易协定》③由于涉及美国、加拿大、墨西哥三国，在区域经济一体化中有重要影响。而美国与韩国的自由贸

① https：//ustr. gov/trade-agreements/free-trade-agreements（访问时间 2018 年 5 月 16 日）。

② 付丽：《美欧国际贸易规则重构战略及其对中国的影响》，载《国际经济合作》2017 年第 1 期，第 56 页。

③ 2018 年 7 月 30 日，美国、墨西哥和加拿大表达成《美墨加协定》（USMCA），以取代旧协定《北美自由贸易协定》。但是在《美墨加协定》正式生效之前，必须得到三国立法机构批准，这将非常艰难。由于《美墨加协定》尚未生效，自然还不存在争端解决的实例，因此在本书中，仍以《北美自由贸易协定》为例来介绍美国运用区域贸易协定争端解决机制的实践及其策略。

易协定是美国自 20 世纪 90 年代贸易政策出现重要转变以来签订的一个重要协定，因此，下文主要就《北美自由贸易协定》和《美国与韩国自由贸易协定》为例来进行介绍。

一、NAFTA 争端解决机制及其与 WTO 争端解决机制之比较

1994 年 1 月 1 日，美国、加拿大和墨西哥三国签署的《北美自由贸易协定》正式生效，该协定的主要目的在于削减三国之间的关税壁垒，并推动北美自由贸易区在 2004 年前实现大多数货物自由贸易。① 随后，三国以补充协议处理环保标准、能源及劳工议题，分别签署《北美环境合作附加协定》(NAAEC)与《北美劳工合作协定》(NAALC)。②

NAFTA 不仅使国民收入差异极大的美国与墨西哥共享经济发展利益，也促使美国、加拿大、墨西哥三国的经济利益与政治及外交政策通过协议运作更为一体化。NAFTA 对此后的美国签署区域贸易协定产生了重要的影响，并成为后来美国签署区域贸易协定范式的基石，③ 而其争端解决机制不仅为美国后来签署的区域贸易协定确定了重要的参考典范，也为其他国家或地区签署区域贸易协定提供借鉴。

(一)NAFTA 争端解决机制概述④

NAFTA 第 20 章为“机构设置及争端解决程序”，主要是建立一个由 NAFTA 自由贸易委员会(FTC)管理的政府间争端解决机制。其解决争端范围十分广泛，如 NAFTA 第 7 章关于农业及 SPS 措施、第 10 章政府采购、第 11 章当事国不履行仲裁裁决的争端，以及第 14 章金融服务

① Frances Lee Ashley: North American Free Trade Agreement: The Public Debate, Georgia Journal of International Comparative Law, 1992, 22(2): 330.

② 郭晓刚:《WTO 与 NAFTA 争端解决机制的比较》，载《山西大同大学学报(社会科学版)》2010 年第 3 期，第 89 页。

③ 陈咏梅:《美国 FTA 范式探略》，载《现代法学》2012 年第 5 期，第 147 页。

④ 《北美自由贸易协定》还规定了投资争端解决机制，本书对此不予分析。

等领域，除了第 11 章和第 19 章所涉事项以及第 20 章之外，所有与 NAFTA 内容的解释与适用发生争议都可适用该协定的规定解决。

NAFTA 成员间如发生贸易或投资争端，首先需通过争端双方的谈判和磋商寻求解决，如经过 30~45 天，磋商未能达成协议，任一方都可要求自由贸易委员会进行调解。自由贸易委员会由美国、加拿大、墨西哥三国代表组成，是 NAFTA 最高权力机构，其职责主要包括几个方面：首先，监督和实施 NAFTA；其次，监督 NAFTA 下所有委员会和工作小组的工作；最后，负责 NAFTA 的解释和解释及适用过程中产生的争议。面对磋商未果的争议，自由贸易委员会将继续努力通过斡旋、调解、调停或其他手段寻求解决。如果争端在自由贸易委员会下得不到满意的解决，任一争端当事国都可以通过书面方式请求成立仲裁小组。

仲裁小组审查事项的范围包括争端当事国已磋商但尚未获得解决的争议事项。仲裁小组应在全部小组成员遴选完毕 90 天内提交一份不对外公开的初始报告(Initial Report)，如果争议方双方对报告没有反对意见，该初始报告就转为最终报告(Final Report)；如果有反对意见，仲裁小组将就此再征求双方意见，并重新考虑其决定后作出最终报告。最终报告应该在提出初始报告后的 30 天内作出。值得注意的是，仲裁小组的裁决不具有法律约束力，如果某一当事方拒绝执行最终报告，另一方只能中止给予对方协定利益，从这个角度而言，裁决报告的拘束力比较弱。

(二)NAFTA 与 WTO 争端解决机制之比较

1. NAFTA 与 WTO 争端解决机制的相同点

(1)NAFTA 与 WTO 争端解决机制的来源相同

NAFTA 争端解决机制是在参考和借鉴美国、加拿大、墨西哥三国之间双边条约争端解决机制的基础上而形成的，与 WTO 争端解决机制一样，在某些方面都留下了 GATT 争端解决机制的烙印，基于它们共同的来源，NAFTA 与 WTO 的争端解决机制相似度非常高。

WTO 争端解决机制由统一适用的争端解决程序和适用于部分 WTO

协定的特殊争端解决程序组成。在这方面 NAFTA 与之类似，NAFTA 第 20 章规定了一般性争端解决程序，但在投资、劳工、环境章节中还规定了特殊争端解决规则。

(2) NAFTA 与 WTO 争端解决机制都以规则导向为主

两者的争端解决机制，都在协议中明文规定磋商、机构安排、仲裁程序、专家小组成员资格等，即当缔约方因协议的解释或适用发生争议时，应遵循协议的规定有效解决贸易争端，而非纯粹以外交、政治手段代替司法解决。

2. NAFTA 与 WTO 争端解决机制的不同点

(1) NAFTA 争端解决机制具有多重性

WTO 下的 DSB 普遍适用成员方提起关于涵盖协定的争议问题，而 NAFTA 的争端解决机制则呈现多元性，多种争端解决机制并存，针对贸易、投资、倾销、补贴、劳工权益、环境保护等不同类型的争端，在 NAFTA 架构下有对应的解决机制，各机制设置理念与程序有别，如针对投资、反倾销与反补贴的争端采用司法性较强的仲裁小组裁决；而针对劳工、环境等争端则较强调政治和外交方式。但是，NAFTA 多样化的争端解决安排，也较容易造成各争端解决机制间因缺乏相应解决冲突的条款，导致相互间发生不协调的情况。① 例如，当一争端涉及多个领域时，就会出现选择争端解决机制的问题。② 选择不同的机制可能有不同的结果，导致争端解决机制缺乏可预期性。

而在 WTO 架构下，各类争端都统一适用《关于争端解决规则与程序的谅解》，这不仅保证了 WTO 争端解决机制较高的效率，也加强了当事方之间的协调。

---

① 郭晓刚：《WTO 与 NAFTA 争端解决机制的比较》，载《山西大同大学学报（社会科学版）》2010 年第 3 期，第 91 页。

② 秦建荣：《WTO 与 NAFTA 争端解决机制之差异性比较研究——兼论对 CAFTA 争端解决机制的借鉴意义》，载《广西政法管理干部学院学报》2007 年第 2 期，第 59~60 页。

（2）NAFTA 下的争端解决主体较 WTO 要广

根据传统国际法理论，国际诉讼程序仅供主权国家使用，个人只能通过请求本国政府行使外交保护权而对外国提起诉讼。而 NAFTA 争端解决机制却突破这一传统限制，除规定了适用于成员国政府之间的争端解决机制外，还规定了允许私人参与的争端解决机制。尤其是在直接投资领域，NAFTA 规定了投资者与东道国间的投资争端解决机制，根据该规定，在 NAFTA 下私人也是国际投资争端解决的主体。

而依据 DSU 第 1 条第 1 款的规定，DSU 的规则与程序仅适用于 WTO 成员方就其在 WTO 协定下享有的权利义务所产生争端的磋商与处理。由于 WTO 争端解决机制只约束成员方政府行为，因此，私人不能成为 WTO 争端解决的主体。

（3）WTO 争端解决机制的司法性较强

WTO 争端解决机制强调以规则为导向，与以外交为导向的 GATT 争端解决机制不同，具有准司法的性质。在《关税与贸易总协定》约半世纪的争端解决实践中，外交模式和司法模式呈此消彼长的势态，但是在乌拉圭回合谈判中，由于 GATT 争端解决机制存在的种种弊病，谈判各方更青睐司法模式。在最终的谈判成果 DSU 中，司法裁决倾向已经占据主导地位，甚至满足一个司法性机制“质”的规定性要求，而成为司法性的机制。①

在 NAFTA 的争端解决机制中，具有决定性地位的仲裁小组由争端当事国主导，小组的五位成员通过“反向选择”方式产生，即由争端当事国挑选非本国籍专家担任，主席则由争端当事国协商决定，如有争议，抽签选择一国由其确定。相较于 WTO 的安排，NAFTA 仲裁小组成员受争端当事国影响较大。另外，NAFTA 争端解决机制中没有设立 WTO 上诉机构这样的常设性争端解决机构，行使 NAFTA 争端解决职能

① 左海聪：《论 GATT/WTO 争端解决机制的性质》，载《法学家》2004 年第 5 期，第 156 页。

的是美国联邦贸易委员会和在具体个案中临时成立的仲裁小组，美国联邦贸易委员会并非司法性机构，其主要职责是监督 NAFTA 的实施，却被赋予参与争端解决的权力，主持斡旋、调停和调解程序，通过友好的政治解决方式处理争端，但当争端各方无法通过友好方式解决争端时，则根据争端当事国的请求设立仲裁小组。①

由于常设性争端解决机构在 NAFTA 争端解决中的阙如，需要依靠美国联邦贸易委员会、仲裁小组各自发挥作用才能解决争端，这在实践中很难统一解释和适用 NAFTA。针对这种弊病，有学者提出，设立一个正式的北美贸易和投资法院，可以弥补机构上的缺失。②

另外，NAFTA 争端解决机制仅有仲裁小组程序，明显落后于具有专家组和上诉机构“二审程序”的 WTO 争端解决机制。

(4)NAFTA 与 WTO 争端解决程序的执行机制不同

WTO 争端解决的执行机制是由 DSB 以“反向协商一致”的方式授权，授权胜诉方可以暂停对败诉方的减让承诺或暂停履行相关协议的义务等，以促使被指控成员方履行裁决。

NAFTA 仲裁小组的裁决并不具有法律效力，不影响国内法，也不能由国内法院强制执行。③ 如果败诉方不执行最终裁决报告，胜诉方只能采取报复措施，暂时中止给予对方在 NAFTA 下享有的利益，其约束作用很大程度是建立在道义上的责任，缺乏法律上的拘束力。④ 这与 NAFTA 的争端解决机制强调兼以政治磋商等外交手段与法律手段解决

① 张辉：《NAFTA 争端解决机制的内容和特点》，载《甘肃政法成人教育学院学报》2007 年第 1 期，第 26 页。

② Gary N. Horlick, F. Amanda Devusk: Dispute Resolution under NAFTA: Building on the U. S. -Canada, GATT and ICSID, Journal of World Trade, 1992, 27 (21): 35-38.

③ 费赫夫：《北美自由贸易区争端解决机制——一个独特的争端解决模式》，载《南华大学学报(社会科学版)》2006 年第 3 期，第 75 页。

④ Gary N. Horlick, F. Amanda Devusk: Dispute Resolution under NAFTA: Building on the U. S. -Canada, GATT and ICSID, Journal of World Trade, 1992, 27 (21): 40.

争端有关，以期能以相互合作和善意的途径解决争议，而报复仅是最后的解决手段。

（三）NAFTA 争端解决机制实务运用

1. NAFTA 一般性争端解决机制使用频率低

美国在其签署的众多 RTA 中，实际利用一般争端解决机制解决缔约国间贸易争端的主要案例只发生于 NAFTA 中。自 1994 年 NAFTA 生效以来，美国、加拿大、墨西哥三国利用 NAFTA 下争端解决机制最频繁且趋势呈现增长的其实是 NAFTA 第 11 章的投资争端解决，该机制扩大了争端解决主体，允许私人与国家的投资争议根据 NAFTA 争端解决机制解决，该现象同时与全球跨国公司投资活动日益活跃，可能引起争端概率提高的趋势相符合。① 第 19 章中关于反倾销与反补贴的争端案例近年来却呈现大幅减少的趋势，与 NAFTA 的前身《美国与加拿大自由贸易协定》相比较，仅在 1989—1994 年 NAFTA 生效前约 5 年《美国与加拿大自由贸易协定》即完成 23 起由加拿大对美国提起的贸易争端，及 38 起美国对加拿大提起的争端诉讼的裁决，而 NAFTA 生效后，该机制下争端案件数量却大幅减少；另外，使用 NAFTA 第 20 章的一般争端解决机制的案件也相当少，NAFTA 生效以来仅有 3 起，即 1996 年的“美国诉加拿大农产品关税案”“1998 年美墨高粱扫帚案”与“2001 年的美墨卡车跨境运输案”。

2. NAFTA 争端解决中存在的不足

尽管 NAFTA 下一般性争端解决机制对争端解决的各个程序的期限作出明确的规定，但在争端解决实践中，各个程序耗费的时间可能大大超出规定的期限。以 NAFTA 一般争端解决程序下发生的第一个案例，即“美国诉加拿大农产品关税案”为例，该案从磋商程序到仲裁小组提交最终报告，时间长达 22 个月之久。比超出规定期限更严重的情况是，

① Lawrence L. Herman：Trend Spotting：NAFTA Disputes After Fifteen Years，July 2010：12-13. https：//papers. ssrn. com/sol3/papers. cfm？ abstract_ id = 1706256（访问时间 2018 年 5 月 12 日）。

当事方可以通过拒绝选任仲裁小组成员而抵制正常的争端解决程序，但 NAFTA 对此却没有任何解救措施，显然是该争端解决机制存在的一个重大弊端。这些不足导致了 NAFTA 争端解决机制在争端解决中明显效率比较低下。

由于仲裁小组的裁决不具有法律上的效力，其实际执行取决于败诉方的意愿，虽然胜诉方可以采取中止协定下的利益作为报复措施促使对方履行裁决，但这种报复措施的威慑力往往取决于报复方的实力，这使得经济实力较弱的成员方处于不利地位。当然，如果败诉方实际执行了仲裁小组的报告，争端可谓得到完美的解决。这种争端解决结果的出现往往是由于败诉方不需要修改其已经实施的措施，或者是由于当事方对仲裁小组报告没有异议。如果败诉方需要采取具体措施来执行报告的内容，这时仲裁小组往往不会对当事方采取强制性的命令，而是发布更具有弹性的指导性方针，① 这反映了 NAFTA 一般争端解决机制法律约束力的不足。在这方面的案例有“美墨卡车跨境运输案”。该案是 NAFTA 一般争端解决机制下发生的第三个案件，该案仲裁小组报告执行的状况甚至引发了对最终报告执行力的严重质疑。

虽然已经签署 NAFTA，但是美国以卡车安全为理由，禁止墨西哥卡车进入美国境内。美国的禁令使墨西哥的卡车通过美国边境的时间大大延长，有时甚至长达 20 多个小时。墨西哥通过卡车输往美国的产品主要是容易腐烂的农产品，这种时间的拖延无异于变相的贸易壁垒。经过磋商无法达成满意的解决之后，墨西哥提起了 NAFTA 第 20 章下的争端解决。墨西哥主张，美国违反 NAFTA 的规定，阻挠墨西哥卡车进入美国。仲裁小组对案件进行审理后作出裁决，认为美国应撤销其违反 NAFTA 规定的争议措施。美国于 2001 年 2 月表示愿意遵守仲裁小组的裁决，同年 5 月，美国交通部发布了卡车运输规则。该规则对来自墨西

① Andrew Kayumi Rosa：Old Wine，New Skins：NAFTA And The EVol. ution Of International Trade Dispute Resolution，Michigan Journal of International Law，1993，15(1)：275.

哥的卡车在安全方面作出了规定。随后，美国国会立法加强了对跨境卡车运输执照申请的管理，同时废除了对墨西哥卡车司机执照通过电子方式查验的做法。

对于商务部允许墨西哥卡车进入美国国境的措施，美国国内利益集团就此向法院起诉商务部。但他们没有以安全为理由，而是基于环境保护提出诉讼。随后，美国法院裁决商务部败诉，要求商务部保证进入美国边境的墨西哥卡车满足美国国内环境影响评估的要求。虽然商务部关于环境影响评估的结论不会对美国的环境造成明显的负面影响，但法院认为商务部的做法违反了美国环境保护的法令。

鉴于美国迟迟不履行 NAFAT 仲裁小组的裁决，墨西哥不得不采取禁止美国卡车进入墨西哥的报复措施。在墨西哥这种坚决报复的高压下，美国最高法院颁布了执行仲裁小组裁决的决议。①

这个案件凸显了 NAFTA 第 20 章争端解决机制在执行方面存在严重的问题，不仅影响争端的顺利解决，甚至会影响当事国将案件提交 NAFTA 解决的意愿。长此以往，可能会使 NAFTA 第 20 章争端解决机制形同虚设。

此外，NAFTA 与 WTO 争端解决机构的管辖权争议也是一个颇受关注的问题。如在 NAFTA 的“1998 年美墨高粱扫帚案”就涉及这一问题。具体而言，如果争议措施不仅违反了 NAFTA 的规定，还违反了 WTO 的规定，NAFTA 和 WTO 同时有管辖权，那么 NAFTA 仲裁小组是否有权作出裁决。在“1998 年美墨高粱扫帚案”中，美国对原产墨西哥的扫帚采取保障措施，墨西哥根据 NAFTA 第 2 章请求与美国进行磋商，在磋商无果后申请设立了仲裁小组。

墨西哥主张美国的争议措施构成了对 NAFTA 和 GATT 的双重违反，根据 NAFTA 第 2005 条的场所选择条款，缔约国可以选择在 GATT 或

① Patricia Isela Hansen: Dispute Settlement in the NAFTA and Beyond, Texas International Law Journal, 2005, 40(3): 419.

NAFTA 下提起争端解决，因此，墨西哥有权选择适用本案的争端解决机制。根据《北美自由贸易协定》第 2005 条第 6 款的排除条款，墨西哥选择了 NAFTA 争端解决机构，这就排除 WTO 争端解决机构对本案的管辖权，所以 NAFTA 仲裁小组对本案有排他的管辖权。

而美国对 NAFTA 仲裁小组的管辖权提出了挑战。美国认为，虽然 NAFTA 和 WTO 都对保障措施作出规定，但两者属于不同的法律体系，如果当事方依据 WTO 关于保障措施的规定提起申诉，那么理应由 WTO 争端解决机构而非 NAFTA 仲裁小组来审理案件。

仲裁小组认为 NAFTA 与 WTO 对保障措施的规定大同小异，虽然 NAFTA 仲裁小组依据 NAFTA 保障措施的规定对本案作出审理，但是即使适用 WTO 保障措施的规定，也不会作出不同的裁决。至于是否有权确定美国所采取的争议措施是否符合 WTO 保障措施的规定，仲裁小组则避而不答。

上述案件中 NAFTA 与 WTO 的规则并没有冲突，因此，这种情形下管辖权的冲突并不特别严重。而当 NAFTA 与 WTO 的规定不同时，一方遵守 NAFTA 的义务势必违反 WTO 的义务，反之亦同。在这种情况下，采取争议措施的当事方将陷入两难的境地，无论如何都会违反某个协定的义务。这种义务的冲突也成为 NAFTA 第 20 章下解决争端的另外一个焦点问题，加拿大农产品关税案就属于这方面的典型案例。

加拿大在加入 NAFTA 之前，对农产品采取了配额措施，并在加入 NAFTA 后继续保留。1995 年，加拿大根据 WTO 的《农产品协定》取消了农产品的配额措施，以提高关税取而代之。但是，这种提高关税的措施却违反了 NAFTA 禁止缔约国提高(包括农产品在内)关税水平的规定。就此，美国与加拿大进行磋商，未得到满意解决后，美国请求成立 NAFTA 仲裁小组。

美国主张，加拿大的争议措施违反了 NAFTA 禁止提高关税和逐步削减关税的规定。加拿大则辩称，无论是《美国与加拿大自由贸易协定》还是 NAFTA，都没有涉及可能会提高关税商品的市场准入问题，而且美国和加拿大就这种贸易接受乌拉圭回合达成的协定调整。根据

NAFTA 附件第 702 条第 1 款的规定，CUSFTA 第 710 条等条款整体作为 NAFTA 一部分。该条款规定，关于农产品、食品、饮料等商品，美国和加拿大在 GATT 或 GATT 后续谈判达成协定下的权利和义务仍然保留不变，这自然包括 GATT 第 11 条下的权利和义务。虽然 GATT 第 11 条普遍取消数量限制，但仍为农产品保留了一定的例外。因此，加拿大关于以关税取代农产品之前的非关税壁垒完全符合《农产品协定》的规定，不仅如此，也符合 NAFTA 的规定。

本案争议的焦点在于 CUSFTA 第 710 条的适用范围，亦即限于 NAFTA 生效时的 GATT 及其相关协议下的权利和义务，还是包括 GATT 后续谈判达成协定下的权利和义务。对于这一问题，仲裁小组认为，根据作为 NAFTA 组成部分的 CUSFTA 第 710 条的规定，WTO《农产品协定》对于农产品的非关税贸易壁垒的关税化，对美国和加拿大仍然是有效的，所以，加拿大的措施并非如美国所言，违反了 NAFAT 禁止提高关税的规定。

除此之外，“墨西哥饮料案”也涉及 NAFTA 和 WTO 管辖权的冲突。前文对此案已经作了详细分析，在此就不再赘述。

最后，作为一个行政机构，美国联邦贸易委员会的基本职能是处理行政事务，如 NAFTA 的适用或作出决策等，而且美国联邦贸易委员会并非独立的争端解决机构，解决 NAFTA 下的争端不是其主要任务。如前所述，NAFTA 针对不同事务规定了不同的争端解决机制，而且各自的争端解决程序也各异。如果某个复杂的争端涉及 NAFTA 多个领域时，NAFTA 的多套争端解决机制就可能同时适用，由于适用不同争端解决机制导致的结果可能迥异，这样就会鼓励成员国“挑选法院”，而危及 NAFTA 争端解决机制的稳定性和可预见性。在这种情况下，如果 NAFTA 未来能设立一个常设性争端解决机构，在争端涉及 NAFTA 不同争端解决机制时予以协调，避免“挑选法院”的情形出现，不仅可以避免 NAFTA 下不同争端解决机构管辖权的冲突，还可以降低争端解决的成本，并能为美国联邦贸易委员会“减负”，从而提高 NAFTA 争端解决的效率。

当然，虽然美国、加拿大、墨西哥三国在 2018 年已经签署《美墨加三国协议》，但目前还有待三国立法机构批准，因此，在《美墨加三国协议》正式生效之后，《美墨加三国协议》争端解决机制的实效如何，还有待后续实践观察。

二、《美国与韩国自由贸易协定》争端解决机制及其与 WTO 的比较

近年来，区域贸易协议在全球各地不断发展，美国的贸易政策也自 20 世纪 90 年代出现重要转变，签署 RTA 在 2000 年以后成为美国贸易谈判代表署的重要工作之一，其 RTA 拓展目标包括亚洲国家，如韩国、新加坡都与美国签署了 RTA，以下就以《美国与韩国自由贸易协定》为例来进行介绍。

(一)《美国与韩国自由贸易协定》争端解决机制

美、韩两国自 2006 年 2 月启动自由贸易协定谈判，历经 8 个回合，最后在 2007 年由双方代表共同签署《美国与韩国自由贸易协定》，该协定于 2012 年正式生效。

《美国与韩国自由贸易协定》共分 24 章及相关附件，主要内容包括国民待遇与货物市场准入、农业、纺织品、制药与医疗设备、原产地规定、海关程序与贸易便捷化、卫生检验检疫、技术性贸易壁垒、贸易救济、投资、服务贸易、竞争相关事项、政府采购、知识产权、劳工、环境、透明度、争端解决、例外等方面的规定。

《美国与韩国自由贸易协定》除规定一般的争端解决规则外，还在协议“投资”专章中另设有投资争端解决规则，其内容与 NAFTA 相关内容相同，也反映了 2004 年美国通过的新《双边投资条约协议范本》(US 2004 Model BIT)的内容，① 以向美国投资者提供在美国之外的国际法保护，对抗政治风险。

1.《美国与韩国自由贸易协定》一般性争端解决规范

《美国与韩国自由贸易协定》第 22 章是“制度性规定与争端解决”，

① US Model Bilateral Investment Treaty，http://ustraderep.gov/assets/Trade_Sectors/Investment/Model_BIT/asset_upload_file847_6897.pdf.1(访问时间 2018 年 4 月 18 日)。

在两国间就自由贸易协定的解释与适用产生疑义引发争端时，例如，当缔约国一方认为他方的措施与本协议规定的义务不符时，或认定他方未履行依本协议规定的义务时，该机制规定了如何避免争端或解决争端的程序。这一争端解决机制，包括设置制度性联系机构，先期预防双方争端的进一步扩大、磋商、场所选择、专家组、报告的履行等。

(1)联合委员会的设置

第 22 条第 2 款规定应设置“联合委员会”(Joint Committee)，由两国的官员共同组成，并由美国贸易代表办公室(USTR)与韩国外贸部长或其指派代表共同担任主席，联合委员会负责监督《美国与韩国自由贸易协定》的履行情况，以及强化两国贸易关系，并在两国关于自由贸易协定的解释或适用上发生争端时寻求解决。

(2)磋商程序

依据争端解决专章的规定，个别争端发生时，美、韩双方应先履行协议第 22 条第 7 款的磋商程序，寻求共同满意的解决方案，自发出磋商通知起 60 日之内，争端如仍未通过磋商程序取得解决，则依据第 22 条第 8 款的规定，缔约国一方应书面通知他方，要求联合委员会马上召开会议进行解决。经请求联合委员会解决，并经过 60 日未获解决，任一方得进一步依据第 22 条第 9 款的规定，再对他方发出通知，要求组成争端解决仲裁小组，以裁决两国在解释或适用协议时所产生的纠纷，由双方共同选择解决争端的场所。根据场所选择条款的规定，如果根据本协议以及 WTO 协定或双方当事人签署的任何其他协议产生任何争议，申诉方可以选择解决争端的场所。一旦申诉方根据第 1 款所述协议要求设立专家组或将争端递交给专家组，则所选的场所应排除其他场所。① 显然，《美国与韩国自由贸易协定》规定的是选择性排他管辖。

---

① 第 22 条第 6 款：“法庭选择。1. 如果根据本协定和 WTO 协定或双方均参加的任何其他协定发生关于任何事项的争端，则申诉方可以选择解决争端的法庭。2. 一旦申诉方根据第 1 款所指协定就特定事项要求成立争端解决小组或将该事项转交给争端解决小组，则该选定的争端解决机制将排除其他争端解决机制。”

(3)仲裁小组程序

协议生效时，双方应制定争端解决程序规则，其中须确保仲裁小组举行听证会、当事国提供书面文件的机会、机密信息的保护等。原则上，依据《美国与韩国自由贸易协定》第 22 条第 11 款的规定，在争端解决仲裁小组的主席任命完成起 180 日内，小组必须完成一份初步报告，包含对事实的裁决及其意见，此时，缔约国双方须各自于 14 日内提出对初步报告的书面意见，交给仲裁小组。而自初步报告完成起 45 日内，仲裁小组必须提出最终报告，美、韩双方除遵守相关保密规定外，应于 15 日内公开报告内容。

(4)履行

关于争端解决报告的执行，《美国与韩国自由贸易协定》第 22 条第 12 款规定，缔约国双方在收到最终报告后，应立即依据报告的建议与决定，商定争端解决方案。如果仲裁小组在最终报告中认定被诉方不符合协议的义务，或其措施造成第 22 条第 4 款 c 项所规定的无效或减损情形，当事国商定的解决方式应消除该不符合、无效或减损情形。

如缔约国双方无法依据第 22 条第 12 款在收到最终报告后 45 日内达成协议，双方可协商共同可接受的金钱损害赔偿。如果在 30 日内仍无法就损害赔偿金额达成一致，或虽已达成一致但申诉方认为被诉方不服从协议的条款，申诉方须随时书面通知被诉方中止对其的利益。如果被诉方认为中止利益的程度明显过重，或已消除仲裁小组认定的不符合、无效或减损情形，须请求再度召集仲裁小组以考虑该情势，并提交书面报告给申诉方。仲裁小组应尽快重新召集，就上述情势进行权衡。如果仲裁小组认定欲中止利益的程度明显过重，应裁定其认定的利益程度。申诉方如不中止给予利益，仲裁小组应重新召集并于召集后 20 日内裁定，以书面通知告知被诉方将支付年度罚金评估，双方将就罚金评估的数额进行协商，若无法达成一致，罚金的核定将等同于仲裁小组所认定或以申诉方自行提出的利益程度的 50%为准。

2.《美国与韩国自由贸易协定》下其他事务的争端解决程序

(1)贸易救济

《美国与韩国自由贸易协定》第 10 章为“贸易救济”专章，依该章的规定，美、韩双方成立贸易救济委员会，作为主管反倾销、补贴、保障措施等贸易救济的单位；而且因反倾销及补贴税引发的任何争议不得求助于本协议下的争端解决。由此可见，协议第 22 章的规定不适用于因贸易救济事务引起的争议。

(2)劳工与环境

依协定对劳工(第 19 章)及环境(第 20 章)的规定，双方因该章事项所产生的争议，应以书面形式提出磋商请求，若无法解决，则应请求劳工事务委员会或环境事务委员会采取斡旋、调解、调停等争端解决程序解决争议，但都不得诉诸本协议争端解决机制。

(二)《美国与韩国自由贸易协定》与 WTO 争端解决机制的比较

1.《美国与韩国自由贸易协定》争端解决机制具有多元性

在 WTO 架构下，DSB 普遍适用成员方提起关于 WTO 协定的争议问题，各争端也适用统一的争端解决程序和规则。而《美国与韩国自由贸易协定》则与 NAFTA 类似，具有多元化的争端解决机制，分别对投资、倾销、补贴、劳工权利、环境保护等问题提供了不同的争端解决机制，各机制设置理念与程序有别，除与 DSU 的适用范围、对象、程序、功能最为相近的一般性争端解决条款外，有关投资者与缔约国的争端则另有其他争端解决规定；劳工、环境等争端则由于强调运用政治手段，所以规定以磋商的方式解决。这种多元化的争端解决安排也可能造成各争端解决机制间因缺乏相应的解决冲突的条款，导致不协调的情况发生。

2.《美国与韩国自由贸易协定》争端解决主体比 WTO 范围广

依据 DSU 第 1 条第 1 款的规定，DSU 的规则与程序只适用 WTO 成员方就其在 WTO 涵盖协定下所享有的权利、义务所产生的争端，而个人不是 WTO 争端解决的主体；《美国与韩国自由贸易协定》与 NAFTA 相同，除规定适用于政府间争端解决机制之外，还有允许个人参与的投资争端解决机制，使个人成为自由贸易协定投资争端解决的主体。

3. WTO 争端解决机制的司法性较强

如前文所述，WTO 争端解决机制具有准司法性质，相比之下，《美国与韩国自由贸易协定》争端解决机制的司法性较弱。

在《美国与韩国自由贸易协定》争端解决机制中，具有决定性地位的仲裁小组由争端当事国主导，仲裁小组的三位成员由当事国双方先各推选一名，如果在规定期间内无法指派，则依协议第 22 条第 9 款第 3 段的规定，缔约国双方自协定生效日起算 180 日内，仲裁小组应分别从“至少 6 名具有缔约国国籍”“至少 8 名不具有缔约国国籍”的小组成员名单中抽签选出；随后，双方当事国应致力于合意决定第三名小组成员，并且该名成员应担任仲裁小组主席，如果无法达成一致，同样应从“不具有缔约国国籍”的小组成员人选名单中抽签决定。

《美国与韩国自由贸易协定》架构下没有设立常设争端解决机构，行使争端解决职能的是依协议成立的联合委员会，以及根据个案临时成立的仲裁小组。联合委员会是行政性质的机构，不属于司法性机构，主要功能为监督协议的实施，但在《美国与韩国自由贸易协定》争端解决机制下却被赋予参与争端解决的权力，主持斡旋、调停和调解程序，期待通过友好的政治或外交方式解决争端。《美国与韩国自由贸易协定》没有常设争端解决机构，争端解决事务通过联合委员会、仲裁小组共同起到争端解决的作用，这可能造成无法有效管理争端解决事务，或司法解释不容易统一。

4.《美国与韩国自由贸易协定》与 WTO 争端解决程序的执行机制不同

WTO 争端解决的执行机制是由 DSB 以“反向协商一致”的方式授权，授权胜诉方可以暂停对败诉方的减让承诺或暂停履行相关协议的义务等，促使被诉方履行裁决。而《美国与韩国自由贸易协定》争端解决机制主要是希望缔约国尽量自愿地执行小组报告，仲裁小组的裁决并不具有法律约束力，如果败诉方不履行裁决报告，申诉方只能通过采取中止给予对方在协定下利益的措施来进行报复，因此，裁决的约束力比较低。这反映了自由贸易协定的争端解决机制除强调规则导向的司法途径之外，兼采磋商等外交方式处理缔约国间的争议，仅将报复视为最后的解决手段。

三、美国运用 WTO 及 RTA 争端解决机制的策略分析

虽然目前美国对 WTO 争端解决机制有诸多不满，但在 WTO 成立以来相当长的时间里，美国对 WTO 争端解决机制青睐有加，将其作为推行美国贸易政策的重要工具。美国诉诸 WTO 争端解决机制解决贸易争议以 1995 年委内瑞拉政府与美国的汽油标准案为开端，在其后的 WTO 争端解决实践中，无论是作为申诉方主动参与还是作为被诉方被动参与，美国参与的数量在全部成员中遥遥领先。① WTO 官方网站统计信息表明，从 1995 年 1 月到 2018 年 5 月，美国以申诉方、被诉方以及第三方身份参与的案件分别为 117 起、144 起、143 起。②

从美国参与 WTO 争端解决的实践来看，美国对 DSB 作出的裁决都能认真对待。在作为申诉方并胜诉的案件中，如果裁决执行成效不彰，美国会积极采取各种措施，促使败诉方切实履行裁决义务。其采取的措施归纳起来有 3 种：取得中止关税减让或其他利益的报复授权、以争端解决程序解决裁决执行中的分歧、与败诉方协商解决。

在美国作为被诉方并败诉的案件中，对于裁决的执行主要分为两种情况。其一是美国在裁决生效后的合理期间通过撤销、废止、修改争议措施以符合裁决，并且胜诉方没有提出异议。这在美国败诉需要执行的

① 孙立文：《美国 WTO 争端解决政策与实践评析》，载《对外经贸实务》2009 年第 3 期，第 37 页。

② 参见 WTO 官方网站统计数据。https://www.wto.org/english/tratop_e/dispu_e/dispu_by_country_e.htm（访问时间 2018 年 5 月 28 日）。

案件中占 40%左右，这种案件中的争议措施通常是行政措施，对于行政措施的变更，不涉及国会的立法程序，所以执行起来相对比较迅速。另外一种情况是胜诉方不满意美国的执行措施。在这种情况下，胜诉方通常可以采取两种措施：取得中止关税减让或其他利益的报复授权、延长美国执行裁决的合理期限。从实践来看，美国不能在合理期限内执行裁决的主要原因在于执行措施超出了美国政府的授权范围，涉及国会的立法权，而立法程序的复杂性和传统上贸易保护主义在美国国会的主导地位导致美国政府执行这类裁决时困难重重。

总体而言，美国对待 WTO 争端解决机制的立场和态度在其 23 年的争端解决实践中显露无遗。一方面，WTO 争端解决机制成为美国推动 WTO 其他成员国国内贸易法律和政策改革的重要工具；另一方面，美国也会在争端解决规则允许的范围内尽可能减少争端解决机制的运行对其造成的不利影响，维护其贸易法律和政策。①

从美国参与 RTA 争端解决机制的策略与实践可以得知，美国在其签署的 RTA 中，实际利用一般争端解决机制解决缔约国间贸易争端的主要案例仅发生在 NAFTA 中。自 1994 年 NAFTA 生效以来，美、加、墨三国利用 NAFTA 下争端解决机制最频繁且趋势呈现增长的仅有 NAFTA 第 11 章的“投资争端解决”；第 19 章关于反倾销与反补贴的争端案例近年来大幅减少；另外，使用第 20 章一般争端解决机制的案件非常少见，NAFTA 生效以来仅 3 起，即 1996 年的“美国诉加拿大农产品关税案”“1998 年美墨高粱扫帚案”与 2001 年的“美墨卡车跨境运输案”。

NAFTA 于 1994 年生效，次年 WTO 成立，WTO 争端解决机制自此正式开始运作。美国在 WTO 成立之初，在多边场合频频对他国贸易措施提起申诉。WTO 成立以来，美国作为申诉方的 117 起争端案件中，

① 孙立文：《美国 WTO 争端解决政策与实践评析》，载《对外经贸实务》2009 年第 3 期，第 37 页。邓晓鑫：《美国贸易摩擦协调机制的经验借鉴》，载《沈阳干部学刊》2012 年第 3 期，第 20 页。

以加拿大为被诉方的有 7 起、以墨西哥为被诉方的有 6 起，而且主要发生在 1996—2006 年期间。相对地，加拿大指控美国的有 20 起，占美国被指控案件的 17%，墨西哥指控美国的案件也有 10 起。从上述数据可以发现，虽然 NAFTA 争端解决机制与 WTO 争端解决机制同时并存，但作为 NAFTA 缔约国的美、加、墨三国并未舍 WTO 争端解决机制而偏好采用 NAFTA 争端解决机制，美国使用 RTA 争端解决机制的案例数量相对比较少，在 WTO 与 NAFTA 争端解决机制的使用率上显然有较大差距。

从全球的实践来看，出现 WTO 与 RTA 争端解决机制管辖权冲突的案件并不算多，通常申诉方会考虑 WTO 与 RTA 争端解决机制的效率、裁决执行的可行性等各种因素，来选择更符合自己利益的争端解决机制。鉴于 WTO 争端解决机制的有效性，其成为许多成员争端解决的首选，而且经 WTO 争端解决机构审理的案件几乎不会再提交给 RTA 争端解决机制审理，这在一定程度上减缓了 WTO 与 RTA 争端解决机制由于缺乏协调而可能导致的管辖权冲突泛滥。从 NAFTA 的争端解决实践来看，虽然适用 NAFTA 下一般性争端解决机制的仅 3 起案件，但是其中 2 起案件就发生管辖与协议义务冲突的争议，鉴于 WTO 争端解决机制并未规定任何场所选择条款，基于 WTO 协定建立的 RTA 与 WTO 争端解决机制之间出现管辖权冲突的可能性还是不容忽视。

第二节　欧盟运用 WTO 及 RTA 争端解决机制的实践及其策略分析

为应对全球自 20 世纪 90 年代后期兴起的区域经济一体化以及国家间签署自由贸易协定或区域贸易协定的风潮，欧盟近年对外签署区域贸易协定也渐转趋积极。随着欧盟对外贸易政策的改弦更张，欧盟签署的 RTA 对争端解决机制的设计与规范也逐渐在调整，从早期强调以政治手段与协商方式解决贸易争端，到逐渐加强争端解决机制的司法性质与时效规定，以期能够更有效地解决贸易争端。

一、欧盟签署 RTA 争端解决机制的趋势和特色

欧盟委员会在 2006 年发布《全球欧洲：在世界竞争》(*Global Europe: Competing in the World*)贸易政策文件,① 指出未来欧洲加强竞争力的最新优先级与方法，同时也提出具体的行动计划。为实现开放市场的最大效益，同时，关税以外的新兴贸易壁垒也需处理，包括非关税壁垒、对资源的使用性、新的成长部门，如知识产权、服务业、投资、内需市场、竞争政策等。

欧盟委员会提出对内及对外两部分行动计划，在对外行动计划方面，将继续秉持其对多边主义的承诺，以 WTO 作为实现政策目标的选项。另外，在多边主义之外，欧盟也将努力推动双边关系下的贸易自由化工作，并将以推动 RTA 为其主要动力。

在选择 RTA 的对象上，欧盟委员会提出一些经济要件，例如，依市场规模及经济成长衡量的市场潜力大小、对于欧洲产品进口的贸易保护程度高低(包括关税、非关税壁垒)等，其他也必须考虑的因素还包括该国与其竞争对手进行谈判将对欧盟产生的影响等。依据这些要件，欧盟优先考虑的 RTA 对象包括东盟国家(ASEAN)、韩国、印度、南方共同市场、海湾国家合作理事会(GCC)，以及中国。

在内容上，该文件涵盖广泛的议题，包括服务、投资、知识产权等，同时将具有足以对抗非关税壁垒的共同法律规范，清楚严格的条文(知识产权、竞争政策)、现代化的原产地规则，以及确保能够有效执行的监督与评估机制等。

根据 WTO 统计，截至 2019 年 5 月，欧盟已通知 WTO 的 RTA 数量有 42 个,② 这反映了欧盟在 21 世纪后积极参与签署 RTA 的态度。

---

① Communication of the European Commission, Global Europe: Competing in the World, COM(2006)567, final.

② http://rtais.wto.org/UI/PublicSearchByMemberResult.aspx?MemberCode=918&lang=1&redirect=1(访问时间 2019 年 5 月 12 日)。

欧盟委员会在 2007 年发布另一份文件《全球欧洲：为欧洲出口商创造市场准入的更紧密伙伴关系》,① 该文件指出，为确保其他国家恪守多边及双边协议下的义务，欧盟将积极使用 WTO 下的争端解决机制，同时，将在多边及双边谈判中依据调解(mediation)的原则建立灵活的争端避免及解决机制，以处理与缔约国的贸易问题。欧盟在这份政策文件中第一次强调将积极运用 RTA 下的争端解决机制，以处理与缔约国的贸易争议。不过，从其内容来看，欧盟仍优先适用 WTO 争端解决机制，至于 RTA 下的争端解决机制则强调其灵活与弹性，应以调解为原则。在欧洲共同体时期，欧盟在 20 世纪 60 年代即开始与一些地中海国家签署区域贸易协议，这类协议具有的共同特点为属于非互惠性(non-reciprocal)贸易协定。20 世纪 90 年代以后，欧盟签署联系协议(association agreements)，以及与墨西哥、南非、智利签署 RTA。这类 RTA 包括其他贸易相关(trade-related)但非 WTO 协定涵盖的议题，亦即“WTO+”议题（WTO plus issues），如知识产权、政府采购、投资、竞争政策、人权条款等。

在较早时期，欧盟签署的贸易协议中，争端解决机制的共同特色包括：①缺乏终局裁决，仲裁机构作出的裁决并无拘束力，而是由协定委员会做出决议后才产生拘束力，因此容易受到政治干预；②以共识作为决策基础；③缺乏详细的程序性规定，包括缺乏程序性规定，未规定程序的时间，以及未规定如磋商、履行程序等。例如，在 20 世纪 70 年代，欧盟与邻国签订的系列“欧洲经济区”(European Economic Area)协议都采用了政治解决模式。②

2000 年欧盟与墨西哥签署的 RTA 与过去的 RTA 存在明显的差别。例如，相较于过去欧盟所签署的 RTA 仅包含简单争端解决程序，欧盟

① Communication of the European Commission, Global Europe: A Stronger Partnership to Deliver Market Access for European Exporters, COM(2007)183, final.

② 黄萃、纪文华：《区域贸易协议争端解决机制构建与实效反差研究》，载《国际贸易问题》2010 年第 12 期，第 109 页。

与墨西哥签署的 RTA 的争端解决机制较过去增加许多程序上的规定，包括磋商与仲裁的不同阶段的程序性规定，仲裁小组成员的遴选，仲裁小组期中与期末报告的内容要求等，也规定了程序规则（rules of procedure）、仲裁小组成员的行为准则（code of conduct）等。

此外，在 2003 年生效的欧盟与智利的 RTA 中，也涵盖争端解决机制的详细规定，包括磋商、仲裁、履行不同阶段的程序性规定、仲裁小组成员的遴选、寻求技术咨询（technical advice）的规定，还规定了程序规则及仲裁小组成员的行为准则。如与 WTO 的 DSU 相比较，可看出欧盟与墨西哥签署的 RTA、欧盟与智利签署的 RTA 均与 DSU 的主要原则一致，其中又以欧盟与智利签署的 RTA 更为明显。不仅如此，欧盟与智利签署的 RTA 的各项时间限制规定较 DSU 所规定时间限制更短，显示了欧盟及缔约国认为应迅速解决双边贸易争端。这也显示出，WTO 争端解决机制的规定以及 DSB 运作多年的经验，为欧盟签署 RTA 时改革争端解决机制的重要参考。

2006 年以后，欧盟陆续与其他国家签署 RTA，例如，与非洲、加勒比海、太平洋区域国家完成经济伙伴协议（EPA）的谈判与签署，如《欧盟与加勒比海经济伙伴协议》于 2008 年 11 月 1 日生效，《欧盟与科特迪瓦经济伙伴协议》于 2009 年 1 月 1 日生效。这些协议虽然也是欧盟与前殖民地国家所签署，但在争端解决机制的条文上已反映出欧盟近年日渐重视双边争端解决机制的态度，较欧盟早期签署的协定有进步而且更为详细。

总体而言，这段时期欧盟签署的区域贸易协定大致具有以下几种特征。①

①争端解决机制规范日趋司法化。包括《欧盟与加勒比海经济伙伴协议》《欧盟与加纳经济伙伴协议》等，其争端解决机制逐渐从政治、外

① Milton Obote Ochieng: Legal and Systematic Issues in the Interim Economic Partnership Agreements, Cosmas, Issue Paper 2, ICTSD, Sep. 2009.

交解决的方式走向司法解决，不仅条文日趋司法化，规范也越来越详细。但总体而言，大致仍是以 WTO 的 DSU 规定为基础，并未明显超越 DSU 的规定。

②争端解决程序的时间较短，也没有多少弹性。虽然双边争端解决机制较 WTO 便于使用的原因之一就是双边争端解决机制通常经缔约国双方同意后，可规定较快速的期限，以利于诉讼有效进行与解决。例如，WTO 争端解决程序所需时间最长为 20 个月(包括磋商、专家组程序、上诉阶段)；欧盟经济伙伴协议解决争端的流程所需时间最长约为 12 个月(包含磋商与仲裁小组阶段)。由于经济伙伴协议规定，仲裁小组阶段通常将时间压缩至最长不超过 6 个月，少于 WTO 平均约 7~8 个月，再加上没有上诉阶段程序，以致争端解决花费的时间可能平均比 WTO 程序缩短 7~8 个月。有学者认为，较快速的程序更符合欧盟利益，但是对于发展中国家而言，因为诉讼人力、资金等资源缺乏，因此，需要在较短期限内完成法律文件的撰写、法律意见的提交等，反而较为不利。

③没有履行的“合理期间”的规定。DSU 对于被诉方在败诉后应履行专家组或上诉机构报告的裁决与建议，规定了清楚的履行的“合理期间”，最长不得超过 15 个月。在欧盟的经济伙伴协议中，刻意使用模糊文字，并未规定具体的“合理期间”，而是留待仲裁小组决定履行裁决的合理时间。如果败诉方为欧盟，则可能发生欧盟拖延裁决履行的情形，而对经济处于弱势的缔约方造成极大的影响。

④财务补偿(finaicial compensation)或其他“适当措施”取代不履行的作为。欧盟的经济伙伴协议中规定，如果被诉方在败诉后无法履行裁决与建议，“经过双方同意”，由被诉方提供财务补偿。该条看似给予欧盟以金钱补偿取代其不履行裁决，可使缔约国受惠，但是因为该条规定财务补偿的内容与形式需“经过双方同意”，因此，在实践中，缔约国很难获得利益。另外，经济伙伴协议中也规定，被诉方得以其他“适当措施”取代对欧盟“暂停利益”，但由于条文中没有清楚定义何为“适

当措施”，因此，实践中可能发生欧盟以提供官方开发援助(ODA)的形式，换取对方取消“暂停利益”。这些都可能与区域贸易协定促进双边贸易的目标背道而驰。

⑤没有规定“特殊与差别待遇”和提供技术协助规定。WTO 的 DSU 中，对发展中国家进行争端解决，提供其程序上的特殊与差别待遇(SDT)，并提供技术协助。不过，在欧盟的协议中，并无这两种对发展中国家的优惠待遇，因此，就诉讼程序的进行而言，明显不利于发展中国家。

二、欧盟签署的 RTA 下的争端解决机制及其与 WTO 的比较

2006 年欧盟发布《全球欧盟》(*Global Europe*)的贸易政策文件，自此，欧盟的区域贸易协定政策迈入新的阶段，进入推动新一代区域贸易协定的时期，反映在其争端解决机制的设计与规范上，也出现新的特色。以下以《欧盟与智利联系协定》以及《欧盟与哥伦比亚、秘鲁贸易协定》的规定来加以说明。

(一)《欧盟与智利联系协定》

欧盟与智利自 2000 年开始区域贸易协定的谈判，其中有关贸易的条款已自 2003 年 2 月起生效实施，该项规定中涵盖争端解决机制的详细规定，包括磋商、仲裁、履行不同阶段的程序性规定，仲裁小组成员的遴选，寻求技术性建议(technical advice)的规定，还规定了程序规则及仲裁小组成员的行为准则。

因其涵盖贸易事项范围广泛，《欧盟与智利联系协定》被欧盟认为是当时欧盟所签署 RTA 中最具创意及成果的协定。在争端解决程序上，《欧盟与智利联系协定》也是当时欧盟签署的 RTA 中规范最为完整、详细的协议，较《欧盟与墨西哥经济伙伴关系、政治协调和合作协定》更为详细，程序也更为快捷。尤其，《欧盟与智利联系协定》改变了《欧盟与墨西哥经济伙伴关系、政治协调和合作协定》中对仲裁小组成员采用

临时性遴选的规定，改为要求共同委员会在成立后立即提出 15 人的小组成员名单，这种在争端发生前即已事前选定仲裁员的做法，可降低因遴选程序造成的争议或时间的延误，可谓司法化的一大进步。此外，《欧盟与智利联系协定》也首次规定了“法庭之友”，这是欧盟关注透明度问题的具体反映。值得一提的是，透明度机制的产生包含着对贸易政策和发展策略的重要期待，并直接惠及 WTO 各成员方，WTO 成员方在签订区域贸易协定时，如果不能满足透明度机制的程序性要求，会给多边贸易体制带来即时或潜在的危险，① 因此，透明度问题或许会成为未来 RTA 关注的一个重要问题。

（二）《欧盟与哥伦比亚、秘鲁贸易协定》

欧盟与由南美洲安第斯山麓国家组成的安第斯共同体（Andean Community）的关系向来密切，2007 年 6 月欧盟与安第斯共同体展开谈判，目标为签署“区域对区域”的联系协议（region-to-region Association Agreement），谈判涵盖政治对话、贸易事项及合作等议题。2008 年 6 月，谈判进展停滞下来，2009 年 1 月欧盟恢复与厄瓜多尔、哥伦比亚及秘鲁三国的谈判，至 2010 年 3 月完成与哥伦比亚及秘鲁的谈判，与厄瓜多尔部分则因故停摆。协议于 2012 年 6 月 26 日签署，并于 2013 年 3 月 1 日生效。

《欧盟与哥伦比亚、秘鲁贸易协定》除规定互相开放工业、渔业及农产品市场外，还涵盖非关税措施、透明化、知识产权、竞争政策、争端解决机制及合作等内容，同时，也纳入未来可开放供其他安第斯共同体国家参与协议的“加入条款”（accession clause）。②

---

① 许多：《论 WTO 区域贸易协定透明度机制的不足及其完善》，载《南京大学学报（哲学·人文科学·社会科学）》2012 年第 5 期，第 39 页。

② 《欧盟与哥伦比亚、秘鲁贸易协定》第 329 条第 1 款：“在欧盟与至少一个安第斯国家之间协议生效之日，未成本协议缔约方的安第斯共同体任何成员国，都可以根据本条规定的条件和程序加入本协议。”

《欧盟与哥伦比亚、秘鲁贸易协定》规定的争端解决机制中，纳入欧盟最为关切的议题，包括透明化原则(听证会、法庭之友)，以及裁决履行后与报复问题所产生的“顺序问题”(sequencing)；此外，对于货物贸易的非关税措施也规定了一种快速解决的调解程序，即附件 14“非关税措施的调解机制”(Mediation Mechanism for Non-tariff Measures)，以补充提供有关缔约国货物贸易所涉非关税措施的调解办法。

另外，依据协定第 315 条第 1 款的规定，贸易委员会应在本协定生效后的第一次会议中通过“程序规则”(Rules of Procedures)以及“行为准则”(Code of Conduct)，作为未来争端解决的程序和行为准则。

在该 RTA 中，第 12 部分(TITLE XII)第 1~4 章第 298~323 条是有关争端解决的规定，根据第 298 条的规定，其首要目的在于确保被诉方所采取的措施经裁定不符协议后，该措施应予撤除。第 315 条第 2 款规定，为加强透明度，除非经当事双方同意，有关仲裁小组举行的听证会程序都应对大众公开。

附件 14(Annex XIV)的“非关税措施的调解机制”(Mediation Mechanism for Non-tariff Measures)是补充缔约方货物贸易所涉及非关税措施争端的调解办法。该机制 1~3 节(Section 1~3)共 7 个条文，规定在调解程序启动后，双方应在 60 天内完成程序。该调解程序并非启用争端解决程序的基础或前置程序，双方在调解程序中提出的信息或立场、是否接受调解的决定，以及调解员提出的主张等，都不得用于稍后的争端解决程序或引为证据。当事方使用协议下争端解决程序的权利不受影响。①

协议第 319 条是有关与 WTO 关系及场所选择的条款，其规定当事方如已就特定措施在 WTO 或 RTA 下启动争端解决程序，不得就同一措施在另一场所再次启动争端解决程序，除非该选择场所因为诉讼经济或

① 《欧盟与哥伦比亚、秘鲁贸易协定》附件 14 第 6 条：“此调解机制下的程序并不作为本协议或任何其他协议下争端解决程序的基础。”

程序理由，未能就争议事项做出决定。由此可见，《欧盟与哥伦比亚、秘鲁贸易协定》第 319 条规定的是“选择性排他管辖条款”。

(三)与 WTO 争端解决机制之比较

鉴于 WTO 成立后，DSB 运作良好，顺利解决众多 WTO 成员间的争端，获得成员方的肯定，因此，欧盟在推动区域贸易协定政策时，便强调以 WTO 的规则为师，以 DSU 的内容为基础，制定区域贸易协定下的争端解决机制。因此，与 DSU 相比较，目前欧盟签署的区域贸易协定中磋商、仲裁小组、履行、报复等规定与 DSU 十分类似，除此之外，欧盟还增加了其关心的其他事项，亦即其在多哈回合 DSU 谈判中所提出的改善 DSU 的谈判建议，几乎全部被纳入后来与韩国、哥伦比亚及秘鲁签署的区域贸易协定。

这些协定中反映欧盟意志的内容主要包括如下几个方面：

①时效性。欧盟十分关注争端解决程序的效率，因此，在其 RTA 争端解决机制中有关时效性的规定大多比 DSU 的规定高，以求能更快速地解决与 RTA 缔约国间的争端。

②透明度。透明度是指争端解决程序与信息对社会大众更加开放，在欧盟 RTA 的争端解决机制中，主要包括仲裁程序对大众的公开；允许非政府组织提交“法庭之友”意见，以及仲裁庭裁决内容迅速开放供大众查阅等。这部分的规定，事实上也是欧盟在多哈回合 DSU 修订的谈判中所提出的建议，由于始终未能获得大多数成员的支持，所以，欧盟将其纳入 RTA，以便从双边机制推动透明性议题。

③“顺序问题”与裁决后履行及报复措施的相关问题。DSU 第 21 条第 5 款的履行审查程序与 DSU 第 22 条第 2 款的补偿与报复程序的适用顺序问题，与胜诉的申诉方实施报复后，在何种情况下该报复行为应该被撤销，以及相关的程序如何制订等问题具有前后关联性，一般称为“顺序问题”，该问题自 1997 年 9 月 DSB 通过欧盟香蕉案上诉报告，全案进入执行阶段以来，即争议不断，备受关注。对此，欧盟一贯的主张

是，当事双方对被诉方执行符合 DSB 裁决意旨的措施是否“存在”以及是否“符合”裁决内容产生分歧时，应先通过 DSU 第 21 条第 1 款的履行审查小组加以判断，而非直接诉诸第 22 条第 2 款的补偿与报复；被诉方应在履行审查小组已经作出的裁决，认为原被诉方的新措施仍然不符合 DSB 的裁决，以及因为其他情势的存在，可以认为原被诉方并未在相关期限内履行的裁决等情形下，才取得 DSB 报复授权。基于这一立场，在《欧盟与哥伦比亚、秘鲁联系协定》中，相关条文比 DSU 的规定更为明确、清楚，实际上反映了欧盟在 DSU 谈判中所提出的修改建议。

但是在实践中，目前并没有发生缔约国在双边协议下向欧盟提出磋商，进行争端解决的实际案例，欧盟也未曾对缔约国在 RTA 下提出争端解决请求。究其原因，主要是欧盟过去签署的 RTA 的对象不外乎欧盟的前殖民地国家，如非洲、加勒比、太平洋国家，因此，其协议的政治性目的高于经济性目的，缔约国与欧盟都倾向维持双边友好关系或谋求政治解决，而没有诉诸争端解决程序。

三、欧盟运用 WTO 与 RTA 争端解决机制的策略分析

欧盟早自 GATT 时期开始就积极使用争端解决机制。从 1995 年 WTO 成立以来，欧盟与美国都是 WTO 争端解决机制下提出申诉案件最多的成员，同时也是被其他成员指控违反 WTO 协定最多的成员。截至 2018 年 5 月，根据 WTO 统计，欧盟共提出 99 起申诉案件及 84 起被诉案件。在申诉案件中，以对美国提出的案件数量最多，共计提出 34 起；其次为对印度提出的案件，共计提出 10 起；排名第三位的是中国，共计提出 9 起；对阿根廷提出 8 起；对加拿大与日本各提出 6 起。① 值得注意的是，欧盟对于过去曾为欧盟国家殖民地的 WTO 成员，未曾在 WTO 争端解决中提出任何申诉案件。

① https://www.wto.org/english/tratop_e/dispu_e/dispu_by_country_e.htm（访问时间 2018 年 5 月 21 日）。

如果以区域来观察，欧盟提出申诉的成员主要集中在美洲，其中又以美国、阿根廷、加拿大案件数量最多。在美洲之后，则以亚洲，主要为东亚及南亚国家为最多，尤其明显集中于印度、中国、日本、韩国及菲律宾。

值得注意的一个趋势是，虽然欧盟与北美国家，如美国、加拿大，以及南美洲国家，如阿根廷、巴西，互相指控对方违反 WTO 规定的争议不断，不过近年来欧盟与亚洲国家的贸易摩擦明显升温，最明显的是与印度、中国的申诉案件数量迅速增加，其中又以 2008 年以后欧盟对中国提出 9 起申诉案件最受瞩目。至于欧盟较早期虽对日本提出申诉案件较多，但近年来案件数量相对减少。这一现象实际上反映了欧盟与中国、印度两大新兴市场经贸关系日趋频繁，不仅欧盟尝试竭力打开中、印两国市场，而希望通过 WTO 争端解决机制减少商品准入壁垒，中、印两国产品大量输入欧盟市场，也导致彼此间摩擦不断上升。至于欧盟与日本、韩国的经贸关系虽仍居重要地位，但是双方经贸关系相对比较成熟并已建立对话机制，许多法规、措施也已逐渐改善，因此产生的贸易争议与中国、印度相比较已大幅减少。

在欧盟参与双边或区域争端解决机制的策略分析中，由于欧盟签署的 RTA 中，目前并未出现实质争端案件，这主要是由于 RTA 缔约方与欧盟不对等的政治与经贸关系，以致双方避免直接诉诸正式的争端解决程序来解决贸易问题。而另外，由于欧盟与这些 RTA 缔约国多数已建立密集且频繁的官方会议与磋商渠道，因此，RTA 缔约国与欧盟如果对彼此实施的某一特定措施不满，很可能通过各种双边渠道交换意见而获得解决，不需进入争端解决程序。

不过，在多哈回合谈判的过程中，欧盟一直是 DSU 改革的积极参与者，提出多项重要提案。在欧盟关心的议题中，包括厘清 DSU 第 21 条第 5 款及第 22 条的适用顺序问题，决定报复程度的仲裁程序，加速程序的进行与透明度，亦即“法庭之友”等，都已经反映在欧盟近年来签署的 RTA 争端解决机制中，这意味着未来欧盟与 RTA 缔约国使用

RTA 下争端解决机制的机会可能较过去增加。

第三节　中国运用 WTO 及 RTA 争端解决机制的实践及完善建议

一、中国参与 WTO 争端解决的实践

中国作为全球第二大经济体，在国际贸易中发挥着重要作用。加入 WTO 后，中国与其他成员方之间在经常性贸易活动和争端中的互动关系，反映了国际贸易法制度的发展。特别是中国如何面对其他成员的申诉，以及中国如何参与 WTO 争端解决机制，这些都是 WTO 体制未来发展演变的重要组成部分。因此，下面将重点讨论中国参与正式 WTO 争端解决程序的动机和程度。

(一)中国参与 WTO 争端解决的历程

众所周知，中国作为世界新兴力量，无论在政治或经济意义上，都引起了国际社会广泛的关注。自 2001 年底中国加入 WTO 以来，人们估计，很多贸易争端会立即对中国造成冲击，然而，中国加入 WTO 几年之后，这种贸易战才开始发生。总体来看，加入 WTO 以来，中国作为申诉方的案件有 17 起，作为被诉方的案件有 41 起，作为第三方的案件有 145 起。①

从中国参与 WTO 争端解决的数量来看，中国是继美国、欧盟之后的“第三大”参与 WTO 争端解决的成员。② Lisa Toohey 将中国参与 WTO 争端描述为“早期参与”(2001—2006 年)、“不断增加的参与”(2007—

① https://www.wto.org/english/tratop_e/dispu_e/dispu_by_country_e.htm(访问时间 2018 年 5 月 28 日)。

② Minyou Yu, Hen Liu: China's Ten Years in the WTO: its Performance and New Challenges, Frontiers of Law in China, 2012, 7(3): 333.

2008 年)，以及最终的“关键诉讼者声称影响力”(2009—　)。① 同样，漆彤将中国参与 WTO 争端解决分为 3 个阶段：“一个积极的第三方”(2006 年之前)，“从一个不情愿和容易妥协的被诉方到一个更强硬的对手”(2006—2009 年)和“从羞涩的申诉方到积极的挑战者”(2009 年以后)。②

姜世波也将中国加入 WTO 以来对 WTO 争端解决的态度用 3 个阶段来概括。首先，在加入 WTO 初期，中国多以第三方身份积极参与 WTO 争端解决，通过第三方参与作为学习过程。由于对诉讼程序不熟悉，加之中国儒家传统的和谐思想和非讼法律文化影响，中国在国际争端解决中对以国家为主体直接诉诸国际法庭一直持抵触态度，因此，中国早期在争端解决中作为被诉方时，往往采取妥协调和的立场。至 2006 年的“中美汽车零件案”，中国才转换其调和立场。究其原因是通过作为第三方参与大量争端解决案件，中国已经熟悉 WTO 争端解决程序，具有丰富的 WTO 争端解决经验。2007 年 9 月，中国主动出击，就美国对原产中国的铜版纸采取反倾销和反补贴措施问题请求磋商，并随后申请成立专家组，以维护中国的权益。迄今，中国已有多个作为申诉方的案子在审理中。至此，中国学会了用法律语言表达其要求，对抗广义的贸易自由主义，而 WTO 争端解决程序也成为中国用来挑战外国贸易壁垒的合法途径。③

(二)中国参与 WTO 争端解决的能力建设与策略

从上文可以发现，中国在 WTO 争端解决中扮演的角色从被动接受者到积极参与者。此外，作为第三方参与争端解决的经验增强了中国争

① Lisa Toohey: China and the World Trade Organization: the First Decade, International and Comparative Law Quarterly, 2011, 60: 789.

② Tong Qi: China's First Decade Experience in The WTO Dispute Settlement System: Practice and Prospect, Asian Journal of WTO & International Health Law and Policy, 2012, 7(1): 147.

③ 姜世波：《中国对 WTO 争端解决之态度演变及问题分析》，载《改革与战略》2011 年第 8 期，第 37~38 页。

端解决能力的建设，并促进中国上述角色的转换。

1. 参与的策略：从被动到主动

在中国谈判和加入 WTO 初期，一些学者认为涉及中国的争端会层出不穷。① 然而，这种情况在中国加入 WTO 的前 5 年并没有发生。但是，5 年之后，越来越多针对中国的争端发起了，尤其是 2012 年。此外，还有一些人担心中国充分参与 WTO 司法程序的意愿。尽管如此，中国参与 WTO 争端解决的实践表明，至少到目前为止，WTO 争端解决机制在解决涉及中国的争端时是行之有效的。② 中国参与 WTO 争端解决的战略是什么？我们可以将其归纳为中国在 WTO 争端解决中扮演的两个不同角色的阶段：被动阶段和主动阶段。

在被动阶段，一些学者提出，或许传统的中国和平谈判争端解决文化和避免司法的策略发挥了重要作用。③ 此外，中国更喜欢通过双边和外交解决国际争端，而非诉讼。④ 然而，另一些人则认为，“这种中国传统本身决不应被解释为强调单方面让步或自我放弃”⑤。事实上，“无法有效参与”是由于缺乏国际贸易诉讼的专业知识，这妨碍了中国在 WTO 争端法律诉讼中的有效参与。⑥ 中国通过作为争端解决的第三方参与和持续的能力建设弥补了这一不足，并迅速掌握了国际贸易法律

① Sylvia Ostry：WTO Membership for China：To Be and Not To Be：Is that the Answer? in Patrick Grady，Andrew Sharpe（eds）：The State of Economics in Canada：Festschrift in Honour of David Slater，John Deutsch Inst Study of Eco Policy，2001：263.

② Henry Gao：Taming the Dragon：China's Experience in The WTO Dispute Settlement System，Legal Issues of Economic Integration，2007，34(4)：390.

③ Marcia Don Harpaz：Sense and Sensibilities of China and WTO Dispute Settlement，Journal of World Trade，2010，44(6)：1169.

④ Tong Qi：China's First Decade Experience in The WTO Dispute Settlement System：Practice and Prospect，Asian Journal of WTO & International Health Law and Policy，2012，7(1)：161.

⑤ Wenhua Ji，Cui Huang，China's Experience in Dealing with WTO Dispute Settlement：a Chinese Perspective，Journal of World Trade，2011，45(1)：25.

⑥ Henry Gao，Taming the Dragon：China's Experience in The WTO Dispute Settlement System，Legal Issues of Economic Integration，2007，34(4)：390.

武器，开始从消极防守转为积极进攻。

2. 能力建设和第三方参与

事实上，中国作为第三方参与世界贸易组织其他成员之间的大量案件积累了丰富的经验，从而获益不浅。① 在 2003 年之前，中国只保留了三次第三方权利；但自 2003 年以来，中国每次都作为第三方参与争端解决程序；自 2007 年以来，中国有选择性地作为第三方参加争端解决程序。② 强化第三方参与的原因可以概括为 3 个方面：①中国在多边贸易体系中的贸易和利益日益增加；②WTO 规则的适用和澄清会影响所有成员；③WTO 争端解决机制变得越来越技术化。③ 因此，作为第三方参与将加强中国在以下领域的能力：人员培训、学习对方、信息收集和参与世界贸易组织管理。④

值得注意的是，为了准备参加 WTO 争端解决，中国主动做出了很多改革，并通过与外国律师事务所以及一些 WTO 研究中心合作提高争端解决的能力。例如，在体制上，中国于 2003 年重组了商务部（MOFCOM），并设立了世贸司和条法司。世贸司主要处理世界贸易组织通知和查询；条法司主要从事 WTO 争议谈判和诉讼。此外，除了学术界设置的国际经济法学科之外，中国还与上海、北京和深圳 WTO 事务咨询中心等智库合作，弥补信息和沟通的空白。另外，国内外律师事务所也参与了几起案件，准备诉讼文件。⑤

① Tong Qi：China's First Decade Experience in The WTO Dispute Settlement System：Practice and Prospect，Asian Journal of WTO & International Health Law and Policy，2012，7(1)：161.

② Wenhua Ji，Cui Huang：China's Experience in Dealing with WTO Dispute Settlement：a Chinese Perspective，Journal of World Trade，2011，45(1)：25.

③ Wenhua Ji，Cui Huang：China's Experience in Dealing with WTO Dispute Settlement：a Chinese Perspective，Journal of World Trade，2011，45(1)：25.

④ Pasha L. Hsieh：China's Development of International Economic Law and WTO Legal Capacity Building，Journal of International Economic Law，2010，13(4)：1029.

⑤ Pasha L. Hsieh：China's Development of International Economic Law and WTO Legal Capacity Building，Journal of International Economic Law，2010，13(4)：1023.

（三）中国参与 WTO 争端解决的三个阶段

1. 规则接受者（rule-taker）

自加入 WTO 至 2006 年，中国对于 WTO 诉讼采取相当小心谨慎的态度。作为 WTO 新成员之一，对于 WTO 规则仍处于摸索学习阶段，中国一直是 WTO 争端解决领域“非常安静的成员”，① 在这一阶段，中国比较着重学习与了解 WTO 规则，而非在个案取得胜诉。当时，中国为了避免诉讼，一旦案件磋商请求，在 4 个月内即迅速取得和解。与此同时，在欧盟预告将向 WTO 提起申诉，控诉中国对于钢铁制造的重要原料焦炭的出口配额措施后，在 2 个月内，中国就让步同意取消该措施。在牛皮纸板案中，美国指控中国商务部对 2006 年 9 月进口的美国牛皮纸板课征的反倾销税违反《倾销与反倾销协定》，2007 年 1 月 6 日，美国甚至扬言将向 WTO 正式提起申诉，1 月 9 日中国政府立即宣布取消该项措施。由此可见，中国在这一阶段对 WTO 争端解决机制的利用非常有限，这与当时中国作为规则的学习者尚不具备充足的能力参与 WTO 复杂的争端解决有关。②

2. 规则影响者（rule-shaker）

为了能够更进一步了解 WTO 争端解决程序，中国在加入 WTO 几年后，才开始以第三方的身份参与 WTO 诉讼。2003—2006 年，中国几乎以第三方身份参加了每起有争端解决专家组处理的案件，对 WTO 争端解决的运作规则更加了解，进而建立起未来成为诉讼一方的信心。

同时，官方的态度及其他发展中国家的作法，也对中国决定采取更积极的应诉策略有相当的影响。不过，最关键的转变是在 2006 年 3 月，美国、加拿大及墨西哥共同向 WTO 起诉的限制汽车零件进口案，主张

---

① 陈咏梅：《发展中成员利用 WTO 争端解决机制的困境及能力建设》，载《现代法学》2010 年第 3 期，第 134 页。

② 赵骏：《“皇冠上明珠”的黯然失色：WTO 争端解决机制利用率减少的原因探究》，载《中外法学》2013 年第 6 期，第 1250 页。

中国对部分进口汽车零件视为全车进口并课征额外税捐，相当于较高的全车关税与汽车零件所适用的较低关税之间存在差额。就法律上而言，中国的关税措施似乎违反了其承诺的 WTO 义务，尤其在中国加入 WTO 时，议定书已具体规定，对于进口汽车零件不课征超过 10%的关税。但是在这个案子中，较为特殊的是，中国这次一反过去寻求磋商解决的途径，反而决定在这个案件中采取积极应诉的策略（即使并没有有力的理由可以获得胜诉），一路从专家组程序走到上诉机构程序，直到 2008 年 12 月上诉机构提出报告为止。

后续的几个案件，尤其是在美国控诉中国违反知识产权保障措施案及影响出版物及其他视听产品的贸易权与配销服务案等案件中，中国积极运用法律论述试图动摇或甚至是变更既定规则，使其朝有利于己的方向发展。这些法律策略不限于大量的实体法论述，也包括程序规则的抗辩手段，因为若一案件程序上抗辩成立，则该案胜诉的概率将大幅降低。例如，在违反知识产权保障措施案中，中国就攻击申诉方程序上的瑕疵，比如某些证据不具备证据资格等；在影响出版物及其他视听产品的贸易权与配销服务案中，中国也抗辩初步证据未能成功建立的证据规则等程序上的理由。由此可见，中国在运用诉讼技巧上已愈来愈熟练。

3. 规则制定者（rule-maker）

对中国而言，若希望通过多边谈判变更其加入 WTO 议定书的内容与条款毫无疑问十分困难，因此，剩下的唯一选项就是在 WTO 争端解决程序上，通过法规的“创造性解释”空间，试图挑战其内容，以减缓负面冲击。就 WTO 规则的实质面来看，由于中国主要将注意力放在对其较不利的规则上，所以倾向于参加发展中国家成员所组成的“谈判联盟”。

例如，当中国企业已普遍成为反倾销措施的主要对象，中国就曾提议修改反倾销协议的“特殊与差别待遇条款”，尤其是对“非市场经济地位条款”，中国更是强力主张废除，因为许多贸易摩擦，尤其是反倾销与补贴的认定，往往涉及该市场是否为经济市场而在计算标准上有所差异。就 WTO 程序规则来看，在争端解决程序的磋商阶段，中国也经常诉诸“特殊与差别待遇条款”抗辩发达国家的要求，因该条款要求发达国家须采取“节制”手段。此外，中国也对争端解决机制提议加强第三方的权利，例如，允许第三方参加“所有实质审理会议”，而不以现行 DSU 规定的第一次实质审理会议为限，因为如果第三方权利得到加强，将有助于中国以更有效率的方式参与 WTO 诉讼。

自中国在 2001 年底加入 WTO，2003 年首次以第三方身份参与美国纺织品原产地规则案，至 2018 年 6 月，中国以第三方身份参与的案件就累积 145 起，超越其他更早加入 WTO 的发展中国家成员。例如，巴西以第三方身份参与的案件有 118 起、印度以第三方身份参与的案件有 131 起。① 显然，以第三方身份参与 WTO 诉讼是中国重要的策略。值得一提的是，2008 年 9 月至 2018 年 6 月，中国以申诉方身份提起的 WTO 争端解决案件，累计达 17 起。可以说，中国对国际经贸游戏规则的主导力越来越强，已非加入初期所可比拟。

(四)中国参与和遵守 WTO 争端解决机制的理由

首先，正如 Matthew Kennedy 所说的，世界贸易组织的某些特征，特别是争端解决机制，对中国而言不啻是一个挑战。② 首先，WTO 争端解决机制具有强制管辖权和随后可能的贸易制裁，其中涉及一些主权问题；其次，WTO 专家组和上诉机构将对成员方采取的争议措施的合法性进行独立审查；再次，有效参与 WTO 争端解决机制需要相当的法律和技术能力；最后，中国加入条件的过渡性审议机制提醒了中国与其主要贸易伙伴之间存在的鸿沟。然而，正如上面提到的那样，迄今为止，在许多情况下，中国参与诉讼的能力正在逐渐增强，国内措施的强

① https://www.wto.org/english/tratop_e/dispu_e/dispu_by_country_e.htm(访问时间 2018 年 6 月 20 日)。

② Matthew Kennedy: China's Role in WTO Dispute Settlement, World Trade Review, 2012, 11(4): 574.

制管辖和审查也得到中国的接受。①

中国参与 WTO 争端解决机制的原因包括以下几个方面：①中国作为国际社会的重要参与者和国际秩序的维护者，必然要遵守包括 WTO 贸易规则在内的国际法律制度；②鉴于 WTO 争端解决机制的规定，中国必须加强能力建设，才能维护自身利益。② 值得注意的是，到目前为止，中国对 WTO 争端解决机制的权威表示了应有的尊重，并始终表示愿意在一段时间内执行并实施 DSB 的裁决。③

二、中国缔结的 RTA 争端解决机制的现状

中国首次参与区域经济一体化可以追溯到 20 世纪 90 年代，1991 年中国加入亚太经济合作组织开启了中国参加区域经济合作的先河。2001 年以后，中国的区域化进展显著加快。④ 截至 2018 年 6 月，中国和其他国家和地区签署的 RTA 已经达到 16 个，另有 11 个 RTA 正在紧锣密鼓地谈判中。⑤ 总体而言，中国签署的 RTA 数量较少，远远低于欧盟的 42 个、智利的 26 个和俄罗斯的 23 个。⑥

（一）中国签署的 RTA 争端解决机制性质分析

如果要从性质上对 RTA 争端解决机制进行分类，大体上可以分为

---

① Tong Qi：China's First Decade Experience in The WTO Dispute Settlement System：Practice and Prospect，Asian Journal of WTO & International Health Law and Policy，2012，7(1)：166.

② Pasha L. Hsieh：China's Development of International Economic Law and WTO Legal Capacity Building，JOURNAL OF INTERNATIONAL ECONOMIC LAW，2010，13(4)：1007.

③ Wenhua Ji，Cui Huang，China's Experience in Dealing with WTO Dispute Settlement：a Chinese Perspective，Journal of World Trade，2001，45(1)：31.

④ 孟夏：《中国参与区域经济合作的政治经济分析》，载《南开学报》(哲学社会科学版)2010 年第 4 期，第 81 页。

⑤ http://fta.mofcom.gov.cn/(访问时间 2018 年 6 月 14 日)。

⑥ 李扬、邓珏凡：《中国 FTA 优先缔结对象选择标准研究——以"一带一路"沿线国家为例》，载《学习与探索》2016 年第 8 期，第 128 页。

司法性质与非司法性质两种争端解决机制。所谓非司法性质争端解决机制，是指以磋商、调停、调解等政治外交方式来解决争端的机制，如内地与香港和澳门的《关于建立更紧密经贸关系的安排》(CEPA)以及《两岸经济合作框架协议》(ECFA)就属于此类。这种以政治和外交方式来解决争议的机制具有程序灵活的优点。但是，这种争端解决方法的缺点也非常明显，例如，《关于建立更紧密经贸关系的安排》通过联合委员会设立工作组解决争端，解决的方式是“协商一致”，而非依据事先确定的规则，因此缺乏可预见性。从联合委员会的职能来看，该争端解决机构是一个兼具“立法”、“司法”、指导功能的混合机构，而非纯粹的争端解决机构，因此，其主要的目的并非解决争端，而是负责监督、指导《关于建立更紧密经贸关系的安排》的执行。① 与其他区域贸易协定相比较，《关于建立更紧密经贸关系的安排》争端解决的条文显得非常原则和简单，可操作性不强。例如，关于设立工作组的程序、工作组成员的资格、法律适用、程序、决定的效力等问题，《关于建立更紧密经贸关系的安排》都未作出规定。而且，当双方产生争议，委员会无法协商一致时，争议如何得到解决，《关于建立更紧密经贸关系的安排》也未作出回答。② 因此，在问题解决过程中，双方仍旧依靠政治外交手段解决争议，这与 WTO 司法性质的争端解决机制的精神是背道而驰的。可见，这种政治外交式的 RTA 争端解决机制在近期的 RTA 中并不多见。

与非司法性质争端解决机制主要以政治外交方式解决争议不同，司法性质的争端解决机制主要以仲裁、法庭审理等方式来解决争端。左海聪教授认为，一种司法体制必须包含下列要件：确定的机构、明确的实体法律规则、管辖权、完备的程序规则、裁决有约束力。③ 正是这些优

① 慕子怡：《论 CEPA 争端解决机制的构建》，载《政法学刊》2008 年第 2 期，第 71 页。

② 陈立虎、赵艳敏：《CEPA 争端解决规则构建之分析》，载《暨南学报》(哲学社会科学版)2006 年第 6 期，第 27 页。

③ 左海聪：《论 GATT/WTO 争端解决机制的性质》，载《法学家》2004 年第 5 期，第 156 页。

点，使这种以法律为导向的争端解决机制被大多数 RTA 所采用，是当前运用最广泛的争端解决机制。如中国与澳大利亚、韩国、瑞士等国家签订的 RTA 就采用了司法性质的争端解决机制。

总之，我们可以发现，中国目前签订的 16 个 RTA 中，除了内地与香港和澳门《关于建立更紧密经贸关系的安排》以及大陆与台湾地区的《两岸经济合作框架协议》中没有规定司法性的争端解决机制之外，其他 13 个① RTA 都建立了包括第三方仲裁制度在内的争端解决机制，这符合现代 RTA 争端解决机制发展的趋势和潮流。因此，下文中，仅限于分析包含第三方仲裁制度的中国自由贸易协定。

（二）中国签署的自由贸易协定磋商条款分析

许多学者认为，中国在 RTA 中优先考虑磋商，将磋商置于争端解决的前置阶段，鼓励各方通过谈判解决争端。这种安排可能与内敛的东方文化以和为贵，倾向于协商解决争端，普遍存在厌讼、怕输官司心理有关。② 当然，仅仅存在这种偏好不会影响争议解决，毕竟各国在实践中经常通过磋商解决争端，事实上，磋商是国际法中一种合法有效的解决争端的重要方法。在争端解决机制中设置磋商程序，目的在于使各方在进入专家组裁决前以一种较缓和的方式达成各方均可接受又与适用协定相一致的解决方案。③ 除此之外，下文还将对中国签署的区域贸易协定中的磋商条款进行分析，以评估其磋商方式。

一般来说，尽管磋商被理解为非正式讨论，鲜有规则规范磋商各方的行为，但大多数中国签署的区域贸易协定对磋商的大多数过程作出了

---

① 截至 2018 年 6 月 28 日，《中国与马尔代夫自由贸易协定》在商务部网站没有公布，所以无法得知其具体内容，但可以推测该协定应该规定了仲裁制度。

② 朱继胜：《也论 CAFTA 争端解决机制的缺陷与完善》，载《河北法学》2015 年第 2 期，第 100 页。

③ 王茜、高锦涵：《RCEP 争端解决机制构建研究》，载《国际展望》2018 年第 2 期，第 144 页。

规定。

1. 关于提出磋商的规定

由于缔约方可能提出的适用问题范围广泛，因此，就所有中国签署的自由贸易协定而言，提出磋商请求相对容易。例如，根据中国与东盟、新加坡签署的自由贸易协定，对于下列可能会影响协议执行或适用的任何事项可以提出磋商请求：①起诉方依据本协定直接或间接获得的任何利益正在丧失或减损；②本协定旨在达成的目标正在受到阻碍。[1]

相比之下，中国与巴基斯坦、智利和哥斯达黎加签署的自由贸易协定具有更广泛的适用范围，因为它们都允许"任何一方可以就其认为可能影响本协定执行的任何措施书面要求与另一方进行磋商"。[2] 因此，启动争端解决程序在中国签署的所有区域贸易协定中相对容易。

磋商请求以书面形式提出，并将递交给被诉方。中国签署的区域贸易协定要求被请求方在收到请求后迅速作出答复。答复的最短期限为 7 天，[3] 较长的期限有 25 天[4]和 30 天[5]。还有些协定要求在收到磋商请求后 10 天内作出答复。[6]《中国与智利自由贸易协定》是这种做法的一

---

① 参见《中国与东盟全面经济合作框架协议争端解决机制协议》第 4 条第 1 款，《中国与新加坡自由贸易协定》第 94 条第 1 款。

② 参见《中国与巴基斯坦自由贸易协定》第 59 条第 1 款，《中国与哥斯达黎加自由贸易协定》第 143 条第 1 款，《中国与智利自由贸易协定》第 82 条第 1 款，《中国与韩国自由贸易协定》第 20 章第 2 条，《中国与冰岛自由贸易协定》第 108 条第 1 款，《中国与格鲁吉亚自由贸易协定》第 15 章第 4 条第 1 款。

③ 参见《中国与东盟全面经济合作框架协议争端解决机制协议》第 4 条第 3 款，《中国与巴基斯坦自由贸易协定》第 59 条第 3 款，《中国与新加坡自由贸易协定》第 94 条第 3 款。

④ 参见《中国与秘鲁自由贸易协定》第 176 条第 4 款。

⑤ 参见《中国与澳大利亚自由贸易协定》第 15 章第 5 条第 3 款第 2 项，《中国与巴基斯坦自由贸易协定》第 59 条第 5 款第 2 项。

⑥ 参见《中国与哥斯达黎加自由贸易协定》第 143 条第 3 款，《中国与冰岛自由贸易协定》第 108 条第 3 款，《中国与格鲁吉亚自由贸易协定》第 15 章第 4 条第 3 款，《中国与韩国自由贸易协定》第 20 章第 4 条第 2 款，《中国与瑞典自由贸易协定》第 15 章第 3 条第 1 款。

个明显例外，因为该协定没有明确规定答复期限。这可以让被请求方忽视磋商请求而阻碍诉讼程序。

同样，大多数 RTA 都规定了缔约方在接到磋商请求后的磋商期限，如《中国与新西兰自由贸易协定》《中国与巴基斯坦自由贸易协定》《中国与新加坡自由贸易协定》《中国与东盟自由贸易协定》《中国与哥斯达黎加自由贸易协定》《中国与澳大利亚自由贸易协定》等规定的磋商期限是 30 天，《中国与秘鲁自由贸易协定》规定的磋商期限是 40 天。而《中国与智利自由贸易协定》再一次代表了这一规则的例外，因为它没有规定要求缔约方在特定时间范围内进行磋商，并且允许该当事方延长争端解决程序。

必须指出的是，上述两个时间是不可谈判的，因为这些协定中的任何内容都不允许缔约方就这两个争议解决阶段达成不同的时间表。一般而言，缔约方未能满足上述任何一个截止日期的要求，都会给予另一方发起第三方仲裁的权利。所有 RTA 中的规定都是相似的，如果一方在特定时间内没有回复磋商请求，或未在规定时间内进行磋商，则另一方可直接进行仲裁。① 这一规定在阻止各方延长诉讼时间方面颇有帮助。

在涉及紧急事件或与易腐货物有关的事项的情况下，这两个时间将会缩短，并且需要缔约方立即采取行动。奇怪的是，虽然这些条款非常重要，但几乎所有这些协议都未能就特殊情况作出规定。例如，中国与东盟、新加坡签署的协议规定，在紧急情况下，包括涉及易腐货物，双方应当在被诉方收到要求之日起 10 日内进行磋商，② 而同样的情况在与格鲁吉亚签署的协定中规定为 15 天。③ 另一方面，中国与哥斯达黎

① 参见《中国与哥斯达黎加自由贸易协定》第 145 条第 1 款，《中国与新西兰自由贸易协定》第 186 条第 4 款，《中国与新加坡自由贸易协定》第 94 条第 3 款。值得注意的是，中国与巴基斯坦及智利的协定中没有类似的条款。

② 参见《中国与东盟全面经济合作框架协议争端解决机制协议》第 4 条第 7 款，《中国与新加坡自由贸易协定》第 94 条第 6 款。

③ 参见《中国与格鲁吉亚自由贸易协定》第 15 章第 4 条第 3 款。

加、新西兰、巴基斯坦和智利签署的协定只提到易腐货物事宜。① 中国与秘鲁和瑞典签署的协议只提到“紧急事项”，虽然可以推断就“易腐货物”概念达成广泛的协议，但对于哪些事项被认为是“紧急的”则很难达成一致。该术语在中国与秘鲁达成的协议中被定义为“包括在短时间内会丧失其质量、现状或贸易价值的货物和服务”②；在中国与新加坡和东盟的协议中，“紧急的”指的是紧急事项和易腐货物，表明这两个自由贸易协定的范围更广泛；而中国与冰岛、韩国的协议则完全没有提及易腐货物或紧急事项。

即使缔约方可能就这些词语的定义达成一致，这些协定中也没有提供关于如何管理这类紧急事项和易腐货物的指导方针，而没有立即开始谈判的义务。值得注意的是，不清楚哪个缔约方有权决定是否符合这一规定。再加上这些条款在大多数中国签署的自由贸易协定中都没有作出界定，究竟是否确实存在紧急事件或涉及易腐货物可能会引起分歧。尽管与秘鲁达成的协议由于其定义为“易腐”而具有创新性，但所有协议都有可能在缔约方面临涉及此类货物和服务的情况时导致僵局。

最后，在各缔约方开始磋商之前，它们必须解决与选择场地有关的一些后勤问题，并商定进行磋商的方法。只有中国与哥斯达黎加和秘鲁签署的协议就这个问题规定了一些指导方针。这两项协定都规定，磋商可以亲自或通过缔约方可用的任何其他技术手段进行。如果各方选择亲自会谈，双方应该就会议地点达成一致。如果缔约方未能达成一致，《中国与哥斯达黎加自由贸易协定》规定磋商将在被请求方的首都进行，《中国与秘鲁自由贸易协定》规定磋商应在两国的城市轮流举行。③ 这两项协定还指出，磋商可以当面进行或通过双方具

① 参见《中国与哥斯达黎加自由贸易协定》第 143 条第 3 款，《中国与新西兰自由贸易协定》第 186 条第 3 款，《中国与巴基斯坦自由贸易协定》第 59 条第 5 款，《中国与澳大利亚自由贸易协定》第 15 章第 5 条第 3 款第 1 项。

② 参见《中国与秘鲁自由贸易协定》第 176 条第 4 款脚注 20。

③ 参见《中国与哥斯达黎加自由贸易协定》第 143 条第 6 款，《中国与秘鲁自由贸易协定》第 176 条第 7 款。

备的其他技术方式进行。① 所有其他自由贸易协定对这些问题都没有作出规定，这可能使争端解决过程复杂化。

2. 磋商过程中的义务

中国的自由贸易协定对希望参与磋商的缔约方施加了一系列重叠的义务，但其中许多规定的内容并不清楚。虽然这些规定中的大多数似乎都是善意的愿望，但这些规定引发了许多问题，值得仔细分析。

如前所述，大多数中国协定的争端解决章节都包含一个标题为“合作”的起首式条款，该条款鼓励缔约方通过磋商解决分歧。② 中国与巴基斯坦、智利和新西兰签署的协议规定：“缔约双方应该尽力对本协定的解释和适用达成一致，并且应该尽一切努力通过合作和磋商，就可能影响本协定执行的任何事项达成缔约双方均满意的解决方案。”③在与秘鲁和韩国签署的协议中也存在类似的起首条款，并要求各缔约方应该尽一切努力通过合作和磋商达成双方满意的解决方案，而与哥斯达黎加和澳大利亚签署的自由贸易协定只提到合作。④

虽然这一规定在中国签署的大部分自由贸易协定中都存在，但其范围和规定的义务还不清楚。例如，本条是否要求缔约方利用磋商解决可能出现的任何争议？或者，这项规定是否对已经进行磋商的缔约方的行为作出规范，因此仅敦促谈判人员真诚地解决分歧？其次，要履行这一义务是困难的，因为人们永远无法客观地了解缔约方是否在谈判过程中实际做出了“每一次尝试”。至少，与巴基斯坦、智利和新西兰签署的自由贸易协定中的起首义务要求缔约方磋商，或在谈判中尽力解决争议（取决于人们选择接受条款何种解释）。

---

①　参见《中国与哥斯达黎加自由贸易协定》第 143 条第 6 款，《中国与秘鲁自由贸易协定》第 176 条第 7 款。

②　中国与东盟及新加坡签署的协定中没有包含这样的条款。

③　参见《中国与巴基斯坦自由贸易协定》第 57 条。

④　参见《中国与秘鲁自由贸易协定》第 173 条，《中国与哥斯达黎加自由贸易协定》第 140 条。

奇怪的是，这个义务在每个争端解决章节中以几乎相同的方式再次重复，并规定“进行磋商的缔约双方应尽力就通过本条或本协定其他磋商条款规定的磋商提起的任何事项达成双方满意的解决方案”①。虽然这一规定比起首条款更精确(因为它明确将合作形式定义为“磋商”)，但这一规定何时适用不是很清楚。中国与秘鲁达成的协定规定得更明确，对磋商期间提出的事项作出了规定。但是其他的自由贸易协定在这个问题上没有做出明确的规定。

根据条款的上下文也许可以推断出这一规定的一个可能的解释。例如，在与东盟、巴基斯坦、智利和新加坡的协定中，该义务之后是一个分段，指出“为此目的，缔约双方应该：(1)提供足够信息，以便充分审议措施如何影响本协定的执行或适用；以及(2)对于一方作为保密信息提供的信息，另一方也应作为保密信息对待”②。

由于这些后续义务对已参与磋商的缔约方的行为进行了规范，因此，有理由认为上述义务规范缔约方积极进行谈判的行为。不幸的是，中国与新西兰、哥斯达黎加、韩国、澳大利亚、瑞典签署的协定起草方式不同，并没有提供这样的上下文来解释这一规定。因此，除中国与哥斯达黎加、新西兰等国签署的自由贸易协定外，其他协定中的上述义务规定了磋商中的缔约方的行为。

虽然这一规定的范围可以通过上下文推断来确定，但仍难以确定该条对缔约方施加的具体义务。“努力”很难执行，因为它取决于自我声明的能力。其次，几乎不可能确定缔约方需要付出多少努力才能履行其在协定下的义务。声称这项义务是永久的将是荒谬的，因为“一切努力”一词意味着某种有限的能力水平。因此，可以公平地辩称，除了有义务竭尽全力之外，缔约方在磋商期间不会承担额外的责任。在这个问

① 参见《中国与秘鲁自由贸易协定》第 176 条第 5 款。

② 所有中国签署的协定中都规定了这一义务，因此可以称为“标准义务”。参见《中国与新加坡自由贸易协定》第 94 条第 4 款，《中国与智利自由贸易协定》第 82 条第 3 款。

题上，中国与哥斯达黎加和新西兰签署的协定也没有明确规定。

尽管没有一项协定规定了磋商需要召开多少次会议，但中国与新加坡、东盟、巴基斯坦和新西兰达成的协定包含一条规则，要求缔约方"给予另一缔约方就影响协定实施、解释或适用的任何事项进行磋商的充分机会"①。该条除了要求缔约方提供磋商的机会之外，无法要求它们再承担更多义务。必须进一步指出的是，中国与新加坡和东盟签署的自由贸易协定只要求被诉方提供磋商的机会，而中国与新西兰和巴基斯坦签署的协议则要求双方创造这样的机会。无论如何，目前还不清楚这个磋商机会的实质是什么。有理由认为，该条不需要进行实际磋商，只是敦促缔约方发出谈判邀请。

中国与新西兰、智利、哥斯达黎加和巴基斯坦达成的协议为缔约方规定了额外的义务，要求其政府机构或其他管理机构的专业人员协助调查该问题。② 而中国缔结的其他自由贸易协定都没有对该问题作出规定。

3. 仲裁庭成立之前的磋商持续时间

通常，所有中国签署的自由贸易协定都要求缔约方在启动第三方仲裁之前进行一段时间的磋商，并规定了两种不同的方法来确定这些截止日期。中国与新西兰、新加坡、东盟、冰岛和格鲁吉亚以及瑞典达成的协议规定，如果磋商未能在 30 天内就易腐货物解决争端，并在 60 天内就所有其他事项解决争端，则起诉方可书面请求设立仲裁庭。③ 中国与澳大利亚签署的协定包含了类似的内容，只是涉及易腐货物的紧急事项，规定自收到磋商请求之日起 20 日内解决争端。中国与秘鲁、智利、哥斯达黎加和巴基斯坦签署的协定采取不同的方法，根据这些协定，除

① 《中国与东盟全面经济合作框架协议争端解决机制协议》第 4 条第 1 款，《中国与巴基斯坦自由贸易协定》第 59 条第 3 款，《中国与新西兰自由贸易协定》第 186 条第 1 款。

② 参见《中国与新西兰自由贸易协定》第 186 条第 7 款，《中国与智利自由贸易协定》第 82 条第 4 款，《中国与哥斯达黎加自由贸易协定》第 143 条第 6 款，《中国与巴基斯坦自由贸易协定》第 59 条第 7 款。

③ 参见《中国与新加坡自由贸易协定》第 96 条第 1 款。

非缔约双方议定不同的磋商期限，如果磋商未能在 30 天内就易腐货物解决争端，并在 60 天内就所有其他事项解决争端，起诉方可以书面请求设立仲裁庭。①

因此，从表面上看，第二组协定允许缔约方根据其意愿继续进行磋商。这种灵活性反映了中国倾向于以磋商解决争议，但是延长磋商期限需要双方同意。如果缔约方未能就完成磋商的新期限达成共识，磋商期限届满就可以申请成立仲裁庭。

从实际意义上讲，由于磋商具有灵活性，规定和排除磋商的最后期限没有区别。通常，各国在开始仲裁之前会进行长时间的磋商。在争议解决过程中，这绝不是一个缺陷。即使规定磋商的固定时间表，这些截止日期也不能有效地阻止缔约方根据其意愿进行进一步谈判。例如，第一组协定中没有任何条款规定缔约方在 60 天磋商期限届满后不能继续进行磋商。

此外，缔约方可能会通过其他政府渠道在协定之外进行谈判。因此，没有磋商时间表并不是争端解决制度的缺陷。相反，由于磋商程序的性质，完成磋商的灵活时间表更适合管理磋商。

4. 磋商是否是仲裁的前置程序?

根据中国签署的自由贸易协定，如果“磋商未能解决争端”(一方在协定中规定或由缔约方同意)之后通常允许一方启动仲裁。但是，大多数协定授权缔约方在没有进行磋商的情况下要求仲裁。例如，当被请求方未能答复磋商请求，以及未在规定的时间内进行磋商时，请求方通常有权请求设立仲裁庭。除了中国与巴基斯坦和智利签署的自由贸易协定外，中国签署的其他自由贸易协定都考虑到缔约方可能不会参与磋商，并提供直接进入仲裁的机会。

事实上，中国与巴基斯坦和智利签署的自由贸易协定并不预期缔约

---

① 参见《中国与智利自由贸易协定》第 84 条第 1 款，《中国与秘鲁自由贸易协定》第 177 条第 1 款，《中国与巴基斯坦自由贸易协定》第 62 条第 1 款。

方会忽视磋商请求，这强烈表明磋商是这两项协定中设立仲裁庭的先决条件。这两项协定规定，只有当缔约方未能在规定的时间范围内或在双方同意的其他时间内解决其分歧时才能启动仲裁小组。此外，这两项协定都有缔约方在磋商中必须遵守的含义模糊的义务。由于这些义务含糊不清，拒绝参与磋商有可能违反其中一些规则。① 更重要的是，忽视磋商请求将毫无意义，因为仲裁只有在磋商完成后才能启动。

中国与智利签署的协定更加复杂，包含了一个独特的 NAFTA 式的条款，它创造了两个阶段的磋商。根据第 83 条的规定，如果缔约方在谈判期间无法解决争端，委员会将尝试最后一次以担任调解员的方式解决争端。尽管确定磋商是仲裁的先决条件，但尚不清楚是否需要第二阶段磋商才能将争议提交仲裁庭。② 根据第 83 条第 1 款，一缔约方可要求举行但委员会没有义务这样做。其次，根据同一条第 4 款，委员会可能不会也没有义务解释其不召集会议的决定。最后，根据第 84 条，如果各方未能在以下方面解决问题，仲裁可能启动："(1)依照第 83 条召开委员会会议后的 30 日内；(2)如委员会未能依照第 83 条召开会议，则为一缔约方在依据本章第 82 条收到磋商要求后的 75 日内；(3)在涉及易腐货物的事项时，如委员会未能依照第 83 条召开会议，则为一缔约方在依据本章第 82 条收到磋商要求后的 30 日内；(4)缔约双方同意的其他期限内。"③

对于希望提起仲裁的缔约方来说，委员会的会议似乎不是必不可少的。例如，第 83 条允许仲裁在"如果各方未能解决问题"的情况下进行，而不是说如果委员会未能解决问题将启动仲裁。另外，如果委员会

---

① 与智利的自由贸易协定说明了这一点：协定没有规定回复磋商请求或参与谈判的最后期限。从理论上讲，本协定下的缔约方可以利用这个漏洞无限期地无视磋商请求。这种行为是否合法取决于对起首义务的解释，要求缔约方通过谈判解决争端。假设起首部分预期缔约方实际上在事件争端已经确定的情况下进行谈判，则被请求方的沉默处理可能会违反这一义务并妨碍进一步仲裁。

② 参见《中国与智利自由贸易协定》第 83 条。

③ 参见《中国与智利自由贸易协定》第 83 条第 1 款。

尚未召开，则遵守第(2)项和第(3)项规定启动仲裁。目前，还不清楚这些条款所提到的委员会不召开是其自身的意愿，还是因为缔约方没有要求这项服务。第(4)项表明，启动仲裁的最终决定权在双方手中，并且不需要经过委员会批准。由此可见，根据这项协议，这种含糊不清的情况肯定会使争端解决复杂化。

如上所述，所有其他自由贸易协定都为缔约方提供了在没有进行实际磋商的情况下启动仲裁的机会。但是，所有这些协定都对缔约方在磋商方面规定了一些义务。因此，重要的是确定这些自由贸易协定是否允许“有效”的违约行为，即被请求方可以在不违反条约义务的情况下忽略磋商请求。

忽视磋商请求不会导致违反中国与东盟、新加坡和秘鲁签署的协定，因为这些协定中的义务规定了已参与谈判的缔约方的行为，并且没有明确要求缔约方进行谈判。如前所述，中国与东盟和新加坡签署的协定要求被请求方提供磋商机会。但是，请求方可以在不违反任何义务的情况下拒绝这样的要约(即使在实践中，这样的举动似乎是违反直觉的)。其次，磋商的机会不等同于实际的磋商，并且可能对该规定存在多种解释。因此，中国与东盟、新加坡和秘鲁签署的协定为缔约方创造了机会，在不违反条约义务的情况下忽视磋商请求。

由于中国与新西兰和哥斯达黎加签署的自由贸易协定规定的义务不明确，使得这两项协定产生了更具挑战性的情况。无法确定这些义务是在规范磋商的缔约方的行为，还是要求缔约方在发生冲突时进行磋商。虽然这两种解释都是可能的，但我们可以认为，这些协定中的磋商实际上是可选的，因为这两项自由贸易协定都为缔约方提供了在没有磋商的情况下启动仲裁的机会(即使这种行动可能违反缔约方预期承担的一些程序义务)。

与 WTO 争端解决实践的比较可以说明这个推理。虽然 WTO 首先强调磋商的重要性，但它承认缔约方利用磋商的愿望是其特权。例如，在巴西椰子案中，专家组指出，在提交 DSB 设立专家组之前，申诉方必须要求并进行磋商。① 然而，在“墨西哥玉米糖浆案”中，专家组认为，由于 DSU 第 4 条第 3 款中考虑到了这种可能性(事实上与中国签署的自由贸易协定的做法非常相似)，所以成员方可以事实上放弃磋商。专家组还指出，由于磋商的保密性，其无法知道磋商过程中发生了什么。② 这意味着成员方的善意义务不可能实际执行，在实践中也无关紧要。最近的中国家禽案再次证实了这一观点。在这种情况下，专家组认为：“韩国酒精饮料案专家组正确地指出，DSU 的唯一要求是事实上已经进行了磋商……专家组并不关心磋商中发生了什么，而在美国陆地棉花案中审查磋商中发生的事情似乎违反了 DSU 第 4 条第 6 款，因为该条款规定磋商应保密。”③

尽管世界贸易组织的判例不适用中国签署的自由贸易协定，但世界贸易组织在维持机密和自愿的争端解决方式方面遇到的困难是一个有用的例子。虽然磋商似乎是强制性的，但世界贸易组织专家组不得不承认，成员方可以合法放弃磋商并直接进行仲裁。因此，可以认为中国与新西兰和哥斯达黎加签署的协定中的仲裁事实上是可选的。原因有二，首先，这些自由贸易协定的程序性义务的性质并不明确，因此难以履行这些义务；其次，这些自由贸易协定考虑到缔约方不参与磋商的可能性，并为可能启动仲裁创造了条件。

5. 启动仲裁程序的权利

一旦缔约方在一定时间内进行磋商(或不进行)，可以选择进入下一阶段的争端解决程序，要求组建仲裁小组。对中国争议解决做法的批评往往强调中国偏好强制性磋商，但没有提供明确的时间表来完成这一

① Report of the Panel, Brazil-Measures Affecting Desiccated Coconut, WT/DS22/R, adopted 17 October 1996, para. 287.

② Report of the Panel, Mexico-Anti-Dumping Investigation of High-Fructose Corn Syrup (HFCS) from the United States, WT/DS132/R, adopted 28 January 2000, paras. 58-64.

③ Report of the Panel, United States—Subsidies on Upland Cotton, WT/DS132/R, adopted 8 September 2004, para. 7. 35.

过程。然而，这些因素与相对于成员方启动第三方仲裁的权利相比并不重要，下文将对此进行说明。

大多数中国签署的自由贸易协定赋予申诉方发起仲裁的权利，中国与东盟、新加坡、秘鲁、哥斯达黎加、新西兰、韩国、澳大利亚、瑞典和格鲁吉亚以及冰岛签署的协定属于这一类。只有中国与巴基斯坦和智利签署的协定允许任何一方启动仲裁程序。① 尽管中国与巴基斯坦和智利签署的协定似乎不如其他协定那么有效，因为它们强迫各方在仲裁前进行协商，但这两项自由贸易协定为解决争端提供了更为公平的做法。

为了说明中国与巴基斯坦和智利签署的协定的优点，以下将比较中国与巴基斯坦和中国与东盟签署的自由贸易协定。中国与巴基斯坦签署的自由贸易协定允许任何一方启动仲裁，但中国与东盟签署的自由贸易协定只允许申诉方启动仲裁。假设中国是申诉方，并且对通过直接谈判解决问题很感兴趣，它可以在与东盟谈判后拒绝启动仲裁。这种策略将不必要地延长争端解决程序。其次，作为被请求方的东盟将被禁止在该自由贸易协定下启动仲裁。当然，如果东盟对启动仲裁没有兴趣，就不会受到任何损害。另一方面，如果东盟坚持其立场，那么除了回到谈判桌上，别无选择。即使东盟可能希望进行仲裁，但是否进行仲裁最终将由中国作出。由于中国基于其相对实力而一直倾向于谈判，因此可能会说服东盟继续谈判。相比之下，中国与巴基斯坦签署的协定允许任何一方在强制性磋商期结束后立即要求仲裁。这种安排促进了争端的迅速解决，并让巴基斯坦在感到磋商不再有助于解决冲突时避免中国的外交压力。

如果被请求方无权进入仲裁程序，可能别无选择，只能返回谈判桌。在中国签署的大多数自由贸易协定中尤其如此，因为其合作伙伴对中国贸易的依赖度高于中国对其的依赖程度。虽然中国有能力等待，但其他国家可能不会那么幸运，并将面临各种外交压力以恢复谈判。出于这个

① 参见《中国与智利自由贸易协定》第 84 条第 1 款第 4 项，《中国与巴基斯坦自由贸易协定》第 62 条第 1 款第 3 项。

原因，中国与巴基斯坦和智利签署的协定中的争端解决章节在其他协定中脱颖而出，尽管两者都要求缔约方在启动第三方仲裁之前进行谈判。

6. 结论

首先，尽管学者们经常批评中国在其争议解决条款中优先考虑磋商，但这种偏好(假设存在)在中国签署的自由贸易协定中并未一贯表现出来。例如，部分中国签署的自由贸易协定允许各方放弃磋商并直接进入仲裁。事实上，只有两项协定在各方被允许启动仲裁前进行强制性磋商。

其次，中国的争议解决偏好无助于评估其自由贸易协定争端解决规则的质量。学者们一直在这个问题上着迷，并且过分简化了中国解决争端的方法。不可避免的是，他们忽视了中国签署的自由贸易协定下纠纷解决的更重要方面。例如，中国与智利签署的自由贸易协定明确鼓励各方通过谈判解决分歧，甚至为他们提供一个额外的机会，通过委员会的调解解决争端。该协定在解决争端方面非常有效，因为它允许任何一方启动仲裁。出于同样的原因，中国与巴基斯坦签署的自由贸易协定关于争端解决条款的质量突出。因此，即使中国签署的自由贸易协定规定优先协商，它们仍然可能具有有效的争端解决机制。

另一方面，大多数中国签署的自由贸易协定只允许申诉方提起仲裁。这样的体系本质上并不存在缺陷，但它仍然表明中国签署的自由贸易协定并没有给予当事方平等的仲裁机会。这如何影响争端解决将通过实践来证明。例如，这种配置实际上可以促进迅速解决争端，因为双方都急于请求磋商。它们希望这样做是为了成为“申诉方”，以争取对争议解决程序的控制权。另一方面，这种安排永远有利于申诉方而非被诉方，特别是在一方比另一方实力强大的情况下。

此外，虽然中国签署的自由贸易协定因强调灵活磋商而受到批评，但这似乎并不是一个令人关切的重要领域。磋商是解决纠纷的一种非常灵活的方法，却难以规范。事实上，尽管中国签署的自由贸易协定试图制定规范磋商的规则，但由于磋商的保密性和自愿性，这些规定很不明确，难以在实践中加以实施。

从更广泛的角度来看待中国签署的自由贸易协定，似乎这些争端解决章节中的磋商受到 NAFTA 和 WTO 争端解决机制的极大启发。此外，在适应这些规定时，中国在改进现有规则方面做出了有限的努力。例如，《北美自由贸易协定》和 WTO 争端解决机制都没有对易腐货物作出明确规定，中国签署的自由贸易协定也采用了类似的方式，没有明确的程序。

最后，这些规定是否随着时间的推移而改善？中国最近的自由贸易协定有一些有限的进展。但是，通用模板显然没有发生重大变化。例如，中国与秘鲁和哥斯达黎加签署的协定增加了选择协商场所的规则。中国与秘鲁签署的协定还包含对“紧急事项”更明确的定义，并澄清磋商期间义务的范围，而不像其他在这方面含糊不清的协定。中国与哥斯达黎加签署的协定也有所改善，因为协定的起首义务的起草比其他协定更明确。所有这些变化都是微不足道的，虽然它们改善了这些自由贸易协定下解决争端的过程，但中国磋商的总体模板仍然非常一致。

奇怪的是，较早的中国与巴基斯坦和智利签署的协定在整体考察时似乎最为有效，因为它们允许任何一方启动仲裁。这两个协定都包含相对较少的问题，可能会导致双方陷入僵局。因此，这些协定比其他自由贸易协定更具可预测性。相比之下，中国与东盟、新加坡和新西兰签署的协定含有一些不明确的条款，可能会阻碍解决争端。

(三)中国签署的自由贸易协定下的特设仲裁庭

有些学者认为，仲裁程序过于僵化，过于法院化，并且已经丧失了大部分原有的诉求。其他人认为，仲裁的重要性正在增长，恰恰是因为它已经摆脱了无法无天的性质，并变得更加法院化。① 中国如何定义仲裁以及在自由贸易协定中起草了哪些种类的仲裁条款？

为了评估规范中国签署的自由贸易协定的仲裁条款，下文将该过程

① Stipanowich: Arbitration: The New ‘Litigation’, University of Illinois Law Review, 2010, 2010(1): 4~6.

划分为 4 个阶段：①场所选择和仲裁启动；②仲裁员的选择及其资格；③仲裁程序；④最终裁决的作出及其执行。如下文所述，中国在起草其仲裁条款时采取了混合方式。一方面，中国的争端解决条款提供了一个基本的争端解决模板，该争端解决模板规定了争端双方的一些义务；另一方面，这些条款的重要方面可以在缔约方开始仲裁程序后进行修改。这表明中国签署的自由贸易协定的起草方式允许缔约方根据其需要和考虑设计程序性规则。

1. 绑定仲裁：适用条款和条件

虽然中国签署的自由贸易协定通常提供有约束力的仲裁规则，但几乎所有这些规则都受到缔约方的修改。例如，中国与秘鲁签署的自由贸易协定恳请各方遵守程序规则，因为“这些规则对于本章下所有步骤的妥当实施是必要的”。其次，协定明确指出，仲裁员应遵守仲裁程序的规则。然而，同一条款也指出“……各方也可议定适用于仲裁庭的不同规则”。①

在中国签署的自由贸易协定的仲裁条款中可以找到类似的例外情况，并且对流程的每一步都进行适用于缔约方可能的否决权。一些协定有可能重新谈判争端解决机制的某些部分。例如，中国与智利和哥斯达黎加签署的自由贸易协定规定：“除非缔约双方另有议定，仲裁小组应以与本章规定相一致的方式设立，并执行其功能。”②同样，中国与巴基斯坦签署的自由贸易协定指出，除非争端方另有议定，仲裁小组程序应遵守附件三的程序规则。③ 比较而言，中国与新加坡和东盟签署的自由贸易协定规定争端解决机制的所有方面都可以被缔约方修改。④

表面上看，这种行为表明中国签署的自由贸易协定并不是特别严格和具有约束力。然而，有无这些条款实际上没有什么区别，因为国际法

① 参见《中国与秘鲁自由贸易协定》第 181 条第 1、2 款。

② 参见《中国与智利自由贸易协定》第 84 条第 2 款。

③ 参见《中国与巴基斯坦自由贸易协定》第 65 条第 1 款。

④ 参见《中国与东盟自由贸易协定》第 2 条第 3 款，《中国与新加坡自由贸易协定》第 92 条第 3 款。

允许条约签署方以最小的努力修改其现有安排。根据《维也纳条约法公约》，只要条约没有明确禁止修改，缔约方可以以协商一致的方式修改该条约。① 因此，在某种程度上，中国的例外条款是多余的，因为没有任何东西阻止两个缔约方重新谈判这些争议解决章节的所有方面。

此外，在所有主要的仲裁场所中都有类似的规定，以便为缔约方提供他们期望的争端解决方式。即使是 WTO 争端解决机制也有内置的例外规定，允许缔约方修改法律程序的某些方面，如职权范围和专家组规则。虽然这些例外条款并不少见，但必须强调的是，修改条约的规定在实践中相当困难。虽然世界贸易组织和《北美自由贸易协定》允许缔约方修改专家组程序的主要方面，但各国普遍遵循标准模板。毕竟，要求进行修改只会加剧那些已经因条约义务而发生冲突的缔约方之间的冲突。由于中国签署的自由贸易协定没有规定，如果缔约方暂停其争端解决模板的某些部分会发生什么情况，因此，冲突各方不可能修改现有规定，因为此类争端实际上可能加剧其冲突。

2. 场所选择条款

截至 2018 年 6 月，中国和其他国家与地区签署的 RTA 已经达到 16 个，另有 11 个 RTA 正在紧锣密鼓的谈判中。从当前的实践来看，中国所签署的 16 个 RTA 关于争端解决机制、场所选择的规定不尽相同，详情可见表 6.1。

表 6.1　中国当前签订的 RTA 关于争端解决的规定概览

协定名称	争端解决机制的类型	场所选择条款
中国与马尔代夫自由贸易协定	准司法	排他性选择管辖
中国与格鲁吉亚自由贸易协定	准司法	排他性选择管辖
中国与澳大利亚自由贸易协定	准司法	排他性选择管辖
中国与韩国自由贸易协定	准司法	排他性选择管辖

① 参见《维也纳条约法公约》第 39、40 条。

续表

协定名称	争端解决机制的类型	场所选择条款
中国与瑞士自由贸易协定	准司法	排他性选择管辖
中国与冰岛自由贸易协定	准司法	排他性选择管辖
中国与哥斯达黎加自由贸易协定	准司法	不完全排他性选择管辖*
中国与秘鲁自由贸易协定	准司法	排他性选择管辖
中国与东盟全面经济合作框架协议争端解决机制协议	准司法	不完全排他性选择管辖*
中国与巴基斯坦自由贸易协定	准司法	排他性选择管辖
中国与新加坡自由贸易协定	准司法	不完全排他性选择管辖*
中国与新西兰自由贸易协定	准司法	排他性选择管辖
中国与智利自由贸易协定	准司法	排他性选择管辖
内地与香港关于建立更紧密经贸关系安排	政治方式	—
内地与澳门关于建立更紧密经贸关系安排	政治方式	—
两岸经济合作框架协议	政治方式	—

*《中国与东盟全面经济合作框架协议争端解决机制协定》《中国与新加坡自由贸易协定》以及《中国与哥斯达黎加自由贸易协定》虽然都规定了排他性选择条款，但同时规定，在争端双方同意的情况下可以同时选择两个以上的争端解决机构。

从上表可以看出，中国签署的自由贸易协定提供了两种选择场所的方法：中国与新加坡、东盟和哥斯达黎加签署的自由贸易协定允许缔约方选择多个场所，并容许并行程序，只要这种决定是以协商一致方式进行的，① 这种场所选择条款在实践中很容易导致不同争端解决机构管辖

① 参见《中国与东盟框架协议争端解决机制协议》第 2 条第 7 款，《中国与新加坡自由贸易协定》第 92 条第 7 款，《中国与哥斯达黎加自由贸易协定》第 142 条第 2 款。

权的冲突。另一方面，中国与秘鲁、巴基斯坦、智利、新西兰、澳大利亚、韩国、瑞典和格鲁吉亚等签署国的协定规定，一旦选择了特定的场所，就应该将其用于排除所有其他场所,① 显然，上述这些协定采用的是“选择性排他管辖条款”。

中国与新加坡、东盟和哥斯达黎加签署的自由贸易协定允许缔约方选择多个场所导致资源的浪费，因为同一争端占用了多个争端解决场所。其次，这种安排可能导致相互矛盾的裁决，可能会进一步加剧缔约方之间的冲突。而“选择性排他管辖条款”在一定程度上能避免区域贸易协定与其他争端解决机制之间管辖权的冲突，中国在未来缔结 RTA 时理应重视。

在 RTA 中规定场所选择条款，说明起草者意识到 RTA 与 WTO 在管辖权方面可能发生冲突，而在 WTO 目前没有规定两者之间关系的情况下，通过在 RTA 中单方面就场所选择作出规定，以避免两者之间管辖权的冲突。理论上，在选择管辖条款下，当事方既可以选择 RTA 争端解决机构，也可以选择 WTO 争端解决机构来行使管辖权，同时排除他方的管辖权。例如，争端方一旦选择 WTO 争端解决机构来处理争端，就排除了 RTA 争端解决机构对该争端的管辖权，反之亦同。专属管辖条款更是直接排除了 WTO 争端解决机构的管辖权。但是事实上，如前文所述，RTA 场所选择条款并未排除 WTO 争端解决机构行使管辖权的效力，仅仅起到了在 RTA 成员方选择 WTO 争端解决机构管辖时，排除 RTA 争端解决机构管辖的作用。就 WTO 争端解决机构而言，基于 DSU 第 3 条、第 7 条、第 11 条、第 19 条及第 23 条等规定，纵使该案件已向 RTA 提交，WTO 仍应作出裁决，无法因此拒绝其管辖权。② 在

① 参见《中国与秘鲁自由贸易协定》第 175 条第 3 款，《中国与巴基斯坦自由贸易协定》第 60 条第 3 款，《中国与智利自由贸易协定》第 81 条第 2 款，《中国与新西兰自由贸易协定》第 185 条第 3 款。

② William J. Davey，Andre' Sapir：The Soft Drinks Case：the WTO and Regional Agreements，World Trade Review，2009，8(1)：12.

WTO 争端解决实践中，对于任何属于 WTO 涵盖协定范围下的案件，即使该案件可以提交给非 WTO 的争端解决机构审理，甚至该争端解决机构已经作出裁决，无论是专家组还是上诉机构，无一例外地坚决否定非 WTO 协定中的管辖排除条款的效力，而坚持行使 WTO 的司法管辖权。① 因此，在 WTO 和 RTA 争端解决机构之间尚无任何互动或协调机制的情况下，RTA 的场所选择条款并不能完全发挥其预期作用，从而难以起到从根本上避免 WTO 与 RTA 争端解决机制之间冲突的目的。

3. 仲裁员的选任及其资格

一旦一方开始仲裁，双方必须指定负责起草最终仲裁裁决的仲裁员。所有中国签署的自由贸易协定都规定了 3 名仲裁员。争端的每一方必须任命一名仲裁员，而第三名仲裁员则由争端双方任命并担任首席仲裁员。

正如《北美自由贸易协定》所表明的那样，仲裁员的选择可能会变成一个耗时的过程，并有可能使争端解决过程脱离正常轨道。② 中国签署的自由贸易协定在确保及时任命仲裁员方面相当复杂。首先，所有自由贸易协定都为任命仲裁员提供了严格的最后期限。其次，所有自由贸易协定都包含对在指定时间内未能指定其仲裁员的缔约方进行处罚的规定。例如，中国与秘鲁、巴基斯坦、新西兰、智利、澳大利亚、冰岛、瑞典和格鲁吉亚签署的自由贸易协定规定，如果任何成员在规定的时限内没有任命仲裁员，则另一方可以要求世界贸易组织总干事在 30 天内作出选择。③ 中国与哥斯达黎加、韩国签署的自由贸易协定采取了一种

① 陈儒丹：《“非 WTO 协议”在 WTO 争端解决中的适用》，载《法学》2009 年第 2 期，第 126 页。

② Gantz：The United States and the NAFTA Dispute Settlement：Ambivalence，Frustration and Occasional Defiance，in Romano（eds）：The Sword and the Scales：The United States and International Courts and Tribunals，2009：356. Arizona Legal Studies Discussion Paper No. 06-26. Available at SSRN：https：//ssrn. com/abstract = 918542 or http://dx.doi.org/10.2139/ssrn.918542（访问时间 2018 年 3 月 16 日）。

③ 参见《中国与巴基斯坦自由贸易协定》第 63 条第 4 款。

稍有不同的方式，并规定如果一方未能任命一名仲裁员，在 10 天内另一方有权作出该任命。① 虽然这样的规定肯定会鼓励缔约方及时任命仲裁员，但其他协定采用的方法更为有效。毕竟，世界贸易组织总干事所做的选择，在缔约方眼中比由争端他方任命的仲裁员更合理。最后，中国与东盟和新加坡签署的自由贸易协定规定，如果一方在规定的时限内未指定其仲裁员，另一方指定的仲裁员应作为争端的独任仲裁员。换句话说，如果一方错过了最后期限，将不会任命更多仲裁员。② 这种选择方式的缺点是可能会迫使争端方依靠一名仲裁员，该独任仲裁员将不得不承担与仲裁程序相关的所有责任。考虑到某些案件非常复杂，独任仲裁员可能无法及时作出裁决。

关于选择首席仲裁员，中国的争端解决章节提供了类似的指示。绝大多数自由贸易协定都要求缔约方以协商一致的方式选出一位首席仲裁员，如果不这样做，WTO 总干事将作出这样的任命。中国与东盟和新加坡签署的自由贸易协定比较独特，规定缔约方必须共同要求世界贸易组织总干事做出选择。③ 由于这一行动需要达成共识，因此根据这些协定选择首席仲裁员可能会变成一个非常艰难的过程。而中国与澳大利亚的自由贸易协定规定争端双方共同一致指定第三名仲裁员，依此方式指定的仲裁员为仲裁庭主席。④ 如果没有首席仲裁员，仲裁将被暂停，直至各方通过谈判解决争端，或者同意他们认为可以相互接受的首席仲裁员。因此，这一规定可能会被希望阻挠仲裁的一方利用。另一方面，所有其他自由贸易协定都允许任何一方提出这样的要求。

最后，中国签署的所有自由贸易协定都规定了仲裁员的资格条件。

---

① 参见《中国与哥斯达黎加自由贸易协定》第 146 条第 1 款第 3 项。

② 参见《中国与东盟框架协议争端解决机制协议》第 7 条第 2 款，《中国与新加坡自由贸易协定》第 97 条第 2 款。

③ 参见《中国与东盟框架协议争端解决机制协议》第 7 条第 3 款，《中国与新加坡自由贸易协定》第 97 条第 3 款。

④ 参见《中国与澳大利亚自由贸易协定》第 15 章第 7 条第 6 款。

所有协定规定仲裁员应：①具有法律、国际贸易、本协定项下其他事务或解决国际贸易协定项下争端的专业知识或经验；②依据客观性、可靠性及良好判断能力进行严格挑选；③独立于任一缔约方，并且不隶属于或听命任一缔约方。

中国与智利、哥斯达黎加、巴基斯坦、新西兰、冰岛和瑞典以及格鲁吉亚签署的自由贸易协定进一步要求所有仲裁员“遵守 WTO《关于争端解决规则与程序的谅解》所规定的行为规范”①；旨在避免利益冲突和促进仲裁员的公正性。具体而言，《关于争端解决规则与程序的谅解》要求每位仲裁员除了维护诉讼的机密性外，还要保持公正和独立。仲裁员必须披露任何可能导致怀疑其公正性的信息。此披露必须在正式仲裁程序之前完成。而中国与东盟、新加坡、秘鲁和澳大利亚以及韩国签署的自由贸易协定不要求缔约方遵守《关于争端解决规则与程序的谅解》。

除了这些资格之外，缔约方一般可以自由选择任何它们希望的仲裁员，甚至可以任命其国民担任仲裁员。此外，除了中国与哥斯达黎加和智利签署的自由贸易协定以外，所有签署的其他协定均允许缔约方任命个人担任仲裁员，无论他们以前是否参与过该争端。②

比较而言，关于首席仲裁员选择的规则更为严格。所有协定规定，首席仲裁员不应是任何一方公民，不在任何一方境内拥有常住场所，并不受雇于任何一方。与其他仲裁员不同，如果他/她曾以任何身份参与过争端，则不得被指定为首席仲裁员。

奇怪的是，尽管所有协定都在仲裁员的资格上做出了种种规定，但在大多数协定中，这些标准如何在实践中得到执行尚不清楚，而中国与

---

① 参见《中国与巴基斯坦自由贸易协定》第 63 条第 6 款第 4 项，《中国与智利自由贸易协定》第 85 条第 7 款第 4 项，《中国与新西兰自由贸易协定》第 189 条第 5 款第 4 项，《中国与哥斯达黎加自由贸易协定》第 146 条第 2 款第 4 项。

② 《中国与智利自由贸易协定》第 85 条第 8 款，《中国与哥斯达黎加自由贸易协定》第 146 条第 2 款第 5 项。

哥斯达黎加和韩国签署的自由贸易协定则是例外。因为这两个协定都规定，如果一缔约方认为专家组成员违反了 WTO 专家组规则或者专家组成员和调解员行为守则，双方应就此问题进行磋商，并以协商一致的方式撤销该专家组成员。① 在签署的所有其他协定中，自由贸易委员会可能会调查潜在的偏袒问题。该委员会的任务是管理协定，其职责不仅限于实施自由贸易协定，澄清其实质性条款和协助争议解决。然而，没有一项协定明确规定委员会将负责审查仲裁员的资格。

总之，所有默认的仲裁模板都为仲裁员的任命提供了有效的规则。所有协定还规定这些人员必须拥有的资格，以便在仲裁庭中工作。中国与巴基斯坦和新西兰签署的自由贸易协定在这方面的规定相当复杂。这两项自由贸易协定为选择仲裁员提供了一种有效的方法，并采用了更严格的选择标准。中国与哥斯达黎加签署的自由贸易协定也非常令人印象深刻，因为该协定为选择专家组成员规定了详细的资格标准，并且如果他们之前有过有关争端的历史记录，则不能担任专家组成员。

4. 仲裁程序间的实质规则

中国签署的自由贸易协定在调整仲裁程序的规则方面的质量各不相同。例如，中国与哥斯达黎加和新西兰签署的自由贸易协定只为执行仲裁程序提供了最低限度的准则，并要求各方在准备好开始仲裁时就适当的规则达成一致。可以理解的是，这两个协定非常简略。这种模式本质上是有问题的，因为没有向缔约方提供详细的模板，如果它们无法就争端解决方式达成共识，可能会使用这种模板。所有其他协定则规定得更为具体，并提供了仲裁的详细规则。下文将详细讨论这些规则。

(1)听证会的组织

当争端双方开始仲裁时，必须就仲裁地点达成一致。中国与智利、

---

① 参见《中国与哥斯达黎加自由贸易协定》第 146 条第 4 款，《中国与韩国自由贸易协定》第 20 章第 8 条第 5 款。

哥斯达黎加、巴基斯坦、冰岛和澳大利亚以及韩国签署的自由贸易协定规定，听证会应在被诉方领土内举行，并由该方负责所有相关的后勤管理。① 另一方面，中国与秘鲁、东盟和新加坡签署的自由贸易协定规定，听证会应以轮流方式在争端双方的城市举行，首先是被诉方的城市。② 中国与瑞士签署的自由贸易协定规定，应该由仲裁庭主席与缔约方及其他专家磋商后确定听证会的地点，③ 令人困惑的是，中国与格鲁吉亚签署的自由贸易协定规定，仲裁庭主席应与缔约双方及仲裁庭其他仲裁员协商，确定听证会的日期和时间，仲裁庭主席应向缔约双方书面通知听证会的日期、时间和地点，④ 但是该条款并没有规定确定仲裁地点的方法。中国与秘鲁、巴基斯坦、智利和哥斯达黎加签署的自由贸易协定进一步指出，听证会可以通过任何适当的方式进行，不要将程序限制在面对面的会议上。中国与新西兰签署的自由贸易协定对这些细节没有做出规定。

缔约方通常会与首席仲裁员共同起草会议时间表，并可随时修改其时间表。所有自由贸易协定至少规定一次听证会，各方可以提交其初步和反驳意见。中国与新西兰签署的自由贸易协定明确指出，不会有两次以上的听证会。⑤ 尽管所有自由贸易协定都为仲裁程序提供了灵活的安排，并可以通过争议方进行调整，但一些协定形成了类似法院的诉讼制度，并为各方规定了所有书面文书提交的顺序。中国与智利、巴基斯坦、东盟和新加坡签署的自由贸易协定采用这种做法。中国与秘鲁签署的自由贸易协定载有另一项独特的规定，规定了证明责任。该规定与 WTO 的举证责任类似，主张措施与协定规定不符的一缔约方应承担证

① 参见《中国与智利自由贸易协定》附件 7 第 16 段，《中国与哥斯达黎加自由贸易协定》第 148 条第 6 款。

② 参见《中国与东盟框架协议争端解决机制协议》第 9 条第 2 款，《中国与新加坡自由贸易协定》第 99 条第 2 款，《中国与秘鲁自由贸易协定》第 181 条第 5 款。

③ 参见《中国与瑞士自由贸易协定》附件 10 第 2 条第 1 款。

④ 参见《中国与格鲁吉亚自由贸易协定》附件 15-A 第 2 段。

⑤ 参见《中国与新西兰自由贸易协定》第 191 条第 1 款第 1 项。

明此等不符之处的责任；主张某项措施属于协定例外规定范围内的一缔约方应承担证明该例外规定适用的责任。① 但其他自由贸易协定并不包含这样的规则。

最后，中国与东盟和新加坡签署的自由贸易协定有些独特，因为它们需要仲裁员担任“原始调解人”。这两份协定都规定，仲裁庭应定期与双方磋商，为达成双方满意的解决方案提供机会。② 仲裁庭如何做并不完全清楚。这些协定中的另一项规定指出，在作出最后报告之前，仲裁庭可以建议当事方友好解决争端。③

如前所述，中国与哥斯达黎加和新西兰签署的自由贸易协定不包含上述规定，因为它们要求当事方在启动仲裁时作出必要的安排。因此，这两个协定是最不可预测的。另一方面，所有其他自由贸易协定都为仲裁程序提供了类似法院的规则。

(2)职权范围

中国签署的自由贸易协定为仲裁庭起草报告提供了一些指导原则。所有协定为仲裁庭提供类似的条款或参考，并声明仲裁庭应该：“……根据自由贸易协定的有关规定，审查根据(关于设立仲裁庭的条款)设立仲裁庭的请求中提及的事项，并为解决争端提出裁决的法律事实和理由。”④

因此，缔约方必须按照自由贸易协定的有关规定审查争端。所有协定还指出，仲裁庭决定不能增加或减少自由贸易协定规定的权利和义务。这一规定意味着仲裁庭没有任何立法权力，必须严格做出裁决。

中国与新西兰、东盟、新加坡、格鲁吉亚、瑞士、冰岛以及澳大利亚签署的自由贸易协定提供了额外的法律资源，仲裁庭成员可以在作出

---

① 参见《中国与秘鲁自由贸易协定》附件 12 第 9~10 段。

② 参见《中国与东盟框架协议争端解决机制协议》第 8 条第 3 款第 1 项，《中国与新加坡自由贸易协定》第 98 条第 3 款第 1 项。

③ 参见《中国与东盟框架协议争端解决机制协议》第 11 条第 3 款，《中国与新加坡自由贸易协定》第 100 条第 3 款。

④ 参见《中国与新加坡自由贸易协定》第 98 条第 2 款，《中国与新西兰自由贸易协定》第 191 条第 6 款。

裁决时使用。中国与东盟和新加坡签署的自由贸易协定规定，专家组应根据适用争议各方的国际法规则作出决定。中国与新西兰、格鲁吉亚、瑞士以及冰岛签署的自由贸易协定明确规定，协定的规定应当根据国际公法条约解释惯例进行解释，① 中国与澳大利亚签署的自由贸易协定规定，仲裁庭应根据解释国际公法的惯例对本协定进行解释，包括《维也纳条约法公约》所反映的惯例，并应考虑 WTO 争端解决机构在裁决和建议中确立的相关解释。②而其他协定都没有类似的规定。

(3)向缔约方提供专家证词和问题

一般来说，仲裁员的活动受到高度限制，必须与缔约方协商进行。如中国与澳大利亚、韩国签署的自由贸易协定要求仲裁庭寻求的专家信息以争端双方同意为前提。③ 但中国与新西兰、格鲁吉亚、瑞士、冰岛签署的自由贸易协定中，仲裁庭具有较大的独立性，仲裁庭有权向其认为适当的任何个人或机构寻求任何信息和技术建议，④ 而不要求争端双方同意。中国与东盟、新加坡签署的自由贸易协定采用类似的规定，仲裁庭可以向专家咨询，以取得有关该事项某些方面的专家意见。⑤ 这两个协定进一步规定，仲裁庭可以直接聘请这些专家协助调查该案，但专家对应由仲裁庭作出的任何决定没有投票权。

在所有其他协定中，仲裁庭在与缔约方协商确定“适当程序”后可寻求信息和技术建议。不幸的是，这些“适当程序”是什么并不完全清楚。例如，中国签署的自由贸易协定没有为专家提供任何选择标准。所有自由贸易协定只规定仲裁庭必须向缔约方提供关于其拟议信息请求的预先通知，并考虑缔约方随后的评论。另外，在此类调查期间获得的任

① 参见《中国与新西兰自由贸易协定》第 190 条第 3 款。

② 参见《中国与澳大利亚自由贸易协定》第 15 章第 9 条第 1、2 款。

③ 参见《中国与澳大利亚自由贸易协定》附件 2 第 7 段，《中国与航自由贸易协定》第 20 章第 9 条第 3 款。

④ 参见《中国与新西兰自由贸易协定》第 191 条第 5 款，《中国与格鲁吉亚自由贸易协定》附件 15-A 第 7 段，《中国与冰岛自由贸易协定》第 112 条第 5 款。

⑤ 参见《中国与东盟框架协议争端解决机制协议》附件 1 第 8 段，《中国与新加坡自由贸易协定》附件 7 第 8 段。

何信息必须提交给缔约方，以供其评论。①

由于这些规定的含义模糊，缔约方是否可以拒绝专家的信息要求尚不清楚。根据中国与巴基斯坦签署的自由贸易协定，只要争议的缔约双方同意，或者在此种情形下缔约双方可能同意，仲裁小组应任一争端方要求，或自行决定，可向其认为适当的任何个人或机构寻求信息或技术建议。② 因此，中国与巴基斯坦签署的自由贸易协定除了将专家证词从最终报告排除之外，还允许缔约方否决专家提交的信息请求。值得思考的是，如何管理这种信息过滤。可能的是，只有双方在该自由贸易协定下可以接收的信息才被允许作为证据，但是这些数据对仲裁小组来说没有任何帮助。中国与巴基斯坦达成的自由贸易协定不可能进行任何有用的调查，因为缔约方很难就可接受的专家意见达成一致。虽然其他协定不包含这一规定，但缔约方可以使用类似“适当程序”一词来限制仲裁小组的活动。

中国签署的自由贸易协定中的争端解决通常由缔约方主导。但是，其中一些自由贸易协定规定，仲裁小组可能会在诉讼期间质疑争议方。例如，中国与巴基斯坦、智利、东盟和新加坡签署的自由贸易协定规定，仲裁庭可以在听证会期间随时向缔约方提出问题，③ 但没有规定缔约方是否有义务予以答复。中国与澳大利亚签署的自由贸易协定则补充规定双方应迅速、充分地答复仲裁庭任何关于其认为必要和适当的信息要求，④而中国与瑞士签署的自由贸易协定则规定仲裁庭可以指定争端方回答问题的期限。⑤ 另外，仲裁庭是否可以在听证会之外与缔约方进行沟通，当缔约方选择只举行一次会议时可能存在争议。中国与新西兰

---

① 参见《中国与巴基斯坦自由贸易协定》第 68 条第 2 款，《中国与智利自由贸易协定》第 89 条第 2 款。

② 参见《中国与巴基斯坦自由贸易协定》第 68 条第 1 款。

③ 参见《中国与东盟框架协议争端解决机制协议》附件 1 第 5 段，《中国与新加坡自由贸易协定》附件 7 第 5 段，《中国与巴基斯坦自由贸易协定》附件 3 第 22 段。

④ 参见《中国与澳大利亚自由贸易协定》附件 2 第 5 段。

⑤ 参见《中国与瑞士自由贸易协定》附件 10 第 3 条第 1 款。

签署的自由贸易协定的起草工作更加有效，并规定仲裁庭可以随时向缔约方提出问题，根据第 191 条，缔约方必须立即回复并提供所要求的信息。中国与哥斯达黎加和秘鲁签署的自由贸易协定没有规定任何有关缔约方的问题。

总而言之，中国签署的大部分自由贸易协定都对专家证词以及仲裁小组对争议各方的权利规定了令人困惑的义务。正如先前所表明的那样，最终报告中是否允许出现专家证词并不完全清楚，大多数协定中的模糊用语表明，缔约方仍然对中国大部分自由贸易协定中获得的信息持否决权。这可能会在解决争端时造成严重的困难，因为缔约方将对通过这些专家报告获得的证据进行博弈。中国与新西兰、东盟、新加坡、格鲁吉亚、瑞士、冰岛签署的自由贸易协定为仲裁小组提供了一定的独立性。另一方面，所有其他协定中专家证词是以缔约方的批准为条件的。

中国与新西兰、东盟、新加坡、格鲁吉亚、瑞士、冰岛签署的自由贸易协定明确赋予仲裁员更大的权力。首先，所有自由贸易协定都允许仲裁员寻求他们希望的任何信息。其次，这些协定的仲裁员可以质疑缔约方，并且在中国与新西兰、澳大利亚和瑞士签署的自由贸易协定中，缔约方有明确的答复义务。在中国签署的其他自由贸易协定中没有类似的规定。奇怪的是，虽然中国与东盟和新加坡签署的自由贸易协定通常被认为是赞同亚洲解决争端文化的，但这些协定在仲裁庭会议期间给予了仲裁庭高度的独立性。

5. 仲裁程序的透明度

中国签署的自由贸易协定的争端解决章节往往在透明度方面比较保守。在所有情况下，磋商都是保密的，仲裁庭会议程序对公众是不公开的。然而，虽然中国赞成的传统仲裁理解强调对磋商中缔约方隐私的保护，但其争端解决章节对透明度的承诺各不相同。

例如，中国与东盟、巴基斯坦、新西兰和新加坡签署的自由贸易协定规定：与仲裁有关的任何规定都不得阻止双方公开发表自己的立场或向公众散发文件，条件是另一方应保护商业机密信息。① 中国同新西兰签署的自由贸易协定规定，每一缔约方有权公开其书面陈述、口头陈述的书面版本以及对仲裁庭要求或所提问题的书面答复。根据这些条款，只要尊重敏感信息，缔约方可以向公众透露任何它们希望公开的内容。

中国与东盟、新加坡、巴基斯坦、澳大利亚、冰岛签署的自由贸易协定也允许一方要求另一方的书面陈述向公众披露。这 5 份协定均规定，当一方向仲裁庭提交保密文件后，其应在另一方要求下提供一份可以向社会公开的该保密文件的非保密摘要。② 即使另一方没有兴趣向公众公开其陈述，也可能需要这样做，并且不能在这些协定中合法地拒绝这种请求。因此，这五项协定强迫缔约方披露与仲裁有关的陈述较为复杂。

中国与秘鲁、哥斯达黎加签署的自由贸易协定中没有明文规定允许缔约方向公众提交书面意见。就中国与哥斯达黎加签署的自由贸易协定而言，争端解决条款仅指出“专家组及其审议之前的听证会应保密”。对该条的狭义解读表明，缔约方可向公众披露关于争端的某些信息。中国与秘鲁签署的自由贸易协定更为严格，并规定“专家组听证会、专家组审议以及所有听证会上提交的陈述和通信均应保密”③。因此，根据该协议，缔约方可能公布与其提交的材料相关的信息(除了有关争议的一些基本信息外)。

大多数仲裁章节还包含一些关于专家组审议过程中透明度的规定。一般来说，中国签署的自由贸易协定都规定仲裁员和争议方之间不应有单方面的联系，除了中国与哥斯达黎加签署的自由贸易协定，该协定在

① 参见《中国与东盟框架协议争端解决机制协议》第 9 条第 4 款，《中国与新加坡自由贸易协定》第 99 条第 4 款，《中国与新西兰自由贸易协定》第 191 条第 2 款。

② 参见《中国与东盟框架协议争端解决机制协议》第 9 条第 4 款，《中国与新加坡自由贸易协定》第 99 条第 4 款，《中国与巴基斯坦自由贸易协定》附件 3 第 26 段。

③ 参见《中国与秘鲁自由贸易协定》第 181 条第 2 款第 2 项。

这方面没有任何规定，其他自由贸易协定则以更高的复杂程度处理这个问题。例如，中国与秘鲁签署的自由贸易协定规定，首席仲裁员必须主持所有仲裁程序，仲裁庭讨论应在没有缔约方出席的情况下进行。该协定还指出，没有仲裁员可以在其他仲裁员缺席的情况下讨论仲裁的各个方面。在中国与东盟、新加坡、智利和巴基斯坦签署的自由贸易协定中也有类似的规定。总之，在仲裁程序透明度方面，中国签署的自由贸易协定的质量差异很大。中国与新西兰、哥斯达黎加签署的自由贸易协定在这方面最模糊，而中国与智利、巴基斯坦、新加坡和东盟签署的自由贸易协定则最详细，并包含一些透明度相关条款，使该流程更加开放、可预测和公平。

6. 最终裁决和实施

(1)发布报告

在进行调查之后，仲裁庭将起草一份报告，并将其在规定的时间内提交给缔约方。所有自由贸易协定都规定，仲裁员应努力达成共识，在无法建立共识的情况下，将根据多数票作出决定。所有自由贸易协定也允许持异议的意见，但与任何一方有关的仲裁员的姓名不得披露。

有些协定规定，如果仲裁庭发现某项措施与自由贸易协定不一致，则应建议该缔约方使措施达到一致。中国与哥斯达黎加、智利、巴基斯坦、东盟、新加坡、秘鲁、格鲁吉亚以及冰岛签署的自由贸易协定中都有这种规定。① 中国与新西兰签署的自由贸易协定措辞更为强烈，并规定“该缔约方有责任消除该措施的不一致性”②。

中国签署的自由贸易协定以非常传统的术语把“仲裁”概念化，而

① 参见《中国与哥斯达黎加自由贸易协定》第 147 条第 3 款，《中国与智利自由贸易协定》第 86 条第 2 款，《中国与巴基斯坦自由贸易协定》第 64 条第 3 款，《中国与东盟框架协议争端解决机制协议》第 8 条第 1 款，《中国与新加坡自由贸易协定》第 98 条第 1 款，《中国与秘鲁自由贸易协定》第 180 条第 4 款，《中国与格鲁吉亚自由贸易协定》第 15 章第 7 条第 2 款，《中国与冰岛自由贸易协定》第 111 条第 2 款。

② 参见《中国与新西兰自由贸易协定》第 190 条第 2 款。

且没有规定上诉制度。但是，所有自由贸易协定都制定了类似申诉的程序，使缔约方能够对仲裁庭发布的报告发表评论。例如，中国与智利、巴基斯坦、新西兰、东盟、新加坡、冰岛、澳大利亚以及瑞士签署的自由贸易协定创建了一份临时报告程序，仲裁庭报告的初稿草案必须由缔约方提交意见。在此之后，仲裁庭将起草最终报告，并且必须考虑双方对草案提供的反馈。奇怪的是，中国与东盟和新加坡达成的自由贸易协定没有规定各方对临时报告发表意见的期限。这两个自由贸易协定都只说明必须向各方提供足够的时间来发表评论。① 因此，虽然最终报告必须在 180 天以后发布，但临时报告在缔约方手中持续的时间并不清楚。没有截止日期可能会使仲裁员难以及时完成最终报告，也可能会延迟解决争端。所有其他自由贸易协定都规定了各方在最终报告发布之前就中期报告发表意见的确定期限。

中国与秘鲁和哥斯达黎加签署的自由贸易协定不采用这一制度。但是，这两项自由贸易协定都允许缔约方要求澄清最终报告。虽然专家组可能会对报告提供反馈意见，但这种信息交流至少在理论上不会导致修正报告。这两项自由贸易协定都规定，除非仲裁庭另有决定，否则提交澄清请求不会推迟仲裁庭报告的效力，也不会延迟通过决定的最后期限。② 仲裁庭报告的“影响”并不完全清楚，但该条款确实表明，由于这些交流，仲裁庭会推迟某些期限，并在事实上使该裁决失效。无论如何，尽管这种模式由于使用了模糊的起草语言而有些混淆，但它仍然可以让仲裁员对其决策负责。而在中国与格鲁吉亚签署的自由贸易协定中只规定了最终报告，而且缔约方没有发表意见的机会。

(2)实施和执行

首先，缔约方在用尽了所有的申诉选择之后，必须确定如何遵守裁

① 参见《中国与东盟框架协议争端解决机制协议》第 9 条第 7 款，《中国与新加坡自由贸易协定》第 99 条第 7 款。

② 参见《中国与哥斯达黎加自由贸易协定》第 152 条第 2、3 款，《中国与秘鲁自由贸易协定》第 84 条第 2、3 款。

决报告。由于在大多数情况下，仲裁庭的报告载有一项建议，即要求取消违法措施，因此，缔约方有很大的自由度找到彼此可以接受的解决争端的办法。中国签署的自由贸易协定在执法方面采取两种方式。中国与新西兰、秘鲁、东盟和新加坡签署的自由贸易协定规定，即使专家组的报告仅仅是建议性质，也要求缔约方取消违反协定的措施。① 所有其他自由贸易协定都鼓励缔约方在可能的情况下取消不符合措施。但是，这些自由贸易协定还允许双方谈判彼此都能接受的适当解决方案。②

其次，各方必须确定合理的实施时间。如果缔约方未能在规定的时间范围内达成协议，遭受损害的缔约方必须将此事项提交原仲裁庭审议。

最后，在实施方面，中国签署的自由贸易协定采用世界贸易组织模式，允许缔约方在未能就临时补偿达成一致时取消减让。所有自由贸易协定进一步规定，这些都是临时措施，因为争端解决的最终目标应该是相互解决争端，在上述四项自由贸易协定中规定了取消不符合措施。这些条款的措辞在所有中国签署的自由贸易协定中都是相同的。

总之，中国签署的自由贸易协定包含两种解决冲突的模式，第一种规定直接撤销违规措施，而第二种允许各方协商妥善解决。这两种模式都非常有效。在某些方面，采用第二种模式的自由贸易协定的灵活性可能更适用于涉及中国的案件。目前，世界贸易组织的做法已经表明，通过停止让步来制裁中国可能无效。由于中国生产世界上大部分低成本商品，报复对中国来说是相对无害的。补偿和其他形式的解决方案可能更合适，即使这种做法耗时且不会消除违规措施。无论如何，所有自由贸

① 参见《中国与东盟框架协议争端解决机制协议》第 12 条第 1 款，《中国与新加坡自由贸易协定》第 101 条第 1、2 款，《中国与新西兰自由贸易协定》第 195 条第 2 款，《中国与秘鲁自由贸易协定》第 186 条第 1 款。

② 参见《中国与哥斯达黎加自由贸易协定》第 153 条第 2 款，《中国与智利自由贸易协定》第 92 条第 1、2 款，《中国与巴基斯坦自由贸易协定》第 71 条第 1、2 款，《中国与冰岛自由贸易协定》第 171 条，《中国与澳大利亚自由贸易协定》第 15 章第 13 条，《中国与瑞士自由贸易协定》第 15 章第 9 条。

易协定都提供了世界贸易组织风格的执行机制，并允许各方在一方未能执行仲裁庭决定或未能就双方都能接受的其他解决方案进行谈判的情况下中止减让。

7. 结论

在审查中国签署的自由贸易协定仲裁条款时，信任问题值得关注。所有自由贸易协定都有一些例外情况，允许缔约方忽略默认的仲裁模板。因此，可以认为中国签署的自由贸易协定似乎过于灵活，而不是强制性的。

当然，仅仅存在这些例外情况并不意味着这些自由贸易协定一无是处。首先，这些例外条款非常普遍，在全球许多贸易协定中都存在。WTO 争端解决机制也包含这样的条款。其次，这些规定对中国的争端解决条款没有任何实际影响。毕竟，条约缔约方可能会轻易改变它们的安排，特别是当它们是唯一签署国时。必须强调的是，争端双方很难重新谈判现有规则，特别是当它们处于协定义务纠纷中时。

这种灵活的条约起草方式可能会带来挑战，因为原始模板只包含争端解决的基本框架，并且需要各方在开始仲裁后就相关细节进行谈判。中国与新西兰和哥斯达黎加签署的自由贸易协定就是这个问题的代表性例子。假设各方已经发生争端，它们不太可能迅速就适当的争端解决机制达成一致。毕竟，双方都会尝试谈判对其最为有利的争端解决方式。不可避免地，双方将不得不退回到这些不完整的争端解决条款，并可能在争端解决程序中遇到困难。这是令人失望的，因为中国与新西兰签署的 RTA 具有相当令人印象深刻的争端解决机制，该协定赋予仲裁员高度的自主权。同样，中国与哥斯达黎加签署的自由贸易协定也对中国以前签署的自由贸易协定进行了一些改进。不幸的是，这些自由贸易协定甚至没有禁止单方面接触，并且过于简短而难以保证有效解决争端。总而言之，在仲裁方面，这些自由贸易协定都是相当不可预测的，并且可能会给试图根据这些规定仲裁争端的当事方造成困难。

中国与东盟和新加坡签署的自由贸易协定也存在许多问题，可能无法有效解决冲突。首先，这两项协定似乎都是为了争端的外交解决，甚至要求仲裁员在仲裁程序中扮演调解人。这两项协定要求缔约方向 WTO 总干事提交联合请求以任命主席，这种选择方法为缔约方提供了一个机会，使争端解决程序脱轨，并使仲裁无能为力。其次，各方对中期报告提出评论意见的期限没有限制，双方不必要延长仲裁程序的时间。除了这些问题之外，这两项协定还包含许多令人印象深刻的规定。这两项自由贸易协定都为仲裁员提供了高度的自主权，并包含一些透明度的承诺。

其他自由贸易协定也存在一些不足，如中国签署的自由贸易协定普遍含有一系列含义不明确的条款。而中国与巴基斯坦签署的自由贸易协定在这方面显然是个例外，因为它改进了其他自由贸易协定的不足，具有精确的措辞。

总的来说，在执行条款方面，中国签署的自由贸易协定与 WTO 争端解决机制非常相似，并规定在各方未能解决分歧的情况下暂停减让。中国与新西兰、秘鲁、东盟和新加坡签署的自由贸易协定规定，缔约方必须取消违规措施，不允许就替代方法进行谈判达成一致。其他自由贸易协议允许双方谈判彼此可以接受的适当解决方案。这两种解决争端的方法都有其自身的优势。

最后，重要的是要审查中国签署的自由贸易协定的仲裁条款是否与时俱进。可以注意到，部分中国签署自由贸易协定仲裁条款有一些小的改进，例如，中国与哥斯达黎加签署的自由贸易协定关于仲裁员资格规定了明确的规则。中国与秘鲁签署的自由贸易协定还澄清了缔约方在仲裁程序期间的义务。除了这两个补充之外，中国签署的自由贸易协定中似乎没有其他的创新。

在某些方面，中国签署的自由贸易协定中关于仲裁条款的规定的质量实际上有所下降。例如，尽管中国较早签署的自由贸易协定赋予了仲裁庭合理的独立性，但中国后来签署的自由贸易协定却大大降低了调查仲裁员的自由度。中国不认为仲裁员是法官是可以理解的，但是，由于程序的规定不明确，目前的制度极有可能使缔约方与专家证据发生冲突。中国早些时候签署的自由贸易协定在这方面似乎更加有效，因为只要各方可以就从专家处获得的数据发表意见，它们允许仲裁庭自己进行调查。可见，这一制度更加平衡，并为双方提供了合理的监督。但是，随着中国达成更多协定，这些规定在新的协定中消失了。

（四）中国签署的自由贸易协定争端解决机制的发展趋势

首先，从广泛的角度来看，中国签署的自由贸易协定争端解决条款显然表明，除了所有自由贸易协定的共同基本体制特征之外，中国没有采用标准的争端解决模板。例如，所有协定都拒绝常设仲裁机构而选择了临时仲裁；其次，所有协定都规定了相同的执行制度，并要求缔约方就补偿进行谈判或启动贸易报复；此外，中国签署的自由贸易协定没有设立正式的上诉制度，而更倾向于非正式的审查仲裁报告机制；关于透明度，所有协定都强调缔约方的保密义务。

关于协定的起草风格，可能会注意到存在两种宽泛的模式。绝大多数协定为缔约方在仲裁期间提供了详细的模板。相比之下，中国与新西兰和哥斯达黎加签署的自由贸易协定采取不同的做法，并要求当事方一旦开始仲裁就设计相关程序。如前所述，这种做法可能会存在问题，因为冲突各方的合作能力有限。除了这些基本特征之外，中国签署的自由贸易协定还尝试了各种争端解决方案设计，表明中国不采用相同的模板来解决缔约方之间的争端。

中国与东盟和新加坡签署的自由贸易协定显然是例外，因为两项自由贸易协定都有相同的条款来解决争端。但是，这些自由贸易协定并不代表中国首选的争端解决方式。根据新加坡谈判代表的评论，似乎双方试图设计一种类似中国与东盟自由贸易区的争端解决模式。① 而中国签

① Kim：The China-Singapore Free Trade Agreement，in Lim，Liang（eds）：Economic Diplomacy：Essays and Reflections by Singapore's Negotiators，World Scientific Publishing Company，2010：276.

署的其他自由贸易协定没有采用这种模式，这表明这两项协定具有特殊性。

虽然尚未确定中国首选的争端解决方式，但可以发现中国在贸易争端解决方面的一些趋势。例如，虽然中国早期签署的自由贸易协定为仲裁员提供了高度的自由度，但这种做法在最近签署的协定中已经减少。尽管中国与东盟签署的自由贸易协定允许仲裁员在未经缔约方许可或监督的情况下进行调查，但中国与巴基斯坦签署的自由贸易协定使仲裁庭无法进行任何有意义的调查。中国与新加坡和新西兰签署的自由贸易协定重新引入了这一做法，但它已经从中国最近的协定中再次消失。根据中国与秘鲁签署的自由贸易协定，仲裁庭甚至没有明确的权利质疑缔约方，并且不清楚是否允许专家证词作为证据，因为它受到“议定程序”的约束。

此外，尽管中国早期签署的自由贸易协定采用了中期审查制度，但最近的协定允许缔约方只对最终报告发表评论。这种做法有点令人困惑，这些评论是否会影响仲裁庭的最终裁决还不完全清楚。中国早期签署的自由贸易协定在这一点上更加明确，表明中国在上诉问题上变得矛盾。一方面，目前的自由贸易协定试图限制上诉；另一方面，这些自由贸易协定允许双方有限地挑战最终裁决的可能性。不幸的是，这种优柔寡断的做法产生了不明确的规定，表明中国在如何在没有类似 WTO 正式程序的情况下最好地创建类似上诉机制方面仍存在分歧。

考虑到这些因素，中国似乎以传统术语概念化仲裁，并强调有效的、缔约方主导的争端解决程序。效率似乎是中国所有争端解决机制中不变的主题。所有自由贸易协定都促进了仲裁员的及时选择，仲裁员的任务是提供具有约束力的裁决，而裁决只能在有限的情况下受到质疑。而且所有协议都要求仲裁庭在规定时间内作出决定，这通常比 DSU 规定的期限短。根据中国对仲裁的理解，为什么选择限制仲裁员的独立性，并将自由贸易协定的正式上诉制度排除在外就显而易见了。

关于中国寻求外交争端解决的问题，研究结果并不一致。显然，中国与东盟和新加坡签署的自由贸易协定更倾向于外交解决。例如，两项自由贸易协定都鼓励仲裁员进行调解。而且，各方必须通过达成一致意见来采取这一过程的每一步骤，这在选择首席仲裁员过程中可能存在问题。此外，13 个自由贸易协定中有 10 个只允许申诉方提起仲裁。这表明，在大多数中国签署的自由贸易协定中，缔约方没有平等的仲裁机会。

三、WTO 与 RTA 争端解决机制发展趋势以及中国的对策

(一)WTO 与 RTA 争端解决机制的发展趋势

自 WTO 成立以来，WTO 成员之间的 RTA 数量日益增长，并逐渐由外交导向迈向规则导向，纷纷建立协定下双边或区域争端解决机制，这引起国内外相关法律学者与专家的关注与讨论，认为将可能造成争端当事方游走 WTO 多边与 RTA 双边争端解决场所，提高 WTO 与 RTA 管辖权冲突的风险，不利于国际经贸法律秩序的稳定性与可预见性。一方面，当事方选择在 WTO 解决 RTA 的争端，恐怕将大量增加 WTO 争端解决机构的负担，也无助于 RTA 的良性发展；另一方面，如当事方选择至 RTA 解决贸易争端，则可能减损 WTO 作为所有成员进行争端解决最主要场所的功能与权威，降低 WTO 成员贸易争端在 WTO 下处理的“外部性”(externalities)效果，也将降低法律的稳定性、一致性与可预见性，同时，也将影响其他 WTO 成员的部分权益，如以第三方参与争端的权利等。

更重要的是，如果 RTA 未明文限制当事方将同一争端事实同时或先后诉诸 WTO 与 RTA 争端解决机制，而 WTO 与 RTA 也都对争端案件进行审理及作出裁决，则将产生管辖权冲突，乃至裁决冲突的情形。在 WTO 司法实践中，确实已发生前述的“墨西哥饮料案”“阿根廷家禽案”以及“巴西翻新轮胎案等”实际案例，导致 WTO 与 RTA 争端解决机制管辖权冲突或裁判冲突的问题。尽管迄今为止类似案件的数量为数甚

少，但已引起学者和政府谈判专家的高度关注。

实务上仍未解决的问题是，如果 RTA 缔约方就一特定争端事实已在 RTA 下解决其争端，其他 WTO 成员如就同一或相关争端事实，在 WTO 下提起申诉，WTO 应如何处理，目前似乎没有明确的解决方法。

从近些年 WTO 争端解决以及 WTO 成员签署 RTA 的实践来看，WTO 与 RTA 争端解决方面出现如下几个方面的趋势。

①越来越多 WTO 成员参考 WTO 争端解决机制的规则，在其签署的 RTA 中多半以 WTO 争端解决机制为基础，纳入更加详细的争端解决条款，以解决 RTA 下可能产生的贸易摩擦或争议。在实践中，一些 RTA 争端解决机构对 WTO 司法体系采取了更大的包容态度，如在“墨西哥高粱扫帚案”中，NAFTA 仲裁小组认为，管辖权冲突问题应当由 NAFTA 和 WTO 在交流对话中解决，该问题应该通过双方合作解决，而非任何一方能单方面解决。①

②从前文中关于 RTA 争端解决机制的分析来看，多数 RTA 在争端解决机制的安排与设计上，都以 DSU 为重要的参考依据，因此，在争端解决机制的目标、功能与具体程序上，大多与 DSU 类似；另外，也有部分 RTA 争端解决条款规范的细致程度甚至高于 DSU，在磋商程序、仲裁小组成立、完成裁决报告、裁决履行及暂停优惠各阶段，较 DSU 的规定更加完备和详细，例如，时效、仲裁员选任等规定较 DSU 更为详尽和快捷。

③关于 WTO 与 RTA 针对相同措施是否可能产生“双重诉讼”的情形，近来许多 RTA 规定了“场所选择”条款，在一定程度上可使双重诉讼的风险有所降低，但仍然无法避免 WTO 与 RTA 管辖权冲突或成员方义务冲突的情形发生，特别是随着 RTA 数量的不断增加，这种冲突的可能性也会提高，从而可能加剧国际贸易法的碎片化。

---

① 侯幼萍：《区域贸易协定和 WTO 规则冲突之司法包容——法律多元化的视角》，载《江苏商论》2009 年第 5 期，第 56 页。

（二）中国的对策

众所周知，“一带一路”倡议作为中国提出的一项开放性区域合作发展倡议，是新时代下全球经济治理的中国方案，也是中国主导提供的一项国际公共产品，必然需要相应的制度安排、供给和创新，而这种制度的创新就包括 RTA 的创新，特别是 RTA 争端解决机制的创新。具体而言，结合当前 WTO 和 RTA 发展的趋势，并借鉴美国与欧盟运用 WTO 与 RTA 争端解决机制的策略，中国今后在参与 RTA 建设时应注重以下几个方面。

①WTO 仍为当前国际上解决贸易争端最有效与快捷的场所，但 RTA 成员方寻求在 WTO 下解决争端的情形可能更趋明显，可能导致 WTO 司法工作负担加重，进而影响争端解决的效率。对此，RTA 下快速、便捷的争端解决程序，则可一定程度补充 WTO 争端解决的功能。基于此，对中国而言，WTO 与 RTA 的争端解决机制各有其重要性而不可偏废。中国应谨慎设计 RTA 下的争端解决机制，特别是 RTA 的场所选择条款，尽可能避免与 WTO 管辖权的冲突。因此，中国在将来的 RTA 争端解决条款中，应采用排他性选择管辖条款，以在一定程度上避免与 WTO 争端解决机制管辖权的冲突。另外，《中国与澳大利亚自由贸易协定》规定，仲裁庭应根据解释国际公法的惯例对本协定进行解释，包括 1969 年 5 月 23 日订于维也纳的《维也纳条约法公约》所反映的惯例，并应考虑世界贸易组织争端解决机构在裁决和建议中确立的相关解释。① 这一规定强调了 RTA 仲裁小组应重视 WTO 争端解决机构的相关解释，其目的应是为了避免与 WTO 争端解决机构裁决发生冲突，因此，在今后 RTA 的争端解决机制的设计中，应纳入这一条款，以协调与 WTO 争端解决机制的关系。值得注意的是，《哥伦比亚与加拿大自由贸易协定》更进一步，要求仲裁小组在遵守法律程序时考虑 WTO 的

① 参见《中国与澳大利亚自由贸易协定》第 15 章第 9 条第 1、2 款。

判例，这也值得中国加以借鉴。如果上述两类条款成为中国今后 RTA 争端解决机制设计的标准实践，这可能成为促进 RTA 与 WTO 争端解决机制之间通过 WTO 判例达成一致的有效途径。

②中国未来决定在 WTO 或 RTA 下进行争端解决程序时，应考虑的因素包括：诉讼的时效性、公平性；与争端对方的经贸关系与外交关系；中国与对方是否具有适当且专业的仲裁员人选；仲裁结果是否对 WTO 法律的厘清具有重要意义等。此外，如果中国或 RTA 成员方选择在 WTO 下解决贸易争端，其他 WTO 成员可以第三方身份参与程序，取得相关信息；而如果中国或 RTA 成员方选择在 RTA 下解决争端，则其他成员将无从知悉或取得当事方间贸易措施的相关信息。对此，中国未来决定在 WTO 或 RTA 下进行争端解决时，争端案件是否适合开放其他 WTO 成员参与争端解决程序，应是重要的考虑因素。中国如果不希望其他 WTO 成员以第三方身份参与中国所涉及的相关案件，则可考虑选择在 RTA 下解决争端。值得注意的是，虽然中国签署的绝大多数 RTA 规定了争端解决机制，但实践中还没有出现 RTA 下通过争端解决机构处理的案件，亦即 RTA 争端解决机制还没有发挥其应有的作用。①

③对于中国的贸易伙伴及未来可能签订 RTA 的国家，特别是“一带一路”沿线国家中尚未与中国签署 RTA 的国家，中国应深入研究其 RTA 谈判策略下对于争端解决机制采取的立场，及其在实践中对 WTO、RTA 或其他争端解决场所的政策偏好，以提供中国未来谈判 RTA 及与这些国家贸易往来的参考。

④关注 RTA 的发展对于 WTO 争端解决机制运作与实践的影响。近年来，国际间 RTA 数量快速增加，除政治、外交性质较重的 RTA 多半仍以磋商程序或偏向外交解决的手段，或缔约方同意直接诉诸 WTO 解决贸易争端外，越来越多的 RTA 制定有完整、详细的争端解决机制。

① 孙志煜：《域经贸争端解决的制度与实践——以中国—东盟自由贸易区为例》，载《法学评论》2011 年第 1 期，第 107 页。

在实践中，虽然迄今为止在 RTA 下的具体案件非常罕见，但随着一些重要的区域贸易协定生效或即将生效，如《跨太平洋全面进步协定》(CPTPP)已经生效，《区域全面经济伙伴关系协定》(RCEP)的谈判已经接近尾声，这些区域贸易协定在将来是否会产生较多的争端解决案例，以及其对 WTO 争端解决机制的影响，值得关注。此外，如"阿根廷家禽案"那样，由于 RTA 与 WTO 管辖权冲突导致的裁决冲突的情形，未来是否仍将发生，是否将造成国际贸易法碎片化，也值得进一步观察。

⑤研究中国主要贸易伙伴选择在 WTO 或 RTA 下进行争端解决的策略与实际裁决结果对其的影响。中国主要贸易伙伴，如美国、欧盟、日本等参与 WTO 争端解决机制已有长足经验。观察这些主要国家或地区参与争端解决的策略，包括其是否提出争端解决请求，以及是否(为何)选择在 WTO 或 RTA 下进行争端解决(包括和解及撤回案件)，以及相关攻防策略与裁决结果对其的影响等，值得深入进行案例研究。了解这些国家或地区的策略与运用实务，除有助于研究中国参与多边与双边争端解决策略外，也能提供未来中国与这些国家或地区在 WTO 下进行争端解决，或签署 RTA 时有关争端解决机制的设计与谈判。

⑥以 WTO 争端解决为基础，并参考其他国家 RTA 条款的规定，设计中国 RTA 中的争端解决条款与相关程序性规定。WTO 的争端解决机制相对比较完善，因此被许多国家直接引为 RTA 争端解决机制，或以其为基础加以增改后，成为 RTA 的争端解决机制。在中国已经签署的 16 个 RTA 中，有 13 个规定了准司法性的争端解决机制，中国未来参与建立区域贸易协定时，应进一步强化争端解决机制。在政治模式、准司法模式和司法模式三种争端解决模式的选择上，最好回避司法强制型机制，极力杜绝外交或政治型机制，尽可能设立准司法型机制，① 这也是当前区域贸易协定争端解决机制的主要趋势和发展方向。这 13 个采取准

① 娄万锁：《国际制度视角下区域贸易争端解决机制研究》，载《兰州学刊》2012 年第 3 期，第 166 页。

司法性的争端解决机制的 RTA 也存在种种不足。具体而言，中国签署的大部分 RTA 的争端解决条款比较简单，过于强调磋商解决争端中的作用，即使有仲裁等争端解决方式，但缺乏具体和细致的安排，而缺乏可操作性，在仲裁员选任、裁决复审与执行监督方面还存在明显的不足。①

特别是考虑到当前 WTO 争端解决所面临的僵局，亦即美国与其他 WTO 成员关于上诉机构成员任命问题的分歧。自 2017 年 8 月以来，美国一直反对启动任何程序，选择新的上诉机构成员来填补目前的空缺。美国辩称不能批准新上诉机构成员，原因是上诉机构运作中的“系统性”问题仍未得到解决。如果没有一个快速的遴选程序，2019 年 12 月后，WTO 争端解决机构将没有足够的上诉机构成员来审理任何上诉案件。如果这一僵局得不到及时解决，WTO 争端解决机制将陷于瘫痪。因此，中国应未雨绸缪，强化中国签订的 RTA 争端解决机制的有效性，以备不时之需。考虑到中国已经签订的区域贸易协定的争端解决机制规定并不相同，这不仅不利于中国形成统一和标准的区域贸易争端解决机制，也为中国参与区域争端解决机制带来一定的困难。因此，设计一套较为完整的区域贸易协定争端解决机制模板应是中国当前较为紧迫的任务。

⑦鉴于 WTO 与 RTA 争端解决的重要性，中国应注重培养相关国际法律人才，建立充足的人才库，才能在未来提出中国在 RTA 下兼具理论与实践的仲裁小组成员名单。值得注意的是，2018 年 1 月 23 日，中共中央全面深化改革领导小组第二次会议召开，审议通过的《关于建立“一带一路”争端解决机制和机构的意见》强调，建立“一带一路”争端解决机制和机构，要坚持共商、共建、共享原则，依托中国现有司法、仲裁和调解机构，吸收、整合国内外法律服务资源，建立诉讼、调解、仲裁有效衔接的多元化纠纷解决机制，依法妥善化解“一带一路”商贸和

① 张超、张晓明：《“一带一路”战略的国际争端解决机制研究》，载《南洋问题研究》2017 年第 2 期，第 28 页。

投资争端，平等保护中外当事人合法权益，营造稳定、公平、透明的法治化营商环境。根据这一指导原则，中国与沿线国家签署 RTA 的争端解决机制将是“一带一路”争端解决机制的重要组成部分，这势必要求更多熟悉“一带一路”沿线国家法律的国际贸易法律人才。

第七章　结论与展望

在国际贸易法领域，已经出现了规则多元化的趋势，为使全球市场的运作具有可预测性与法律稳定性，各贸易体系“一致化”具有特别重要的意义。在全球贸易体系下，几乎所有 WTO 成员已签署一项或多项 RTA。因此，RTA 已成为平行于 WTO 的贸易体系，成为成员方进一步发展自由贸易及新贸易规则的场所。一方面，RTA 缔约方也是 WTO 的部分成员方；另一方面，RTA 的许多实体规则与 WTO 类似或相同，反映出两者享有共同的价值，例如自由贸易等，而不同于 WTO 与其他国际协定的关系。随着 RTA 的签署与发展，越来越多的 RTA 采取了准司法性的争端解决机制，而且多数通过规定场所选择条款来进一步规范缔约方间的权利和义务，RTA 争端解决机制的设置及其规范也日益细腻并具有可操作性，这是当前 RTA 发展的整体趋势与潮流。就 WTO 与 RTA 的关系而言，两者争端解决机制的互动实属必然。

前 WTO 总干事拉米(Pascal Lamy)曾指出，尽管发生全球金融危机，但似乎并未影响各国谈判与签署 RTA 的意愿；而且一般认为由于目前多哈回合谈判陷入僵局，未来可能会促发更多的 RTA 谈判。① 因此，针对 WTO 和 RTA 下争端解决机制之间的互动关系，从条款分析似乎存在管辖权分配的困难，而且从本研究的分析来看，现行国际法律并

① World Trade Report 2011-the WTO and preferential trade agreements: From co-existence to coherence, p. 4, http://www.wto.org/english/res_e/booksp_e/anrep_e/world_trade_report11_e.pdf(访问时间 2018 年 6 月 17 日)。

未提供明确的解决方法。随着 RTA 数量的增加，特别是多数 RTA 都有准司法性争端解决机制的情况下，WTO 与 RTA 争端解决机制之间存在发生潜在冲突的可能。

对于 WTO 与 RTA 争端解决机制管辖权的冲突问题，解决的可能途径有以下几种。首先，在当前 WTO 没有明文规定的情况下，专家组或上诉机构在具体的个案中解释 WTO 协定条款时应减少采取对 RTA 司法秩序冲击的解释，将有助于建构 WTO 与 RTA 贸易秩序的和谐性；不仅 WTO 争端解决机构在争端解决中应通过解释避免 WTO 与 RTA 的冲突，RTA 的争端解决机构也应负有同样的义务。在这方面，一些新出现的 RTA 的规定值得借鉴。如《韩国与欧盟自由贸易协定》就是一个很好的范例，协定的起草者试图解决 WTO 判例法的相关性，而在协定中增加了一个条款，要求 RTA 仲裁小组采用与 WTO 争端解决机构裁决中确立的任何相关解释一致的解释，前提是《韩国与欧盟自由贸易协定》下的义务与 WTO 协定下的义务相同。① 此外，《哥伦比亚与加拿大自由贸易协定》要求仲裁小组在遵守法律程序时考虑到 WTO 的判例。如果这类条款成为 RTA 争端解决机制设计中的标准实践，可能成为促进 RTA 与 WTO 争端解决机制之间通过 WTO 判例达成一致的有效途径。

其次，就 WTO 与 RTA 争端解决机制的互动而言，国际法或一般法律原则调和 WTO 与 RTA 司法互动的作用相当有限。鉴于这种认识，本研究认为，WTO 争端解决机构应通过对国际法原则的解释，赋予其一定的 WTO 含义，以寻求实现 WTO 与 RTA 法律秩序的融合。例如，扩大解释既判力原则的内涵，使其不限于相同的主张或同一争端。但是，WTO 不论对何项原则赋予新的含义，必须考虑专家组或上诉机构作为裁决机关不宜享有过度的司法裁量空间，司法积极主义仍必须符合 WTO 整体规范及其目标的限制。

---

① Article 14. 16 of Free Trade Agreement between the European Union and and the Republic of Korea.

再次，“法律障碍”为调和 WTO 和 RTA 争端管辖权冲突留下了一定的空间。“法律障碍”的概念是专家组在“墨西哥饮料案”中第一次提出的，① 专家组指出，墨西哥没有主张，也没有任何证据表明 NAFTA 或任何其他美国与墨西哥之间的条约下的法律义务可能对美国在 WTO 提起申诉或专家组对案件的审理构成“法律障碍”。上诉机构在“墨西哥饮料案”赋予“法律障碍”现象排除特定争端解决机制行使管辖权的“法律效果”，这对 RTA 和 WTO 争端解决机制管辖权冲突问题的解决是有帮助的。“法律障碍”或许是未来解决 WTO 和 RTA 争端解决机制管辖冲突的重要关键因素，但“法律障碍”的内涵仍待后续专家组和上诉机构的实践才能进一步厘清。

最后，WTO 与 RTA 管辖权冲突的根本解决途径是在 DSU 中就两者的冲突问题作出明确规定。DSU 为 WTO 争端解决机制处理 WTO 成员方之间协定解释和适用应遵循的规范，然而，目前，DSU 中并未就国际争端解决机制间的管辖权冲突规定场所选择条款，当 WTO 规范与其他国际规范出现适用竞合时，因冲突法选择条款的欠缺而导致 WTO 争端解决机制与其他国际争端解决机制出现管辖权竞合时，DSU 无法解答管辖权冲突问题。② 如果 WTO 认为确实不应在 RTA 下设立争端解决机制，那么应明文规定，要求成员方不得以任何方式缔结将影响 WTO 争端解决机制争端管辖权行使的协议。相对的，如果 WTO 认为 RTA 下的争端解决机制可被设立，为了厘清 DSU 和 RTA 下争端解决和场所选择条款的适用问题，也应该将 WTO 与 RTA 的互动与适用关系加以明确规定。

---

① Report of the Panel, Mexico-Tax Measures on Soft Drinks and Other Beverages, WT/DS308//R, adopted 7 October 2005, para. 7. 13.

② Sieber: Legal Orderin a Global World, in A. von Bogdandy, R. Wolfrum, (eds): Max Planck Yearbook of United Nations Law, 2010: 33~34. http://www.mpil.de/en/pub/publications/periodic-publications/max-planck-yearbook/Vol. ume-14. cfm (访问时间 2018 年 3 月 12 日)。

DSU 第 7 条、第 11 条和第 23 条等已明确规定 WTO 争端解决机构对成员方之间在涵盖协定下的争端有管辖权，在当前 WTO 没有冲突规范的情况下，就形成了 DSU 规定 WTO 争端解决机制对案件有管辖权，而 RTA 场所选择条款却可能规定 WTO 争端解决机制没有管辖权这种冲突的局面。虽然前文提到尝试以国际条约的解释适用和一般法律原则补充了处理这一冲突问题的可能解决方案，但在可供解决争端管辖冲突问题的非 WTO 规则适用的可能性及优先性尚不明确的情况下，为使 WTO 争端解决机制未来处理这一冲突时能有比较明确的规则，而非由成员方间自行立法或在个案中尝试主张各种国际法原则，以认定争端管辖权的归属，这一问题的根本解决办法是在 DSU 中规定场所选择条款，通过明文规定 WTO 与其他国际争端解决机构的关系，为 WTO 争端解决机构处理管辖权冲突提供明确的指示和依据。

总之，由于 RTA 的蓬勃发展，WTO 与 RTA 之间的管辖权冲突可能会越来越严重。本书认为条约解释方法和一般国际法原则、法律障碍，以及 RTA 的场所选择条款在解决 WTO 与 RTA 管辖权冲突方面有一定的作用，但存在局限性，在 WTO 协定缺乏相关规定之际，上述方法可以作为权宜的方法。但如果要从根本上解决两者管辖权的冲突，本研究建议修改 WTO 协定，向 WTO 专家组或上诉机构提供 WTO 争端解决程序中的场所选择条款。该修正案确保专家组或上诉机构在 WTO 协定中具有法律依据，以适用场所选择条款来解决 WTO 与 RTA 之间的管辖权冲突。

在 WTO 争端解决程序中有两种方法可以提供场所选择条款。一种方法是在 WTO 协定中增加一个新条款。该条款将允许专家组或上诉机构适用特定 RTA 的场所选择条款，以解决 WTO 与 RTA 之间的管辖权冲突。作为争议各方自己选择的适当争端解决场所的证据。另一种方式是直接规定 WTO 协定的“选择性排他管辖条款”。根据这一条款，WTO 专家组或上诉机构将不得不依赖这一“选择性排他管辖条款”来解决 WTO 与 RTA 之间的管辖权冲突，因为该条款已经成为专家组或上诉机构的条约义务。因此，这种方法将从根本上解决 WTO 与 RTA 之间的管辖权冲突。

就中国而言，WTO 与 RTA 的争端解决机制各有其重要性而不可偏废，当前中国应采取的策略包括以下几个方面。

首先，中国应谨慎设计 RTA 下的争端解决机制，特别是 RTA 的场所选择条款，尽可能避免出现与 WTO 管辖权的冲突。因此，中国在将来的 RTA 争端解决条款中应采用排他性选择管辖条款，以在一定程度上避免与 WTO 争端解决机制管辖权的冲突。另外，《中国与澳大利亚自由贸易协定》规定，仲裁庭应根据解释国际公法的惯例对本协定进行解释，包括 1969 年 5 月 23 日订于维也纳的《维也纳条约法公约》所反映的惯例，并应考虑世界贸易组织争端解决机构在裁决和建议中确立的相关解释。这一规定强调了 RTA 仲裁小组应重视 WTO 争端解决机构的相关解释，其目的应是为了避免与 WTO 争端解决机构裁决发生冲突，因此，在今后 RTA 的争端解决机制的设计中，应纳入这一条款，以协调与 WTO 争端解决机制的关系。值得注意的是，《哥伦比亚与加拿大自由贸易协定》更进一步要求仲裁小组在遵守法律程序时考虑到 WTO 的判例，这也值得中国加以借鉴。如果上述两类条款成为中国今后 RTA 争端解决机制设计中的标准实践，就可能成为促进 RTA 与 WTO 争端解决机制之间通过 WTO 判例达成一致的有效途径。对于中国的贸易伙伴，及未来可能签订 RTA 的国家，特别是“一带一路”沿线国家中尚未与中国签署 RTA 的国家，中国应深入研究其 RTA 谈判策略下对争端解决机制采取的立场，与实践中对 WTO、RTA 或其他争端解决场所的政策偏好，以提供中国未来谈判 RTA 及与这些国家贸易往来的参考。中国应以 WTO 争端解决为基础，并参考其他国家 RTA 条款的规定，设计中国 RTA 中的争端解决条款与相关程序性规定。

其次，中国未来决定在 WTO 或 RTA 下进行争端解决程序时，应考虑的因素包括：诉讼的时效性、公平性；与争端对方的经贸关系与外交关系；中国与对方是否具有适当且专业的仲裁员人选；仲裁结果是否对于 WTO 法律的厘清具有重要意义等。

另外，中国应研究主要贸易伙伴选择在 WTO 或 RTA 下进行争端解决的策略与实际裁决结果对其的影响。中国的主要贸易伙伴，如美国、欧盟、日本等参与 WTO 争端解决机制已有长足经验。观察这些主要国家或地区参与争端解决的策略，包括其是否提出争端解决请求，以及是否(为何)选择在 WTO 或 RTA 下进行争端解决(包括和解及撤回案件)，以及相关攻防策略与裁决结果对其的影响等，深入进行案例研究。了解这些国家或地区的策略与运用实务，除有助于研究中国参与多边与双边争端解决策略外，也能提供未来中国与这些国家或地区在 WTO 下进行诉讼，或签署 RTA 时有关争端解决机制的设计与谈判。

最后，中国应强化 RTA 争端解决机制的有效性和实用性。考虑到当前 WTO 争端解决所面临的僵局，亦即美国与其他 WTO 成员关于上诉机构成员任命问题的分歧，如果这一僵局得不到及时解决，WTO 争端解决机制将陷于瘫痪。因此，中国应未雨绸缪，强化中国签订的 RTA 争端解决机制的有效性，以备不时之需。考虑到中国已经签订的区域贸易协定的争端解决机制规定并不相同，这不仅不利于中国形成统一和标准的区域贸易争端解决机制，也为中国参与区域争端解决机制带来一定的困难。因此，设计一套较为完整的区域贸易协定争端解决机制模板应是中国当前较为紧迫的任务。值得注意的是，虽然中国签署的绝大多数 RTA 规定了争端解决机制，但实践中还没有出现 RTA 下通过争端解决机构处理的案件，亦即 RTA 争端解决机制还没有发挥其应有的作用，中国应适时激活 RTA 争端解决机制。

附录一　区域贸易协定统计表①

区域贸易协定	范围	生效日期（年）	政治模式	准司法模式	司法模式	类型
中国—格鲁吉亚	货物、服务	2018		●		FTA、EIA
南方共同市场—埃及	货物	2017		●		FTA
中国香港—中国澳门	货物、服务	2017	●			FTA、EIA
欧盟—加拿大	货物、服务	2017		●		FTA、EIA
加拿大—乌克兰	货物	2017		●		FTA
欧洲自由贸易联盟—格鲁吉亚	货物、服务	2017		●		FTA、EIA
南方共同市场—智利	货物	2017		●		PSA
欧盟—哥伦比亚—秘鲁（厄瓜多尔）	货物、服务	2017		●		FTA、EIA
南方共同市场—南非关税同盟	货物	2016		●		PSA
南方共同市场—墨西哥	货物	2016		●		PSA
欧亚经济联盟—越南	货物、服务	2016		●		FTA、EIA
欧盟—南非发展共同体	货物	2016		●		FTA
欧盟—加纳	货物	2016		●		FTA
土耳其—马来西亚	货物	2016		●		FTA

① 数据来源：http://rtais.wto.org/UI/PublicMaintainRTAHome.aspx。

续表

区域贸易协定	范围	生效日期(年)	政治模式	准司法模式	司法模式	类型
土耳其—摩尔多瓦	货物	2016	●			FTA
韩国—哥伦比亚	货物、服务	2016		●		FTA、EIA
日本—蒙古	货物、服务	2016		●		FTA、EIA
欧盟—科特迪瓦	货物	2016		●		FTA
智利—泰国	货物、服务	2015		●		FTA、EIA
韩国—越南	货物、服务	2015		●		FTA、EIA
中国—韩国	货物、服务	2015		●		FTA、EIA
中国—澳大利亚	货物、服务	2015		●		FTA、EIA
南非发展共同体—塞舌尔	货物	2015		●		FTA
韩国—新西兰	货物、服务	2015		●		FTA、EIA
欧亚经济联盟—吉尔吉斯斯坦	货物、服务	2015			●	CU、EIA
加拿大—韩国	货物、服务	2015		●		FTA、EIA
日本—澳大利亚	货物、服务	2015		●		FTA、EIA
欧洲自由联盟—波黑	货物	2015		●		FTA
欧亚经济联盟—亚美尼亚	货物、服务	2015			●	CU、EIA
欧亚经济联盟	货物、服务	2015			●	CU、EIA
智利—越南	货物	2014		●		FTA
加拿大—洪都拉斯	货物、服务	2014		●		FTA、EIA
韩国—澳大利亚	货物、服务	2014		●		FTA、EIA
欧洲自由贸易联盟—哥斯达黎加、巴拿马	货物、服务	2014		●		FTA、EIA
中国香港—智利	货物、服务	2014		●		FTA、EIA
中国—冰岛	货物、服务	2014		●		FTA、EIA
欧盟—格鲁吉亚	货物、服务	2014	●			FTA、EIA
欧盟—乌克兰	货物、服务	2014		●		FTA、EIA

续表

区域贸易协定	范围	生效日期（年）	政治模式	准司法模式	司法模式	类型
欧盟—摩尔多瓦	货物、服务	2014	●			FTA、EIA
中国—瑞士	货物、服务	2014		●		FTA、EIA
新加坡—中国台北	货物、服务	2014		●		FTA、EIA
欧盟—喀麦隆	货物	2014		●		FTA
中美共同市场—巴拿马	货物	2013		●		CU
海合会—新加坡	货物、服务	2013		●		FTA、EIA
新西兰—中国台北	货物、服务	2013		●		FTA、EIA
哥斯达黎加—新加坡	货物、服务	2013		●		FTA、EIA
哥斯达黎加—秘鲁	货物、服务	2013		●		FTA、EIA
土耳其—毛里求斯	货物	2013	●			FTA
马来西亚—澳大利亚	货物、服务	2013		●		FTA、EIA
韩国—土耳其	货物	2013	●			FTA
乌克兰—黑山	货物、服务	2013		●		FTA、EIA
加拿大—巴拿马	货物、服务	2013		●		FTA、EIA
欧盟—中美洲	货物、服务	2013		●		FTA、EIA
欧盟—哥伦比亚、秘鲁	货物、服务	2013		●		FTA、EIA
墨西哥—中美洲	货物、服务	2012		●		FTA、EIA
智利—尼加拉瓜	货物、服务	2012		●		FTA、EIA
独立国家联合体	货物	2012	●			FTA
加拿大—约旦	货物	2012		●		FTA
智利—马来西亚	货物	2012		●		FTA
美国—巴拿马	货物、服务	2012		●		FTA、EIA
欧洲自由贸易联盟—黑山	货物	2012		●		FTA
欧洲自由贸易联盟—中国香港	货物、服务	2012		●		FTA、EIA
欧洲自由贸易联盟—乌克兰	货物、服务	2012		●		FTA、EIA

续表

区域贸易协定	范围	生效日期（年）	政治模式	准司法模式	司法模式	类型
美国—哥伦比亚	货物、服务	2012		●		FTA、EIA
巴拿马—秘鲁	货物、服务	2012		●		FTA、EIA
韩国—美国	货物、服务	2012		●		FTA、EIA
日本—秘鲁	货物、服务	2012		●		FTA、EIA
秘鲁—墨西哥	货物、服务	2012		●		FTA、EIA
欧盟—东部和南部非洲国家	货物	2012		●		FTA
南亚自由贸易区—阿富汗	货物	2011	●			FTA
中国—哥斯达黎加	货物、服务	2011		●		FTA、EIA
加拿大—哥伦比亚	货物、服务	2011		●		FTA、EIA
印度—日本	货物、服务	2011		●		FTA、EIA
欧洲自由贸易联盟—哥伦比亚	货物、服务	2011		●		FTA、EIA
印度—马来西亚	货物、服务	2011		●		FTA、EIA
秘鲁—韩国	货物、服务	2011		●		FTA、EIA
欧盟—韩国	货物、服务	2011		●		FTA、EIA
欧洲自由贸易联盟—秘鲁	货物	2011		●		FTA
土耳其—约旦	货物	2011		●		FTA
土耳其—智利	货物	2011		●		FTA
中国香港—新西兰	货物、服务	2011		●		FTA、EIA
东盟—印度	货物、服务	2010（2015）		●		FTA、EIA
欧盟—塞尔维亚	货物、服务	2010（2013）		●		FTA、EIA
智利—危地马拉	货物、服务	2010		●		FTA、EIA
新西兰—马来西亚	货物、服务	2010		●		FTA、EIA

续表

区域贸易协定	范围	生效日期(年)	政治模式	准司法模式	司法模式	类型
欧洲自由贸易联盟—阿尔巴尼亚	货物	2010		●		FTA
欧洲自由贸易联盟—塞尔维亚	货物	2010		●		FTA
土耳其—塞尔维亚	货物	2010	●			FTA
东盟—韩国	货物、服务	2010		●		FTA、EIA
韩国—印度	货物、服务	2010		●		FTA、EIA
东盟—澳大利亚—新西兰	货物、服务	2010		●		FTA、EIA
土耳其—黑山	货物	2010	●			FTA
中国—秘鲁	货物、服务	2010		●		FTA、EIA
巴拿马—危地马拉	货物、服务	2009		●		FTA、EIA
巴拿马—尼加拉瓜	货物、服务	2009		●		FTA、EIA
哥伦比亚—萨尔瓦多、危地马拉、洪都拉斯	货物、服务	2009		●		FTA、EIA
秘鲁—智利	货物、服务	2009		●		FTA、EIA
欧盟—巴布亚新几内亚、斐济	货物	2009		●		FTA
印度—尼泊尔	货物	2009	●			PSA
南方共同市场—印度	货物	2009		●		PSA
巴拿马—洪都拉斯	货物、服务	2009		●		FTA、EIA
日本—越南	货物、服务	2009		●		FTA、EIA
日本—瑞士	货物、服务	2009		●		FTA、EIA
智利—哥伦比亚	货物、服务	2009		●		FTA、EIA
欧洲自由贸易联盟—加拿大	货物	2009		●		FTA
加拿大—秘鲁	货物、服务	2009		●		FTA、EIA
秘鲁—新加坡	货物、服务	2009		●		FTA、EIA
澳大利亚—智利	货物、服务	2009		●		FTA、EIA

续表

区域贸易协定	范围	生效日期（年）	政治模式	准司法模式	司法模式	类型
中国—新加坡	货物、服务	2009		●		FTA、EIA
美国—秘鲁	货物、服务	2009		●		FTA、EIA
美国—阿曼	货物、服务	2009		●		FTA、EIA
欧盟—波黑	货物、服务	2008（2015）		●		FTA、EIA
欧盟—黑山	货物、服务	2008（2009）		●		FTA、EIA
智利—洪都拉斯	货物、服务	2008		●		FTA、EIA
萨尔瓦多—洪都拉斯—中国台北	货物、服务	2008		●		FTA、EIA
东盟—日本	货物	2008		●		FTA
尼加拉瓜—中国台北	货物、服务	2008		●		FTA、EIA
中国—新西兰	货物、服务	2008		●		FTA、EIA
巴拿马—哥斯达黎加	货物、服务	2008		●		FTA、EIA
土耳其—格鲁吉亚	货物	2008		●		FTA
日本—菲律宾	货物、服务	2008		●		FTA、EIA
欧盟自由贸易联盟—南部非洲关税同盟	货物	2008		●		FTA
欧盟—加勒比论坛国家	货物、服务	2008		●		FTA、EIA
文莱—日本	货物、服务	2008		●		FTA、EIA
日本—印度尼西亚	货物、服务	2008		●		FTA、EIA
土耳其—阿尔巴尼亚	货物	2008	●			FTA
巴拿马—智利	货物、服务	2008		●		FTA、EIA
巴基斯坦—马来西亚	货物、服务	2008		●		FTA、EIA
中国—巴基斯坦	货物、服务	2007（2009）		●		FTA、EIA

续表

区域贸易协定	范围	生效日期（年）	政治模式	准司法模式	司法模式	类型
阿加迪尔协定	货物	2007	●			FTA
毛里求斯—巴基斯坦	货物	2007	●			PSA
东非共同体—布隆迪、卢旺达	货物	2007			●	CU
智利—印度	货物	2007		●		PSA
日本—泰国	货物、服务	2007		●		FTA、EIA
埃及—土耳其	货物	2007		●		FTA
智利—日本	货物、服务	2007		●		FTA、EIA
中欧自由贸易联盟	货物	2007		●		FTA
欧洲自由贸易联盟—埃及	货物	2007		●		FTA
土耳其—塞尔维亚	货物	2007		●		FTA
欧洲自由贸易联盟—黎巴嫩	货物	2007		●		FTA
中国—智利	货物、服务	2006（2010）		●		FTA、EIA
欧盟—阿尔巴尼亚	货物、服务	2006（2009）	●			FTA、EIA
俄罗斯—塞尔维亚	货物	2006	●			FTA
危地马拉—中国台北	货物、服务	2006		●		FTA、EIA
乌克兰—白俄罗斯	货物	2006	●			FTA
冰岛—法罗群岛	货物、服务	2006	●			FTA、EIA
印度—不丹	货物	2006	●			FTA
南亚自由贸易协定	货物	2006	●			FTA
跨太平洋战略经济伙伴关系协议	货物、服务	2006		●		FTA、EIA
巴拿马—新加坡	货物、服务	2006		●		FTA、EIA
美国—巴林	货物、服务	2006		●		FTA、EIA
欧洲自由贸易联盟—韩国	货物、服务	2006		●		FTA、EIA

续表

区域贸易协定	范围	生效日期（年）	政治模式	准司法模式	司法模式	类型
日本—马来西亚	货物、服务	2006		●		FTA、EIA
中美洲自由贸易协定	货物、服务	2006		●		FTA、EIA
韩国—新加坡	货物、服务	2006		●		FTA、EIA
土耳其—摩洛哥	货物	2006		●		FTA
美国—摩洛哥	货物、服务	2006		●		FTA、EIA
中国—东盟	货物、服务	2005（2007）		●		FTA
乌克兰—摩尔多瓦	货物	2005	●			FTA
巴基斯坦—斯里兰卡	货物	2005	●			FTA
印度—新加坡	货物、服务	2005		●		FTA、EIA
欧盟—阿尔及利亚	货物	2005		●		FTA
约旦—新加坡	货物、服务	2005		●		FTA、EIA
泰国—新西兰	货物、服务	2005		●		FTA、EIA
土耳其—巴勒斯坦	货物	2005		●		FTA
土耳其—突尼斯	货物	2005		●		FTA
欧洲自由贸易联盟—突尼斯	货物	2005		●		FTA
日本—墨西哥	货物、服务	2005		●		FTA、EIA
泰国—澳大利亚	货物、服务	2005		●		FTA、EIA
美国—澳大利亚	货物、服务	2005		●		FTA、EIA
印度—泰国	货物	2004	●			PSA
巴拿马—中国台北	货物、服务	2004		●		FTA、EIA
乌克兰、白俄罗斯、哈萨克斯坦—俄罗斯联邦	货物	2004	●			FTA
南部非洲关税同盟	货物	2004		●		CU
欧洲自由贸易联盟—智利	货物、服务	2004		●		FTA、EIA

续表

区域贸易协定	范围	生效日期（年）	政治模式	准司法模式	司法模式	类型
欧盟—埃及	货物	2004		●		FTA
韩国—智利	货物、服务	2004		●		FTA、EIA
美国—新加坡	货物、服务	2004		●		FTA、EIA
美国—智利	货物、服务	2004		●		FTA、EIA
欧盟—智利	货物、服务	2003（2005）		●		FTA、EIA
古阿姆民主和经济发展组织	货物、服务	2003	●			FTA、EIA
印度—阿富汗	货物	2003	●			PSA
太平洋岛国贸易协定	货物	2003		●		FTA
海合会	货物	2003	●			CU
巴拿马—萨尔瓦多	货物、服务	2003		●		FTA、EIA
中国—中国澳门	货物、服务	2003	●			FTA、EIA
中国—中国香港	货物、服务	2003	●			FTA、EIA
新加坡—澳大利亚	货物、服务	2003		●		FTA、EIA
土耳其—波黑	货物	2003	●			FTA
欧盟—黎巴嫩	货物	2003		●		FTA
欧洲自由贸易联盟—新加坡	货物、服务	2003		●		FTA、EIA
欧盟—圣马力诺	货物	2002		●		CU
乌克兰—塔吉克斯坦	货物	2002	●			FTA
智利—萨尔瓦多	货物、服务	2002		●		FTA、EIA
加拿大—哥斯达黎加	货物	2002		●		FTA
欧盟—约旦	货物	2002		●		FTA
日本—新加坡	货物、服务	2002		●		FTA、EIA
智利—哥斯达黎加	货物、服务	2002		●		FTA、EIA
欧洲自由贸易联盟—约旦	货物	2002		●		FTA

续表

区域贸易协定	范围	生效日期（年）	政治模式	准司法模式	司法模式	类型
马其顿—欧洲自由贸易联盟	货物	2002		●		FTA
欧盟—马其顿	货物、服务	2001（2004）	●			FTA、EIA
多米尼加—中美洲	货物、服务	2001		●		FTA、EIA
乌克兰—马其顿	货物	2001	●			FTA
亚美尼亚—哈萨克斯坦	货物	2001	●			FTA
印度—斯里兰卡	货物	2001	●			FTA
美国—约旦	货物、服务	2001		●		FTA、EIA
新西兰—新加坡	货物、服务	2001		●		FTA、EIA
欧洲自由贸易联盟—墨西哥	货物、服务	2001		●		FTA、EIA
东非共同体	货物、服务	2000（2010）			●	CU、EIA
南非发展共同体	货物	2000		●		FTA
以色列—墨西哥	货物	2000		●		FTA
格鲁吉亚—土库曼斯坦	货物	2000	●			FTA
土耳其—马其顿	货物	2000	●			FTA
欧盟—南非	货物	2000		●		FTA
欧盟—摩洛哥	货物	2000		●		FTA
欧盟—以色列	货物	2000		●		FTA
欧盟—墨西哥	货物、服务	2000		●		FTA、EIA
西非经济货币联盟	货物	2000			●	CU、EIA
东南非共同体—埃及	货物	1999	●			CU
智利—墨西哥	货物、服务	1999		●		FTA、EIA
格鲁吉亚—哈萨克斯坦	货物	1999	●			FTA
欧洲自由贸易联盟—摩洛哥	货物	1999		●		FTA

续表

区域贸易协定	范围	生效日期（年）	政治模式	准司法模式	司法模式	类型
欧洲自由贸易联盟—巴勒斯坦	货物	1999		●		FTA
中非经济货币共同体	货物	1999			●	CU
乌克兰—哈萨克斯坦	货物	1998	●			FTA
泛阿拉伯自由贸易区	货物	1998	●			FTA
格鲁吉亚—亚美尼亚	货物	1998	●			FTA
吉尔吉斯斯坦—乌克兰	货物	1998	●			FTA
吉尔吉斯斯坦—乌兹别克斯坦	货物	1998	●			FTA
欧盟—突尼斯	货物	1998		●		FTA
俄罗斯—白俄罗斯—哈萨克斯坦	货物	1997	●			CU
土耳其—以色列	货物	1997		●		FTA
加拿大—智利	货物、服务	1997		●		FTA、EIA
欧盟—巴勒斯坦	货物	1997		●		FTA
欧盟—法罗群岛	货物	1997	●			FTA
加拿大—以色列	货物	1997		●		FTA
乌克兰—阿塞拜疆	货物	1996	●			FTA
乌克兰—乌兹别克斯坦	货物	1996	●			FTA
亚美尼亚—土库曼斯坦	货物	1996	●			FTA
亚美尼亚—乌克兰	货物	1996	●			FTA
格鲁吉亚—阿塞拜疆	货物	1996	●			FTA
格鲁吉亚—乌克兰	货物	1996	●			FTA
吉尔吉斯斯坦—摩尔瓦多	货物	1996	●			FTA
欧盟—土耳其	货物	1996		●		CU
哥伦比亚—墨西哥	货物、服务	1995		●		FTA、EIA
乌克兰—土库曼斯坦	货物	1995	●			FTA
亚美尼亚—摩尔瓦多	货物	1995	●			FTA

续表

区域贸易协定	范围	生效日期（年）	政治模式	准司法模式	司法模式	类型
吉尔吉斯斯坦—亚美尼亚	货物	1995	●			FTA
吉尔吉斯斯坦—哈萨克斯坦	货物	1995	●			FTA
南亚优惠贸易协定	货物	1995	●			PSA
法罗群岛—瑞士	货物	1995	●			FTA
格鲁吉亚—俄罗斯	货物	1994	●			FTA
美拉尼西亚先锋集团	货物	1994	●			FTA
独联体	货物	1994	●			FTA
东南非共同体	货物	1994			●	CU
北美自由贸易协定	货物、服务	1994		●		FTA、EIA
欧洲经济区	服务	1994			●	EIA
俄罗斯—乌兹别克斯坦	货物	1993	●			FTA
俄罗斯—土库曼斯坦	货物	1993	●			FTA
俄罗斯—阿塞拜疆	货物	1993	●			FTA
西非经济共同体	货物	1993			●	CU
法罗群岛—挪威	货物	1993	●			FTA
欧洲自由贸易联盟—以色列	货物	1993		●		FTA
东盟	货物	1993		●		FTA
经济合作组织	货物	1992	●			PSA
欧洲自由贸易联盟—土耳其	货物	1992	●			FTA
南方共同市场	货物、服务	1991（2005）		●		CU、EIA
欧盟—安道尔	货物	1991		●		CU
老挝—泰国	货物	1991	●			PSA
发展中国家全球贸易优惠制	货物	1989	●			PSA
安第斯共同体	货物	1988			●	CU

续表

区域贸易协定	范围	生效日期（年）	政治模式	准司法模式	司法模式	类型
美国—以色列	货物	1985		●		FTA
澳新紧密经济关系协定	货物、服务	1983（1987）	●			FTA、EIA
拉丁美洲一体化协会	货物	1981	●			PSA
南太平洋区域贸易经济合作协定	货物	1981	●			PSA
欧盟—叙利亚	货物	1977	●			FTA
澳大利亚—巴布亚新几内亚	货物	1977	●			FTA
亚太贸易协定	货物	1976	●			PSA
加勒比共同体	货物、服务	1973（2002）			●	CU、EIA
欧盟—挪威	货物	1973	●			FTA
欧盟—冰岛	货物	1973	●			FTA
欧盟—瑞士—列支敦士登	货物	1973	●			FTA
贸易谈判协议	货物	1973	●			PSA
欧盟—海外国家与领土	货物	1971	●			FTA
欧洲自由贸易联盟—冰岛	货物	1970			●	FTA
中美洲共同市场	货物	1961		●		CU
欧洲自由贸易联盟	货物、服务	1960（2002）			●	FTA、EIA
欧共体条约	货物、服务	1958			●	CU、EIA
合计	288		82	192	14	

附录二　WTO《关于争端解决规则与程序的谅解》

各成员特此协议如下：

第1条　范围和适用

1. 本谅解的规则和程序应适用于按照本谅解附录1所列各项协定（本谅解中称“适用协定”）的磋商和争端解决规定所提出的争端。本谅解的规则和程序还应适用于各成员间有关它们在《建立世界贸易组织协定》（本谅解中称“《WTO协定》”）规定和本谅解规定下的权利和义务的磋商和争端解决，此类磋商和争端解决可单独进行，也可与任何其他适用协定结合进行。

2. 本谅解的规则和程序的适用应遵守本谅解附录2所确定的适用协定所含特殊或附加规则和程序。在本谅解的规则和程序与附录2所列特殊或附加规则和程序存在差异时，应以附录2中的特殊或附加规则和程序为准。在涉及一个以上适用协定项下的规则和程序的争端中，如审议中的此类协定的特殊或附加规则和程序之间产生抵触，且如果争端各方在专家组设立20天内不能就规则和程序达成协议，则第2条第1款中规定的争端解决机构（本谅解中称“DSB”）主席，在与争端各方磋商后，应在两成员中任一成员提出请求后10天内，确定应遵循的规则和程序。主席应按照以下原则，即在可能的情况下使用特殊或附加规则和程序，并应在避免抵触所必需的限度内使用本谅解所列规则和程序。

第2条 管 理

1. 特此设立争端解决机构，负责管理这些规则和程序及适用协定的磋商和争端解决规定，除非适用协定另有规定。因此，DSB有权设立专家组。通过专家组和上诉机构报告、监督裁决和建议的执行以及授权中止适用协定项下的减让和其他义务。对于属诸边贸易协定的一适用协定项下产生的争端，此处所用的“成员”一词仅指那些属有关诸边贸易协定参加方的成员。如DSB管理一诸边贸易协定的争端解决规定，则只有属该协定参加方的成员方可参与DSB就该争端所作出的决定或所采取的行动。

2. DSB应通知WTO有关理事会和委员会任何与各自适用协定规定有下有关的争端的进展情况。

3. DSB应视需要召开会议，以便在本谅解规定的时限内行使职能。

4. 如本谅解的规则和程序规定由DSB作出决定，则DSB应经协商一致作出决定。①

第3条 总 则

1. 各成员确认遵守迄今为止根据GATT 1947第22条和第23条实施的管理争端的原则，及在此进一步详述和修改的规则和程序。

2. WTO争端解决体制在为多边贸易体制提供可靠性和可预测性方面是一个重要因素。各成员认识到该体制适于保护各成员在适用协定项下的权利和义务，及依照解释国际公法的惯例澄清这些协定的现有规定。DSB的建议和裁决不能增加或减少适用协定所规定的权利和义务。

3. 在一成员认为其根据适用协定直接或间接获得的利益正在因另一成员采取的措施而减损的情况下，迅速解决此类情况对WTO的有效

---

① 如在作出决定的DSB会议上，没有成员正式反对拟议的决定，则DSB即被视为经协商一致就提请其审议的事项作出决定。

运转及保持各成员权利和义务的适当平衡是必要的。

4. DSB所提建议或所作裁决应旨在依照本谅解和适用协定项下的权利和义务，实现问题的满意解决。

5. 对于根据适用协定的磋商和争端解决规定正式提出的事项的所有解决办法，包括仲裁裁决，均与这些协定相一致，且不得使任何成员根据这些协定获得的利益丧失或减损，也不得妨碍这些适用协定任何目标的实现。

6. 对于根据适用协定的磋商和争端解决规定正式提出事项的双方同意的解决办法应通知DSB及有关理事会和委员会，在这些机构中任何成员可提出与此有关的任何问题。

7. 在提出一案件前，一成员应就根据这些程序采取的措施是否有效作出判断。争端解决机制的目的在于保证使争端得到积极解决。争端各方均可接受且与适用协定相一致的解决办法无疑是首选办法。如不能达成双方同意的解决办法，则争端解决机制的首要目标通常是保证撤销被认为与任何适用协定的规定不一致的有关措施。提供补偿的办法只能在立即撤销措施不可行时方可采取，且应作为在撤销与适用协定不一致的措施前采取的临时措施。本谅解为援引争端解决程序的成员规定的最后手段是可以在歧视性的基础上针对另一成员中止实施适用协定项下的减让或其他义务，但需经DSB授权采取此类措施。

8. 如发生违反在适用协定项下所承担义务的情况，则该行为被视为初步构成利益丧失或减损案件。这通常意味着一种推定，即违反规则对适用协定的其他成员方造成不利影响，在此种情况下，应由被起诉的成员自行决定是否反驳此指控。

9. 本谅解的规定不损害各成员通过《WTO协定》或一属诸边贸易协定的适用协定项下的决策方法，寻求对一适用协定规定的权威性解释的权利。

10. 各方理解，请求调解和使用争端解决程序不应用作或被视为引起争议的行为，如争端发生，所有成员将真诚参与这些程序以努力解决争端。各方还理解，有关不同事项的起诉和反诉不应联系在一起。

11. 本谅解只适用于《WTO 协定》生效之日或之后根据适用协定的磋商规定提出的新的磋商请求。对于在《WTO 协定》生效之日前根据 GATT 1947 或适用协定的任何其他先前协定提出的磋商请求，在《WTO 协定》生效之日前有效的有关争端解决规则和程序应继续适用。①

12. 尽管有第 11 款的规定，但是如依据任何适用协定的起诉是由一发展中国家成员针对一发达国家成员提出的，则起诉方有权援引《1966 年 4 月 5 日决定》，(BISD14 册 18 页)的相应规定，作为本谅解第 4 条、第 5 条、第 6 条和第 12 条所含规定的替代，除非如专家组认为该决定第 7 款规定的时限不足以提供报告，则在起诉方同意下，该时限可以延长。如第 4 条、第 5 条、第 6 条和第 12 条的规则和程序与该决定的相应规则和程序存在差异，则应以后者为准。

第 4 条 磋 商

1. 各成员确认决心加强和提高各成员使用的磋商程序的有效性。

2. 每一成员承诺对另一成员提出的有关在前者领土内采取的、影响任何适用协定运用的措施的交涉给予积极考虑，并提供充分的磋商机会。②

3. 如磋商请求是按照一适用协定提出的，则请求所针对的成员应在收到请求之日起 10 天内对该请求作出答复，并应在收到请求之日起不超过 30 天的期限内真诚地进行磋商，以达成双方满意的解决办法，除非双方另有议定。如该成员未在收到请求之日起 10 天内作出答复，或未在收到请求之日起不超过 30 天的期限内或双方同意的其他时间内进行磋商，则请求进行磋商的成员可直接开始请求设立专家组。

4. 所有此类磋商请求应由请求磋商的成员通知 DSB 及有关理事会

---

① 本款还适用于专家组报告未获通过或未全面执行的争端。

② 如任何其他适用协定有关一成员领土内的地区或地方政府或主管机关所采取措施的规定包含与本款有差异的规定，则以此类其他适用协定的规定为准。

和委员会。任何磋商请求应以书面形式提交，并应说明提出请求的理由，包括确认所争论的措施，并指出起诉的法律根据。

5. 在依照一适用协定的规定进行磋商的过程中，在根据本谅解采取进一步行动之前，各成员应努力尝试对该事项作出令人满意的调整。

6. 磋商应保密，并不得损害任何一方在任何进一步诉讼中的权利。

7. 如在收到磋商请求之日起 60 天内，磋商未能解决争端，则起诉方可请求设立专家组。如磋商各方共同认为磋商已不能解决争端，则起诉方可在 60 天期限内请求设立专家组。

8. 在紧急案件中，包括涉及易腐货物的案件，各成员应在收到请求之日起不超过 10 天的期限内进行磋商。如在收到请求之日起 20 天的期限内，磋商未能解决争端，则起诉方可请求设立专家组。

9. 在紧急案件中，包括有关易腐货物的案件，争端各方、专家组及上诉机构应尽一切努力尽最大可能加快诉讼程序。

10. 在磋商中，各成员应特别注意发展中国家成员的特殊问题和利益。

11. 只要进行磋商的成员以外的一成员认为按照 GATT 1994 第 22 条第 1 款和 GATS 第 22 条第 1 款或其他适用协定的相应规定①所进行的磋商涉及其实质贸易利益，则该成员即可在根据上述条款进行磋商的请求散发之日起 10 天内，将其参加磋商的愿望通知进行磋商的成员和 DSB。该成员应被允许参加入磋商，只要磋商请求所针对的成员同意实质利益的主张是有理由的。在这种情况下，它们应如此通知 DSB。如参加磋商的请求未予接受，则申请成员有权根据 GATT 1994 第 22 条第 1

① 适用协定中相应的磋商规定如下：《农业协定》第 19 条；《实施卫生与植物卫生措施协定》第 11 条第 1 款；《纺织品与服装协定》第 8 条第 4 款；《技术性贸易壁垒协定》第 14 条第 1 款；《与贸易有关的投资措施协定》第 8 条；《关于实施 1994 年关税与贸易总协定第 6 条的协定》第 17 条第 2 款；《关于实施 1994 年关税与贸易总协定第 7 条的协定》第 19 条第 2 款；《装运前检验协定》第 7 条；《原产地规则协定》第 7 条；《进口许可程序协定》第 6 条；《补贴与反补贴措施协定》第 30 条；《保障措施协定》第 14 条；《与贸易有关的知识产权协定》第 64 条第 1 款；每一诸边贸易协定主管机构确定并通知 DSB 的诸边贸易协定中任何相应的磋商规定。

款或第 23 条第 1 款，GATS 第 22 条第 1 款或第 23 条第三款或其他适用协定的相应规定提出磋商请求。

第 5 条 斡旋、调解和调停

1. 斡旋、调解和调停是在争端各方同意下自愿采取的程序。

2. 涉及斡旋、调解和调停的诉讼程序，特别是争端各方在这些诉讼程序中所采取的立场应保密，并不得损害双方中任何一方根据这些程序进行任何进一步诉讼程序的权利。

3. 争端任何一方可随时请求进行斡旋、调解或调停。此程序可随时开始，随时终止。一旦斡旋、调解或调停程序终止，起诉方即可开始请求设立专家组。

4. 如斡旋、调解或调停在收到磋商请求之日起 60 天内开始，则起诉方在请求设立专家组之前，应给予自收到磋商请求之日起 60 天的时间。如争端各方共同认为斡旋、调解或调停过程未能解决争端，则起诉方可在 60 天期限内请求设立专家组。

5. 如争端各方同意，斡旋、调解或调停程序可在专家组程序进行的同时继续进行。

6. 总干事可依其职权提供斡旋、调解或调停，以期协助各成员解决争端。

第 6 条 专家组的设立

1. 如起诉方提出请求，则专家组应最迟在此项请求首次作为一项议题列入 DSB 议程的会议之后的 DSB 会议上设立，除非在此次会上 DSB 经协商一致决定不设立专家组。①

2. 设立专家组的请求应以书面形式提出。请求应指出是否已进行

① 如起诉方提出请求，DSB 应在提出请求后 15 天内为此召开会议，只要提前至少 10 天发出会议通知。

磋商。确认争论中的措施并提供一份足以明确陈述问题的起诉的法律根据概要。在申请方请求设立的专家组不具有标准职权范围的情况下，书面请求中应包括特殊职权范围的拟议案文。

第7条　专家组的职权范围

1. 专家组应具有下列职权范围，除非争端各方在专家组设立后20天内另有议定：

“按照(争端各方引用的适用协定名称)的有关规定，审查(争端方名称)在……文件中提交DSB的事项，并提出调查结果以协助DSB提出建议或作出该协定规定的裁决。”

2. 专家组应处理争端各方引用的任何适用协定的有关规定。

3. 在设立专家组时，DSB可授权其主席在遵守第1款规定的前提下，与争端各方磋商，制定专家组的职权范围。由此制定的职权范围应散发全体成员。如议定的不是标准的职权范围，则任何成员均可在DSB中提出与此有关的任何问题。

第8条　专家组的组成

1. 专家组应由资深政府和/或非政府个人组成，包括曾在专家组任职或曾向专家组陈述案件的人员、曾任一成员代表或一GATT 1947缔约方代表或任何适用协定或其先前协定的理事会或委员会的代表的人员、秘书处人员、曾讲授或出版国际贸易法或政策著作的人员，以及曾任一成员高级贸易政策官员的人员。

2. 专家组成员的选择应以保证各成员的独立性、完全不同的背景和丰富的经验为目的进行。

3. 政府①为争端方或为第10条第2款规定的第H方成员的公民不

① 如关税同盟或共同市场为争端方，则本规定适用于关税同盟或共同市场的所有成员国的公民。

得在与该争端有关的专家组中任职，除非争端各方另有议定。

4. 为协助选择专家组成员，秘书处应保存一份具备第1款所述资格的政府和非政府个人的指示性名单，可从中酌情选出专家组成员。该名单应包括1984年11月30日制定的非政府专家组成员名册（BISD 31册9页），及在任何适用协定项下制定的名册和指示性名单，并保留这些名册和指示性名单中在《WTO协定》生效之时的人员的姓名。成员可定期提出可供列入指示性名单的政府和非政府个人的姓名，并提供他们在国际贸易和适用协定的部门或主题方面知识的有关信息，待DSB批准后，这些姓名应增加至该名单。对于名单中的每一个人，名单应注明其在适用协定的部门或主题方面的具体阅历或专门知识。

5. 专家组应由3名成员组成，除非在专家组设立后10天内，争端各方同意专家组由5名成员组成。专家组的组成情况应迅速通知各成员。

6. 秘书处应向争端各方建议专家组成员的提名。争端各方不得反对提名，除非由于无法控制的原因。

7. 如在专家组设立之日起20天内，未就专家组的成员达成协议，则总干事应在双方中任何一方请求下，经与DSB主席和有关委员会或理事会主席磋商，在与争端各方磋商后，决定专家组的组成，所任命的专家组成员为总干事认为依照争端中所争论的适用协定的任何有关特殊或附加规则和程序最适当的成员。DSB主席应在收到此种请求之日起10天内，通知各成员专家组如此组成。

8. 各成员应承诺，通常允许其官员担任专家组成员。

9. 专家组成员应以其个人身份任职，既作为政府代表，也作为任何组织的代表。各成员因此不得就专家组审议的事项向他们作出指示或试图影响他们个人。

10. 当争端发生在发展中国家成员与发达国家成员之间时，如发展中国家成员提出请求，专家组应至少有1名成员来自发展中国家成员。

11. 专家组成员的费用，包括旅费和生活津贴，应依照总理事会在预算、财务与行政委员会所提建议基础上通过的标准，从 WTO 预算中支付。

第 9 条 多个起诉方的程序

1. 如一个以上成员就同一事项请求设立专家组，则可设立单一专家组审查这些起诉，同时考虑所有有关成员的权利。只要可行，即应设立单一专家组审查此类起诉。

2. 单一专家组应组织其审查并将其调查结果提交 DSB，应保证争端各方在由若干专家组分开审查起诉时本可享受的权利决不受到减损。如争端任何一方提出请求，专家组应就有关争端提交单独的报告。每一起诉方提交的书面陈述应可使其他起诉方获得，且每一起诉方有权在任何其他起诉方向专家组陈述意见时在场。

3. 如设立一个以上专家组以审查与同一事项有关的起诉，则应在最大限度内由相同人员在每一单独专家组中任职，此类争端中的专家组程序的时间表应进行协调。

第 10 条 第 三 方

1. 争端各方的利益和争端中所争论的一适用协定项下的其他成员的利益应在专家组程序中得到充分考虑。

2. 任何对专家组审议的事项有实质利益且已将其利益通知 DSB 的成员(本谅解中称“第三方”)，应由专家组给予听取其意见并向专家组提出书面陈述的机会。这些书面陈述也应提交争端各方，并应反映在专家组报告中。

3. 第三方应收到争端各方提交专家组首次会议的陈述。

4. 如第三方认为已成为专家组程序主题的措施造成其根据任何适用协定项下获得的利益丧失或减损，则该成员可援用本谅解项下的正常争端解决程序。只要可能，此种争端即应提交原专家组。

第 11 条 专家组的职能

专家组的职能是协助 DSB 履行本谅解和适用协定项下的职责。因此，专家组应对其审议的事项作出客观评估，包括对该案件事实及有关适用协定的适用性和与有关适用协定的一致性的客观评估，并作出可协助 DSB 提出建议或提出适用协定所规定的裁决的其他调查结果。专家组应定期与争端各方磋商，并给予它们充分的机会以形成双方满意的解决办法。

第 12 条 专家组程序

1. 专家组应遵循附录 3 中的工作程序，除非专家组在与争端各方磋商后另有决定。

2. 专家组程序应提供充分的灵活性，以保证高质量的专家组报告，同时不应不适当地延误专家组程序。

3. 在与争端各方磋商后，专家组成员应尽快且只要可能，在专家组组成及职权范围议定后一周内，决定专家组程序的时间表，同时考虑第 4 条第 9 款的规定(如有关)。

4. 在确定专家组程序的时间表时，专家组应为争端各方提供充分的时间准备陈述。

5. 专家组应设定各方提供书面陈述的明确最后期限，各方应遵守此最后期限。

6. 每一方应将其书面陈述交存秘书处，以便立即转交专家组和其他争端方。起诉方应在应诉方提交的第一份陈述之前提交其第一份陈述，除非专家组在决定第 3 款提及的时间表时，经与争端各方磋商后，决定各方应同时提交第一份陈述。当对交存第一份陈述有顺序安排时，专家组应确定接受应诉方陈述的确定期限。任何随后的书面陈述应同时提交。

7. 如争端各方未能形成双方满意的解决办法，专家组应以书面报告形式向 DSB 提交调查结果。在此种情况下，专家组报告应列出对事实的调查结果、有关规定的适用性及其所作任何调查结果和建议所包含的基本理由。如争端各方之间已找到问题的解决办法，则专家组报告应只限于对案件的简要描述，并报告已达成解决办法。

8. 为使该程序更加有效，专家组进行审查的期限，即自专家组组成和职权范围议定之日起至最终报告提交争端各方之日止，一般不应超过 6 个月。在紧急案件中，包括涉及易腐货物的案件，专家组应力求在 3 个月内将其报告提交争端各方。

9. 如专家组认为不能在 6 个月内或在紧急案件中不能在 3 个月内提交其报告，则应书面通知 DSB 迟延的原因和提交报告的估计期限。自专家组设立至报告散发各成员的期限无论如何不应超过 9 个月。

10. 在涉及发展中国家成员所采取措施的磋商过程中，各方可同意延长第 4 条第 7 款和第 8 款所确定的期限。如有关期限已过，进行磋商的各方不能同意磋商已经完成，则 DSB 主席应在与各方磋商后，决定是否延长有关期限，如决定延长，则决定延长多久。此外，在审查针对发展中国家成员的起诉时，专家组应给予该发展中国家成员充分的时间以准备和提交论据。第 20 条第 1 款和第 21 条第 4 款的规定不受按照本款所采取任何行动的影响。

11. 如一个或多个争端方为发展中国家成员，则专家组报告应明确说明以何种形式考虑对发展中国家成员在争端解决程序过程中提出的适用协定中有关发展中国家成员的差别和更优惠待遇规定。

12. 专家组可随时应起诉方请求中止工作，期限不超过 12 个月。如发生此种中止，本条第 8 款和第 9 款、第 20 条第 1 款以及第 21 条第 4 款所列时限应按中止工作的时间顺延。如专家组的工作已中止 12 个月以上，则设立专家组的授权即告终止。

第 13 条　寻求信息的权利

1. 每一专家组有权向其认为适当的任何个人或机构寻求信息和技

术建议。但是，在专家组向一成员管辖范围内的任何个人或机构寻求此类信息或建议之前，应通知该成员主管机关。成员应迅速和全面地答复专家组提出的关于提供其认为必要和适当信息的任何请求。未经提供信息的个人、机构或成员主管机关正式授权，所提供的机密信息不得披露。

2. 专家组可向任何有关来源寻求信息，并与专家进行磋商并获得他们关于该事项某些方面的意见。对于一争端方所提科学或其他技术事项的事实问题，专家组可请求专家审议小组提供书面咨询报告。设立此类小组的规则及其程序列在附录 4 中。

第 14 条　机　密　性

1. 专家组的审议情况应保密。

2. 专家组报告应在争端各方不在场的情况下，按照提供的信息和所作的陈述起草。

3. 专家组报告中专家个人发表的意见应匿名。

第 15 条　中期审议阶段

1. 在考虑书面辩驳和口头辩论后，专家组应向争端各方提交其报告草案中的描述部分(事实和论据)。在专家组设定的期限内，各方应提交各自的书面意见。

2. 在接收争端各方书面意见的设定期限截止后，专家组应向各方提交一份中期报告，既包括描述部分也包括专家组的调查结果和结论。在专家组设定的期限内，一方可提出书面请求，请专家组在最终报告散发各成员之前，审议中期报告中的具体方面。应一方请求，专家组应就书面意见中所确认的问题，与各方再次召开会议。如在征求意见期间未收到任何一方的意见，中期报告应被视为最终报告，并迅速散发各成员。

3. 最终报告中的调查结果应包括在中期审议阶段对论据的讨论情况。中期审议阶段应在第 12 条第 8 款所列期限内进行。

第16条 专家组报告的通过

1. 为向各成员提供充足的时间审议专家组报告，在报告散发各成员之日20天后，DSB方可审议通过此报告。

2. 对专家组报告有反对意见的成员应至少在审议该报告的DSB会议召开前10天，提交供散发的解释其反对意见的书面理由。

3. 争端各方有权全面参与DSB对专家报告的审议，他们的意见应完整记录在案。

4. 在专家组报告散发各成员之日起60天内，该报告应在DSB会议①上通过，除非一争端方正式通知DSB其上诉决定，或DSB经协商一致决定不通过该报告。如一方已通知其上诉决定，则在上诉完成之前，DSB将不审议通过该专家组报告，该通过程序不损害各成员就专家组报告发表意见的权利。

第17条 上 诉 审 议

常设上诉机构

1. DSB应设立一常设上诉机构。上诉机构应审理专家组案件的上诉。该机构应由7人组成，任何一个案件应由其中3人任职。上诉机构人员任职应实行轮换。此轮换应在上诉机构的工作程序中予以确定。

2. DSB应任命在上诉机构任职的人员，任期4年，每人可连任一次。但是，对于在《WTO协定》生效后即被任命的7人，其中3人的任期经抽签决定应在2年期满后终止。空额一经出现即应补足。如一人被任命接替一任期未满人员，则此人的任期即为前任余下的任期。

3. 上诉机构应由具有公认权威并在法律、国际贸易和各适用协定

① 如未安排在此期间召开可满足第16条第1款和第4款要求的DSB会议，则应为此召开一次DSB会议。

所涉主题方面具有公认专门知识的人员组成。他们不得附属于任何政府。上诉机构的成员资格应广泛代表 WTO 的成员资格。上诉机构任职的所有人员应随时待命，并应随时了解争端解决活动和 WTO 的其他有关活动。他们不得参与审议任何可产生直接或间接利益冲突的争端。

4. 只有争端各方，而非第三方，可对专家组报告进行上诉。按照第 10 条第 2 款已通知 DSB 其对该事项有实质利益的第三方，可向上诉机构提出书面陈述，该机构应给予听取其意见的机会。

5. 诉讼程序自一争端方正式通知其上诉决定之日起至上诉机构散发其报告之日止通常不得超过 60 天。在决定其时间表时，上诉机构应考虑第 4 条第 9 款的规定(如有关)。当上诉机构认为不能在 60 天内提交报告时，应书面通知 DSB 迟延的原因及提交报告的估计期限。但该诉讼程序决不能超过 90 天。

6. 上诉应限于专家组报告涉及的法律问题和专家组所作的法律解释。

7. 如上诉机构要求，应向其提供适当的行政和法律支持。

8. 上诉机构任职人员的费用，包括旅费和生活津贴，应依照总理事会在预算、财务与行政委员会所提建议基础上通过的标准，从 WTO 预算中支付。

上诉审议的程序

9. 工作程序应由上诉机构经与 DSB 主席和总干事磋商后制定，并告知各成员供参考。

10. 上诉机构的程序应保密。上诉机构报告应在争端各方不在场的情况下，按照提供的信息和所作的陈述起草。

11. 上诉机构报告中由任职于上诉机构的个人发表的意见应匿名。

12. 上诉机构应在上诉程序中处理依照第 6 款提出的每一问题。

13. 上诉机构可维持、修改或撤销专家组的法律调查结果和结论。

上诉机构报告的通过

14. 上诉机构报告应由 DSB 通过，争端各方应无条件接受，除非在报告散发各成员后 30 天内，DSB 经协商一致决定不通过该报告。① 此通过程序不损害各成员就上诉机构报告发表意见的权利。

第 18 条 与专家组或上诉机构的联系

1. 不得就专家组或上诉机构审议的事项与专家组或上诉机构进行单方面联系。

2. 提交专家组或上诉机构的书面陈述应被视为保密，但应使争端各方可获得。本谅解的任何规定不妨碍争端任何一方向公众披露有关其自身立场的陈述。各成员应将另一成员提交专家组或上诉机构、并由该另一成员指定为机密的信息按机密信息处理。应一成员请求，一争端方还应提供一份其书面陈述所含信息的可对外披露的非机密摘要。

第 19 条 专家组和上诉机构的建议

1. 如专家组或上诉机构认定一措施与一适用协定不一致，则应建议有关成员②使该措施符合该协定。③ 除其建议外，专家组或上诉机构还可就有关成员如何执行建议提出办法。

2. 依照第 3 条第 2 款，专家组和上诉机构在其调查结果和建议中，不能增加或减少适用协定所规定的权利和义务。

第 20 条 DSB 决定的时限

除非争端各方另有议定，自 DSB 设立专家组之日起至 DSB 审议通

---

① 如未安排在此期间召开 DSB 会议，则应为此召开一次 DSB 会议。

② “有关成员”为专家组或上诉机构的建议所针对的争端方。

③ 对于有关不涉及违反 GATT 1994 和任何其他适用协定案件的建议，见第 26 条。

过专家组报告或上诉机构报告之日止的期限，在未对专家组报告提出上诉的情况下一般不得超过 9 个月；在提出上诉的情况下通常不得超过 12 个月。如专家组或上诉机构按照第 12 条第 9 款或第 17 条第 5 款延长提交报告的时间，则所用的额外时间应加入以上期限。

第 21 条　对执行建议和裁决的监督

1. 为所有成员的利益而有效解决争端，迅速符合 DSB 的建议或裁决是必要的。

2. 对于需进行争端解决的措施，应特别注意影响发展中国家成员利益的事项。

3. 在专家组或上诉机构报告通过后 30 天内①召开的 DSB 会议上，有关成员应通知 DSB 关于其执行 DSB 建议和裁决的意向。如立即遵守建议和裁决不可行，有关成员应有一合理的执行期限。合理期限应为：

(a)有关成员提议的期限，只要该期限获 DSB 批准；或，在如未获批准则为，

(b)争端各方在通过建议和裁决之日起 45 天内双方同意的期限；或，如未同意则为，

(c)在通过建议和裁决之日起 90 天内通过有约束力的仲裁确定的期限。② 在该仲裁中，仲裁人③的指导方针应为执行专家组或上诉机构建议的合理期限不超过自专家组或上诉机构报告通过之日起 15 个月。但是，此时间可视具体情况缩短或延长。

4. 除专家组或上诉机构按照第 12 条第 9 款或第 17 条第 5 款延长提交报告的时间外，自 DSB 设立专家组之日起至合理期限的确定之日止的时间不得超过 15 个月，除非争端各方另有议定。如专家组或上诉机

---

① 如未安排在此期间召开 DSB 会议，则应为此召开一次 DSB 会议。

② 如在将此事项提交仲裁后 10 天内，各方不能就仲裁人达成一致，则仲裁人应由总干事经与各方磋商后在 10 天内任命。

③ “仲裁人”一词应理解为一个人或一小组。

构已延长提交报告的时间，则所用的额外时间应加入 15 个月的期限；但是除非争端各方同意存在例外情况，否则全部时间不得超过 18 个月。

5. 如在是否存在为遵守建议和裁决所采取的措施或此类措施是否与适用协定相一致的问题上存在分歧，则此争端也应通过援用这些争端解决程序加以决定，包括只要可能即求助于原专家组。专家组应在此事项提交其后 90 天内散发其报告。如专家组认为在此时限内不能提交其报告，则应书面通知 DSB 迟延的原因和提交报告的估计期限。

6. DSB 应监督已通过的建议或裁决的执行。在建议或裁决通过后，任何成员可随时在 DSB 提出有关执行的问题。除非 DSB 另有决定，否则执行建议或裁换的问题在按照第 3 款确定合理期限之日起 6 个月后，应列入 DSB 会议的议程，并应保留在 DSB 的议程上，直到该问题解决。在 DSB 每一次会议召开前至少 10 天，有关成员应向 DSB 提交一份关于执行建议或裁决进展的书面情况报告。

7. 如有关事项是由发展中国家成员提出的，则 DSB 应考虑可能采取何种符合情况的进一步行动。

8. 如案件是由发展中国家成员提出的，则在考虑可能采取何种适当行动时，DSB 不但要考虑被起诉措施所涉及的贸易范围，还要考虑其对有关发展中国家成员经济的影响。

第 22 条　补偿和中止减让

1. 补偿和中止减让或其他义务属于在建议和裁决未在合理期限内执行时可获得的临时措施。但是，无论补偿还是中止减让或其他义务均不如完全执行建议以使一措施符合有关适用协定。补偿是自愿的，且如果给予，应与有关适用协定相一致。

2. 如有关成员未能使被认定与一适用协定不一致的措施符合该协定，或未能在按照第 21 条第 3 款确定的合理期限内符合建议和裁决，则该成员如收到请求应在不迟于合理期限期满前，与援引争端解决程序的任何一方进行谈判，以期形成双方均可接受的补偿。如在合理期限结束期满之日起 20 天内未能议定令人满意的补偿，则援引争端解决程序的任何一方可向 DSB 请求授权中止对有关成员实施适用协定项下的减让或其他义务。

3. 在考虑中止哪些减让或其他义务时，起诉方应适用下列原则和程序：

(a)总的原则是，起诉方应首先寻求对与专家组或上诉机构认定有违反义务或其他造成利益丧失或减损情形的部门相同的部门中止减让或其他义务；

(b)如该方认为对相同部门中止减让或其他义务不可行或无效，则可寻求中止对同一协定项下其他部门的减让或其他义务；

(c)如该方认为对同一协定项下的其他部门中止减让或其他义务不可行或无效，且情况足够严重，则可寻求中止另一适用协定项下的减让或其他义务；

(d)在适用上述原则时，该方应考虑：

(ⅰ)专家组或上诉机构认定有违反义务或其他造成利益丧失或减损情形的部门或协定项下的贸易，及此类贸易对该方的重要性；

(ⅱ)与利益丧失或减损相关的更广泛的经济因素及中止减让或其他义务的更广泛的经济后果；

(e)如该方决定按照(b)项或(c)项请求授权中止减让或其他义务，则应在请求中说明有关理由。在请求送交 DSB 的同时，还应送交有关理事会，在按照(b)项提出请求的情况下，还应转交有关部门性机构；

(f)就本款而言，"部门"一词：

(ⅰ)对于货物，指所有货物；

(ⅱ)对于服务，指用于确认此类部门的现行"服务部门分类清单"中所确认的主要部门；①

(ⅲ)对于与贸易有关的知识产权，指《TRIPS 协定》第二部分第 1

① 文件 MTN. GNS/W/120 中的清单确定了 11 个部门。

节、第2节、第3节、第4节、第5节、第6节或第7节所涵盖的知识产权的每一类别，或第三部分或第四部分下的义务。

(g)就本款而言，“协定”一词：

(ⅰ)对于货物，指《WTO协定》附录1A所列各项协定的总体，以及诸边贸易协定，只要有关争端方属这些协定的参加方；

(ⅱ)对于服务，指GATS；

(ⅲ)对于知识产权，指《TRIPS协定》。

4. DSB授权的中止减让或其他义务的程度应等于利益丧失或减损的程度。

5. 如适用协定禁止此类中止，则DSB不得授权中止减让或其他义务。

6. 如发生第2款所述情况，则应请求，DSB应在合理期限结束后30天内，给予中止减让或其他义务的授权，除非DSB经协商一致决定拒绝该请求。但是，如有关成员反对提议的中止程度，或声称在一起诉方提出请求根据第3款(b)项或(c)项授权中止减让或其他义务时，第3款所列原则和程序未得到遵守，则该事项应提交仲裁。如原专家组成员仍可请到，则此类仲裁应由原专家组作出，或由经总干事任命的仲裁人①作出，仲裁应在合理期限结束之日起60天内完成。减让或其他义务不得在仲裁过程中予以中止。

7. 按照第6款行事的仲裁人②不得审查拟予中止的减让或其他义务的性质，而应确定此类中止的程度是否等于利益丧失或减损的程度。仲裁人还可确定在适用协定项下是否允许拟议的中止减让或其他义务。但是，如提交仲裁的问题包括关于第3款所列原则和程序未得到遵循的主张，则仲裁人应审议此项主张。如仲裁人确定这些原则和程序未得到遵循，则起诉方应以与第3款相一致的方式适用这些原则和程序。各方

① “仲裁人”一词应解释为一个人或一小组。

② “仲裁人”一词应解释为一个人或一个小组，或当原专家组成员担任仲裁人时，应解释为指原专家组成员。

应将仲裁人的决定视为最终决定予以接受，有关各方不得寻求第二次仲裁。仲裁人的决定应迅速通知DSB，应请求，DSB应授权中止减让或其他义务，除非DSB经协商一致决定拒绝该请求。

8. 减让或其他义务的中止应是临时性的，且只应维持至被认定与适用协定不一致的措施已取消，或必须执行建议或裁决的成员对利益丧失或减损已提供解决办法，或已达成双方满意的解决办法。依照第21条第6款，DSB应继续监督已通过的建议或裁决的执行，包括那些已提供补偿或已中止减让或其他义务、而未执行旨在使一措施符合有关适用协定的建议的案件。

9. 如一成员领土内的地区或地方政府或主管机关采取了影响遵守适用协定的措施，则可援引适用协定中的争端解决规定。如DSB已裁决一适用协定中的规定未得到遵守，则负有责任的成员应采取其可采取的合理措施，保证遵守该协定。适用协定及本谅解有关补偿和中止减让或其他义务的规定适用于未能遵守协定的案件。①

第23条　多边体制的加强

1. 当成员寻求纠正违反义务情形或寻求纠正其他造成适用协定项下利益丧失或减损的情形，或寻求纠正妨碍适用协定任何目标的实现的情形时，它们应援用并遵守本谅解的规则和程序。

2. 在此种情况下，各成员应；

(a)不对违反义务已发生、利益已丧失或减损或适用协定任何目标的实现已受到妨碍作出确定，除非通过依照本谅解的规则和程序援用争端解决，且应使任何此种确定与DSB通过的专家组或上诉机构报告所包含的调查结果或根据本谅解作出的仲裁裁决相一致；

(b)遵循第21条所列程序，以确定有关成员执行建议和裁决的合

---

① 如任何适用协定中有关在一成员领土内的地区或地方政府或主管机关采取措施的规定包含与本款规定不同的规定，则应以此适用协定的规定为准。

理期限；以及

(c)遵循第22条所列程序，确定中止减让或其他义务的程度，并针对有关成员未能在该合理期限内执行建议和裁决的情况，在中止适用协定项下的减让或其他义务之前，依照这些程序获得DSB的授权。

第24条 涉及最不发达国家成员的特殊程序

1. 在确定涉及一最不发达国家成员争端的起因和争端解决程序的所有阶段，应特别考虑最不发达国家的特殊情况。在此方面，各成员在根据这些程序提出涉及最不发达国家的事项时应表现适当的克制。如认定利益的丧失或减损归因于最不发达国家成员所采取的措施，则起诉方在依照这些程序请求补偿或寻求中止实施减让或其他义务的授权时，应表现适当的克制。

2. 在涉及一最不发达国家成员的争端解决案件中，如在磋商中未能找到令人满意的解决办法，则应最不发达国家成员请求，总干事或DSB主席应进行斡旋、调解和调停，以期在提出设立专家组的请求前，协助各方解决争端。总干事或DSB主席在提供以上协助时，可向自己认为适当的任何来源进行咨询。

第25条 仲 裁

1. WTO中的迅速仲裁作为争端解决的一个替代手段，能够便利解决涉及有关双方已明确界定问题的争端。

2. 除本谅解另有规定外，诉诸仲裁需经各方同意，各方应议定将遵循的程序。诉诸仲裁的一致意见应在仲裁程序实际开始之前尽早通知各成员。

3. 只有经已同意诉诸仲裁的各方同意，其他成员方可成为仲裁程序的一方。诉讼方应同意遵守仲裁裁决。仲裁裁决应通知DSB和任何有关适用协定的理事会或委员会，任何成员均可在此类机构中提出与之相关的任何问题。

4. 本谅解第 21 条和第 22 条在细节上作必要修改后应适用于仲裁裁决。

第 26 条

1. GATT 1994 第 23 条第 1 款(b)项所述类型的非违反起诉

如 GATT 1994 第 23 条第 1 款(b)项的规定适用于一适用协定，则专家组和上诉机构只有在一争端方认为由于一成员实施任何措施而造成其根据有关适用协定直接或间接获得的任何利益丧失或减损，或此种措施妨碍该协定任何目标的实现时，方可作出裁决和建议，无论该措施与该协定的规定是否产生抵触。如该方认为且专家组或上诉机构确定，一案件所涉及的措施与 GATT 1994 第 23 条第 1 款(b)项规定所适用的适用协定的规定不产生抵触，则应适用本谅解的程序，但需遵守下列规定：

(a)该起诉方应提供详细的正当理由，以支持任何就一项不与适用协定产生抵触的措施而提出的起诉；

(b)如一措施被认定造成有关适用协定项下的利益丧失或减损，或此种措施妨碍该协定目标的实现，但并未违反该协定，则无义务撤销该措施。但在此种情况下，专家组或上诉机构应建议有关成员作出使双方满意的调整；

(c)尽管有第 21 条的规定，但是应双方中任何一方的请求，第 21 条第 3 款所规定的仲裁可包括对利益丧失或减损程度的确定，也可建议达成令双方满意的调整的方法；此类建议不得对争端各方具有约束力；

(d)尽管有第 22 条第 1 款的规定，但是补偿可以成为作为争端最后解决办法的令双方满意的调整的一部分。

2. GATT 1994 第 23 条第 1 款(c)项所述类型的起诉

如 GATT 1994 第 23 条第 1 款(c)项的规定适用于一适用协定，则专家组只有在一方认为由于存在任何不属 GATT 1994 第 23 条第 1 款(a)项和(b)项规定所适用的情况而造成其根据有关适用协定直接或间接获得的任何利益丧失或减损，或此种情况妨碍该协定任何目标的实现时，方可作出裁决和提出建议。如该方认为且专家组确定本款已涵盖该事项，则本谅解的程序仅适用至有关程序中专家组报告散发各成员为止。《1989年4月12日决定》(BISD 36册61至67页)所含争端解决规则和程序适用于建议和裁决的审议通过、监督和执行。下列规定也应适用：

(a)该起诉方应提供详细理由，以支持就本款涵盖问题所提出的任何论据；

(b)在涉及本款所涵盖事项的案件中，如专家组认定案件还涉及本款所涵盖事项之外的争端解决事项，则专家组应向DSB提交针对任何此类事项的报告，并提交一份属本款范围内事项的单独报告。

第27条　秘书处的职责

1. 秘书处应特别在所处理事项的法律、历史和程序方面负责协助专家组，并提供秘书和技术支持。

2. 在秘书处应成员请求在争端解决方面协助成员时，可能还需在争端解决方面向发展中国家成员提供额外的法律建议和协助。为此，秘书处应使提出请求的发展中国家成员可获得WTO技术合作部门一名合格法律专家的协助。该专家在协助发展中国家成员时应保证秘书处继续保持公正。

3. 秘书处应为利害关系成员提供有关争端解决程序和做法的特殊培训课程，以便各成员的专家能够更好地了解这方面的情况。

附录1　本谅解的适用协定

(A)《建立世界贸易组织协定》

(B)多边贸易协定

附件1A：多边货物贸易协定

附件1B：《服务贸易总协定》

附件 1C：《与贸易有关的知识产权协定》

附件 2：《关于争端解决规则与程序的谅解》

(C)诸边贸易协定：

附件 4：《民用航空器贸易协定》

《政府采购协定》

《国际奶制品协定》

《国际牛肉协定》

本谅解对诸边贸易协定的适用应由每一协定的参加方通过列出本谅解对各协定适用条件的决定，包括已通知 DSB 的、供包括在附录 2 中的任何特殊或附加规则或程序。

附录 2 适用协定所含特殊或附加规则与程序

协定	规则与程序
《实施卫生与植物卫生措施协定》	11.2
《纺织品与服装协定》	2.14、2.21、4.4、5.2、5.4、5.6、6.9、6.10、6.11、8.1 至 8.12
《技术性贸易壁垒协定》	14.2 至 14.4、附件 2
《关于实施 1994 年关税与贸易总协定第 6 条的协定》	17.4 至 17.7
《关于实施 1994 年关税与贸易总协定第 7 条的协定》	19.3 至 19.5、附件 2.2(f)、3、9、21
《补贴与反补贴措施协定》	4.2 至 4.12、6.6、7.2 至 7.10、8.5、脚注 35、24.4、27.7、附件 5
《服务贸易总协定》	22.3、23.3
《关于金融服务的附件》	4
《关于空运服务的附件》	4
《关于 GATS 部分争端解决程序的决定》	1 至 5

本附录中的规则和程序清单包括仅有部分内容与此有关的条款。

诸边贸易协定中的任何特殊或附加规则或程序由各协定的主管机构确定，并通知 DSB。

附录3 工作程序

1. 在其程序中，专家组应遵循本谅解的有关规定。此外，应适用下列工作程序。

2. 专家组的会议不公开。争端各方和利害关系方只有在专家组邀请到场时方可出席会议。

3. 专家组的审议和提交专家组的文件应保密。本谅解的任何规定不得妨碍任何争端方向公众披露有关其自身立场的陈述。各成员应将另一成员提交专家组或上诉机构、并由该另一成员指定为机密的信息按机密信息对待。如一争端方向专家组提交其书面陈述的保密版本，则应一成员请求，该争端方还应提供一份其书面陈述所含信息的可对外公布的非机密摘要。

4. 在专家组与争端各方召开第一次实质性会议之前，争端各方应向专家组提交书面陈述，说明案件的事实和论据。

5. 在与各方召开的第一次实质性会议上，专家组应请提出起诉方陈述案情。随后，仍在此次会议上，请被诉方陈述其观点。

6. 应书面邀请所有已通知 DSB 其在争端中有利害关系的第三方，在专家组第一次实质性会议期间专门安排的一场会议上陈述其意见。所有此类第三方可出席该场会议的全过程。

7. 正式辩驳应在专家组第二次实质性会议上作出。被诉方有权首先发言，随后由起诉方发言。各方应在此次会议之前向专家组提交书面辩驳。

8. 专家组可随时向各方提出问题，并请它们在各方出席的会议过程中进行说明，或作出书面说明。

9. 争端各方和依照第 10 条应邀陈述意见的任何第三方应使专家组

可获得其口头陈述的书面版本。

10. 为保持充分的透明度，第 5 款至第 9 款中所指的陈述、辩驳及说明均应在各方在场的情况下作出。而且，每一方的书面陈述，包括对报告描述部分的任何意见和对专家组所提问题的答复，均应使另一方或各方可获得。

11. 针对专家组的任何附加程序。

12. 专家组工作的建议时间表。

(a)收到各方第一份书面陈述：

(1)起诉方：________ 3 至 6 周

(2)被诉方：________ 2 至 3 周

(b)各方出席的第一次实质性会议的日期、时间和地点；第三方参加的会议：________ 1 至 2 周

(c)收到各方书面辩驳：________ 2 至 3 周

(d)各方出席的第二次实质性会议的日期、时间和地点：________ 1 至 2 周

(e)向各方散发报告的描述部分：________ 2 至 4 周

(f)收到各方对报告描述部分的意见：________ 2 周

(g)向各方散发中期报告，包括调查结果和结论：________ 2 至 4 周

(h)各方请求审议报告部分内容的截止日期：________ 1 周

(1)专家组审议期限，包括可能与各方再次召开的会议：________ 2 周

(j)向争端各方散发最终报告：________ 2 周

(k)向各成员散发最终报告：________ 3 周

上述时间表可根据未预料的情况进行更改，如需要，应确定与各方再次召开会议的时间。

附录 4　专家审议小组

下列规则和程序应适用于依照第 13 条第 2 款的规定设立的专家审

议小组。

1. 专家审议小组由专家组管辖。其职权范围和详细工作程序由专家组决定，小组应向专家组报告。

2. 专家审议小组的参加者仅限于对所涉领域具有专业名望和经验的人员。

3. 未经争端各方达成联合协议，争端各方的公民不得在专家审议小组中任职，除非出现专家组认为其他方法无法满足对特殊科学专业知识的需要的例外情况。争端各方的政府官员不得在专家审议小组中任职。专家审议小组成员以个人身份任职，既不是政府的代表也不是任何组织的代表。政府或组织因此不得就专家审议小组审议的事项向小组成员作出指示。

4. 专家审议小组可向其认为适当的任何来源进行咨询，并寻求信息和技术建议。在专家审议小组向一成员管辖范围内的来源寻求此类信息或建议之前，应通知该成员政府。任何成员应迅速和全面地答复专家审议小组提出的任何关于提供其认为必要和适当信息的请求。

5. 争端各方应可获得向专家审议小组提供的所有有关信息，除非此信息属机密性质。未经提供信息的政府、组织或个人的正式授权，不得披露提供给专家审议小组的机密信息。如专家审议小组请求获得此类信息，而专家审议小组无授权披露此类信息，则提供该信息的政府、组织或个人将提供信息的非机密摘要。

6. 专家审议小组应向争端各方提交一份报告草案，以期得到他们的意见，并在最终报告中酌情予以考虑，最终报告在提交专家组时，还应向争端各方散发。专家审议小组的最终报告仅属咨询性质。

附录三　中国签署的自由贸易协定争端解决条款①

一、《中国—澳大利亚自由贸易协定》争端解决机制

第十五章　争 端 解 决

第一条　合作

双方应努力就本协定的解释和适用达成一致，并且应尽一切努力通过合作，就可能影响本协定实施的任何事项达成双方满意的解决方法。

第二条　适用范围

除非本协定另有规定，本章应适用于双方关于执行、解释和适用本协定的争端的解决，或者当一方认为：

（一）另一方的措施与其在本协定项下的义务不符；或者

（二）另一方未能履行其在本协定项下的义务。

第三条　联系点

一、各方应指定联系点，以便利双方就本章下发起的任何争端进行

---

① 中国目前签订的16个RTA中，除了中国内地与中国香港和中国澳门签订的《关于建立更紧密经贸关系的安排》以及中国大陆与中国台湾地区签订的《两岸经济合作框架协议》中没有规定司法性的争端解决机制之外，其他13个RTA都建立了包括第三方仲裁制度在内的争端解决机制，由于中国与马尔代夫自由贸易协定的文本尚未公布，故本附录中只包括除《中国与马尔代夫自由贸易协定》之外的其他12个自由贸易协定的争端解决机制。

沟通。

二、依据本章做出的任何请求、通知、书面陈述或者其他文件应通过指定联系点送达另一方。

第四条　场所的选择

一、除非本条另有规定，本章不影响双方使用双方均为缔约方的其他国际贸易协定下争端解决程序的权利。

二、如争端既涉及本协定下事项也涉及双方均为缔约方的其他国际贸易协定下的事项，起诉方可以选择解决争端的场所。

三、一旦起诉方已请求设立或者将事项提交给争端解决专家组或仲裁庭，则应使用该被选定场所，且同时排除其他场所的使用。

第五条　磋商

一、任何一方可以就本章第二条所述任何事项以递交书面通知的方式向另一方请求磋商。

二、在通知中，请求方应说明提出请求的理由，包括指明争议措施以及指控的事实与法律基础。

三、在磋商请求提出后，被请求方应立即回复该请求，并应善意地进行磋商，以在以下期限内达成双方满意的解决方法：

(一)涉及易腐货物的紧急事项，自收到磋商请求之日起 10 日内；或者

(二)任何其他事项，自收到磋商请求之日起 30 日内。

四、磋商应保密，且不影响任何一方在任何进一步程序中的权利。

五、举行磋商时，双方应：

(一)提供充分的信息，以便全面审查磋商事项可能如何影响本协定的实施和适用；并且

(二)以与信息提供方相同的方式对待磋商过程中交换的任何保密或专有信息。

六、如果被请求方未在本条第三款(一)或(二)项规定的时间内进行磋商，则请求方可以直接请求设立仲裁庭。

第六条　斡旋、调停和和解

一、双方可随时同意斡旋、调停和和解。斡旋、调停和和解可随时开始，随时终止。

二、如果双方同意，斡旋、调停和和解可在根据本章第七条成立的仲裁庭的审理程序进行时继续进行。

第七条　仲裁庭的设立与组成

一、如果磋商未能在下列期限内解决争端：

（一）涉及易腐货物的紧急事项，自收到磋商请求之日起 20 日内；或者

（二）任何其他事项，自收到磋商请求之日起 60 日内。

提出磋商请求的一方可书面请求设立仲裁庭审理争议事项。

二、设立仲裁庭的请求应指明：

（一）具体争议事项；以及

（二）起诉的事实与法律基础，包括被指违反的本协定条款以及其他相关条款，以充分清楚地陈述问题。

三、仲裁庭应在起诉方依照本条第一款提出请求时设立。

四、仲裁庭应当由三名仲裁员组成。

五、在仲裁庭设立 15 日内，各方应分别指定一名仲裁员，该仲裁员可以是其国民。

六、双方应在仲裁庭设立之日起 30 日内共同一致指定第三名仲裁员。依此方式指定的仲裁员为仲裁庭主席。

七、如仲裁庭的任一仲裁员未在仲裁庭设立 30 日内得到指定或认命，任何一方可请求世贸组织总干事在请求提起之日起 30 日内指定一名仲裁员。

八、所有仲裁员应：

（一）具有法律、国际贸易、本协定项下其他事项或解决国际贸易协定项下争端的专业知识或经验；

（二）依据客观性、可靠性及良好判断进行严格挑选；

(三)独立于任何一方，并且不隶属于或听命于任何一方；

(四)未曾以任何身份处理过争端事项；并且

(五)遵守本章附件一规定的行为守则。

九、仲裁庭主席应：

(一)不是任何一方的国民；并且

(二)不在任何一方领土内拥有常用住所。

十、如根据本条任命的仲裁员辞职或者不能履行职责，继任者应以与原仲裁员的任命相同的方式任命，且继任者应享有原仲裁员的所有权力和职责。在任命继任仲裁员期间，仲裁庭的工作应当中止。

十一、当根据本章第十五至第十七条重新成立仲裁庭时，重新成立的仲裁庭应尽可能和原仲裁庭拥有相同的仲裁员。如果仲裁庭不能由原仲裁员重新组成，则仲裁员选任应按照本条规定程序进行。

第八条 仲裁庭的职能

一、仲裁庭的职能是对争端事项作出客观评估，包括：

(一)案件事实；

(二)双方援引的本协定相关条款的适用性；以及

(三)是否存在：

1. 争议措施与本协定项下义务不一致；或者

2. 一方未能履行其在本协定项下的义务。

二、除非双方在仲裁庭设立之日起20日内另有约定，仲裁庭的职权范围为：

“按照本协定的有关规定，审查依据本章第七条提出的设立仲裁庭请求中提及的事项，并为争端之解决提出法律和事实的裁决和理由。”

三、仲裁庭裁决应对双方有约束力。

第九条 解释规则

一、仲裁庭应根据解释国际公法的惯例对本协定进行解释，包括1969年5月23日订于维也纳的《维也纳条约法公约》所反映的惯例。

二、仲裁庭应考虑世贸组织争端解决机构在裁决和建议中确立的相关解释。

三、仲裁庭的裁决和建议不能增加或减少本协定所规定的权利和义务。

第十条　仲裁庭程序规则

一、除非双方另有约定，仲裁庭应遵守本章附件二规定的程序示范规则。

二、仲裁庭经与双方协商，可采用与示范规则不冲突的附加程序规则。

第十一条　仲裁庭程序的中止或终止

一、如双方同意，仲裁庭可在任何时间中止其工作，中止期限自双方同意之日起不得超过 12 个月。在中止期间，根据任何一方的请求，仲裁庭应恢复工作。如仲裁庭工作已中止 12 个月以上，除非双方另行约定，设立仲裁庭的授权应终止。

二、如已达成双方满意的解决方法，双方可同意终止仲裁庭程序。此种情况下，双方应共同通知仲裁庭主席。

三、仲裁庭可在提交最终报告之前的任何阶段，建议双方友好解决争端。

第十二条　仲裁庭报告

一、为使双方能有机会审阅报告和提出意见，仲裁庭应在最后一名仲裁员指定之日起 90 日内向双方提交初步报告，提出事实认定和理由，并决定是否存在：

（一）争议措施与本协定项下义务不一致；

（二）一方未能履行其在本协定项下的义务。

二、仲裁庭报告应基于本协定相关规定、双方的书面陈述和主张、以及根据程序规则获得的任何信息或技术性建议。应双方共同请求，仲裁庭也可向被诉方提出执行裁决方式的建议。

三、在例外情况下，如果仲裁庭认为无法在 90 日内提交初步报告，则应书面通知双方迟延的原因和预计提交报告的期限。除非双方另行商定，任何迟延不得超过30日。

四、各方可在初步报告提交后10日内向仲裁庭提出书面评论。在考虑双方的书面评论并作出其认为合理的进一步审查后，除非双方另有约定，仲裁庭应在提交初步报告之日起30日内向双方提交最终报告。

五、仲裁庭最终报告应在提交争端双方后10日内使公众可获得。

第十三条　最终报告的执行

一、如果仲裁庭认定涉案措施不符合本协定或一方未能履行其在本协定项下的义务，被诉方应使该措施符合本协定。

二、在仲裁庭最终报告提交之日起30日内，被诉方应通知起诉方其执行仲裁庭裁决的意向。如果立即执行不可行，被诉方应在合理期限内执行。

第十四条　合理期限

一、合理期限应由双方商定。如双方不能在最终报告提交之日起45日内就合理期限达成协议，只要可能，任何一方可将该事项提交原仲裁庭，由其来确定合理期限。

二、仲裁庭应在该事项向其提交之日起30日内向双方提交决定。在作出决定前，仲裁庭应要求双方提交书面陈述，并在应任何一方请求时，与双方召开听证会并给予每一方在听证会上进行陈述的机会。作为指导性原则，合理期限自仲裁庭发布最终报告之日起不应该超过15个月。但是，此时间可视具体情况缩短或延长。

三、如果仲裁庭认为在上述期限内不能提交决定，则应书面通知双方迟延的原因和预计提交决定的期限。除非双方另行商定，任何迟延不得超过15日。

第十五条　一致性审查

一、当双方对于为遵守本章第十三条一款义务而采取的措施是否存在或此类措施是否与本协定相一致存在分歧时，此类争端应提交本章项下的仲裁庭，只要可能，包括提交原仲裁庭。

二、此类请求仅可在以下时间后提出：

（一）合理期限已届满；或者

（二）被诉方已书面通知起诉方其已遵守本章第十三条一款项下的义务。

三、根据本条成立的仲裁庭应在请求提交后尽快重新召集，并应在书面通知提交之日起60日内向双方提交报告。

四、仲裁庭应对其审议的事项作出客观评估，包括：

（一）被诉方为遵守本章第十三条一款义务而采取的执行行动的事实；以及

（二）被诉方是否已遵守本章第十三条一款义务；

并在其报告中就此阐述结论。

第十六条　补偿、中止减让和义务

一、如果被诉方：

（一）未能在合理期限内遵守仲裁庭裁决；

（二）以书面形式表示将不遵守仲裁庭裁决；或者

（三）通过本章第十五条规定的一致性审查程序已被认定未遵守本章第十三条一款义务；

该方应要求，应与起诉方进行谈判，以期达成双方均满意的必要补偿。

二、如果双方未能根据本条第一款在20日内就补偿达成一致，起诉方可以向被诉方提交书面通知，表明有意对被诉方中止适用本协定下的减让或义务，其程度相当于仲裁庭认定不符的程度。通知应当表明起诉方提议中止减让或其他义务的水平。

三、起诉方可在提出中止意向通知后30日或仲裁庭依据本条第六款发布决定后开始中止减让和义务。

四、任何减让和义务的中止应限制在另一方在本协定下获得的利益的范围内。

五、在根据本条第二款考虑中止减让和义务时，起诉方应遵循以下原则：

（一）起诉方应首先寻求对与仲裁庭认定不符本协定义务的措施所影响部门相同的部门中止减让和义务；并且

（二）如起诉方认为对相同部门中止减让和义务不可行或无效，可中止其他部门的减让和义务。其宣布此决定的通知应说明作出该决定的原因。

六、如果被诉方反对提议的中止水平，或者认为本条第五款规定的原则并未得到适用，则可向原仲裁庭提出要求审查的书面请求。仲裁庭应确定起诉方根据本条第二款拟中止的减让和义务的水平是否与不符水平相当。如果仲裁庭未能由原仲裁庭成员组成，本章第七条规定的程序应适用。

七、仲裁庭应在根据本条第六款提出请求后60日内提交决定，或者如果仲裁庭未能由原仲裁庭成员组成，则应在最后一名仲裁庭成员指定后60日内提交决定。仲裁庭的决定应是终裁，有约束力，并应可公开获得。

八、减让和义务的中止应是临时的，且应只适用到与本协定不符的措施取消或双方满意的解决方法达成之时。

第十七条　中止后审查

一、在根据本章第十六条行使中止减让和义务的权利的情况下，被诉方如认为其已遵守本章第十三条一款义务，可书面通知起诉方并描述其如何遵守义务。起诉方如不同意，可在收到该书面通知后30日内将该事项提交原仲裁庭。如果仲裁庭未能由原仲裁庭成员组成，本章第七条规定的程序应适用。否则，起诉方应立即停止中止减让和义务。

二、仲裁庭应在该事项提交后60日内散发报告。如果仲裁庭认定被诉方已经消除不符之处，起诉方应迅速停止中止减让和义务。

二、《中国—瑞士自由贸易协定》争端解决机制

第十五章　争端解决

第15.1条　范围与覆盖面

一、除非本协定另有规定，如缔约一方认为另一缔约方采取的措施

不符合本协定的权利和义务，则应当适用本章的解决争端规定。

二、对于本协定和《世贸组织协定》项下就相同事项产生的争端，起诉方有权自行选择两协定项下的任一争端解决场所。由此选择的争端解决场所应当排除其他争端解决场所。

三、就第二款而言，如缔约一方根据世贸组织《关于争端解决规则与程序的谅解》第 6 条提出设立专家组的请求，则视为启动了《世贸组织协定》项下的争端解决程序；如缔约一方根据本协定第 15. 4 条第一款提出仲裁请求，则视为启动了本协定项下的争端解决程序。

第 15. 2 条　斡旋、调解和调停

一、经缔约双方同意，斡旋、调解和调停是缔约双方自愿采取的程序。这些程序可在任何时候开始和终止。这些程序亦可与按照本章规定设立并正在进行的仲裁庭程序同时进行。

二、涉及斡旋、调解和调停的程序应当保密，且不得损害缔约双方在其他任何诉讼中的权利。

第 15. 3 条　磋商

一、如果缔约一方认为一项措施不符合本协定的权利和义务，可以书面请求与另一缔约方进行磋商。磋商请求应当阐明请求的理由，包括指明争议措施以及起诉的法律根据概要。另一缔约方应当在收到磋商请求之日起 10 天内做出答复。

二、磋商应当在收到磋商请求之日起 30 天内开始。有关紧急事项的磋商应当在收到磋商请求之日起 15 天内开始。对其提出磋商请求的缔约一方如在 10 天内不作答复，或者在收到磋商请求之日起 30 天内，或者在紧急事项情况下 15 天内，没有进入磋商，提出请求的缔约方有权根据第 15. 4 条请求设立仲裁庭。

三、起诉方应当提供足够的信息，以便利在磋商过程中找到解决方案。对于磋商过程中交换的任何保密信息或专有信息，每一缔约方应当按照提供该信息的缔约方同样的方式予以对待。

四、磋商应当保密，并不得损害缔约双方在任何进一步诉讼中的权利。

第 15.4 条　仲裁庭的设立

一、如果在被诉方收到磋商请求之日起 60 天内，或涉及紧急事项时 30 天内，本协定第 15.3 条所指的磋商未能解决问题，则起诉方可以向另一缔约方提出书面请求，将有关问题提交仲裁庭。

二、仲裁请求应当指明具体争议措施，并提供起诉的法律根据概要。

三、仲裁庭应当由三名成员组成。

四、在根据第一款收到仲裁请求之日起 15 天内，缔约双方应当分别指定一名仲裁庭成员。

五、在根据第一款收到仲裁请求之日起 30 天内，缔约双方应当通过共同协议指定第三名专家。依此方式指定的专家为仲裁庭主席。

六、如果在根据第一款收到书面仲裁请求之日起 30 天内未能指定仲裁庭的任何成员，经争端任一缔约方请求，世贸组织总干事在此后的 30 天内指定一名成员。如果世贸组织总干事为任一缔约方的国民或无法履行此项职责，则应当由并非任一缔约方国民的世贸组织副总干事履行此项职责。如果世贸组织副总干事也无法履行此项职责，则应当请求国际法院院长履行此项职责。如果国际法院院长为任一缔约方国民，则应当请求并非任一缔约方国民的国际法院副院长履行此项职责。

七、仲裁庭主席不得为任一缔约方的国民，他或她的惯常居所地也不能在任一缔约方境内，且他或她不应受雇于任一缔约方，也不能以任何身份处理该争议问题。

八、所有专家应当：

（一）在法律、国际贸易或解决国际贸易协定争端领域具有专业知识或经验，以及如果可能的话，在争端所涉事项领域具有专业知识；

（二）依据客观性、可靠性和良好判断进行严格挑选；

（三）独立且不隶属于任一缔约方或者接受任一缔约方指示；

（四）遵守符合世贸组织 WT/DSB/RC/1 文件确定的相关规则的行

为准则。

九、如果依照本条任命的专家辞职或无法履行职责，应当按照任命原任专家规定的遴选程序在 15 天内任命继任专家。继任专家应当拥有原任专家的所有权力和职责。继任专家任命期间，应当中止仲裁庭工作。

十、除非缔约双方在根据第一款规定收到仲裁请求之日起 30 天内另行商定，仲裁庭职权范围应当为："根据本协定的相关规定，审查根据第 15.4 条提出的设立仲裁庭要求中提及的事项，并为解决争端提出法律和事实调查结果并提供相关理由。"

第 15.5 条　仲裁庭的职能

一、仲裁庭的职能是根据仲裁庭设立请求对其审议的争端做出客观评估，包括审查案件事实、本协定的适用性以及与本协定的一致性。仲裁庭应当根据国际公法的习惯解释规则解释本协定的相关规定。

二、仲裁庭在其调查结果和建议中不得增加或减少本协定所规定的权利和义务。

第 15.6 条　仲裁庭程序

一、除非缔约双方另有约定，仲裁庭程序应当根据附件十规定的《程序规则》进行。

二、除遵守本条所列规则，仲裁庭应当在与缔约双方协商后，就缔约双方的听证权利及仲裁庭的审议制定自己的程序。

三、仲裁庭应当尽力以协商一致方式做出决定。如果仲裁庭不能取得协商一致，则可依照多数意见做出决定。对于没有达成一致的事项，专家可以提出单独意见。仲裁庭不得披露持多数意见或少数意见的成员。

第 15.7 条　仲裁庭报告

一、仲裁庭应当按照本章的有关规定，并基于仲裁庭设立请求、本协定相关规定以及缔约双方的书面陈述和主张起草报告。

二、一般情况下，仲裁庭应当在选定最后一名专家之日起 90 天内向缔约双方提交包含调查结果和结论的初步报告。在紧急事项情况下，仲裁庭应当在选定最后一名专家后之日起 60 天内提交初步报告。每一缔约方可在收到该报告的 14 天内向仲裁庭提交有关其初步报告的书面评论。

三、在例外情况下，如果仲裁庭认为无法在 90 天内提交初步报告，则应当书面通知缔约双方迟延的原因以及提交报告的估计期限。除非缔约双方另行商定，任何迟延不应超过此后 30 天。

四、仲裁庭应当在提交初步报告之日起 30 天内或者紧急事项为 20 天内向缔约双方提交最终报告。

五、最终报告以及本协定第 15.9 条和第 15.10 条下的任何报告都应当送达缔约双方。除非缔约双方另有决定，公众应可获取报告，同时应当符合保护保密信息的要求。

六、关于本协定职权范围具体规定的措施的一致性的仲裁庭裁决（以下简称“裁决”）应当是终局的，对缔约双方具有约束力。

第 15.8 条　仲裁庭程序的中止或终止

一、如缔约双方同意，仲裁庭可在任何时间中止其工作，中止期限自缔约双方达成协议之日起不得超过 12 个月。如仲裁庭工作中止 12 个月以上，除非缔约双方另行商定，设立仲裁庭的授权应告终止。

二、起诉方可在最后报告发布之前的任何时候撤回起诉。此项撤回不得损害起诉方此后就同一问题发起一项新的起诉的权利。起诉方不得滥用撤诉和再诉的权利。

三、如同意，缔约双方可在最终报告发布之前的任何时间共同通知仲裁庭主席，终止根据本协定设立的仲裁庭程序。

四、仲裁庭可在最终报告发布之前的任何程序阶段，建议缔约双方友好解决争端。

第 15.9 条　最终报告的执行

一、被诉方应当迅速遵守最终报告的裁决。如果立即遵守不可行，缔约双方应当努力就遵守裁决的合理期限达成协议。

二、最终报告散发之日起 45 天内，如缔约双方不能根据第一款就合理期限达成协议，任一缔约方都可以请求仲裁庭根据案件的特殊情势确定合理期限的长短。仲裁庭应当在收到该项请求之日起 30 天内发布裁决。

三、被诉方应当迅速，或者在根据第一款和第二款商定或确定的合理期限内，向另一缔约方通知为了遵守最终报告的裁决而采取的措施，并提供一份关于措施如何确保遵守的足够详细的说明，以使另一缔约方评估该项措施。

四、如果对根据第一款和第二款为了遵守最终报告的裁决而采取的措施是否存在或其一致性存在分歧，经任一缔约方请求，相同仲裁庭应当在根据本协定第 15. 10 条寻求补偿或者适用中止利益之前就此类分歧做出决定。仲裁庭通常应当在 60 天内做出裁决。

五、如果仲裁庭认为自己不能在第二款和第四款所指的时限内提交报告，则仲裁庭应当书面通知缔约双方延迟的原因以及提交报告的估计期限。任何延迟都不得超过此后 15 天。

第 15. 10 条　补偿，中止减让和义务

一、如果仲裁庭根据本协定第 15. 9 条第四款裁定被诉方未能在确定的合理期限内使其已被裁定为与本协定不一致的措施遵守仲裁庭的裁决，或者如果被诉方通知起诉方其将不执行裁决，则应起诉方请求，被诉方应当与起诉方进行磋商，以就相互接受的补偿方案达成协议。如果未能在收到起诉方请求之日起 20 天内达成此类协议，起诉方应当有权中止适用本协定下授予的利益，但中止的利益仅应等同于仲裁庭已认定与本协定不一致的措施所影响的那些利益。起诉方应当在中止减让和义务的 30 天之前通知被诉方。

二、在考虑中止何种减让或义务时，起诉方应当首先寻求中止仲裁庭已认定与本协定不一致的措施所影响的相同部门中的减让和义务。如果起诉方认为在相同部门中止减让和义务不可行或无效，则起诉方可在其他部门中止减让和义务。在此种情况下，起诉方在其中止减让或义务

的通知中应当包括其做出此种决定的理由。

三、起诉方应当在宣布中止减让或义务的通知中表明其拟中止的减让或义务、此类中止的依据以及中止何时将会开始。被诉方在收到该通知之日起 15 天内，可以请求仲裁庭就起诉方拟中止的减让或义务是否等同于已被裁定与本协定不一致的措施所影响的减让或义务以及拟议中止是否符合第一款和第二款做出裁决。仲裁庭应当在收到此项请求之日起 60 天内做出裁决。仲裁庭散发裁决之前不得中止减让或义务。

四、补偿和中止利益应当是临时性措施，且起诉方仅应适用至已被裁定为与本协定不一致的措施被取消或修改从而使之符合本协定，或者仅应适用至缔约双方以其他方式解决了争议。为此，如果被诉方认为自己消除了仲裁庭所裁定的不符性，则其应当书面通知起诉方，说明不符性如何已被消除。

第 15. 11 条　其他条款

一、本协定第 15. 9 条和第 15. 10 条提及的仲裁庭，应尽可能由发布最终报告的相同专家组成。如果一仲裁庭成员无法履行职责，应当按照原任专家遴选程序任命替代专家。

二、就计算时间期限而言，此类期间应当从收到书面函件的次日开始计算。如果此类期间届满的最后一日是法定节假日，则该期间应延长至随后的第一个工作日。期间中的法定节假日或非工作日应包括在期间计算之内。

三、经缔约双方同意，可以修改本章提及的任何时间期限。

三、《中国—哥斯达黎加自由贸易协定》争端解决机制

第十四章　争 端 解 决

第一百四十条　合作

缔约双方在任何情况下应该尽力对本协定的解释和适用达成一致，并且应该尽一切努力通过合作，就可能影响本协定执行的任何事项达成缔约双方均满意的解决方案。

第一百四十一条　适用范围①

除非本协定另有规定，本章的争端解决条款应该适用于避免或解决缔约双方关于本协定解释或适用的所有争端以及一缔约方认为另一缔约方的措施与本协定下的义务不一致，或者另一缔约方未能履行本协定下的义务。

第一百四十二条　场所的选择

一、如发生的争端涉及本协定下事项和缔约双方均为缔约方的其他自由贸易协定或 WTO 协定下事项，起诉方可以选择解决争端的场所。

二、在不影响其在 WTO 协定项下的权利义务的前提下，一旦起诉方要求按照第一款所指的协定设立专家组，则应使用该被选定的场所，且同时排除其他场所的使用，双方另有约定除外。

第一百四十三条　磋商

一、缔约方应当尽一切努力根据本章通过磋商就任何争端达成双方满意的解决方案。

二、一方可以就其认为影响本协定实施的任何措施和其他事项请求与另一方进行磋商。磋商请求应当以书面方式提出，并且应当说明提出磋商请求的原因，包括指明争议中的措施或其他事项以及此指控的法律基础，并且应该向另一缔约方递交此请求。

三、在磋商请求做出后，被请求方应当在收到请求后的 10 日内做出答复，并应当以达成双方满意的解决方案为目的，在下述期限内诚信地进行磋商：

（一）在收到磋商请求后的 30 日内；

（二）对于易腐的货物，在收到磋商请求后的 15 日内。磋商期不得超过收到磋商请求之日起的 45 日，对于涉及易腐货物的，不得超过 20 日。双方同意延长该等期限的除外。

① 缔约双方同意本章不适用于拟议中的措施和/或非违反之诉（在不违反本协议条款情况下的利益丧失或减损）。

四、缔约双方应该：

(一)提供足够信息，以便充分审议措施或其他事项如何影响本协定的执行；以及

(二)在与信息提供缔约方相同的基础上对待磋商过程中交换的任何保密信息。

五、在本条下的磋商中，一缔约方可以要求另一缔约方确保其政府机构或者其他管理机构中在磋商事项方面具有专业知识的人员参加。

六、磋商可以当面进行或通过双方具备的其他技术方式进行。当双方决定举行当面磋商时，应当在双方同意的地点进行。在无法就磋商地点达成一致的情况下，在被请求方的首都进行。

七、磋商应保密，并不得损害任一缔约方在任何进一步程序中的权利。

第一百四十四条　斡旋、调解和调停

一、斡旋、调解和调停为双方同意的情况下自愿采取的程序。

二、斡旋、调解和调停程序，尤其是各方在程序中所采取的立场应保密，并不得损害任一方在本章任何进一步程序中的权利。

三、斡旋、调解和调停可以由任何一方在任何时间提起。该等程序可以在任何时间开始，在任何时间终结。

四、如果双方同意，斡旋、调解和调停可以在根据第一百四十五条(成立专家组)成立的专家组的审理程序进行时继续进行。

第一百四十五条　成立专家组

一、如果被请求方没有在收到磋商请求之日起 10 日内进行答复，或者被请求方没有在第一百四十三条(磋商)第三段规定的时限内进行磋商，或者磋商期限已过而双方没有解决争端，请求方可以书面要求成立专家组对事项进行审理。

二、起诉方应当指明所涉措施或其他事项，以及涉及的本协定条款，并且应当将设立专家组的请求递交给另一方。

三、专家组应当在收到设立请求时成立。

四、除非双方另有约定，专家组应当以符合本章的方式设立、遴选并履行职责。

第一百四十六条　专家组的组成

一、缔约双方应当在遴选专家组时采取下列程序：

（一）专家组应当包括3名成员；

（二）缔约方应当在收到设立专家组请求之日起的10日内各指定一名专家组成员；

（三）如果一缔约方没有在前述10日内指定专家组成员，另一方有权代为指定；

（四）缔约双方应当在收到设立专家组报告之日起15日内努力就第三名专家组人选达成一致。该专家组成员将任专家组主席并且不能是任何一缔约方的国民；

（五）如果专家组主席没有能够根据第四段的程序进行指定，任一缔约方可以要求WTO总干事在收到请求之日起10日内指定专家组主席。由此指定的专家组主席应当为WTO有经验的专家，并且应当符合缔约方规定的遴选标准；

（六）所有的专家组成员都应当符合第二段规定的要求。每一缔约方应当努力指定具有与争端事项相关的专业知识和经验的专家组成员。

二、所有专家组成员应：

（一）具有法律、国际贸易、本协定项下其他事务或解决国际贸易协定项下的争端的专业知识或经验；

（二）依据客观性、可靠性及良好判断能力进行严格挑选；

（三）独立于任一缔约方，并且不隶属于或听命任一缔约方；

（四）遵守WTO《关于争端解决规则与程序的谅解》所规定的行为规范；以及

（五）没有根据第一百四十四条（斡旋、调解和调停）以其他方式参与本争端。

三、专家组组成的时间应为专家组主席被指定的时间。

四、若任何专家组成员辞职或者不能履行职责，新专家组成员应当根据本条进行指定。如果一缔约方认为一专家组成员违反第二段第(四)小段中提到的行为规范，则双方应当磋商。如果双方同意，该专家组成员应当被免职，新的专家组成员应当根据本条进行指定。

五、当需要根据第四段指定新的专家组成员时，在新的专家组成员被指定前，专家组程序应当中止。新的专家组成员应当拥有原专家组成员所有的权利和义务。

六、本条规定的程序应当在原专家组或其中部分成员无法根据第一百五十三条(专家组报告执行)，第一百五十四条(一致性审查)，第一百五十五条(补偿和中止减让或其他义务)和第一百五十六条(中止后程序)再召集时适用。在这种情况下，提交报告的时间应当从最后一名专家组成员被指定时开始计算。

第一百四十七条　专家组的职能

一、专家组的职能是对审议的争端作出客观评价，包括对案件事实及本协定的适用性和与本协定的一致性的审查。

二、如专家组认定一措施与本协定不一致，则应建议被诉方使该措施符合本协定。

三、在其结论和建议中，专家组不能增加或减少本协定所规定的权利和义务。

第一百四十八条　专家组程序规则

一、委员会应当不迟于其第一次会议前制定《程序规则》，以确保：

(一)至少举行一次专家组听证会的权利；

(二)任一缔约方提交初始或辩驳书面陈述的机会；

(三)使用技术手段进行程序的可能性；

(四)专家组听证会以及其审议应当保密；以及

(五)保护保密信息。

二、除非缔约双方另行约定，专家组应当根据《程序规则》进行其程序。专家组可以在与缔约方磋商后制定其自身的与当事方听证权利以及其审议有关的程序规则。

三、委员会可以修改《程序规则》。

四、除非缔约双方在设立专家组之日起的20日内另有约定，专家组应具有下列职权范围："按照本协定的有关规定，审查依据第一百四十五条（成立专家组）提出的设立专家组请求中提及的事项，做出法律和事实的认定，做出结论并且，在需要时，提出解决争端的建议。"

五、如果缔约双方就专家组职权范围另行达成一致，他们应当在专家组组成的2日内通知专家组。

六、如果举行当面听证会，则其地点应当由缔约双方共同决定。如果双方不能达成一致，则应当在被诉方首都进行。

七、专家组应尽一切努力基于一致意见作出裁决；如果专家组不能取得一致，则应依照多数意见作出裁决。专家组成员可以就不能一致同意的事项提出分别意见。在专家组报告中所有专家组成员的观点都应当是匿名的。

八、专家组成员的酬劳和专家组的其他费用由缔约双方平均分担。

第一百四十九条　信息和技术建议

一、除非缔约双方均反对，专家组可自行或应一缔约方要求，向其认为适当的任何个人或机构寻求信息或技术建议。

二、在专家组寻求信息或技术建议之前，它应该与缔约双方进行磋商以建立适当的程序。专家组应该向缔约双方提供：

（一）对依据第一段提出寻求信息和技术建议请求的提前通知，以及向专家组提供评论的机会；以及

（二）依据第一段要求反馈的信息和技术建议的副本，以及对其提供评论的机会。

三、如专家组在准备报告时考虑了上述信息和技术建议，其也应考虑缔约双方对于信息或技术建议所做的任何评论。

四、当根据本条作出寻求信息和技术检验的请求时，从请求发出之日起到书面报告提交专家组之日止，有关程序的时间计算应当中止。

第一百五十条　程序的中止或终止

一、缔约双方，可在任何时间，一致同意专家组中止其工作，期限自达成此种一致起不超过 12 个月。在不影响起诉方随后就同一事项请求设立专家组的权利的前提下，如专家组的工作已中止 12 个月以上，则专家组的授权即告终止，除非缔约双方另有约定。如中止是由于根据第一百四十四条(斡旋、调解和调停)进行的为达成双方满意的解决方案的努力造成的，则不适用本段。

二、缔约双方可在专家组报告提交前的任何时间一致同意终止专家组程序，并共同通知专家组。

第一百五十一条　专家组报告

一、专家组的报告应以本协定的相关规定、缔约双方的陈述和主张为基础。

二、专家组应当向缔约双方提交包含下述内容的报告：

(一)事实和法律的认定；

(二)关于所涉措施和其他事项是否不符合本协定的结论；以及

(三)专家组对解决争端的建议。当专家组结论认为一项措施或其他事项不符合本协议时，它应当建议被诉方使所涉措施与本协议一致。

三、除非缔约双方另行约定，专家组应当在专家组组成之日起的 120 日内向缔约方提交报告。

四、在例外情况下，如专家组认为不能在 120 日提交报告，则应书面通知缔约双方延迟的原因和预计散发报告的期限。除非缔约双方另有议定，否则任何延迟不应超过 30 日。

五、在涉及易腐货物的案件中，专家组应当尽一切努力在其组成之日起的 80 日内提交报告。任何迟延不能超过 10 日，除非缔约双方另有约定。

六、在保护机密信息的前提下，缔约双方应当在报告提交后的 25 日内，或者在专家组对根据第一百五十二条(请求澄清报告)提出的请求作出回应的 5 日内，同时使报告为公众可获得。

七、专家组报告是最终的，并且对缔约方具有约束力。

第一百五十二条　请求澄清报告

一、在报告提交之日起的25日内，任何一方可以书面请求专家组澄清该方认为需要进一步解释和澄清的任何问题。

二、专家组应当在请求提交之日起的20日内进行答复。专家组的澄清只能是对报告内容的更加准确的解释，而不应当是对报告的修改。

三、澄清请求的提交不应当推迟专家组报告的生效和裁决的执行，除非专家组另有决定。

第一百五十三条　专家组报告的执行

一、被诉方应当采取任何必要手段诚信执行报告，不应有不当迟延。

二、争端方也可以在任何时候达成双方满意的争端解决方案。

三、如果无法立刻执行，争端方应当在报告提交后的30日内努力就合理执行期限达成一致。

四、如果双方不能根据第三段就合理执行期限达成一致，任何一方可以请求原专家组确定合理执行期限。该等请求应当以书面形式作出，并通知另一方。专家组应当在请求提交之日起的20日内向缔约双方提交报告。

五、合理执行期可以通过双方合意延长。本条中的所有期限都构成合理执行期的一部分。

第一百五十四条　一致性审查

一、被诉方应当在合理执行期结束时通知起诉方其所采取的执行专家组报告的任何措施并提供有关细节，包括措施生效期和措施的相关文本。

二、如果双方就根据第一段通知的措施是否存在以及是否与本协定相符存在不同意见，起诉方可以将该事项提交原专家组。该等请求应当书面提出，指明所涉具体措施并解释该等措施是如何不符合本协议条款的。专家组应当在请求提交之日起45日内提交报告。

第一百五十五条　补偿和中止减让或其他义务

一、如果专家组根据第一百五十一条（专家组报告）得出结论，一措施或其他事项违反本协议，并且被诉方没有在合理执行期内执行专家组报告的建议，或者如果起诉方认为被诉方没有执行双方满意的解决方案，或如果专家组根据第一百五十四条（一致性审查）作出结论认为被诉方采取的执行措施不符合其在本协定项下的义务，被诉方应当就寻求双方可接受的补偿方案同起诉方进行谈判。

二、如果争端方：

（一）无法在开始协商补偿方案后的30日内就补偿达成一致；或者

（二）就补偿达成一致并且起诉方认为另一方没有遵守本协定规定，起诉方可以在其后的任何时间书面通知被诉方其准备中止针对被诉方的同等效果减让或其他义务。通知应当明确起诉方拟议中止的减让和其他义务的水平。起诉方可以在其根据本段提交书面通知之日起的30日内，或者在专家组根据第三段作出报告后的7日内开始中止减让和其他义务。

三、如果被诉方认为：拟议的中止减让或其他义务的水平是过度的；或者其可以在起诉方根据第二段提交通知后30日内请求原专家组重新召集审议该事项。被诉方应当将请求书面提交起诉方。专家组应当在请求提交后尽快重新召集，并应当在重新召集后60日内向争端方提交报告。如果专家组认定拟议的中止减让和其他义务水平过度，其应当确定其认为具有同等效果的减让和其他义务水平。

四、在考虑根据第二段中止何种减让和其他义务时：

（一）起诉方应当首先寻求对被专家组认定违反本协定义务的措施影响的部门相同的部门中止减让或其他义务；并且

（二）起诉方认为中止在相同部门的减让或其他义务不可行或无效，其可以中止在其他部门的减让和其他义务。

五、在被诉方执行专家组报告或达成双方满意的解决方案后，补偿或中止减让和其他义务应当停止实施。

第一百五十六条　中止后程序

一、在不妨碍第一百五十五条(补偿和中止减让和其他义务)程序前提下，如果被诉方认为其措施已经与本协议相符，其可以书面通知起诉方请求结束中止减让或其他义务。

二、如果起诉方同意，其应该重新开始实施根据第一百五十五条(补偿和中止减让或其他义务)中止的减让和其他义务。如果起诉方不同意，其应该在收到被诉方书面通知之日起 60 日内将此事项提交原专家组。如果起诉方没有在前述期限内提交此事项，其将丧失其中止减让和其他义务的权利。

三、专家组应当在起诉方提交事项后的 30 日内提交报告。如果专家组结论认为被诉方已经执行，起诉方应当立刻重新实施根据第一百五十五条(补偿和中止减让或其他义务)中止的减让或其他义务。

第一百五十七条　私人权利

任一缔约方不得在其国内法下提供以另一缔约方措施不符合本协定为理由的诉讼权利。

第一百五十八条　时间期限

一、所有本章以及《程序规则》中规定的时间期限应当以日历日计算，第一日为所提及的行为或事实后一日。

二、本章或《程序规则》提及的任何时间期限可以由双方同意进行修改。

四、《中国—新加坡自由贸易协定》争端解决机制

第十二章　争 端 解 决

第九十一条　定义

除另有规定外，就本章而言：

(一)起诉方指依据第九十四条(磋商)提出磋商请求的一方；

(二)被诉方指依据第九十四条(磋商)被要求磋商的一方。

第九十二条　范围

一、本章应适用于本协定(包括附件及其内容)项下的争端。

二、双方一致同意后，可制定关于争端解决的特别或附加规则与程序，适用于本章。

三、除本协定规定或双方另有约定，本章应适用于避免或解决本协定项下与双方权利义务有关的争端。

四、涉及一方的中央或地方政府或主管部门采取影响遵守本协定的措施时，可援引本章。

五、在满足第六款的前提下，本章任何规定不得影响各方诉诸其参加的任何其他条约所规定的争端解决程序的权利。

六、一旦根据本章或其他双方都是缔约方的条约启动了争端解决程序，对于本协定或该条约涉及的特定权利和义务，起诉方选定的争端解决机构应获得对本争端的排他性管辖权。

七、如果双方明确同意将特定争端诉诸一个以上的争端解决机构，第五款和第六款将不再适用。

八、就第五款到第七款而言，如起诉方按照本章或者双方参加的任何其他条约的规定，要求设立争端解决的专家小组或仲裁庭，或者已将争议提交给一个争端解决专家小组或仲裁庭时，应认为其已选定争端解决机构。

第九十三条　联络办公室

一、就本章而言，各方应：

(一)指定负责本章所有联络事务的办公室；

(二)负责该指定办公室的运作和费用；并且

(三)在完成使本协定生效的国内程序之日起30日内，通知另一方该指定联络办公室的位置和地址。

二、除本章另有规定，依据本章规定提交给一方指定联络办公室的请求和文件应被视为提交给该方的请求和文件。

第九十四条　磋商

一、由于被诉方未履行其在本协定项下的义务，导致：

(一)起诉方依据本协定直接或间接获得的任何利益正在丧失或减

损；或者

（二）本协定旨在达成的目标正在受到阻碍，起诉方据此基于影响本协定实施和适用而提出磋商要求，被诉方应对磋商给予适当的考虑和充分的机会。

二、磋商请求应以书面形式提出，并说明争议所涉及的具体措施，起诉所指控的事实和法律基础（包括被认为所违反的本协定条款和其他相关规定）。起诉方应向被诉方递交此请求，被诉方收到后应当告知起诉方。

三、如一方提出磋商请求，另一方应当在接到请求之日起7日内做出书面答复，并在接到请求之日起30日内为达成双方满意的解决方案而善意地举行磋商。如被诉方未在7日内做出书面答复，或未在30日内举行磋商，起诉方可直接要求设立第九十六条（仲裁庭的设立）所规定的仲裁庭。

四、双方应努力通过磋商达成双方满意的解决方案。为此，双方应：

（一）提供充足信息，以充分审议所涉措施如何影响本协定的实施与适用；以及

（二）对磋商过程中交换的另一方指明的机密信息，予以保密。

五、磋商应当保密且不得影响任何一方在后续或其他程序中的权利。

六、在紧急情况下，包括涉及易腐货物，双方应当在被诉方收到要求之日起10日内进行磋商。如自被诉方收到要求之日起20日内未能达成解决方案，起诉方可直接要求设立第九十六条（仲裁庭的设立）规定的仲裁庭。

七、在紧急情况下，包括涉及易腐货物，争端双方和仲裁庭应尽最大可能加快程序的进行。

第九十五条　调停或调解

一、双方可随时同意进行调停或调解。调停和调解可随时开始或

终止。

二、如争端双方同意，在根据第九十六条（仲裁庭的设立）设立仲裁庭解决争端的同时，调停和调解可以由双方同意的任何个人或机构继续进行。

三、调停和调解的程序以及双方在其中的立场应当保密，且不影响任何一方在后续及其他程序中的权利。

第九十六条　仲裁庭的设立

一、如果第九十四条（磋商）项下的磋商未能在收到磋商请求之日起 60 日内解决争端；涉及易腐货物的，未能在收到磋商请求之日起 20 日内解决争端，起诉方可书面要求被诉方设立本条项下的仲裁庭。

二、设立仲裁庭的要求应说明设立的原因，包括：

（一）指明争议所涉及的具体措施；以及

（二）足以清楚说明问题的起诉的事实和法律基础（包括被认为所违反的本协定条款以及其他相关规定）。

第九十七条　仲裁庭的组成

一、除非双方另有约定，仲裁庭应当由三人组成。

二、起诉方应自被诉方收到根据第九十六条（仲裁庭的设立）的规定设立仲裁庭的要求之日起 20 日内，指定一名仲裁员。被诉方应自收到根据第九十六条（仲裁庭的设立）的规定设立仲裁庭的要求之日起 30 日内，指定一名仲裁员。如任何一方未能在规定时间内指定仲裁员，则另一方指定的仲裁员应当担任仲裁庭的独任仲裁员。

三、一旦起诉方和被诉方根据第二款指定了各自的仲裁员，双方应当尽可能同意指定第三名仲裁员，并由其担任首席仲裁员。如根据第二款指定产生最后一名仲裁员之日起 30 日内，双方未能就首席仲裁员的指定达成共识，双方应当请求 WTO 总干事指定，并应接受该项指定。如果 WTO 总干事为争端一方的公民，则应由非争端方公民担任的副总干事或其下职位最高的官员指定首席仲裁员。

四、仲裁庭组成的时间应当是依据第三款指定首席仲裁员的日期；

如果仅有独任仲裁员，则是自收到依据第九十六条(仲裁庭的设立)提出设立仲裁庭要求后的第30日。

五、如依据本条指定的仲裁员辞职或者无法履行职责，应以指定原仲裁员相同的方式指定继任仲裁员，继任仲裁员应享有原仲裁员的所有权力和职责。在指定继任仲裁员期间，仲裁庭的工作应中止。

六、仲裁庭仲裁员或首席仲裁员应当具备法律、国际贸易、本协定项下其他事项或者国际贸易协定争端解决的专业知识或经验；并依据客观性、可靠性、良好判断力和独立性进行严格挑选。首席仲裁员应不是任何一方公民，不在任何一方境内拥有常住场所，并不受雇于任何一方。

七、依据本章规定为某事项设立的仲裁庭因任何理由无法审理时，应按照本条的规定重新指定仲裁庭。

第九十八条　仲裁庭的职能

一、仲裁庭的职能是对争端作出客观评估，包括对案件事实、本协定的适用性以及与本协定的一致性作出审查。如仲裁庭认定某项措施与本协定的规定不一致，应建议被诉方采取行动，使该措施与本协定的规定相一致。除提出建议外，仲裁庭可向被诉方提供如何执行建议的方法。在裁决和建议中，仲裁庭不得增加或减少本协定规定的权利和义务。

二、除非双方在仲裁庭设立后20日内另行商定，仲裁庭职能应表述为：

“根据本协定的有关规定，审查由(争端一方的名字)提出设立仲裁庭的事项……根据本协定的规定作出裁定、决定和建议。”

仲裁庭应当就双方引用的本协定的相关规定进行阐述。

三、根据上述第九十六条(仲裁庭的设立)设立的仲裁庭：

(一)应定期与双方磋商，为达成双方满意的解决方案提供机会；

(二)应依据本协议以及适用于双方的国际法规则作出裁决；并且

(三)应在裁决中说明做出裁决的法律、事实和理由。

四、仲裁庭的裁定是终局的，对双方具有约束力。

五、仲裁庭应协商一致做出裁决。如仲裁庭不能协商一致，则应当依照多数意见做出裁决。

六、除第九十六条(仲裁庭的设立)第二款和第九十九条(仲裁庭的程序)规定的事项外，仲裁庭应当通过与双方进行磋商，规定与双方表达观点的权利及审议相关的程序。

第九十九条　仲裁庭的程序

一、仲裁庭不应公开审理。双方只有在被仲裁庭邀请后方能出席。

二、仲裁庭实质性会议的地点应由争端双方协商决定，如未能达成合意，则第一次实质性会议应在被诉方的首都举行，第二次会议应在起诉方的首都举行。

三、与双方磋商后，仲裁庭应尽可能在仲裁庭组成后 15 日内确定仲裁程序时间表。在确定仲裁程序时间表时，应给予双方充分的时间准备其应提交的文件。仲裁庭可设立双方提交书面文件明确的最后期限，双方应当遵守最后期限的规定。

四、仲裁庭审议和收到的文件应当保密。本条款不得阻止双方公开发表自己的立场或向公众散发文件；争端一方提交给仲裁庭并明确要求保密的文件，另一方应当予以保密。当一方向仲裁庭提交保密文件后，其应在另一方要求下提供一份可以向社会公开的该保密文件的非保密摘要。

五、除非仲裁庭与争端双方协商后决定采用其他规则和程序，附件七(仲裁程序的步骤和规则)规定的审理规则和程序应当适用。

六、仲裁庭应根据所获得的信息和双方的陈述，在双方不在场的情况下起草仲裁庭报告。仲裁庭的审议应当保密。裁决报告中的仲裁员的个人意见应以匿名方式体现。

七、根据双方提交的文件、口头答辩和获得的任何信息，仲裁庭应向双方提交一份报告草案，其中应包括对争端的事实说明部分和双方的论点以及仲裁庭的判定和结论。仲裁庭应在作出最终报告前，给双方提供充分机会审查报告草案的全部内容，并应当在最终报告中反映双方的评论。

八、仲裁庭应自组成之日起 120 日内向双方提交最终报告。在紧急情况下，包括涉及易腐货物，仲裁庭应力争自组成之日起 60 日内向双方提交最终报告。如果仲裁庭认为在 120 日内，或在紧急情况下 60 日内不能提交最终报告，则应书面告知双方迟延的原因和预计完成的期限。任何迟延不得超过自仲裁庭组成之日起 180 日。

九、仲裁庭的最终报告应在向双方提交后 10 日内成为公开文件。

第一百条　程序的中止和终止

一、争端双方一致同意后，仲裁庭可在任何时间中止工作，中止期限自双方达成此一致时起不超过 12 个月。在中止期间，根据任何一方的请求仲裁庭可恢复仲裁程序。如仲裁庭工作中止 12 个月以上，除非双方另行商定，设立仲裁庭的授权应终止。

二、在仲裁庭向双方提交最终报告前，如双方达成共同满意的解决方案，可同意终止依据本协定组成的仲裁庭的仲裁程序。

三、仲裁庭做出裁决之前，可在仲裁的任何阶段建议双方友好地解决争端。

第一百零一条　执行

一、被诉方应告知起诉方对执行仲裁庭建议和裁决的意向。

二、如果立即执行仲裁庭的建议和裁决不可行，被诉方应有一个合理期限执行仲裁庭的建议和裁决。该合理期限应由争端双方共同决定。如果自仲裁庭提交最终报告之日起 30 日内双方未能就该合理期限达成一致，如果可能，任何一方可将此事项提交原仲裁庭。原仲裁庭在与双方协商后，应在该事项提交后 30 日内确定合理期限。如果仲裁庭认为无法在该期限内提供报告，则应当书面通知双方延迟的原因并在不迟于该事项提交后 45 日内提交报告。

三、如果对于在第二款所指的合理时间内为执行仲裁庭建议所采取的措施是否存在，或是否与本协定相一致存在分歧，则此争议应在可能的情况下提交原仲裁庭。仲裁庭应当自该事项提交后 60 日内向双方提供报告。如果仲裁庭认为无法在该期限内提供报告，则应当书面通知双方延迟的原因并在不迟于该事项提交后 75 日内提交报告。

第一百零二条　补偿、减让或优惠的中止

一、补偿、中止减让或优惠属于在仲裁庭的建议和裁决未能在合理时间内被执行时可获得的临时措施。但是，并不提倡通过补偿、中止减让或优惠等临时措施来完全执行仲裁庭建议，并使某一措施与本协定保持一致。补偿是自愿的；如果给予，应符合本协定的规定。

二、如被诉方未在按第一百零一条(执行)第二款确定的合理期限内，使与本协定不一致的措施符合仲裁庭的建议，应要求，被诉方应当与起诉方进行谈判，以期就必要的补偿调整达成双方满意的协议。

三、如自提出补偿调整的磋商之日起 20 日内双方未能达成一致，起诉方可以要求原仲裁庭，对未能按仲裁庭的建议使该项措施与本协定保持一致的一方，决定任何合理水平的减让或优惠的中止。仲裁庭应当自该事项提交后 30 日内向双方提供报告。如果仲裁庭认为无法在该期限内提供报告，则应当书面通知双方延迟的原因并在不迟于该事项提交后 45 日内提交报告。补偿或优惠在仲裁过程中不应中止。

四、任何减让或优惠的中止，都应当严格限制在未能使与本协定不符的措施符合仲裁庭建议的一方依据本协定所享有的减让或优惠。

五、在考虑中止何种减让或优惠时：

(一)起诉方应首先寻求对与被仲裁庭认定有违反义务或造成利益丧失或减损情形的部门相同的部门中止减让或优惠；并且

(二)如果起诉方认为在相同部门中止减让或优惠不可行或无效，可寻求在其他部门中止减让或优惠。

六、中止减让或优惠应是临时的，且只能维持至不符合本协定的措施被取消，或必须执行仲裁庭裁定的一方已执行，或双方已达成满意的解决方案。

第一百零三条　语言

一、本章规定的所有程序应以英文进行。

二、依据本章规定的所有程序而需要提交使用的文件应当为英文。如果依据本章规定的程序提交的某一原始文件为非英文，提交方应当提供其英文翻译。

第一百零四条　费用

一、各方应承担其所指定的仲裁员的费用、自身费用和法律费用。

二、首席仲裁员的费用和其他与仲裁程序相关的费用应由双方平均负担。

五、《中国—智利自由贸易协定》争端解决机制

第十章　争端解决

第七十九条　合作

缔约双方应该一直尽力对本协定的解释和适用达成一致，并且应该尽一切努力通过合作和磋商，就可能影响本协定执行的任何事项达成缔约双方均满意的解决方案。

第八十条　适用范围

除非本协定另有规定，本章的争端解决条款应该适用于：

（一）避免或解决缔约双方关于本协定解释或适用的所有争端；以及

（二）一缔约方认为另一缔约方的措施与本协定下的义务不一致，或者另一缔约方未能履行本协定下的义务。

第八十一条　场所的选择

一、如发生的争端涉及本协定下事项和缔约双方均为缔约方的其他自由贸易协定或WTO协定下事项，起诉方可以选择解决争端的场所。

二、一旦起诉方要求按照第一款所指的协定项下设立专家组，则应使用该被选定的场所，且同时排除了其他场所的使用。

第八十二条　磋商

一、任一缔约方可以就其认为可能影响本协定执行的任何措施书面要求与另一缔约方进行磋商。

二、请求方应该说明提出磋商请求的原因，包括指明争议中的措施以及此指控的法律基础，并且应该向另一缔约方递交此请求。

三、缔约双方应该尽一切努力通过本条下磋商或者本协定其他磋商条款，就有争议的任何事项达成缔约双方均满意的解决方案。为此目的，缔约双方应该：

(一)提供足够信息，以便充分审议措施如何影响本协定的执行和适用；以及

(二)在与信息提供缔约方相同的基础上对待磋商过程中交换的任何保密信息。

四、在本条下的磋商中，一缔约方可以要求另一缔约方确保其政府机构或者其他管理机构中在磋商事项方面具有专业知识的人员参加。

五、磋商应保密，并不得损害任一缔约方在任何进一步程序中的权利。

第八十三条　委员会——斡旋、调解和调停

一、如果缔约双方依照第八十二条规定未能在下列时间内解决争议事项，一缔约方可以书面请求委员会开会：

(一)收到磋商请求后的60日内；

(二)对于有关易腐货物的事项，收到磋商请求后的15日内；或者

(三)缔约双方同意的其他期限。

二、当已依据第五十八条或第六十九条进行了磋商，一缔约方也可以书面请求委员会开会。

三、请求方应在请求中说明所指控的措施及其认为相关的本协定条款，并且应向另一缔约方递交请求。

四、除非委员会另有决定，委员会应在收到请求10日内召开会议，并且应努力迅速地解决该项争端。委员会可以：

(一)当其认为需要时，召集技术顾问，或组建工作小组或专家小组；

(二)诉诸于斡旋、调解、调停；或

(三)作出建议,

以帮助缔约双方就该项争端达成一项缔约双方满意的解决方案。

五、本条下的程序以及缔约双方在程序中所采取的立场应保密，并不得损害任一缔约方在任何进一步程序中的权利。

第八十四条　请求设立仲裁小组

一、如果缔约双方未能在下列时间内解决一事项：

(一)依照第八十三条召开委员会会议后的 30 日内；

(二)如委员会未能依照第八十三条召开会议，则为一缔约方在依据本章第八十二条收到磋商要求后的 75 日内；

(三)在涉及易腐货物的事项时，如委员会未能依照第八十三条召开会议，则为一缔约方在依据本章第八十二条收到磋商要求后的 30 日内；或

(四)缔约双方同意的其他期限内，任一缔约方可以书面要求设立仲裁小组审议此事项。提出要求的缔约方应该在要求中说明所指控的措施，及其认为相关的本协定条款，并向另一缔约方递交此要求。一俟收到要求，即应设立仲裁小组。

二、除非缔约双方另有议定，仲裁小组应以与本章规定相一致的方式设立，并执行其功能。

第八十五条　仲裁小组的组成

一、仲裁小组应由三人组成。

二、在依据第八十四条作出的书面通知中，要求设立仲裁小组的缔约方应为仲裁小组指定一名成员。

三、在收到第二款所指要求的 15 日内，收到该通知的缔约方应为仲裁小组指定一名成员。

四、缔约双方应当在第二名仲裁员得到指定的 15 日内一致同意指定第三名仲裁员。依此方式指定的仲裁员为仲裁小组的主席。

五、如在第二款所指的要求收到之日起的 30 日内仲裁小组的任一成员未得到指定，则应任一争端方的请求，WTO 总干事应在此后的 30

日内进行此种必要的指定。

六、仲裁小组主席不应为任一缔约方的国民，不应在任一缔约方境内有经常居住地，不应为任一缔约方所雇佣，不应以任何身份处理过此争议事项。

七、所有仲裁员应：

(一)具有法律、国际贸易、本协定项下其他事务或国际贸易协定所产生的争端解决的专业知识或经验；

(二)依据客观性、可靠性及良好判断能力进行严格挑选；

(三)独立，不隶属于任一缔约方或听命任一缔约方；以及

(四)遵守 WTO 文件 WT/DSB/RC/1 所规定的行为规范。

八、曾依据第八十三条参与某一争端的人员不得担任该争端的仲裁小组的仲裁员。

九、若依照本条所指定的仲裁员辞职或者不能履行职责，继任仲裁员应以与原仲裁员的指定相同的方式在 15 日内指定，且继任仲裁员应享有原仲裁员的权力和义务。在指定继任仲裁员期间，仲裁小组的工作应当中止。

第八十六条　仲裁小组的职能

一、仲裁小组的职能是对审议的争端作出客观评价，包括对案件事实及本协定的适用性和与本协定的一致性的审查。

二、如仲裁小组认定一措施与本协定不一致，则应建议被诉方使该措施符合本协定。除其建议外，仲裁小组还可就被诉方如何执行建议提出办法。

三、在其结论和建议中，仲裁小组不能增加或减少本协定所规定的权利和义务。

第八十七条　仲裁小组程序规则

一、除非缔约双方另有议定，仲裁小组程序应遵守本协定附件七中的程序规则。

二、除本条规定的事项外，仲裁小组经与缔约双方协商，应确定与

当事方阐述观点的权利和其审议有关的程序。

三、仲裁小组应基于一致意见作出裁决；如果仲裁小组不能取得一致，则应依照多数意见作出裁决。

四、除非缔约双方在设立仲裁小组的请求收到后的20日内另有议定，仲裁小组应具有下列职权范围：

“按照本协定的有关规定，审查依据第八十四条提出的设立仲裁小组请求中提及的事项，并为争端之解决提出法律和事实的调查裁决和理由。”

五、各缔约方应承担其指定的仲裁员和其开支的费用。仲裁小组主席及仲裁小组程序相关的其他开支，应由缔约双方均摊。

第八十八条　程序的中止或终止

一、缔约双方，可在任何时间，一致同意仲裁小组中止其工作，期限自达成此种一致起不超过12个月。如仲裁小组的工作已中止12个月以上，则设立仲裁小组的授权即告终止，除非缔约双方另有议定。

二、缔约双方，在达成缔约双方满意的争端解决方案的情况下，可一致同意终止仲裁小组程序。

第八十九条　专家和技术建议

一、仲裁小组，在缔约双方不反对时可自行进行，或应一缔约方要求，就一缔约方在程序中提出的事项向其认为适当的任何个人或机构寻求信息或技术建议。

二、在仲裁小组寻求信息或技术建议之前，它应该与缔约双方进行磋商以建立适当的程序。仲裁小组应该向缔约双方提供：

（一）对依据第一款提出寻求信息和技术建议请求的提前通知，以及向仲裁小组提供评论的机会；以及

（二）依据第一款要求反馈的信息和技术建议的副本，以及对其提供评论的机会。

三、如仲裁小组在准备报告时考虑了上述信息和技术建议，其也应考虑缔约双方对于信息或技术建议所做的任何评论。

第九十条　初步报告

一、仲裁小组的报告应以本协定的相关规定、缔约双方的陈述和主张为基础。

二、除非缔约双方另有议定，仲裁小组应在下列期限内向缔约双方提交初步报告：

（一）在最后一名仲裁员选定的120日内，或

（二）在紧急案件中，包括涉及易腐货物的案件，在

最后一名仲裁员选定的60日内，提交缔约双方初步报告。

三、初步报告应当包括：

（一）事实认定；

（二）关于一缔约方是否未遵守本协定项下义务的结论，或其授权范围所要求的任何其他裁决；以及

（三）仲裁小组对争端的建议，以及，应缔约双方要求的建议。

四、在例外情况下，如仲裁小组认为不能在120日内散发初步报告，或在紧急案件中不能在60日内散发报告，则应书面通知缔约双方延迟的原因和预计散发报告的期限。除非缔约双方另有议定，否则任何延迟不应超过30日。

五、对于没有达成一致的事项，仲裁员可以提供单独意见。

六、提交上述初步报告14日内或者缔约双方同意的其他期限内，任一缔约方可向仲裁小组就此报告提交书面评论。

七、在考虑对初步报告的任何书面评论后，仲裁小组可以重新考虑其报告并做出其认为合适的进一步审查。

第九十一条　最终报告

一、除非缔约双方另有议定，仲裁小组应该在提交初步报告30日向缔约双方提交最终报告，包括对未达成一致的事项的单独意见在内。在保护机密信息的前提下，最终报告应该在此后15日内使公众可获得。

二、无论在初步报告还是最终报告中，仲裁小组不得披露哪些仲裁员做出多数或少数意见。

第九十二条　最终报告的执行

一、收到仲裁小组的最终报告后，缔约双方应该就争端解决方案达成一致。

二、如果在其最终报告中，仲裁小组认定一缔约方未能遵守本协定下的义务，只要可能，解决方案应是消除上述不一致。

三、除非缔约双方另有决定，如果立即遵守协定不可行，他们应在一合理期限内执行仲裁小组最终报告中的建议。

四、合理期限应由缔约双方商定，或者如果在散发仲裁小组报告后45日内缔约双方未能就该合理期限达成一致，任一缔约方可以，如可能，将此事项提交原仲裁小组，原仲裁小组在与缔约双方协商后确定合理期限。

五、如果对在合理期限内是否存在为执行仲裁小组作出的建议所采取的措施或对此类措施是否符合本协定的问题上存在分歧，此争议应提交仲裁小组解决，包括在可能的情况下求助于原仲裁小组。

六、仲裁小组应在该事项提交其后60日内向缔约双方提交报告。如果仲裁小组认为在此期限内不能提交报告，则应书面通知缔约双方迟延的原因和预计提交报告的期限。除非缔约双方另有决定，任何迟延提交报告的日期不应超过30日。

第九十三条　不执行—中止利益

一、如果有关缔约方未能在根据第九十二条确定的合理期限内使与本协定不一致的措施符合仲裁小组在第九十条下做出的建议，应请求，该缔约方应当与起诉方进行谈判，以期就任何必要的补偿安排达成令缔约双方满意的一致意见。

二、在收到第一款所指的请求后20日内没有根据第一款达成一致情况下，如果仲裁小组认定被诉方未能在根据第九十二条确定的合理期限内为执行最终报告中的建议而使与本协定不一致的措施保持一致，则起诉方可中止对被诉方适用效果相等的利益。在中止利益前30日，起诉方应当通知被诉方。

三、补偿和中止利益应是临时性措施。无论补偿还是中止利益均不如完全执行建议以使一项措施符合本协定更可取。补偿或中止利益应只适用至不符合本协定的措施已取消，或必须执行仲裁小组建议的一缔约方已执行，或已达成缔约双方满意的解决方案为止。

四、在考虑按照第二款中止何种利益时：

(一)起诉方应首先寻求在受仲裁小组认定不符合本协定的措施影响的相同部门中止利益；以及

(二)如果起诉方认为在相同部门中止利益不现实或无效，可寻求在其他部门中止利益。起诉方应在宣布该决定的通知中说明其理由。

五、应有关缔约方的书面请求，原仲裁小组应按照第二款确定起诉方拟中止的利益水平是否过量。如果仲裁小组不能由原成员组成，应适用第八十五条的程序。

六、仲裁小组应在按照第五款做出请求后60日内做出决定，或如果仲裁小组不能由原来的成员组成，在最后一名仲裁员确定后60日内做出决定。仲裁小组的裁定是终局的、有约束力的。该裁定应提交缔约双方并使公众可获得。

第九十四条　一致性审查

一、在不影响第九十三条程序的情况下，如果被诉方认为其已取消仲裁小组认定的不符合的措施，可以书面通知起诉方并在通知中描述不符合是如何被取消的。如果起诉方有不同意见，可在收到该书面通知后60日内将该事项提交原仲裁小组。否则起诉方应立即停止中止利益。

二、仲裁小组应在该事项提交后90日内发布报告。如果仲裁小组认定被诉方已经取消不符合的措施，起诉方应立即停止中止利益。

第九十五条　私人权利

任一缔约方不得在其国内法下提供以另一缔约方措施不符合本协定为理由的诉讼权利。

六、《中国—东盟全面经济合作框架协议争端解决机制协议》

中华人民共和国政府(以下简称“中国”)与文莱达鲁萨兰国，柬埔寨王国，印度尼西亚共和国，老挝人民民主共和国，马来西亚，缅甸联邦，菲律宾共和国，新加坡共和国，泰王国和越南社会主义共和国等东南亚国家联盟成员国政府（以下将其整体简称为“东盟”或“东盟各成员国”，单独提及一国时简称“东盟成员国”）；

忆及中国和东盟各成员国家/政府首脑于2002年11月4日在金边签署的《中国—东盟全面经济合作框架协议》（下称《框架协议》）；

忆及《框架协议》第十一条第一款关于在《框架协议》生效一年内为《框架协议》之目的建立适当正式争端解决程序和机制的规定；

达成协议如下：

第一条　定义

为本协议之目的，除非另有规定，应当适用以下定义：

（一）《框架协议》中的所有定义应当适用于本协议；

（二）“日”为日历日，包括周末和节假日；

（三）“争端各方”“争端当事方”或“有关当事方”，是指起诉方和被诉方；

（四）“起诉方”指依据第4条提出磋商请求的当事方；

（五）“被诉方”指第4条下磋商请求所指向的当事方。

第二条　适用范围

一、本协议适用于《框架协议》项下发生的争端，《框架协议》包含附件及其内容在内。除非另有规定，下文中提及的《框架协议》应包括将来依据《框架协议》达成的所有法律文件。

二、经缔约方全体同意，对《框架协议》中有关争端解决的特殊和附加规则，东盟秘书处可将其列为本协议附件。

三、除非本协议或者《框架协议》另有规定，或者缔约方另有约定，本协议的规定应适用于各缔约方间就其《框架协议》项下权利和义务争端的避免和解决。

四、对缔约方境内的中央、地区、地方政府或者权力机构采取的影响《框架协议》得到遵守的措施，可援引本协议的规定。

五、在遵守第六款的前提下，本协定不妨碍缔约方依据其均是缔约方的其他条约，诉诸该条约项下争端解决程序的权利。

六、涉及本协议项下或者争端当事方均是缔约方的其他条约项下具体权利或义务的争端，若本协定项下或其他条约项下的争端解决程序已经启动，起诉方所选择的争端解决场所应排除其他争端解决场所对该争端的适用。

七、对一具体争端，争端当事方明示同意选择一个以上的争端解决场所的，第五款和第六款将不适用。

八、为第五款至第七款的目的，一俟起诉方依据本协议或争端当事方均是缔约方的其他条约，要求设立或将争端提交一争端解决专家组或者仲裁庭，将视为起诉方已经选择了争端解决场所。

第三条　联系点

一、为本协议之目的，缔约方应：

(一)指定一个负责本协议所规定的所有联系事务的办公室；

(二)负责指定的办公室的运作和费用；及

(三)在完成本协议生效的国内程序30天内，通知其他缔约方其指定的办公室的地点和地址。

二、除非本协议另有规定，将本协议项下的任何请求或文件提交一缔约方指定的办公室，应被视为向该缔约方提交了此请求或文件。

第四条　磋商

一、如由于被诉方未能履行其在《框架协议》项下的义务，导致以下情形，对起诉方就影响《框架协议》的执行或适用的任何事项提出的磋商请求，被诉方应当给予应有的考虑和充分的磋商机会：

(一)起诉方在《框架协议》项下直接或者间接获得的利益正在丧失或减损；或

(二)《框架协议》任何目标的实现正受到阻碍。

二、任何磋商请求应以书面形式提交，应包括争议的措施以及指控的事实和法律依据(包含被声称违反的《框架协议》的规定及任何其他有关规定)。起诉方应将磋商请求送达被诉方以及其他缔约方。一俟收讫，被诉方即应通知起诉方及其他缔约方收到此请求。

三、如一磋商请求被提出，则被诉方应在收到该请求之日起 7 天内作出答复，并应在收到该请求之日起不超过 30 天的期限内真诚地进行磋商，以达成双方满意的解决办法。如被诉方未在前述的 7 天内作出答复，或未在前述的 30 天内进行磋商，则起诉方可以直接依据第六条请求设立仲裁庭。

四、争端当事方应尽最大努力通过磋商对有关事项达成双方满意的解决办法。为此目的，有关当事方应当：

(一)提供充分的信息，以便对有关措施如何影响《框架协议》的执行进行全面审查；

(二)对另一当事方在磋商中提交并指定为保密的信息进行保密。本协定项下不允许提起非违反之诉。

五、磋商应保密，且不得损害任何一方在进一步或者其他诉讼程序中的权利。

六、只要一缔约方(非案件的当事方)认为按照本条进行的磋商涉及其实质利益，则该成员即可在被诉方收到磋商请求之日起 10 天内，将其参加磋商的愿望通知争端当事方。该缔约方应被允许参加入磋商，只要被诉方同意实质利益的主张是有理由的。被诉方应当在磋商开始前将其决定通知起诉方和其他缔约方。如加入磋商请求未予接受，则提出申请的缔约方有权根据本条提出单独的磋商请求。

七、在紧急案件中，包括涉及易腐货物的案件，有关当事方应在收到请求之日起不超过 10 天的期限内进行磋商。如在被诉方收到请求之日起 20 天的期限内，磋商未能解决争端，则起诉方可依据第 6 条直接请求设立仲裁庭。

八、在紧急案件中，包括涉及易腐货物的案件，争端当事方及仲裁庭应尽一切努力尽最大可能加快诉讼程序。

第五条　调解或调停

一、争端当事方可随时同意进行调解或调停。此程序可由争端当事方随时开始，随时终止。

二、如争端当事方同意，在第六条项下仲裁庭解决争议的同时，调解或调停程序可在争端方同意的任何人士或者组织主持下继续进行。

三、有关调解或调停的程序以及争端当事方在这些程序中的立场，应当保密，并且不得损害任何一方在任何进一步或其他诉讼中的权利。

第六条 仲裁庭的设立

一、如在收到磋商请求之日起60天内，或在包括涉及易腐货物案件在内的紧急情况下在收到磋商请求之日起20天内，第4条所指的磋商未能解决争端，起诉方可书面通知被诉方请求依据本条设立仲裁庭。其他缔约方应收到此请求的副本。

二、设立仲裁庭的请求应当说明请求的理由，包括确认：

(一)争论中的具体措施；及

(二)足以明确陈述问题的起诉的事实和法律根据(包含被声称违反的《框架协议》的规定及任何其他有关规定)。

三、如一个以上起诉方就同一事项请求设立仲裁庭，有关当事方，在考虑各自的权利情况下，只要可行，可设立单一仲裁庭来审理该事项。

四、在依据第三款设立单一仲裁庭的情况下，该仲裁庭应组织审查并将其调查结果提交所有争端当事方，以保证争端当事方在若干仲裁庭分开审查起诉时本可享受的权利决不受到减损。如争端任何一方提出请求，在撰写报告时间允许情况下，仲裁庭可就争端向有关争端当事方提交单独的报告。每一争端当事方的书面陈述应可使其他争端当事方获得，且每一争端当事方有权在本争端的其他当事方向仲裁庭陈述意见时在场。

五、如根据第三款设立一个以上的仲裁庭来审查同一事项，在最大可能的限度内，争端当事方应指定相同的人员在每一单独仲裁庭中任职，且每一单独仲裁庭程序的时间表应进行协调。

第七条 仲裁庭的组成

一、除非本协议另有规定或者争端当事方另有约定，仲裁庭应包括

3 名成员。

二、在被诉方收到第六条项下设立仲裁庭请求的 20 日内，起诉方应当为仲裁庭指定一名仲裁员。被诉方应当在其收到第六条项下设立仲裁庭请求的 30 日内为仲裁庭指定一名仲裁员。如争端任何一方未能在此期限内指定仲裁员，则另一方所指定的仲裁员应作为仲裁庭的独任仲裁员。

三、若起诉方和被诉方已经根据第 2 款分别指定了仲裁员，有关当事方应尽力就将作为仲裁庭主席的另外一名仲裁员达成一致。如第二款项下的最后一名仲裁员被指定 30 日后，有关当事方未能就仲裁庭主席人选达成一致，则应请求世界贸易组织（WTO）总干事来指定仲裁庭主席，且争端当事方应接受此种指定。若总干事为一争端当事方的国民，则副总干事或其他非任何争端当事方国民的次级别官员应被请求进行此种指定。若一争端当事方并非 WTO 成员，则争端当事方应请求国际法院院长指定仲裁庭主席，争端当事方应接受此种指定。若院长是一争端当事方的国民，则副总院长或其他非任何争端当事方国民的次级别官员应被请求进行此种指定。

四、仲裁庭组成的日期，为依照第三款指定主席的日期，或在独任仲裁员的情况下为第六条中规定的收到请求后的第 30 日。

五、若依照本条所指定的仲裁员辞职或者不能履行职责，继任仲裁员的选任应与最初仲裁员的指定方式相同，且继任仲裁员应享有最初仲裁员的权力和义务。在选任继任仲裁员期间，仲裁庭的工作应当中止。

六、被指定作为仲裁庭成员或者主席的人选，应在法律、国际贸易、《框架协议》涵盖的其他事项、或者国际贸易协议争端的解决方面具有专门知识或经验，并且仅在客观、可靠、公正和独立的基础上严格选任。此外，主席不应为任何争端当事方的国民，且不得在任何争端当事方的境内具有经常居住地或者为其所雇佣。

七、若根据本协议的规定，设立仲裁庭审查某事项，但由于某种原因该原仲裁庭不能进行审查，则应根据本条设立一新的仲裁庭。

第八条　仲裁庭的职能

一、仲裁庭的职能是对审议的争端作出客观评价，包括对案件事实及《框架协议》的适用性和与《框架协议》的一致性的审查。如仲裁庭认定一措施与《框架协议》的规定不一致，则应建议被诉方使该措施符合该规定。除其建议外，仲裁庭还可就被诉方如何执行建议提出办法。在其调查结果和建议中，仲裁庭不能增加或减少《框架协议》所规定的权利和义务。

二、仲裁庭应具有下列职权范围，除非争端当事方在仲裁庭组成之后20天内另有议定：

"按照《框架协议》有关规定，审查(争端方名称)提交仲裁庭的事项，并提出调查结果和《框架协议》规定的决定和建议。"仲裁庭应就争端当事方引用的《框架协议》有关规定进行专门说明。

三、依照上述第6条设立的仲裁庭：

(一)应定期与争端当事各方进行磋商，并为达成双方满意的解决方法提供充分机会；

(二)应根据《框架协议》和对争端当事各方适用的国际法规则作出裁决；及

(三)应在其裁定中说明事实和法律方面的调查结果及其理由。

四、仲裁庭裁决为终局，对争端各当事方有约束力。

五、仲裁庭应基于一致作出裁决；如果仲裁庭不能取得一致，则应依照多数意见作出裁决。

六、除第六条第二款、第三款和第四款以及第九条规定的事项外，仲裁庭经与争端各当事方磋商，应规范仲裁庭有关当事方权利和其审议的程序。

第九条　仲裁庭程序

一、仲裁庭的会议不公开。争端各当事方只有在仲裁庭邀请时方可出席会议。

二、实质性会议的地点应由争端各方协商一致来确定，如果不能达成一致，则第一次实质性会议在被诉方首都举行，第二次实质性会议在起诉方首都举行。

三、在与争端各当事方磋商后，仲裁庭应尽快且只要可能，在仲裁庭组成后的15日内，确定仲裁程序的时间表。在确定仲裁程序的时间表时，仲裁庭应为争端当事方提供充分的时间准备各自的书面陈述。仲裁庭应设定争端各方提交书面陈述的明确期限，各方应遵守此最后期限。

四、仲裁庭的审议和提交仲裁庭的文件应保密。本条的任何规定不妨碍一争端方向公众披露其自身立场或其书面陈述；一争端方应将另一争端方提交仲裁庭、并由该提交方指定为机密的信息按机密信息对待。如一争端方向仲裁庭提交其书面陈述的保密版本，则应任一争端方的请求，该争端方应提供一份其书面陈述所含信息的可对外公布的非机密摘要。

五、仲裁庭应遵守本协议附件1中的有关仲裁的规则和程序，除非仲裁庭在与争端各方磋商后另有决定。

六、仲裁庭报告应在争端各方不在场的情况下，按照提供的信息和所作的陈述起草。仲裁庭的审议应当保密。仲裁庭报告中仲裁员个人发表的意见应匿名。

七、在考虑书面陈述、口头辩论及其他提交的信息后，仲裁庭应向争端方提交一份报告草案，包括有关争端事实和争端各方争议的描述部分以及仲裁庭的调查结果和结论。在报告最终完成前，仲裁庭应给予争端方充分机会来审查整个报告草案，并在最终报告中包括对争端方评论的讨论情况。

八、仲裁庭应在其组成的120天内向争端方散发最终报告。在紧急案件中，包括涉及易腐货物的案件，仲裁庭应力求在其组成的60天内将其报告散发各争端方。如仲裁庭认为不能在120内散发最终报告，或在紧急案件中不能在60天内散发报告，则应书面通知争端方延迟的原因和散发报告的估计期限。自仲裁庭组成至报告散发争端方的期限无论如何不应超过 180 天。

九、仲裁庭的最终报告在散发争端方的 10 天后，成为公开文件。

第十条　第三方

一、任何对仲裁庭审议的争端有实质利益并且已将其利益书面通知争端当事方和其他缔约方的缔约方，应享有向仲裁庭提交书面陈述的机会。这些书面陈述也应提交争端各当事方，并应反映在仲裁庭报告中。

二、第三方应收到争端各方提交仲裁庭首次会议的书面陈述。

三、如第三方认为仲裁庭程序所涉及的措施造成其根据《框架协议》项下的利益丧失或减损，则该缔约方可援引本协议项下的正常争端解决程序。

第十一条　程序的中止和终止

一、如争端各方同意，仲裁庭可在任何时间中止其工作，期限不超过 12 个月。在中止后，根据争端任何一方的请求，仲裁程序即应恢复。如仲裁庭的工作已经中止 12 个月以上，则设立仲裁庭的授权即告终止，除非争端各方另有约定。

二、在最终报告散发前，如形成双方满意的解决方法，则争端当事方经一致同意可终止仲裁庭程序。

三、在仲裁庭作出裁决前，在程序的任何阶段，仲裁庭可建议争端当事方友好解决争端。

第十二条　执行

一、被诉方应通知起诉方关于其执行仲裁庭建议和裁决的意向。

二、如立即遵守仲裁庭建议和裁决不可行，被诉方应有一合理的执行期限。被诉方应在合理期间内执行仲裁庭的建议。合理期间应由争端当事方一致确定，如争端各方未能在仲裁庭报告散发后的 30 天内就合理期间达成一致，只要可能，争端任何一方可以将此事项提交原仲裁庭审查。经与争端各方磋商，仲裁庭应在该事项提交其审查的 30 日内确定合理期间。如仲裁庭认为其不能在该期间内提交报告，仲裁庭应书面通知争端当事方迟延的原因，并不得晚于该事项提交其审查的 45 日内提交报告。

三、若在第二款所指的合理期间内是否存在为遵守仲裁庭建议所采取的措施或此类措施是否与《框架协议》相一致的问题上存在分歧，只要可能，此争端应提交原仲裁庭加以决定。仲裁庭应在该事项提交其审查的60日内向争端当事方提交报告。如仲裁庭认为其不能在该期间内提交报告，仲裁庭应书面通知争端当事方迟延的原因，并不得晚于该事项提交其审查的75日内提交报告。

第十三条　补偿和中止减让或利益

一、补偿和中止减让或利益属于在建议和裁决未在合理期限内执行时可获得的临时措施。但是，无论补偿还是中止减让或利益均不如完全执行建议以使一项措施符合框架协定。补偿是自愿的，且如果给予，应与《框架协议》相一致。

二、如在第十二条第二款的合理期限内，被诉方未能使被认定与《框架协议》不一致的措施符合仲裁庭建议，则该争端方如收到请求应与起诉方进行谈判，以期达成双方均可接受的必要的补偿调整协议。

三、如在起诉方请求就补偿调整进行谈判的20天内未就补偿达成双方满意的协议，起诉方可请求原仲裁庭来确定对未能使被认定与《框架协议》不一致的措施符合仲裁庭建议的争端方实施的中止减让或利益的适当水平。仲裁庭应在该事项提交其审查的30日内向争端当事方提交报告。如仲裁庭认为其不能在该期间内提交报告，仲裁庭应书面通知争端当事方迟延的原因，并不得晚于该事项提交其审查的45日内提交报告。减让或利益不得在仲裁过程中予以中止。

四、中止减让或利益应限于在《框架协议》项下、未能使被认定与《框架协议》不一致的措施符合仲裁庭建议的争端方所享有的减让或利益。该争端方以及其他缔约方应当被通知任何此类中止的开始和详细信息。

五、在考虑中止哪些减让或利益时：

（一）起诉方应首先寻求对与仲裁庭认定有违反《框架协议》或者造

成丧失或损害情形的部门相同的部门中止减让或利益；

(二)如起诉方认为对相同部门中止减让或利益不可行或无效，则可寻求中止其他部门项下的减让或利益。

六、减让或利益的中止应是临时性的，且只维持至被认定与《框架协议》不一致的措施已取消，或必须执行仲裁庭建议的缔约方已经做到，或已达成双方满意的解决办法。

第十四条　语言

一、本协议项下的任何程序应以英语进行。

二、提交的用于本协议规定程序的任何文件，应为英文。如一文件的原文并非英文，则提交该文件用于本协议规定程序的一方应提供其英文翻译。

第十五条　费用

一、争端任何一方应负担其指定的仲裁员的费用，以及其自己的花费和法律费用。

二、仲裁庭主席的费用以及其他与程序进行有关的费用，应由争端当事方平均承担。

第十六条　修订

经缔约方书面一致同意达成修正，可对本协议的规定进行修订。

第十七条　交存

对东盟而言，本协议应交存于东盟总干事，且其应迅速地向每一东盟成员国提供经核准的副本。

第十八条　生效

一、本协议经缔约方代表签署后，于二〇〇五年一月一日生效。

二、缔约方应于二〇〇五年一月一日前完成本协议生效的国内程序。

三、如一缔约方未能于二〇〇五年一月一日前完成本协议生效的国内程序，则该缔约方在本协议项下的权利和义务，自其国内程序完成之日起开始。

四、一俟本协议生效的国内程序完成，一缔约方应通过外交渠道通知其他缔约方。本协议于二〇〇四年十一月日于万象签订，一式两份，每份均用中文和英文写成，两种文本同等作准。

七、《中国—格鲁吉亚自由贸易协定》争端解决机制

第十五章 争端解决

第一条 合作

缔约双方在任何情况下均应当尽力就本协定的解释和适用进行合作，并且当一项争端产生时，应当尽一切努力通过合作和磋商，就可能影响本协定执行的任何事项，达成双方均满意的解决方案。

第二条 适用范围

除非本协定另有规定，当一方认为另一方未能履行其在本协定项下的义务时，本章的争端解决条款应予适用。

第三条 场所的选择

一、如一项争端涉及本协定下所引起的和双方均为缔约方的包括另一自由贸易协定在内的其他协定或《世贸组织协定》下产生的同一措施，起诉方可以选择解决争端的场所。

二、一旦起诉方选定了第一款所指的任何协定中的场所，则应使用该被选定的场所，并同时排除其他场所的使用。

第四条 磋商

一、缔约双方应尽一切努力通过根据本条或本协定规定磋商的其他条款项下的磋商，就任何争端达成相互满意的解决方案。

二、磋商请求应以书面形式提交，并应说明提出请求的理由，包括指明争议措施和指出起诉法律基础。起诉方应向被诉方递交磋商请求。

三、在磋商请求提出后，被诉方应在收到磋商请求后 10 日内回复该请求，并应在收到磋商请求之日起不超过 30 日的期限内善意地进行磋商，以达成双方满意的解决方法。涉及紧急事项，包括易腐货物的磋商，应自收到磋商请求之日起 15 日内启动。

四、如果被诉方未在前述10日内回复磋商请求，或未在第三款规定的时间内进行磋商，则起诉方可以直接请求设立仲裁庭。

五、磋商应保密，且不影响任何一方在任何进一步程序中的权利。

第五条　仲裁庭的设立

一、如果本章第四条规定的磋商在收到磋商请求之日起60日内，或对于涉及包括易腐货物在内的紧急事项在收到磋商请求之日起30日内，未能解决争议，则起诉方可书面请求设立仲裁庭审理争议事项。

二、起诉方应在请求中指出是否已举行过磋商，指明具体争议措施，并提供起诉方的法律基础的摘要以充分清楚地陈述问题，并应向另一方递交请求。仲裁庭设立之日是收到请求之日。

第六条　仲裁庭的组成

一、仲裁庭应当由三名仲裁员组成。

二、在仲裁庭设立15日内，每一缔约方应分别指定该仲裁庭的一名仲裁员。

三、缔约双方应在仲裁庭设立后30日内共同一致指定第三名仲裁员。依此方式指定的仲裁员为仲裁庭主席。

四、如仲裁庭的任一仲裁员未在仲裁庭设立后30日内得到指定，应任何一方的请求，WTO总干事有权在此后30日内指定仲裁员。如果一名或多名仲裁员依据本款指定，WTO总干事有权指定仲裁庭主席。

五、仲裁庭主席不得属于任何一方的国民，不得在任何一方领土内拥有惯常居所，不得受雇于任何一方，不得以任何身份曾处理过该争议事项。

六、所有仲裁员应：

（一）具有法律、国际贸易、本协定项下其他事项或解决国际贸易协定项下争端的专业知识或经验；

（二）依据客观性、可靠性及良好判断进行严格挑选；

（三）独立于任何一方，并且不隶属于或听命于任何一方；以及

（四）遵守与WTO的WT/DSB/RC/1文件确立的规则相符的行为守则。

七、如根据本条任命的仲裁员辞职或者不能履行职责，继任者应在15日内以与原仲裁员的任命相同的方式任命，且继任者应享有原仲裁员的所有权力和职责。在任命继任仲裁员期间，仲裁庭的工作应当中止。

第七条　仲裁庭的职能

一、仲裁庭的职能是对争端事项作出客观评估，包括审查案件事实以及本协定的适用性以及与本协定的相符性。

二、如仲裁庭认定一措施与本协定不符，仲裁庭应建议被诉方使其措施与本协定相符。

三、仲裁庭应根据国际公法关于解释的习惯规则考虑本协定。仲裁庭的裁决和建议不能增加或减少本协定所规定的权利和义务。

第八条　仲裁庭程序规则

一、除非缔约双方另有约定，仲裁庭程序应根据附件15-A规定的程序规则进行。

二、除本条和第一款所指的程序规则规定的规则外，仲裁庭经与缔约双方协商，可采用仲裁庭认为适当的、与本章和附件15-A不冲突的附加程序规则，包括关于缔约双方听证、陈词的权利的程序规则。

三、仲裁庭应以协商一致作出决定；如果仲裁庭不能达成协商一致，可以通过多数表决作出决定。仲裁员可以就不能一致同意的事项提出单独意见。单个仲裁员在仲裁庭报告中表达的所有意见应当匿名。

四、除非缔约双方在仲裁庭设立之日起20日内另有约定，仲裁庭的职权范围为：

“按照本协定的有关规定，审查依据第五条提出的设立仲裁庭请求中提及的事项，并为争端之解决提出法律和事实的裁决和理由。”

五、仲裁员的报酬及与开展仲裁程序有关的其他费用应由缔约双方平均分担。

第九条　程序的中止或终止

一、缔约双方可同意仲裁庭在任何时间中止其工作，中止期限自双方同意之日起不得超过 12 个月。如仲裁庭工作已中止 12 个月以上，除非缔约双方另行约定，设立仲裁庭的职权范围应终止。

二、缔约双方可同意终止仲裁庭程序。

第十条　仲裁庭报告

一、仲裁庭报告应基于本协定相关规定以及缔约双方的陈述和主张。

二、除非缔约双方另有约定，否则仲裁庭应在最后一名仲裁员指定后 120 日内向缔约双方提交报告。

三、在例外情况下，如果仲裁庭认为无法在 120 日内提交其报告，则应书面通知缔约双方迟延的原因和预计提交报告的期限。除非缔约双方另行商定，任何迟延不得超过 30 日。

四、对于紧急事项，包括涉及易腐货物的案件，仲裁庭应尽一切努力在仲裁庭组成之日起 60 日内通知其裁决。在例外情况下，该期限可以延长，但无论如何应从仲裁庭组成之日起不超过 75 日。

五、仲裁庭报告是最终的，并且除对缔约双方以及该报告涉及的具体案件之外，不具有法律约束力。

六、在保护机密信息的前提下，仲裁庭报告应在不迟于报告发布后 15 日使公众可获得，除非任一方不同意公开。

第十一条　仲裁庭报告的执行

一、如果仲裁庭在报告中认定一方未遵守其在本协定项下的义务，只要有可能，解决方案应为被诉方消除不符之处。

二、被诉方应迅速遵守仲裁庭报告中的建议和裁定。如果立即遵守不可行，被诉方应在合理期限内执行建议和裁定。

第十二条　合理期限

一、合理期限应由缔约双方商定，或者如缔约双方不能在仲裁庭报告发布之日起 30 日内就合理期限达成协议，只要可能，任何一方可将该事项提交原仲裁庭，原仲裁庭应确定合理期限。

二、仲裁庭应在该事项向其提交之日起 30 日内向缔约双方提交关于合理期限的报告。如果仲裁庭认为不能在此期限内提交报告，则应书面通知缔约双方迟延的原因和预计提交报告的期限。除非缔约双方另行商定，任何迟延不得超过 15 日。

三、合理期限自仲裁庭报告发布之日起通常不应超过 15 个月。合理期限可经缔约双方同意而延长。

第十三条　一致性审查

一、当对于为执行仲裁庭的建议和裁定而采取的措施是否存在或此类措施是否与本协定相一致存在分歧时，此类争端应通过本章项下的仲裁程序决定，包括只要可能即提交原仲裁庭。

二、仲裁庭应在该事项向其提交之日后 60 日内向缔约双方提交其报告。如果仲裁庭认为在上述期限内不能提交其报告，则应书面通知缔约双方迟延的原因和预计提交其报告的期限。除非缔约双方另行约定，任何迟延不得超过 15 日。

三、本协定中有关仲裁庭程序的条款，在做必要修改后，应适用于本条项下的仲裁程序。

第十四条　中止减让或其他义务

一、如果本章第十三条项下的仲裁庭认定被诉方未能在所确定的合理期限内使其被认定为违反本协定的措施与本协定相符或在其他方面未执行仲裁庭的建议和裁决；或被诉方以书面形式表示将不执行仲裁庭建议，如起诉方要求，被诉方应与起诉方进行谈判，以期达成相互接受的补偿。如果缔约双方未能在启动补偿谈判后 20 日内就补偿达成协议，或未提出谈判要求，起诉方可以对被诉方中止适用减让或其他义务。起诉方应在中止减让或其他义务前 30 日通知被诉方。通知应当表明中止减让或其他义务的水平和范围。

二、中止减让或其他义务的水平应与丧失或受损的水平相等。

三、在考虑中止减让或其他义务时：

（一）起诉方应首先寻求对与仲裁庭认定与本协定义务不符的措施所影响部门相同的部门中止减让或其他义务；以及

(二)如起诉方认为对相同部门中止减让或其他义务不可行或无效，可在其他部门中止减让或其他义务。其宣布此决定的通知应说明作出该决定的原因。

四、如果相关方书面要求，原仲裁庭应根据第二款确定起诉方拟中止的减让或其他义务的水平是否过度，以及第三款确定的原则是否得到了适用。如果仲裁庭未能由原仲裁庭成员组成，应根据本章第六条规定的程序组成仲裁庭。

五、仲裁庭应在根据第四款提出请求起 60 日内提交决定，或者如果仲裁庭未能由原仲裁庭成员组成，则应在新仲裁庭组成后 60 日内提交决定。

六、起诉方不得在仲裁庭根据本条提交决定之前，中止减让或其他义务的适用。

七、补偿、中止减让或其他义务应是临时措施，且应只被起诉方适用至与本协定不符的措施被取消或修改以便使其与本协定相一致，或适用至缔约双方达成满意的解决方法时。

第十五条　中止后审查

一、在不损害本章第十四条规定的程序情况下，被诉方如认为其已消除了仲裁庭认定的不符之处，可书面通知起诉方并描述如何消除了不符之处。起诉方如不同意，可在收到该书面通知后 45 日内将该事项提交原仲裁庭。否则，起诉方应立即停止中止减让或其他义务。

二、仲裁庭应在该事项提交后 60 日内发布报告。如果仲裁庭认定被诉方已经消除不符之处，起诉方应迅速停止中止减让或其他义务。

第十六条　私人权利

任何一方不得提供在其国内法下的诉讼权利，包括在其各自的国内法院以另一方措施不符合本协定为理由，针对另一方启动诉讼程序。

八、《中国—韩国自由贸易协定》争端解决机制

第二十章　争端解决

第 20. 1 条　合作

缔约双方在任何情况下均应当尽力对本协定的解释和适用达成一致，并且当一项争端产生时，应当尽一切努力通过合作和磋商，就可能影响本协定执行的任何事项，达成双方均满意的解决方案。

第 20. 2 条　范围

除非本协定另有规定或缔约双方另外达成一致，本章应当适用于解决缔约双方关于本协定的解释和适用的所有争端，或者一缔约方认为：

(一)另一缔约方的措施与本协定项下的义务不一致；或者

(二)另一缔约方未能履行本协定项下的义务。

第 20. 3 条　场所选择

一、如发生的争端涉及本协定下事项和《世界贸易组织协定》下事项或双方均为缔约方的其他协定下的事项，起诉方可以选择解决争端的场所。

二、一旦起诉方要求按照第一款所指协定项下设立专家组，则应使用该被选定的争端解决场所并同时排除其他场所的使用。

第 20. 4 条　磋商

一、缔约双方应当尽一切努力根据本条款或本协定其他磋商条款就任何争端达成双方满意的解决方案。

二、任一缔约方可以就第 20. 2 条所述任何事项以递交书面通知的方式向另一方请求磋商。请求方应当在书面通知中说明提出磋商请求的理由，包括指明争议中的措施以及此指控的法律基础。在磋商请求做出后，被请求方应当在收到请求后的 10 日内以书面形式进行答复。

三、磋商应当在收到磋商请求后 30 日内、以达成双方满意的解决方案为目的善意地进行。除非缔约双方另有约定，磋商应当在被诉方领土内进行。

四、如被请求方未在自收到磋商请求之日起 10 日内答复或未在自收到磋商请求之日起 30 日内进行磋商，请求方可以根据第 20.6 条直接请求设立专家组。

五、各缔约方应当：

(一)在磋商中提供充分的信息，以便全面审查磋商事项如何可能影响本协定的实施；及

(二)在信息提供方相同的基础上，处理磋商过程中交换的任何保密信息。

六、磋商应当保密，且不得损害任一缔约方在本章项下任何进一步程序中的权利。

第 20.5 条　斡旋、调停和调解

一、斡旋、调停和调解是在缔约双方同意的情况下自愿采取的程序。

二、涉及斡旋、调停和调解的程序，尤其是缔约双方在这些程序中所采取的立场应当保密，且不得损害任一缔约方在本章下任何进一步程序中的权利。

三、任一缔约方可随时请求进行斡旋、调停和调解。此程序可随时开始，可随时终止。如缔约双方同意，斡旋、调停和调解程序可以在根据第 20.6 条设立的专家组审理程序进行的同时继续进行。

四、缔约双方被鼓励进入调解程序，尤其是在一缔约方认为某一非关税措施对缔约双方的贸易带来负面影响，且该措施与本协定中货物市场准入事项相关并受本章节约束时，除非缔约双方另有约定。

五、缔约双方应当努力以快速的方式参与第四款规定的调解程序，以便在合理时期内、在双方协商一致指定或任命的调解员协助下，寻求双方满意的解决方案。当缔约双方已就解决方案达成一致时，各方应当采取必要的措施以执行双方达成的解决方案。

六、第四款所规定的调解程序并不作为参与本协定争端解决程序或任何一方作为当事方参与的其他协定争端解决程序的基础。

第 20.6 条　专家组设立

一、如果第 20.4 条所述磋商未能在收到磋商请求后 60 日内或其他双方达成一致的时间内解决争端，起诉方可以向另一缔约方递交设立专家组的书面请求。

二、起诉方应当在请求中说明是否进行了磋商，列明具体的争议措施，并提供一份起诉法律基础的简要摘要，以清楚地充分陈述问题。

三、专家组应当在收到第一款所述请求之日设立。

第 20.7 条　专家组组成

一、除非缔约双方另有约定，缔约双方在遴选专家组时应当采取下列程序：

（一）专家组应当包括三名成员；

（二）各缔约方应当在专家组设立后 15 日内分别指定一名专家组成员。如果一缔约方未能在此期间内指定一名专家组成员，除缔约双方另有决定外，该专家组成员应当由另一缔约方指定；

（三）缔约双方应当在专家组设立后 30 日内努力就担任主席的第三名专家组成员达成一致；

（四）如果缔约双方无法在专家组设立后 30 日内议定主席人选，应争端任一缔约方请求，WTO 总干事应在此后的 30 日内指定主席人选。如果 WTO 总干事是任一缔约方的国民或者无法履行职责，则应当请求非任一缔约国国民的 WTO 副总干事履行职责。

二、专家组主席不应为任一缔约方的国民，其经常居住地也不应在任一缔约方境内，不应受雇于任一缔约方，也不应曾以任何身份处理过争端事项。

三、若依照本条任命的专家组成员辞职或者不能履行职责，应当以与原专家组成员的任命相同的方式在 15 日内任命其继任者，且继任者应当享有原专家组成员的所有权力和职责。在此情况下，任何适用于专家组程序的时间应当在任命继任者期间中止计算。

四、所有专家组成员应当：

（一）具有法律、国际贸易、本协定项下其他事务或解决国际贸易协定项下的争端的专业知识或经验；

（二）依据客观性、可靠性及良好判断能力进行严格挑选；

（三）独立于任一缔约方，并且不隶属于或听命于任一缔约方；且

（四）遵守由附件 20-B 设立的行为守则（专家组成员和调解员行为守则）。

五、当一缔约方认为专家组成员未能遵守附件 20-B（专家组成员和调解员行为守则）要求时，缔约双方应当进行磋商，并基于一致意见根据第三款更换专家组成员。

第 20.8 条　专家组职能

一、专家组的职能是对其审查的争端作出客观评价，包括对案件事实及本协定的适用性和一致性的审查。

二、专家组认定一措施与本协定不一致的，应当建议被诉方使该措施符合本协定。

第 20.9 条　程序规则

一、除非缔约双方另有约定，专家组应当遵守附件 20-A（程序规则），并在与缔约双方磋商后，可以通过与附件 20-A（程序规则）一致的补充程序规则。

二、除非缔约双方在自收到设立专家组请求之日起 20 日内另有约定，专家组的职权范围应当包括：

“按照本协定的有关规定，审查依据第 20.6 条提出的设立专家组请求中提及的事项，为争端之解决做出法律、事实及理由的认定、结论和建议。”

三、在缔约双方一致同意的基础上，专家组可应一缔约方的要求或自行向其认为适当的任何个人或机构寻求信息或技术建议。

四、除非缔约双方另有约定，专家组成员的酬劳和专家组的其他费用由缔约双方平均分担。

第 20.10 条　专家组程序的中止或终止

一、缔约双方可以一致同意专家组在任何时间中止其工作，该中止期限自协商一致起不超过 12 个月。在此种中止情况下，所有在本章中

规定的时间节点应当根据专家组工作中止的期间得到相应延长。除非缔约双方另有约定，如果专家组的工作已中止 12 个月以上，则设立专家组的授权即告终止。

二、缔约双方可以一致同意终止专家组程序。

第 20.11 条　专家组报告

一、除非缔约双方另有约定，专家组应当在指定最后一名专家组成员后 120 日内向缔约双方提交中期报告。

二、在例外情况下，如专家组认为不能在 120 日内提交中期报告，则应当书面通知缔约双方延迟的原因和预计散发报告的期限。除非缔约双方另有约定，否则任何延迟不应超过 30 日。

三、专家组的报告应当以本协定的相关规定、缔约双方的陈述和主张为基础。专家组应当根据包括 1969 年《维也纳条约法公约》在内的国际公法解释惯例规则解释本协定的规定。

四、各缔约方可以在中期报告提交 15 日内向专家组就此报告提交书面评论。在考虑缔约双方对中期报告的任何书面评论后，专家组可以修改其报告并做出其认为适当的进一步审查。

五、除非缔约双方另有约定，专家组应当在提交中期报告的 45 日内向缔约双方提交最终报告。在保护机密信息的前提下，缔约双方应当在最终报告散发后 15 日内使公众可获得，除非缔约双方决定不公开。

六、专家组应尽一切努力基于一致意见做出裁决。如果专家组不能取得一致，则应依照多数意见做出裁决。专家组成员可以就不能一致同意的事项提出异议或单独意见。在专家组报告中所有专家组成员的观点都应当是匿名的。

七、专家组报告是最终的，并且对争议的缔约双方具有约束力，而且不应对个人创设任何权利或义务。专家组报告应当阐明事实认定、本协定相关条款的适用以及专家组所做任何认定和结论的基本原理。

第 20.12 条　最终报告的执行

一、如果在其最终报告中，专家组认定一缔约方未能遵守本协定项下的义务，其解决方案应尽可能消除上述不一致。

二、除非缔约双方另有约定，被诉方应当立即消除专家组最终报告中所认定的不一致，如果立即消除不可行，应在第 20.13 条规定的合理期限内消除。

第 20.13 条　合理期限

一、合理期限应当由缔约双方共同商定，如在专家组报告散发后 30 日内缔约双方未能就此达成一致，如有可能，任何一方可将此事项提交原专家组，原专家组应当确定合理期限。

二、专家组应当在该事项提交之日起 30 日内向缔约双方提交报告。如果专家组认为其在此期限内无法提交报告，则应当书面通知缔约双方迟延的原因和预计提交报告的期限。除非缔约双方另有约定，任何迟延不应超过 30 日。

三、合理期限一般不得超过自专家组最终报告散发之日起 15 个月。

四、被诉方将在合理期限届满前至少 30 日，以书面形式告知起诉方其执行专家组最终报告的进展。

第 20.14 条　一致性审查

一、被诉方应当在合理执行期结束时通知起诉方其所采取的执行专家组报告的任何措施。

二、当双方就执行专家组建议所采取的措施的存在或与本协定一致性存在分歧时，此项争端应当提交专家组程序，包括在可能的情况下提交原专家组。

三、专家组应在该事项提交后 60 日内向缔约双方提交报告。如果专家组认为在此期限内无法做出其报告，则应当书面通知缔约双方迟延的原因和预计提交报告的期限。除非缔约双方另有约定，任何迟延不得超过 30 日。

四、本协定中有关专家组程序的条款在适当改动后也适用于本条下的程序。

第 20.15 条　中止减让或其他义务

一、如果专家组在第 20.14 条下认定，被诉方在合理期限内未能使被认定与该协定不一致的措施符合专家组的建议，或者被诉方以书面形式表示其将不执行建议，或者没有任何执行措施存在，并且缔约双方未能在进入补偿谈判后 20 日内就补偿达成一致，起诉方可以对被诉方中止减让或其他义务。起诉方应当在中止减让或其他义务前 30 日通知被诉方。通知应当表明中止减让或其他义务的水平和范围。

二、补偿和中止减让或其他义务是当建议和裁定在合理期限内未获执行的情况下可采取的临时性措施。但是，无论补偿还是终止减让或其他义务均不如完全执行建议以使一措施符合本协定。补偿应当与本协定相一致。

三、考虑中止减让或其他义务时：

（一）起诉方应首先寻求对与专家组认定与本协定义务不符的措施所影响的部门相同的部门中止减让或其他义务；及

（二）如起诉方认为对相同部门中止减让或其他义务不可行或无效，则可寻求中止其他部门的减让或其他义务。

四、中止减让或其他义务的水平应当等于利益丧失或减损的水平。

五、如果被诉方认为中止减让或其他义务的水平与利益丧失或减损并不等同，则应当向原专家组提出书面请求。对于被诉方的书面请求，原专家组应当裁定起诉方根据第四款中止减让或其他义务的水平是否过高。如果专家组未能由原专家组成员组成，第 20. 6 条规定的程序应当适用。

六、专家组应当在收到上述请求后 60 日内做出裁定，如果专家组未能由原专家组成员组成，则应在最后一名专家组成员确定后 60 日内做出裁定。

七、在专家组根据本条做出裁定前，起诉方可以不中止减让或其他义务。

第 20. 16 条　后中止程序

一、在不影响第 20. 15 条的程序的情况下，如果被诉方认为其已消除专家组认定的不符之处，可以书面通知起诉方并描述不符之处如何已被消除。如果起诉方存在分歧，可在收到该书面通知后 60 日内将该事项提交原专家组。否则，起诉方应立即停止中止减让或其他义务。

二、专家组应在该事项提交后 60 日内提交报告。

三、如果专家组认定被诉方已经消除不符之处，起诉方应立即停止中止减让或其他义务。

第 20.17 条　私人权利

任一缔约方不得在其国内法下提供以另一缔约方措施不符合本协定为理由的诉讼权利。

九、《中国—冰岛自由贸易协定》争端解决机制

第十一章　争 端 解 决

第一百零五条　合作

双方无论何时都应该尽力对本协定的适用达成一致，并且应该尽一切努力通过合作和磋商，就可能影响本协定执行的任何事项达成双方均满意的解决方案。

第一百零六条　适用范围

除非本协定另有规定，本章的争端解决条款在一方认为另一方未能履行本协定下的义务的情况下适用。

第一百零七条　争端解决场所的选择

一、如发生的争端涉及本协定下事项和双方均为缔约方的其他自由贸易协定或《世界贸易组织协定》下事项，起诉方可以选择解决争端的场所。

二、一旦起诉方要求按照第一款所指的协定项下设立专家组，则应使用该被选定的解决争端场所，且同时排除了本协定争端解决条款的适用。

第一百零八条　磋商

一、双方应该尽一切努力通过本条项下磋商或者本协定其他磋商条款，就有争议的任何事项达成双方均满意的解决方案。

二、磋商要求应以书面形式提出并说明提起要求的原因，包括说明

所涉措施及指控的法律基础。起诉方应向另一方递交此要求。

三、如一方提出磋商要求，被诉方应在接到要求之日起 10 日内做出书面答复，并应自收到磋商要求之日起 30 日内，为达成双方满意的解决方案善意地举行磋商。如被诉方在上述规定的 10 日内未做出回应，或未在上述规定的 30 日内举行磋商，则起诉方可直接要求设立仲裁小组。

四、磋商应保密且不得影响任何一方在后续程序中的权利。

第一百零九条　仲裁小组的设立

一、如果根据一百零八条举行的磋商未能在收到磋商要求之日起 60 日内解决争端，提出磋商要求的一方可书面要求设立仲裁小组处理争端。

二、提出要求的一方应该在要求中说明所指控的措施，及其认为相关的本协定条款，并向另一方递交此要求。一方收到要求，即应设立仲裁小组。

第一百一十条　仲裁小组的组成

一、仲裁小组应由 3 人组成。

二、仲裁小组设立后 15 日内，双方应分别指定一名仲裁员。

三、双方应在仲裁小组设立后 30 日内一致同意指定第三名仲裁员。依此方式指定的仲裁员为仲裁小组的主席。

四、如果任一仲裁员在仲裁小组设立后 30 日内未能指定或委任，应任一争端方的请求，世界贸易组织总干事将在此后的 30 日内指定。

五、仲裁小组主席不应为任一方的国民，不应在任一方境内有经常居住地，不应为任一方所雇佣，不应以任何身份处理过此争议事项。

六、所有仲裁员应：

（一）具备法律、国际贸易、本协定项下其他事项或者国际贸易协定争端解决的专业知识或经验；

（二）依据客观性、可靠性和良好判断力进行严格挑选；

（三）独立，不隶属于或听命于任何一方；并且

（四）遵守世界贸易组织文件 WT/DSB/RC/1 所规定的行为规范。

七、如果根据本条指定的仲裁员辞职或者无法履行职责，应在 15 日内以与原仲裁员相同的选任程序指定继任仲裁员，继任仲裁员应享有原仲裁员的所有权力和职责。在指定继任仲裁员期间，仲裁小组的工作应中止。

第一百一十一条　仲裁小组的职能

一、仲裁小组的职能是对审议的争端作出客观评价，包括对案件事实及本协定的适用性和与本协定的一致性的审查。

二、如果仲裁小组认定某一措施与本协定不一致，则应建议被诉方使该措施符合本协定。

三、在其结论和建议中，仲裁小组不能增加或减少本协定所规定的权利和义务。

四、仲裁小组应根据本协定的条款进行裁决，并应根据解释国际公法的惯例进行解释。

第一百一十二条　仲裁小组的程序规则

一、除非双方另行商定，仲裁小组程序应遵守本协定附件 9 中的程序规则。

二、仲裁小组的所有程序规则应确保：

（一）争端方有权至少参加一次仲裁小组举行的听证会，并且有机会提供初步和抗辩的书面陈述；

（二）争端方被邀请参加仲裁小组举行的所有听证会；

（三）在符合任何保密规定的情况下，争端方应获得向仲裁小组提交的所有陈述和评论意见；以及

（四）仲裁小组听证会、仲裁小组审议以及所有向仲裁小组提交的书面陈述和通信均应保密。

三、除非双方在仲裁小组设立后 20 日内另行商定，仲裁小组应具有下列职权范围：

"按照本协定的有关规定，审查依据第一百零九条提出的设立仲裁

小组请求中提及的事项，并为解决争端提出裁决的法律事实和理由。”

四、仲裁小组应基于协商一致做出裁决。如果仲裁小组不能协商一致，则应依照多数意见做出裁决。裁决报告中仲裁员的个人意见应以匿名方式体现。

五、仲裁小组，应某一争端方的要求，也可自行向其认为适当的专家寻求科学信息或技术建议。

六、仲裁员的报酬，以及仲裁小组的其他费用应由双方平均负担。

第一百一十三条　撤销投诉

投诉方可在初步报告发布前的任何时间撤销投诉。上述撤销投诉的行为并不影响其在以后的某个时间就同一事宜提出新的投诉。

第一百一十四条　程序的中止或终止

一、双方可在任何时间一致同意仲裁小组中止其工作，中止期限自达成此种一致时起不超过 12 个月。如仲裁小组工作中止 12 个月以上，除非双方另行商定，设立仲裁小组的授权应告终止。

二、双方可一致同意终止仲裁小组程序。

第一百一十五条　初步报告

一、仲裁小组应自其设立后的 90 天内向争端方提交初步报告。

二、仲裁小组的报告应以本协定的相关条款、双方的陈述和主张为基础。

三、任一争端方可在初步报告提交后 14 日内就此报告向仲裁小组提交书面评论。

四、如发生第三款提及的情况，仲裁小组在考虑双方的书面评论意见后，可以自行或应任一争端方的要求采取以下措施：

（一）向任一争端方征询意见；

（二）重新考虑其报告；以及/或

（三）开展其认为合适的进一步审查。

第一百一十六条　最终报告

一、在提交其初步报告 45 日内，仲裁小组应该向双方提交最终报告，内容包括第一百一十五条第二款提及的事宜，以及对未达成一致的事项的单独意见。

二、除非争端双方另行商定，最终报告应在提交争端双方 15 日后公布。

第一百一十七条　仲裁小组报告的执行

一、如果在其最终报告中，仲裁小组认定一方未能遵守本协定下的义务，其解决方案应尽可能消除上述不一致。

二、除非双方就补偿或其他均满意的解决方案达成一致，双方应执行仲裁小组最终报告中的建议。

三、如果立即遵守不可行，双方应在合理期限内执行仲裁小组最终报告中的建议。

第一百一十八条　合理期限

一、第一百一十七条（仲裁小组报告的执行）第三款所指的合理期限应由双方商定，如果在仲裁小组报告散发后 45 日内双方未能就此达成一致，任何一方，如有可能，可将此事项提交原仲裁小组，原仲裁小组应与双方协商后确定合理期限。

二、仲裁小组应在该事项向其提交后 60 日内向双方做出决定。如果仲裁小组认为在此期限内不能做出决定，则应书面通知双方迟延的原因和预计提交报告的期限。除非双方另行商定，任何迟延不应超过 30 日。

第一百一十九条　实施措施的一致性审查

一、如果就为遵守仲裁裁决而在合理时间内采取的措施是否存在，或此类措施是否与本协定相一致存在分歧，此争端应提交仲裁程序，包括在可能的情况下求助于原仲裁小组。

二、仲裁小组应在该事项向其提交后 60 日内向争端双方提交报告。

第一百二十条　减让和义务的中止

一、如果仲裁小组发现一方未能在合理期限内使与本协定不一致的措施符合仲裁小组的决定，或者被诉方书面表明将不执行该决定，同时争端双方未能达成补偿协议，起诉方可以中止对被诉方实施效果等同的减让和义务。

二、在考虑如何根据第一款中止减让和义务时：

（一）起诉方应首先寻求在受到被仲裁小组认定不符合本协定的措施影响的相同部门中止减让和义务；并且

（二）如果起诉方认为在相同部门中止减让和义务不可行或无效，可寻求在其他部门中止减让和义务。在宣布该决定的通知中应说明做出该决定的理由。

三、起诉方应在中止减让和义务前 30 天通知被诉方。

四、应相关方的书面请求，原仲裁小组应确定起诉方根据第二款中止的减让和义务水平是否过量。如果仲裁小组不能由原成员组成，应适用第一百一十条的程序。

五、仲裁小组应在根据第四款提出要求后 60 日内做出裁定，如果仲裁小组不能由原有成员组成，则应在最后一名仲裁员确定后 60 日内做出裁定。仲裁小组的裁定是最终的。除非争端双方另行商定，该裁定应提交双方并使公众可获得。

六、在满足本条第一款条件前起诉方不得进行中止减让和义务的适用。

七、中止利益应是临时性的，且只能适用至不符合本协定的措施被消除，或争端双方已达成争端解决方案。

第一百二十一条　中止后的程序

一、在不影响第一百二十条的程序的情况下，如果被诉方认为其已消除了仲裁小组认定的不一致性，则可书面通知起诉方，并在通知中说明不一致性是如何取消的。如果起诉方有不同意见，可在收到该书面通知后 60 日内将该事项提交原仲裁小组，否则，起诉方应立即停止中止减让和义务行为。

二、仲裁小组应在该事项提交后 60 日内发布报告。如果仲裁小组认定被诉方已经消除不一致性，起诉方应立即停止中止减让和义务的行为。

第一百二十二条　私人权利

任一方不得在其国内法下提供以另一方措施不符合本协定为理由的诉讼权利。

十、《中国—秘鲁自由贸易协定》争端解决机制

第十五章　争 端 解 决

第一百七十三条　合作

缔约双方应该一直尽力对本协定的解释和适用达成一致，并且在产生争端时应该尽一切努力通过合作和磋商，就可能影响本协定执行的任何事项达成缔约双方均满意的解决方案。

第一百七十四条　适用范围

除非本协定另有规定，如果一缔约方认为另一缔约方未能履行本协定下的义务，本章的争端解决条款应该适用于解决缔约双方关于本协定解释或适用的所有争端。

第一百七十五条　解决争端场所的选择

一、如发生的争端涉及本协定下事项和缔约双方均为缔约方的其他自由贸易协定或 WTO 协定下事项，起诉方可以选择解决争端的场所。

二、一旦起诉方要求按照第一款所指的协定项下设立专家组，则应使用该被选定的解决争端场所，且同时排除了其他解决争端场所的使用。

第一百七十六条　磋商

一、任一缔约方可以就第一百七十四条(适用范围)提及的事项要求与另一缔约方进行磋商。

二、请求方应该向另一缔约方递交此请求，并且应该说明提出磋商请求的原因，包括指明争议中的措施或其他事项以及此指控的法律基础。

三、被请求方应在收到磋商请求后 25 日内答复该请求。

四、缔约双方应该在以下期限内进行磋商：

（一）收到就紧急事项提起的磋商请求后35日内；

（二）收到就其他事项提起的磋商请求后40日内。

五、进行磋商的缔约双方应尽力就通过本条或本协定其他磋商条款规定的磋商提起的任何事项达成双方满意的解决方案。

六、如果被请求方未在25日内答复磋商请求或未在本条第四款所规定的时间期限内进行磋商，请求方可以直接请求设立专家组而不必等待第四款所规定的期限到期或按照第一百七十七条（专家组请求）行事。

七、磋商可以当面或通过缔约双方具备的技术手段进行。除非磋商双方另有约定，如果当面进行，磋商应在两国的城市间轮流举行。举行会谈的城市由东道国确定。当面进行的会谈首先在被请求方的城市举行。

八、在磋商中，各缔约方应：

（一）提供充足的信息以便对可能影响本协定执行或适用的有效的措施或其他争议事项进行全面评估；且

（二）应采取与提供信息方一样的方式对待该方在磋商过程中交换的保密信息。

九、磋商应保密，并不得损害任一缔约方在任何进一步程序中的权利。

第一百七十七条　专家组请求

一、除非缔约双方议定不同的磋商期限，如果第一百七十六条（磋商）所规定的磋商未能在60日内解决某一事项或未能在50日内解决紧急事项，起诉方可以书面请求设立专家组。

二、起诉方应向另一缔约方递交请求，至少说明请求的理由、列明有关措施、指出其认为有关的本协定条款并说明此指控的法律基础。专家组在另一缔约方收到上述请求之日起被视为成立。

三、除非争议双方另有约定，专家组应按照本章规定选任并履行其职能。

第一百七十八条　专家组成员的资格

所有专家组成员应：

（一）具备法律、国际贸易、本协定项下其他事项或者国际贸易协定下与有关争端所涉事项争端解决的专业知识或经验；

（二）依据客观性、独立性、可靠性和良好判断力进行严格挑选；

（三）独立于且不隶属于或听命于任何一方；并且

（四）不将责任分配给任何其他人；及

（五）遵守附件十二（示范程序规则）所列示范程序规则。

第一百七十九条　专家组选任

一、缔约双方应按照下列程序选任专家组：

（一）专家组应由3名成员组成；

（二）专家组设立之日起15日内，每方应任命一名专家组成员；

（三）缔约双方应在专家组设立之日起30日内尽力议定第三名担任主席的专家组成员；

（四）如果未能在专家组设立之日起30日内指定或任命任何一名专家组成员，应争端任何一方请求，WTO总干事①应在此后的30日内进行此种必要的指定；及

（五）除非缔约双方另有约定，专家组主席不应为缔约任一方的国民，其经常居住地也不应在缔约任一方境内，不应受雇于缔约任一方所雇佣，也不应曾以任何身份处理过此争议事项。

二、若依照本条所任命的专家组成员辞职或者不能履行职责，继任的专家组成员应以与原专家组成员的任命相同的方式在30日内任命，且继任的专家组成员应享有原专家组成员的权力和职责。在任命继任的专家组成员期间，专家组的工作应当中止。

第一百八十条　专家组的职能

一、专家组的职能是对其审查的争端作出客观评价，包括对案件事实及本协定的适用性和与本协定的一致性的审查，以及对解决争端作出

① 缔约双方同意，如果WTO总干事为任一缔约方的国民，或者不能满足第（五）分款所述条件，或失去履行上述职责的能力，非任何缔约方国民且符合第（五）分款条件的最高基本的副总干事将履行上述职责。

必要的裁决。

二、专家组的报告应对争端双方有约束力。

三、专家组应基于一致意见作出裁决；如果专家组不能取得一致，则应依照多数意见作出裁决。

四、如专家组认定一项措施与本协定不一致，则应建议被诉方使该措施符合本协定。除其建议外，专家组还可就被诉方如何执行建议提出办法。

五、在其裁决和建议中，专家组不能增加或减少本协定所规定的权利和义务。

第一百八十一条　示范程序规则

一、专家组程序应按附件十二(示范程序规则)中规定的《示范程序规则》执行。特殊情况下，争端双方也可议定适用于专家组的不同规则。

二、《示范程序规则》对于本章下所有步骤的妥当实施是必要的。此外，此等规则应按以下原则规范程序的实施：

(一)程序应确保至少有一次专家组听证会，并且争端各方都有机会提供首次和反驳的书面陈述；并允许采用任何技术手段确保其真实性。

(二)专家组听证会、专家组审议以及所有听证会上提交的陈述和通信均应保密。

三、如果有需要，除了本条和附件十二(示范程序规则)所规定的事项外，专家组应与缔约双方协商管理与解决争端有关的其自身程序。

四、除非争端双方在设立专家组后的20日内另有议定，专家组应具有下列职权范围：

“按照本协定的有关规定，审查依据第一百七十七条(专家组请求)提出的设立专家组请求中提及的事项，并为争端之解决提出法律和事实的裁决及其理由，以及有需要的情况下提出执行裁决的建议。”

五、除非争端双方另有约定，听证会应在各国的城市间轮流举行。

举行有关会议的城市应由东道国确定。举行会谈的城市由东道国确定。当面进行的会谈首先在被请求方的城市举行。

六、争端解决程序的工作语言应为英语。如果以西班牙文或中文提交任何文件，提交文件方应提交英文翻译。

第一百八十二条　专家的职能

一、专家组，应一缔约方要求或自行决定，可向其认为适当的任何个人或机构寻求信息或技术建议。第一百七十八条(专家组成员的资格)第二、三款中规定的条件应适用于专家或专家小组。

二、在专家组寻求信息或技术建议之前，它应该与争端双方协商以确定适当的程序。专家组应该：

(一)依据第一款提前通知缔约双方其寻求信息和技术建议的意向，并向缔约双方提供充足的时间提出它们认为合适的评论和意见；以及

(二)向争端双方提供依据第一款要求反馈的信息和技术建议的副本，以及对其提供评论的机会。

三、如专家组在准备报告时考虑了根据第一款寻求的信息和技术建议，其也应考虑争端双方对于信息或技术建议所做的任何评论和意见。

第一百八十三条　专家组报告

一、除非缔约双方另有约定，专家组的报告应以本协定的相关规定、争端双方的陈述和主张和根据第一百八十一条(示范程序规则)接受的任何信息为基础。

二、除非缔约双方另有约定，专家组应在专家组成员选任后120日内或在涉及紧急事项的情况下90日内向争端双方提交报告。

三、仅在例外情况下，如专家组认为不能在120日内或在涉及紧急事项的情况下90日内散发报告，则应书面通知缔约双方延迟的原因和预计散发报告的期限。除非缔约双方另有议定，否则任何延迟不应超过30日。

三、报告应当包括：

(一)裁决及其事实和法律依据；

（二）关于一缔约方是否未遵守本协定项下义务的结论，或其授权范围所要求的任何其他裁决；以及

（三）根据第一百八十条（专家组的职能）第四款就裁决执行所作建议。

四、对于没有达成一致的事项，专家组成员可以提供单独意见。

五、专家组不应披露哪些专家组成员持多数或少数意见。

六、除非缔约双方另有议定，在保护机密信息的前提下，报告应该在此后 30 日内使公众可获得。

第一百八十四条　请求澄清报告

一、在报告散发 10 日内，争端任何一方可向专家组书面请求澄清报告中该方认为需要进一步解释或界定的事项，此等请求的副本应送交争端另一方。

二、专家组应在收到此等请求后 10 日内答复该请求。专家组的澄清应仅为对报告原始内容的更精确解释或界定，而非对报告的修改。

三、除非缔约双方另有约定，提起澄清的请求不使报告生效或执行裁决期限推迟。

第一百八十五条　程序的中止或终止

一、争端双方，可在任何时间，一致同意专家组中止其工作，期限自达成此种一致起不超过 12 个月。除非缔约双方另有议定，任何情况下，如专家组的工作已中止 12 个月以上，则设立专家组的授权即告终止。如果专家组的授权终止而争端双方未能就解决争端达成一致，本条款不妨碍一方就相同事项提出新的请求。

二、专家组报告散发前任何时间，缔约双方可以联合就此通知专家组主席的形式一致同意终止专家组程序。

第一百八十六条　报告的执行

一、报告应为最终的并对争端双方有约束力。

二、如果专家组报告认定一缔约方未能遵守本协定下的义务，被诉方应消除上述不一致。

三、被诉方应立即执行专家组的建议，或在一合理期限内执行，如果立即执行不可行。缔约双方应在散发专家组报告后30日议定合理期限。任何情况下，此等合理期限不应超过报告散发后300个工作日。

第一百八十七条　对执行的审查

一、在不影响第一百八十八条(补偿)所规定的程序的前提下，一旦第一百八十六条(报告的执行)第3款所规定期限到期，如果对是否存在为执行专家组报告所采取的措施或对此类措施是否符合本协定的问题上存在分歧，此争议应尽可能提交原专家组。如果不可能，应遵循第一百七十九条(专家组选任)所规定的程序任命新的专家组，在此情况下该条所规定的期限应予减半。

二、专家组应在该事项提交其后60日内报告。如果专家组认为在此期限内不能提交报告，则应书面通知缔约双方迟延的原因和预计提交报告的期限。除非缔约双方另有约定，任何迟延提交报告的日期不应超过30日。

第一百八十八条　补偿

一、如果有关缔约方未能在第一百八十六条(报告的执行)确定的期限内执行专家组报告，争端任何一方可以书面请求与另一方进行谈判，以期就双方均能接受的补偿安排达成一致。争端双方应在接受书面请求后10日以内启动谈判。

二、补偿应自缔约双方就此达成一致之时起生效，并终止于被诉方执行专家组报告之时。

第一百八十九条　中止利益

一、如果出现以下情形，起诉方可以在此后任何时间书面通知被诉方，起诉方拟在被诉方收到该通知后三十(30)日内中止适用利益：

(一)争端双方未能在协商补偿期限开始后30日内就补偿达成一致，或被诉方未能在就补偿达成一致后遵守达成一致的补偿的条件；

(二)第一百八十七条(对执行的审查)下的专家组裁决被诉方未能在确定的期限内使被裁决与本协定不一致的措施符合专家组的建议；或

（三）被诉方书面表示将不会执行专家组的建议。

二、起诉方可以在根据本条第一款通知之日和专家组根据第一百九十条（对中止利益水平的审查）作出报告之日较晚者之后 30 日内开始中止利益。

三、中止利益的水平应与未收到的利益相当。

四、在根据第一款考虑中止何种利益时：

（一）起诉方应首先寻求在受措施影响的相同部门里中止利益；

（二）如果起诉方认为在相同部门里中止利益不可行或无效，它可以在其他部门里中止利益。它应在作出该决定的通知里说明理由。

第一百九十条　对中止利益水平的审查

一、如果被诉方认为中止利益水平过量，它可以书面请求原专家组审查该中止利益水平。如果不可能，应遵循第一百七十九条（专家组选任）所规定的程序任命新的专家组，在此情况下该条所规定的期限应予减半。

二、该专家组应在提交该事项后 60 日内做出裁决。如果专家组认为它不能在此期限内作出报告，则应书面通知缔约双方迟延的原因和预计提交报告的期限。除非缔约双方另有约定，任何迟延提交报告的日期不应超过 30 日。专家组的裁决应为最终和有约束力的。裁决应递交缔约双方并对外公布。

三、如果专家组裁定起诉方中止的利益水平过量，专家组应确定其认为相当的合适利益水平。

第一百九十一条　后中止程序

一、在不影响第一百九十条（对中止利益水平）的程序的情况下，如果被诉方认为其已消除专家组认定的不符之处，可以书面通知起诉方并在通知中描述不符之处是如何被消除的。如果起诉方有不同意见，可在收到该书面通知后 60 日内将该事项提交原专家组。否则起诉方应立即停止中止利益。

二、专家组应在该事项提交后 60 日内发布报告。如果专家组认定被诉方已经消除不符之处，起诉方应立即停止中止利益。

第一百九十二条　私人权利

任一缔约方不得在其国内法下提供以另一缔约方措施不符合本协定为理由的诉讼权利。

十一、《中国—新西兰自由贸易协定》争端解决机制

第十六章　争端解决

第一百八十三条　目标

一、本章旨在：

(一)鼓励双方对本协定项下产生的争端无论何时都尽力通过合作和磋商达成双方满意的解决方案；以及

(二)为双方在本协定项下的权利义务提供一个有效、高效及透明的磋商程序和争端解决程序。

二、不限于本章规定，双方可在任何时候达成双方满意的争端解决方案。

第一百八十四条　适用范围

一、除非本协定另有规定，本章应当适用于避免或解决除第十四章(合作)外本协定项下有关双方权利义务的争端。

二、根据第五十九条及第六十五条第三款采取的行动，不得影响本章项下双方的权利和义务。

第一百八十五条　机构的选择

一、除本条规定外，本章不得影响双方依据双方均为缔约方的其他协定，寻求解决争端程序的权利。

二、如争端同时涉及本协定和双方均为缔约方的其他协定项下的事项，起诉方可以选择解决争端机构。

三、一旦起诉方选定机构，则被选定的机构应当被采用而排除选择其他机构的可能。

四、就本条而言，当一方已经要求设立争端解决专家小组或仲裁

庭，或者已将争议提交给一个争端解决专家小组或仲裁庭时，应当认为其已选定了机构。

第一百八十六条　磋商

一、双方应当尽力通过磋商就所有事项达成双方满意的解决方案。各方应当就任何影响本协定的执行、解释或者适用的问题充分地与另一方磋商。任何分歧应当尽可能地通过双边磋商加以解决。

二、磋商要求应当以书面形式提出并说明提起要求的原因，包括说明所涉措施及指控的法律基础。起诉方应当向另一方递交此要求。

三、如一方提出磋商要求，另一方应当在接到要求之日起10日内做出书面答复，并在以下期限内，为达成双方满意的解决方案善意地举行磋商：

（一）涉及易腐货物，自收到磋商要求之日起15日内；或者

（二）涉及其他任何事项，自收到磋商要求之日起30日内。

四、如被诉方在上述规定的10日内未做出回应，或未在第三款第（一）项或第三款第（二）项规定的时间内举行磋商，则起诉方可直接要求设立仲裁庭。

五、磋商应当保密且不得影响任何一方在后续程序中的权利。

六、举行磋商时，双方应当：

（一）提供足够的信息，以便充分审议所涉问题如何影响本协定的实施与适用；以及

（二）对于磋商过程中交换的保密信息或者专有信息，以信息提供方同样方式对待。

七、起诉方可要求被诉方在磋商中有其政府部门或者其他管理机构中对磋商所涉问题具备专业知识的人员参加。

第一百八十七条　斡旋、调解和调停

一、双方可随时同意斡旋、调解和调停。斡旋、调解和调停可随时开始，随时终止。

二、如果双方同意，在根据第一百八十八条设立仲裁庭解决争端之

前，斡旋、调解和调停可以继续进行。

三、如果双方同意，可以请求自贸区联合委员会帮助进行斡旋、调解和调停。

第一百八十八条　仲裁庭的设立

一、如果磋商未能在下列期限内解决争端：

(一)涉及易腐货物，自收到磋商要求之日起 30 日内；或者

(二)涉及其他任何事项，自收到磋商要求之日起 60 日内。提出磋商要求的一方可书面要求设立仲裁庭。

二、设立仲裁庭的要求应当表明：

(一)具体争议问题；以及

(二)起诉的法律基础，包括被指违反的本协定条款以及其他相关条款，以清楚地充分陈述问题。

三、仲裁庭应当在收到要求后设立。

第一百八十九条　仲裁庭的组成

一、仲裁庭应当由三人组成。

二、仲裁庭设立后 15 日内，双方应当分别指定一名仲裁员。

三、双方应当在仲裁庭设立后 30 日内共同指定第三名仲裁员，该仲裁员为首席仲裁员。

四、如果任一仲裁员在仲裁庭设立后 30 日内未能指定或委任，一方可要求 WTO 总干事在提出要求后 30 日内指定。

五、所有仲裁员应当：

(一)具备法律、国际贸易、本协定项下其他事项或者国际贸易协定争端解决的专业知识或经验；

(二)依据客观性、可靠性和良好判断力进行严格挑选；

(三)独立，不隶属于或听命于任何一方；并且

(四)遵守 WTO《关于争端解决规则与程序的谅解的行为规则》。

六、首席仲裁员应当：

(一)不是任何一方公民；

(二)不在任何一方境内拥有常住场所；并且

(三)未曾以任何身份处理过该问题。

七、如果根据本条指定的仲裁员辞职或者无法履行职责，应当以与原仲裁员相同的指定方式指定继任仲裁员，继任仲裁员应当享有原仲裁员的所有权力和职责。在指定继任仲裁员期间，仲裁庭的工作应当中止。

第一百九十条　仲裁庭的职能

一、仲裁庭的职能是对争端做出客观评估，包括对案件事实、本协定的适用性以及与本协定的一致性做出客观评估，并为解决争端做出必要的事实认定。

二、如果仲裁庭认定某项措施与本协定不一致，则该认定对双方有约束力，且被诉方有责任消除该措施的不一致性。

三、为避免歧义，双方同意本协定的规定应当根据国际公法条约解释惯例进行解释。

四、仲裁庭在认定中不能增加或减少本协定所规定的权利和义务。

第一百九十一条　仲裁庭的程序规则

一、仲裁庭应当自组成之日起 14 日内确定程序规则，该规则应当特别确保：

(一)仲裁庭至少举行一次但不超过两次听证；

(二)起诉方和被诉方有机会提交初步陈述和抗辩；

(三)本章所指的，或者双方为解决此争端一致同意的其他任何程序性规定；

(四)包括在最终报告中，对商业机密信息进行保护。

二、在满足第三款要求的前提下，各方有权公开其书面陈述、口头陈述的书面版本以及对仲裁庭要求或所提问题的书面答复。

三、各方应当对另一方提交给仲裁庭并指定为保密的信息保密。

四、仲裁庭可随时在会议进行中或以书面形式向双方提出问题并要求做出解释或提供进一步的信息。一方应当迅速、全面地对仲裁庭提出的，且仲裁庭认为必要且适当的问题做出答复。就仲裁庭所审理的问题，各方不得与仲裁庭有单方面的交流。

五、仲裁庭有权向其认为合适的个人或机构寻求信息和技术建议。仲裁庭应当向双方提供该信息或者技术建议的副本，并为双方发表意见提供机会。如仲裁庭在准备报告时考虑了上述信息或技术建议，其也应当考虑双方对该信息或建议所提的意见。

六、除非双方在仲裁庭设立后20日内另行商定，仲裁庭职能应当为：

“根据本协定的有关规定，审理根据第一百八十八条提出设立仲裁庭要求中提及的事项，并为解决争端提出裁决的法律事实和理由。”

七、仲裁庭应当基于协商一致做出裁决。如果仲裁庭不能协商一致，则应当依照多数意见做出裁决。裁决报告中仲裁员的个人意见应当以匿名方式体现。

八、除本条规定的事项外，仲裁庭应当通过与双方进行磋商，规定与双方表达观点权利相关的程序及其意图。

第一百九十二条　费用

除非双方因案件的特殊情况另行商定，仲裁庭所需费用，包括仲裁员的报酬应当由双方平均负担。

第一百九十三条　程序的中止或终止

一、双方可在任何时间一致同意仲裁庭中止其工作，中止期限自达成此种一致时起不超过12个月。如仲裁庭工作中止12个月以上，除非双方另行商定，设立仲裁庭的授权应告终止。

二、如果双方就争端达成共同满意的解决方案，可同意终止仲裁程序。在此情况下，双方应当共同通知首席仲裁员。

第一百九十四条　仲裁庭报告

一、仲裁庭应当根据所获得的信息和双方的陈述，在双边不在场的情况下起草仲裁庭报告。

二、为使双方能有机会审阅报告和提出意见，仲裁庭应当在其组成之日起 90 日内向双方公布其初步报告，报告应当对事实和争端一方是否遵守本协定项下的义务做出认定。在特殊情况下，如果仲裁庭认为无法在 90 日内散发初步报告，则应当书面通知双方迟延的原因和预计发布报告的期限。除非双方另行商定，任何迟延不应超过 30 日。

三、一方可在收到初步报告后 10 日内向仲裁庭提出书面意见。除非双方另行商定，仲裁庭应当在考虑双方的书面意见并进行其认为合适的进一步审查之后，于初步报告公布后 30 日内向双方公布最终报告。仲裁庭最终报告自散发 10 日后应当作为可获得的公开文件。

四、仲裁庭报告是最终的。

第一百九十五条　仲裁庭报告的执行

一、相关一方应当遵守仲裁裁定。如果立即遵守不可行，则相关一方应当在合理期限内执行仲裁庭报告的决定。

二、如果仲裁庭认定某项措施与本协定不一致，相关一方有责任消除该措施的不一致性。

第一百九十六条　合理期限

一、合理期限应当由双方商定，如在仲裁庭报告散发后 45 日内双方未能就此达成一致，任何一方可将此事项提交原仲裁庭(如有可能)，原仲裁庭应当与双方协商后确定合理期限。

二、仲裁庭应当在该事项提交后 60 日内向双方提交报告。如果仲裁庭认为在此期限内不能提交报告，则应当书面通知双方迟延的原因和预计提交报告的期限。除非双方另行商定，任何迟延不应超过 30 日。

第一百九十七条　一致性审查

一、如果就为遵守仲裁裁决而在合理时间内采取的措施是否存在，或此类措施是否与本协定相一致存在分歧，此争端应当依据本章提交仲裁，包括在可能的情况下求助于原仲裁庭。

二、仲裁庭应在该事项提交后 60 日内向双方提交报告。如果仲裁庭认为在此期限内不能提交报告，则应当书面通知双方迟延的原因和预计提交报告的期限。除非双方另行商定，任何迟延不应超过 30 日。

第一百九十八条　补偿、减让和义务的中止

一、如一方未能在合理期限内使与本协定不一致的措施符合仲裁庭的决定或者被诉方书面表明将不执行该决定，应要求，被诉方应当与起诉方就达成双方满意的必要补偿协议进行谈判。

二、如果双方未能在30日内根据第一款达成协议，则起诉方可在第一百九十六条确定的合理期限后30日书面通知对方，中止对被诉方实施效果等同的减让和义务。在起诉方根据第一款寻求谈判的过程中，不得中止减让和义务。

三、任何中止减让和义务都应当严格限制在对方依据本协定所获得的利益方面。

四、在考虑如何根据第二款中止减让和义务时：

(一)起诉方应当首先寻求在受到被仲裁庭认定不符合本协定的措施影响的相同部门中止减让和义务；并且

(二)如果起诉方认为在相同部门中止减让和义务不可行或无效，可寻求在其他部门中止减让和义务。在宣布该决定的通知中应当说明做出该决定的理由。

五、中止利益应当是临时性的，且只能维持至不符合本协定的措施被消除，或必须执行仲裁庭裁定的一方已执行，或双方已达成满意的解决方案。

六、应相关方的书面请求，原仲裁庭应当确定起诉方根据第二款中止的减让和义务水平是否过量。如果仲裁庭不能由原成员组成，应当适用第一百八十九条的程序。

七、仲裁庭应当在根据第六款提出要求后60日内做出裁定，如仲裁庭不能由原有成员组成，则应当在最后一名仲裁员确定后60日内做出裁定。仲裁庭的裁定是最终并有约束力的。该裁定应当提交双方并使公众可获得。

第一百九十九条　中止减让的后续工作

一、在不影响第一百九十八条程序的前提下，如果被诉方认为其已消除了仲裁庭认定的不一致性，则可书面通知起诉方，并在通知中说明不一致性是如何取消的。如果起诉方有不同意见，可在收到该书面通知后60日内将该事项提交原仲裁庭，否则，起诉方应当立即停止中止减让和义务行为。

二、仲裁庭应当在该事项提交后60日内发布报告。如果仲裁庭认定被诉方已经消除不一致性，起诉方应当立即停止中止减让和义务的行为。

十二、《中国—巴基斯坦自由贸易协定》争端解决机制

第十章　争端解决

第五十七条　合作

缔约双方应该尽力对本协定的解释和适用达成一致，并且应该尽一切努力通过合作和磋商，就可能影响本协定执行的任何事项达成缔约双方均满意的解决方案。

第五十八条　适用范围

除非本协定另有规定，本章的争端解决条款应该适用于：

(一)避免或解决缔约双方关于本协定解释或适用的所有争端；和

(二)一方认为另一方的措施与本协定下的义务不一致，或者另一方未能履行本协定下的义务。

第五十九条　磋商

一、任何一方可以就其认为可能影响本协定执行的任何措施书面要求与另一方进行磋商。

二、请求方应该向另一方和委员会(第十一章)递交磋商请求。

三、各缔约方应给予另一缔约方充分的机会就任何影响本协定实施、解释或适用的事项进行磋商。缔约方之间应尽可能通过磋商解决分歧。

四、请求方应该说明提出磋商请求的原因，包括指明争议的措施以及此指控的法律基础，并且应该向另一缔约方递交此请求。

五、磋商请求一旦递交，收到请求的缔约方应在收到请求当日起的七天内给予书面答复，并在不迟于下列期限内开始磋商：

（一）关于易腐商品的事项在收到请求当日起的15日内；或

（二）其他事项在收到请求当日起的30日内。

六、缔约双方应该尽一切努力通过本条下磋商或者本协定其他磋商条款，就有争议的任何事项达成缔约双方均满意的解决办法。为此目的，缔约双方应该：

（一）提供足够信息，以便充分审议措施如何影响本协定的执行或适用；以及

（二）对于一方作为保密信息提供的信息，另一方也应作为保密信息对待。

七、在本条下的磋商中，一缔约方可以要求另一缔约方确保其政府机构或者其他管理机构中在磋商事项方面具有专业知识的人员参加。

八、磋商应保密，并不得影响任何一缔约方在任何进一步程序中的权利。

第六十条 场所的选择

一、本节不影响缔约双方援用缔约双方均为缔约方的其他协定下争端解决程序的权利。

二、如争端既涉及本协定下事项也涉及缔约双方均为缔约方的其他协定下事项，请求方可以选择解决争端的场所。

三、一旦请求方选定特定的场所，则同时排除了其他场所的使用。

第六十一条 斡旋、调解和调停

一、争端方可以随时同意委员会进行斡旋、调解和调停。斡旋、调解和调停可随时开始和结束。

二、如缔约方同意，在争端由第六十三条项下的仲裁小组解决的同时，斡旋、调解和调停可继续进行。

三、本条下的程序以及缔约双方在程序中所采取的立场应保密，并不得影响任何一缔约方进行任何进一步程序中的权利。

第六十二条　设立仲裁小组的请求

一、如果缔约双方未能在下列时间内解决争议事项时：

(一)收到第五十九条项下磋商请求后的60天内；

(二)对于有关易腐货物的事项，收到第五十九条项下磋商请求后的30天内；或者

(三)缔约双方同意的其他期限；任一缔约方可以书面要求设立仲裁小组审议此事项。

二、提出要求的缔约方应该在要求中说明所指控的措施，及其认为所违反的本协定之相关条款，并向另一缔约方递交此要求。一俟递交要求，即应设立仲裁小组。

第六十三条　仲裁小组的组成

一、仲裁小组应由三人组成。

二、请求方和被请求方应在根据第六十二条递交请求的30日内分别指定一名仲裁小组成员。

三、缔约双方应当在第二名仲裁小组成员得到指定的30日内一致同意指定第三名成员。依此方式指定的成员为仲裁小组的主席。

四、如任一缔约方未能按第二款在要求递交之日起的30日内指定一名仲裁员，则应另一争端方的请求，WTO总干事应在30日内进行指定。

五、如仲裁小组主席未能在第三款的期限内被指定，则应一争端方的请求，WTO总干事应在30日内指定仲裁小组主席。

六、仲裁小组成员应：

(一)具有法律、国际贸易、本协定项下其他事务，或解决国际贸易协定所产生的争端解决的专业知识或经验；

(二)依据客观性、可靠性及良好判断能力原则进行严格挑选；

(三)独立，不隶属于任一缔约方或听命任一缔约方；并且

(四)遵守WTO《关于争端解决规则与程序的谅解》，以及WTO文件WT/DSB/RC/1所规定之行为规范。

七、仲裁庭主席：

（一）不应为任一缔约方的公民；

（二）不应在任一缔约方境内有经常居住地；

（三）不应以任何身份处理过此争议事项。

八、若依照本条所指定的仲裁员辞职或者不能履行职责，应以与最初仲裁员的任命相同的方式指定继任仲裁员，且继任仲裁员应享有最初仲裁员的权力和义务。

第六十四条　仲裁小组的职能

一、仲裁小组的职能是对其审议的争端做出客观评价，包括对案件事实及本协定的适用性和与本协定的一致性的审查。

二、除非争端方在设立仲裁小组的请求收到后的20天内另有议定，仲裁小组应具有下列职权范围：

“按照本协定的有关规定，审查依据第六十三条提出的设立仲裁小组请求中提及的事项，并为争端之解决提出法律和事实的调查裁决和理由。”

三、如仲裁小组认定一措施与本协定的规定不一致，则可建议被诉方使该措施符合本协定。除其建议外，仲裁小组还可就被诉方如何执行建议提出办法。

四、在其结论和建议中，仲裁小组不能增加、减少或改变本协定所规定的权利和义务。

第六十五条　仲裁小组程序规则

一、除非争端方另有议定，仲裁小组程序应遵守附件三的程序规则。

二、除本条规定的事项外，仲裁小组经与争端方协商，应自行确定与当事方阐述观点的权利和其审议有关的程序。

三、仲裁小组应努力基于一致意见做出裁决；如果仲裁小组不能取得一致，则应依照多数意见做出裁决。

第六十六条　费用

一、除非缔约双方另外同意，仲裁小组的费用以及与执行程序相关的其他费用，应由缔约双方分摊。

二、各缔约方应当自行承担仲裁程序中发生的费用和司法上的支出。

第六十七条　程序的中止或终止

一、缔约双方，可在任何时间，一致同意仲裁小组中止其工作，期限自达成此种一致起不超过 12 个月。如仲裁小组的工作已中止 12 个月以上，则设立仲裁小组的授权即告终止，除非争端方另有约定。

二、缔约双方，在达成双方满意的解决方法情况下，可一致同意终止仲裁小组程序。

第六十八条　专家和技术建议

一、只要争议的缔约双方同意，或者在此种情形下缔约双方可能同意，仲裁小组应任一争端方要求，或自行决定，可向其认为适当的任何个人或机构寻求信息或技术建议。

二、在仲裁小组寻求信息或技术建议之前，它应该与缔约双方进行磋商以建立适当的程序。仲裁小组应该向缔约双方提供：

(一)对依据第一款提出寻求信息和技术建议请求的提前通知，以及向仲裁小组提供评论的机会；和

(二)依据第一款要求反馈的信息和技术建议的副本，以及对其提供评论的机会。

三、如仲裁小组在准备报告时考虑了上述信息和技术建议，其也应考虑缔约双方对于信息或技术建议所做的任何评论。

第六十九条　初步报告

一、仲裁小组的报告应以本协定相关规定、争端方的书面陈述和主张，以及其根据本协定第六十八条获得的任何信息为基础。

二、除非缔约双方另有议定，仲裁小组应在下列期限内向争端双方提交初步报告：

(一)在选定最后一名仲裁员的 90 日内，或

(二)在紧急案件中，包括涉及易腐货物的案件，在选定最后一名

仲裁员的60日内。

三、初步报告应当包括：

(一)事实认定；

(二)关于争议的措施是否遵守本协定项下义务的结论，或任何其他其授权范围所要求的裁决；以及

(三)如果有的话，仲裁小组对解决争端提出的建议。

四、在例外情况下，如仲裁小组认为不能在90天内发出初步报告，或在紧急案件中不能在60天内发出报告，则应书面通知缔约方延迟的原因和发出报告的估计期限。除非缔约双方一致同意，否则任何延迟不应超过30天。

五、对于没有达成一致的事项，仲裁员可以提供单独意见。

六、收到上述初步报告14天内或者缔约双方同意的其他期限内，任一缔约方可向仲裁小组就此报告提交书面评论。

七、在考虑对初步报告之任何书面评论后，仲裁小组可以重新考虑其报告并做出其认为合适的进一步审查。

第七十条　最终报告

一、仲裁小组应该在提交初步报告30天内或者缔约双方另行约定的期限内，向缔约双方提交最终报告，包括对未达成一致的事项的单独意见在内。

二、无论在初步报告还是最终报告里面，仲裁小组不得披露哪些专家成员做出多数或少数意见。

三、在获得仲裁小组最终报告后，争端方应当在合理期限内，在保密的情况下，向委员会提交最终报告以及任一方意图补充的其他书面材料。

四、除非委员会另有决定，仲裁小组的最终报告应在提交委员会15日后予以公布。

第七十一条　最终报告的执行

一、收到仲裁小组的最终报告后，争端双方应该就争端解决方案达

成一致，该方案通常应当符合仲裁小组的事实认定和建议。

二、只要可能，争端解决方案应为不再实施或取消与本协定不符的措施；或者，如果此方案不可行，则应为补偿。

第七十二条　不执行—中止利益

一、如果仲裁小组在其最终报告中判定一项措施与本协定下的义务不一致，并且被请求方未能在其收到最终报告30天内与请求方根据第七十一条规定(最终报告的执行)达成一项双方满意的解决方案，该请求方可中止对被请求方适用效果相等的利益，直至争端各方就争端解决达成一致或被请求方调整其措施至与本协定下的义务相一致。

二、考虑按照第一款中止何种利益时：

(一)请求方应首先寻求在仲裁小组认定不符合本协定的措施影响的相同部门中止利益；以及

(二)如请求方认为中止相同部门的利益不可行或无效，则可中止其他部门的利益。

三、任何争端方将书面请求交给另一方后，应建立仲裁小组，如可能应为原仲裁小组，以决定按照一方根据第一款所中止的利益的程度是否明显过度。

四、仲裁小组应在自其成立起60天内或在争端各方可能同意的其他期限内做出裁定。

第七十三条　一致性审议

一、被请求方如果认为其已经取消仲裁专家组所认定的不符合本协定的措施，则可向请求方提供书面通知，以描述不符合本协定的措施是如何被取消的。请求方如果有不同意见，则可在收到该书面通知之日起60天内将该事项提交原仲裁小组。

二、仲裁专家组应在该事项提交其后90天内发布报告。

第七十四条　私人权利

任何关于一缔约方是否采取与本协定一致的措施的问题，应根据本协定第十章提交和处理。

附录四　缩略语表

ASEAN（Association of South East Asian Nations）：东南亚国家联盟

CACM（Communications of the ACM）：中美洲共同市场

CAFTA（China-ASEAN Free Trade Area）：中国—东盟自由贸易区

CPTPP（*Comprehensive Progressive Trans-Pacific Partnership*）：《跨太平洋全面进步协定》

CU（Customs Union）：关税同盟

CUSFTA（*Canada-US Free Trade Agreement*）：《加拿大与美国自由贸易协定》

DSB（Dispute Settlement Body）：争端解决机构

DSU（*Understanding on Rules and Procedures Governing the Settlement of Disputes*）：《关于争端解决规则与程序的谅解》

EFTA（European Free Trade Association）：欧洲自由贸易联盟

EIA（Economic Integration Agreement）：经济一体化协定

EU（European Union）：欧洲联盟

FTA（Free Trade Agreemnet）：自由贸易协定

FTAA（Free Trade Area of the Americas）：美洲自由贸易区

FTC（Free Trade Commission）：自由贸易委员会

GATS（*General Agreement on Trade in Service*）：《服务贸易总协定》

GATT（*General Agreement on Tariffs and Trade*）：《关税与贸易总协定》

GCC(Gulf Cooperation Council)：海湾国家合作理事会

ITO(International Trade Organization)：国际贸易组织

MERCOSUR(South American Common Market)：南方共同市场

MFN(Most Favoured Nation)：最惠国待遇

NAAEC(*the North American Agreement on Environmental Cooperation*)：《北美环境合作附加协定》

NAALC(*North American Ageement on Labor Cooperation*)：《北美劳工合作协定》

NAFTA(*North American Free Trade Agreement*)：《北美自由贸易协定》

PSA(Partial Scope Agreements)：局部自由贸易协定

PTA(Preferential Trade Agreement)：优惠贸易协定

RTA (Regional Trade Agreemnet)：区域贸易协定

SAPTA(*The Agreement on SAARC Preferential Trading Arrangement*)：《南亚优惠贸易协议》

SPS(*Agreement on The Application of Sanitary and Phytosanitary Measures*)：《实施卫生与植物卫生措施协定》

TBT(*Agreement on Technical Barriers to Trade*)：《技术性贸易壁垒协定》

TPP(*Trans-Pacific Partnership Agreement*)：《跨太平洋伙伴关系协定》

USTR(United States Trade Representative)：美国贸易代表办公室

VCLT(*The Vienna Convention on the Law of Treaties*)：《维也纳条约法公约》

WAEMU(Economic Community of West African States)：西非经济货币联盟

WTO (World Trade Organization)：世界贸易组织

参考文献

一、论文

1. 蔡莉妍：《论区域贸易协定和 WTO 协定的法律竞合》，载《沈阳大学学报(社会科学版)》2014 年第 4 期。
2. 陈立虎、赵艳敏：《CEPA 争端解决规则构建之分析》，载《暨南学报》(哲学社会科学版)2006 年第 6 期。
3. 陈立虎、赵艳敏：《区域贸易争端解决机制刍议》，载《武汉大学国际法评论》2007 年第 1 期。
4. 陈立虎、赵艳敏：《中国参与建立的区域贸易争端解决机制》，载《当代法学》2007 年第 3 期。
5. 陈立虎、周敏：《非 WTO 法在 WTO 争端解决中的适用》，载《当代法学》2006 年第 3 期。
6. 陈立虎：《论 RTA 急剧增加对 WTO 法律发展的负面影响和补救》，载《国际商务研究》2016 年第 2 期。
7. 陈立虎：《试析区域贸易协定发展的政治动因及其启示》，载《法治研究》2014 年第 6 期。
8. 陈柳钦、宾建成：《世界双边自贸区的发展趋势与中国的对策探讨》，载《国际问题研究》2005 年第 6 期。
9. 陈儒丹：《“非 WTO 协议”在 WTO 争端解决中的适用》，载《法学》2009 年第 2 期。

10. 陈儒丹：《TPP 中选择性排他管辖权条款的效力研究》，载《政法论坛》2016 年第 5 期。

11. 陈卫东：《从国际法角度论多边贸易自由化与国内公共健康政策的冲突和协调》，载《当代法学》2006 年第 2 期。

12. 陈卫东：《美国禁止通过互联网提供赌博服务的贸易争端评述》，载《国际商务——对外经济贸易大学学报》2006 年第 1 期。

13. 陈亚芸：《WTO 争端解决机构法律适用范围争议及原因探析》，载《河北法学》2015 年第 6 期。

14. 陈咏梅：《WTO 法在区域贸易协定解释中的适用探究》，载《现代法学》2014 年第 4 期。

15. 陈咏梅：《发展中成员利用 WTO 争端解决机制的困境及能力建设》，载《现代法学》2010 年第 3 期。

16. 陈咏梅：《美国 FTA 范式探略》，载《现代法学》2012 年第 5 期。

17. 崔广平：《论世界贸易组织规则中的环境保护条款》，载《河北法学》2004 年第 12 期。

18. 佟欣秋：《论区域贸易协定对国际条约法的发展与挑战》，载《辽宁大学学报》(哲学社会科学版)2010 年第 5 期。

19. 都毫：《世界贸易组织发展趋势及中国对策》，载《经济纵横》2015 年第 6 期。

20. 杜玉琼：《论区域贸易协定和 WTO 规则的关系》，载《西南民族大学学报(人文社科版)》2005 年第 6 期。

21. 封延会、贾晓燕：《论中国市场准入制度的构建》，载《山东社会科学》2006 年第 12 期。

22. 付丽：《美欧国际贸易规则重构战略及其对中国的影响》，载《国际经济合作》2017 年第 1 期。

23. 龚伯华：《“中美出版物市场准入 WTO 案”援引 GATT 第 20 条“公共道德例外”的法律分析》，载《世界贸易组织动态与研究》2009 年第 10 期。

24. 龚红柳：《TPP 协定下的常规争端解决机制：文本评析与启示》，载《国家行政学院学报》2016 年第 1 期。
25. 古祖雪：《现代国际法的多样化、碎片化与有序化》，载《法学研究》2007 年第 1 期。
26. 郭晓刚：《WTO 与 NAFTA 争端解决机制的比较》，载《山西大同大学学报》(社会科学版)2010 年第 3 期。
27. 韩立余：《WTO 争端解决中的案例法方法》，载《现代法学》2008 年第 3 期。
28. 韩龙、张良：《论国民待遇在世贸组织法律体系中的科学定位》，载《江海学刊》2006 年第 1 期。
29. 韩龙：《GATS 第一案——“美国赌博案”评析》，载《甘肃政法学院学报》2005 年第 7 期。
30. 郝洁：《全球区域贸易协定的发展及与多边贸易体制的关系》，载《中国经贸导刊》2010 年第 5 期。
31. 何志鹏、隽薪：《WTO 与 NAFTA 争端解决机制管辖权冲突研究》，载《世界贸易组织动态与研究》2011 年第 2 期。
32. 侯幼萍：《从欧共体香蕉案看 WTO 与区域贸易协定的制度冲突》，载《经济导刊》2010 年第 1 期。
33. 侯幼萍：《区域贸易协定和 WTO 规则冲突之司法包容——法律多元化的视角》，载《江苏商论》2009 年第 5 期。
34. 胡加祥：《TPP 争端解决机制研究——以 WTO 争端解决机制为比较视角》，载《上海交通大学学报》(哲学社会科学版)2017 年第 2 期。
35. 胡晓雯：《论 WTO 与 RTAs 争议解决之管辖权冲突——兼谈对中国 FTAs 争议解决机制建设之启示》，载《上海对外经贸大学学报》2017 年第 1 期。
36. 胡雪梅：《服务贸易总协定中的市场准入与国民持遇问题——兼论中国的服务业开放问题》，载《政法论坛》2001 年第 2 期。
37. 黄萃、纪文华：《区域贸易协议争端解决机制构建与实效反差研究》，载《国际贸易问题》2010 年第 12 期。

38. 黄萃、纪文华：《世贸组织体制下自贸区争端管辖冲突问题研究》，载《国际贸易问题》2006 年第 11 期。

39. 黄瑶：《论〈联合国宪章〉的解释方法问题》，载《中国法学》2003 年第 6 期。

40. 黄征：《WTO 公共健康例外条款与中国的对策分析》，载《法制与经济》2007 年第 7 期。

41. 黄志雄：《WTO 自由贸易与公共道德第一案——安提瓜诉美国网络赌博服务争端评析》，载《法学评论》2006 年第 2 期。

42. 纪文华、黄萃：《WTO 与 FTA 争端解决管辖权的竞合与协调》，载《法学》2006 年第 7 期。

43. 纪文华、黄萃：《从案例看 WTO 如何处理 RTA 争端管辖权问题》，载《河北法学》2006 年第 11 期。

44. 江保国：《WTO 转基因农产品贸易争端第一案述评》，载《法商研究》2007 年第 5 期。

45. 江必新、程琥：《论判例在 WTO 争端解决中的适用》，载《法律适用》2010 年第 2、3 期。

46. 江国青、杨慧芳：《联合国改革背景下国际法院的管辖权问题》，载《外交评论》2012 年第 2 期。

47. 姜世波：《中国对 WTO 争端解决之态度演变及问题分析》，载《改革与战略》2011 年第 8 期。

48. 姜作利、武轶尘：《WTO 专家组和上诉机构举证责任分配标准的经济分析》，载《东岳论丛》2009 年第 9 期。

49. 姜作利：《诚信原则在 WTO 争端解决机制中的适用评析》，载《现代法学》2010 年第 1 期。

50. 姜作利：《评 WTO 争端解决机构的“问题回避技法”及中国对策》，载《上海对外经贸大学学报》2014 年第 5 期。

51. 李朝鹤、温悦：《从区域贸易协定与 WTO 多边贸易体制整合看中国区域贸易合作路径》，载《郑州大学学报》(哲学社会科学版)2008 年第 1 期。
52. 李景义：《WTO 体制下环境贸易纠纷法律问题浅析》，载《当代法学》2003 年第 9 期。
53. 李仁真、温树真：《国际金融服务贸易的多边法律框架——WTO 与金融服务贸易有关的协议评析》，载《政法论坛》2001 年第 6 期。
54. 李仁真：《区域经济一体化对 GATT/WTO 体制的冲击和影响》，载《法学论坛》2006 年第 2 期。
55. 李伟芳：《贸易与环境关系的理论及实证分析》，载《当代法学》2005 年第 4 期。
56. 李先波、徐莉：《GATT“公共道德例外条款”探析》，载《湖南师范大学学报》(社会科学版)2010 年第 1 期。
57. 李扬、邓珏凡：《中国 FTA 优先缔结对象选择标准研究——以“一带一路”沿线国家为例》，载《学习与探索》2016 年第 8 期。
58. 梁丹妮：《自由贸易与环境保护：欧盟与巴西的一场攻防战——WTO 首例发达国家诉发展中国家环境贸易措施案研究》，载《学术研究》2009 年第 8 期。
59. 廖丽：《“一带一路”争端解决机制创新研究——国际法与比较法的视角》，载《法学评论》2018 年第 2 期。
60. 廖益新：《经济全球化与国际经济法学》，载《厦门大学学报(哲学社会科学版)》2000 年第 3 期。
61. 刘超：《解析〈服务贸易总协定〉中的最惠国待遇》，载《甘肃社会科学》2001 年第 6 期。
62. 刘汉鹏、赵航：《GATT 1994 第 20 条中的引言及(b)(g)款的解释》，载《国际关系学院学报》2004 年第 5 期。
63. 刘金花：《金融服务贸易壁垒的法律问题探讨》，载《山西青年管理干部学院学报》2006 年第 4 期。
64. 刘笋、李国赓：《关于“与贸易有关的问题”及 WTO 调整范围的若干思考》，载《法商研究》2003 年第 5 期。
65. 刘瑛：《〈关贸总协定〉第 24 条的再解读——规则、案例和展望》，载《国际贸易问题》2006 年第 2 期。
66. 刘志云：《论全球化时代国际经济法的公平价值取向——兼论发展中国家及中国的角色定位与战略选择》，载《法律科学》2007 年第 5 期。
67. 刘志云：《论全球治理与国际法》，载《厦门大学学报》(哲学社会科学版)2013 年第 5 期。
68. 娄万锁：《国际制度视角下区域贸易争端解决机制研究》，载《兰州学刊》2012 年第 3 期。
69. 孟夏：《中国参与区域经济合作的政治经济分析》，载《南开学报》(哲学社会科学版)2010 年第 4 期。
70. 莫世健：《技术性贸易壁垒中贸易和环保的平衡》，载《政法论坛》2007 年第 2 期。
71. 慕亚平、冼一帆：《WTO 协议在中国国内适用的问题》，载《暨南学报》(哲学社会科学)2003 年第 1 期。
72. 慕亚平、冼一帆：《对 WTO 体制下经济一体化的法律分析》，载《学术研究》2003 年第 6 期。
73. 慕子怡：《论 CEPA 争端解决机制的构建》，载《政法学刊》2008 年第 2 期。
74. 漆彤：《〈实施卫生与动植物检疫措施协议〉及相关争端解决案例评析》，载《法学评论》2003 年第 1 期。
75. 秦建荣：《WTO 与 NAFTA 争端解决机制之差异性比较研究——兼论对 CAFTA 争端解决机制的借鉴意义》，载《广西政法管理干部学院学报》2007 年第 2 期。
76. 申进忠：《从石棉案看 WTO 协调环境与贸易关系的未来走势》，载《中国海洋大学学报(社会科学版)》，2005 年第 4 期。
77. 沈木珠、逯婷婷：《WTO 多边贸易体制与区域自由贸易协议的冲突与协调》，载《南京财经大学学报》2008 年第 1 期。
78. 沈桥林：《WTO 的宪法解读》，载《政治与法律》2007 年第 6 期。
79. 石静霞、胡荣国：《试从 GATS 第 6 条与第 16 条的关系角度评“美国博彩案”》，载《法学》2005 年第 8 期。
80. 石静霞：《新一轮服务贸易谈判若干问题》，载《法学研究》2006 年第 3 期。
81. 史晓丽：《区域贸易协定争端解决机制中的“场所选择条款”探析》，载《政法论坛》2008 年第 2 期。
82. 宋相林：《GATS 第 6 条与第 16 条关系探析——对“美国赌博案”重新审视》，载《法制与社会》2008 年第 28 期。
83. 孙立文：《美国 WTO 争端解决政策与实践评析》，载《对外经贸实务》2009 年第 3 期。
84. 孙晓云：《卫生服务贸易的国际规制探析——以 GATS 为中心》，载《金融与经济》2007 年第 11 期。
85. 孙志熠：《CAFTA 争端解决机制条约化之路——NAFTA、CAFTA 争端解决机制的比较视角》，载《武汉大学学报》(哲学社会科学版) 2010 年第 3 期。
86. 孙志煜：《“规则导向”的理论疏解：以区域贸易协定争端解决机制为例》，载《暨南大学学报》(哲学社会科学版) 2017 年第 7 期。
87. 孙志煜：《域经贸争端解决的制度与实践——以中国—东盟自由贸易区为例》，载《法学评论》2011 年第 1 期。
88. 汤涛：《“审慎例外”条款的限制性应用与发展趋势探析》，载《法制与经济》2008 年第 8 期。
89. 陶立峰、陈明聪：《论 WTO 透明度原则及中国的法律对策》，载《国际商务研究》2007 年第 2 期。
90. 佟欣秋：《论区域贸易协定对国际条约法的发展与挑战》，载《辽宁大学学报》(哲学社会科学版) 2010 年第 5 期。
91. 汪倩：《论〈服务贸易总协定〉中的国民待遇》，载《国际经贸探索》

2002年第5期。

92. 王传丽：《析世界贸易组织争端解决机制——兼评贸易报复》，载《政法论坛》1996年第4期。

93. 王春婕：《区域与WTO管辖权冲突协调机制探析——以NAFTA的实践为例》，载《东岳论丛》2012年第12期。

94. 王茜、高锦涵：《RCEP争端解决机制构建研究》，载《国际展望》2018年第2期。

95. 王毅：《WTO争端解决中的法律解释》，载《法学研究》2009年第5期。

96. 韦经建、何志鹏：《论国际经济法的公平原则》，载《吉林大学社会科学学报》2002年第3期。

97. 吴敏：《全球经济一体化与区域经济一体化的冲突与协调——兼评GATT/WTO体制下区域经济一体化的法律制度》，载《华东师范大学学报》(哲学社会科学版)2008年第2期。

98. 徐崇利：《“政治性国际贸易争端”的裁判解决》，载《法商研究》2003年第3期。

99. 徐崇利：《WTO贸易议题与社会政策连接的内在途径——以农业“多功能性”为例的分析》，载《法律科学》2008年第3期。

100. 徐崇利：《从规则到判例：世贸组织法律体制的定位》，载《厦门大学学报》(哲学社会科学版)2002年第2期。

101. 徐崇利：《经济全球化与国际经济条约谈判方式的创新》，载《比较法研究》，2001年第3期。

102. 徐泉：《国家经济主权原则析论》，载《甘肃政法学院学报》2006年总第88期。

103. 徐泉：《试论世界贸易组织的基本原则》，载《甘肃社会科学》2005年第1期。

104. 徐运良：《WTO与RTAs争端解决机构管辖权冲突的成因分析》，载《法学杂志》2008年第5期。

105. 徐运良：《论协调 WTO 争端解决机制与 RTAs 争端解决机制管辖权冲突的原则》，载《法学杂志》2009 年第 3 期。

106. 许楚敬：《国际公法在 WTO 争端解决中的作用与应用》，载《现代法学》2010 年第 6 期。

107. 许楚敬：《跨 WTO 体制的规则冲突及其解决路径》，载《法学家》2011 年第 2 期。

108. 许多：《TPP 协定争端解决机制文本评析——以 WTO 争端解决机制改革为视角》，载《南京社会科学》2016 年第 8 期。

109. 许多：《论 WTO 区域贸易协定透明度机制的不足及其完善》，载《南京大学学报》(哲学·人文科学·社会科学)，2012 年第 5 期。

110. 杨永红：《分散的权力：从 Mox Plant 案析国际法庭管辖权之冲突》，载《法学家》2009 年第 3 期。

111. 姚铸：《TPP 争端解决机制及启示》，载《暨南学报》(哲学社会科学版)2017 年第 1 期。

112. 殷敏：《跨区域贸易协定的发展及中国的选择》，载《法学》2012 年第 6 期。

113. 于丹翎：《WTO 争端解决机构中善意原则的适用及其意义》，载《外交评论》2009 年第 1 期。

114. 余敏友、陈喜峰：《论解决 WTO 法内部冲突的司法解释原则(上)》，载《法学评论》2002 年第 5 期。

115. 余劲松：《构建互利共赢的国际经济合作法制》，载《法学家》2007 年第 1 期。

116. 余敏友、陈喜峰：《论解决 WTO 法内部冲突的司法解释原则(下)》，载《法学评论》2002 年第 6 期。

117. 余敏友、席晶：《论 WTO 争端解决中的证据规则(下)》，载《法学评论》2003 年第 5 期。

118. 曾令良：《区域贸易协定的最新趋势及其对多哈发展议程的负面影响》，载《法学研究》2004 年第 5 期。

119. 曾令良：《区域贸易协定新趋势下〈跨大西洋伙伴协定〉的负面影响与中国的对策》，载《武汉大学学报》(哲学社会科学版)2015 年第 2 期。

120. 曾令良、陈卫东：《论 WTO 一般例外条款(GATT 第 20 条)与中国应有的对策》，载《法学论坛》2001 年第 4 期。

121. 曾令良：《贸易自由化与环境保护的法理思考》，载《武汉大学学报》(社会科学版)2003 年第 4 期。

122. 曾炜：《GATS 第 6 条第 4 款中的必要性检验规则探析》，载《广西师范大学学报》2016 年第 2 期。

123. 曾炜：《GATT 第 20 条必要性检验判断标准新发展之实证分析》，载《国际商务研究》2014 年第 4 期。

124. 曾炜：《WTO 和多边环境协定的冲突与调和探析》，载《生态经济》2014 年第 8 期。

125. 曾炜：《WTO 争端解决中"法庭之友"之实证分析》，载《世界贸易组织动态与研究》2006 年第 8 期。

126. 曾炜：《论 GATT 第 20 条必要性检验中的管制目标与替代性措施——以巴西进口翻新轮胎案为例》，载《南昌大学学报》(人文社会科学版)2014 年第 1 期。

127. 曾炜：《论 WTO 法中必要性检验的判断标准》，载《政治与法律》2013 年第 6 期。

128. 曾炜：《论 WTO 中贸易自由化和国内管制权的平衡——以 GATT 第 20 条必要性检验为例》，载《世界贸易组织动态与研究》2013 年第 4 期。

129. 曾炜：《论多边环境协定与 WTO 的关系》，载《生态经济》2010 年第 4 期。

130. 曾炜：《论习惯国际法在 WTO 争端解决中的适用——以预防原则为例》，载《法学评论》2015 年第 4 期。

131. 曾文革、吴雪燕：《CAFTA 与 WTO 争端管辖权的竞合及选择》，载《学术界》2010 年第 1 期。
132. 张超、张晓明：《“一带一路”战略的国际争端解决机制研究》，载《南洋问题研究》2017 年第 2 期。
133. 张辉：《NAFTA 争端解决机制的内容和特点》，载《甘肃政法成人教育学院学报》2007 年第 1 期。
134. 张乃根：《论 WTO 争端解决的条约解释》，载《复旦大学学报》(社会科学版)2006 年第 1 期。
135. 赵骏：《“皇冠上明珠”的黯然失色：WTO 争端解决机制利用率减少的原因探究》，载《中外法学》2013 年第 6 期。
136. 钟立国：《GATT 1994 第 24 条的历史与法律分析》，载《法学评论》2003 年第 6 期。
137. 钟立国：《WTO 对区域贸易协定的规制及其完善》，载《法学家》2003 年第 4 期。
138. 钟立国：《WTO 争端解决机制非违反之诉的适用分析》，载《武汉大学学报》(哲学社会科学版)2007 年第 2 期。
139. 钟立国：《论区域贸易协定争端解决机制的模式及其选择》，载《法学评论》2012 年第 3 期。
140. 钟楹：《FTA 在 WTO 争端解决中适用问题研究》，载《求索》2016 年第 6 期。
141. 周忠海：《论国际法在 WTO 体制中的作用》，载《政法论坛》2002 年第 4 期。
142. 朱继胜：《也论 CAFTA 争端解决机制的缺陷与完善》，载《河北法学》2015 年第 2 期。
143. 朱榄叶：《WTO 争端解决程序中的证据问题》，载《当代法学》2007 年第 21 卷第 1 期。
144. 左海聪：《GATT 环境保护例外条款判例法的发展》，载《法学》2008 年第 3 期。
145. 左海聪：《WTO 争端解决实践综合分析》，载《南开大学学报》(哲学社会科学版)2008年第6期。
146. 左海聪:《WTO专家组和上诉机构可适用的法律》,载《法学评论》2005年第5期。
147. 左海聪:《对中国WTO争端解决实践的反思》,载《法学》2007年第4期。
148. 左海聪:《论GATT/WTO争端解决机制的性质》,载《法学家》2004年第5期。
149. A Porges. "Dispute Settlement", in J Chauffour, J Maur (eds.). Preferential Trade Agreement Policies for Development, The International Bank for Reconstruction and Development/The World Bank, 2011.
150. Andrew D Mitchell, Good Faith in WTO Dispute Settlement, MELB. J. INT'L L, 2006, 7.
151. Andrew D Mitchell. The Legal Basis for Using Principles in WTO Disputes, J. INT'L ECON. L, 2007, 10(4).
152. Andrew Guzman. The Consent Problemin International Law, Berkeley Program in Law and Economics, 2011, Working Paper Series.
153. Andrew Kayumi Rosa. Old Wine, New Skins: NAFTA and the Evolution of International Trade Dispute Resolution, Michigan Journal of International Law, 1993, 15(1).
154. Anja Lindroos. "Addressing Norm Conflicts in a Fragmented Legal System: The Doctrine of Lex Specialis," Nordic J. Int'l L, 2005, 74.
155. August Reinisch. The Use and Limits of Res Judicata and Lis Pendens as Procedural Tools to Avoid Conflicting Dispute Settlement Outcomes, LAW PRAC. INT'L CTS. & TRIB, 2004, 3(1).
156. Benn McGrady. Fragmentation of International Law or "Systemic Integration" of Treaty Regimes: EC-Biotech Products and the Proper Interpretation of Article 31(3)(c) of the Vienna Convention on the Law of

Treaties, World Trade, 2008, 42(4).

157. Bernardo M Cremades, Ignacio Madalena. Parallel Proceedings In International Arbitration, http://www.luzmenu.com/cremades/Noticias/97/97.pdf.

158. Bruno Simma, Dirk Pulkowski. Of Planets and the Universe: Self-Contained Regimes in International Law, European Journal of International Law, 2006, 17(3).

159. C W Jenks. The Conflict of Law Making Treaties, BRIT. Y. B. INT'L L, 1953, 30.

160. Caroline Henckels, Overcoming Jurisdictional Isolationism at the WTO—FTA Nexus: A Potential Approach for the WTO, EUR. J. INT'L L, 2008, 19(3).

161. Chad P Bown, Joel P Trachtman. Brazil-Measures Affecting Imports of Retreaded Tyres: A Balancing Act, WORLD TRADE REV, 2009, 8(1).

162. Christian Leathley. An Institutional Hierarchy to Combat The Fragmentation of International law: Has The ILC Missed An Opportunity?, N. Y. U. J. INT'L L. & POL, 2007, 40.

163. Crook W, Gordon J. Rules of Origin: Can the Noodle Bowl of Trade Agreements be Untangled?, Productivity Commission Staff Research Note, Canberra, 2017.

164. Dinah Shelton. Normative Hierarchy in International Law, AM. J. INT'L L, 2006, 100(2).

165. Dodge William S. Res Judicata, Oxford Public International Law, Max Planck Encyclopedia of Public International Law, 2006. Available at SSRN: https: //ssrn. com/abstract=2778726.

166. Dodge William S. National Courts and International Arbitration: Exhaustion of Remedies and Res Judicata under Chapter Eleven of

NAFTA, Hastings Int'l & Comp. L. Rev, 2000, 23.

167. Edvard Hambro. The Jurisdiction of the International Court of Justice, the Hague Academy of International Law, 1950, 76.

168. Ernst-Ulrich Petersmann. Administration of Justice in the Mutilevel Judicial Trade Governance: Did the WTO Appellate Body Commit 'Grave Injustice'?, in Nikolaos Lavranos (eds.). Multilevel Judicial Governance between Global and Regional Economic Integration. Systems: Institutional and Substantive Aspects, EUI Working Papers, 2009. http://www.academia.edu/13530516/Multilevel_Judicial_Governance_between_Global_and_Regional_Economic_Integration_Systems_Institutional_and_Substantive_Aspects.

169. Eyal Benvenisti. The Law of Global Governance. Hague Academy of International Law, 2014, 24.

170. Fabio C Morosini. The MERCOSUR and WTO Retreaded Tires Dispute: Rehabilitating Regulatory Competition in International Trade and Environmental Regulation, SIEL Working Paper, 2008, 42(8).

171. Frances Lee Ashley. North American Free Trade Agreement: The Public Debate, Georgia Journal of International Comparative Law, 1992, 22 (2).

172. Francisco Orrego Vicuña. Lis Pendens Arbitralis, Articles by ICCA Members, 2009, http://www.arbitration-icca.org/media/0/12224290630120/lis_pendens_arbitralis.pdf.

173. Gabrielle Marceau. A Call for Coherence in International Law: Praises for the Prohibition Against 'Clinical Isolation' in WTO Dispute Settlement, Journal of World Trade, 1999, 33(5).

174. Gabrielle Marceau. WTO Dispute Settlement and Human Rights, EUR. J. INT'L L, 2002, 13(4).

175. Gantz, The United States and the NAFTA Dispute Settlement: Ambiv-

alence, Frustration and Occasional Defiance, in Romano (eds.). The Sword and the Scales: The United States and International Courts and Tribunals, 2009: 356. Arizona Legal Studies Discussion Paper No. 06-26. Available at SSRN: https: //ssrn. com/abstract = 918542 or http://dx.doi.org/10.2139/ssrn.918542.

176. Gao Henry, Lim C L. Saving the WTO from the Risk of Irrelevance: The WTO Dispute Settlement Mechanism as a "Common Good" for RTA Disputes, J. INT'L ECON. L, 2008, 11(4).

177. Gary N Horlick, F Amanda Devusk. Dispute Resolution under NAFTA: Building on the U. S. -Canada, GATT and ICSID, Journal of World Trade, 1992, 27(21).

178. GATT Report of the Panel. EEC-Member States' Import Regimes for Bananas, DS38/R, 1994, 11.

179. H Jo, H Namgung. Dispute Settlement Mechanisms in Preferential Trade Agreements: Democracy, Boilerplates, and the Multilateral Trade Regime, Journal of Conflict Resolution, 2012, 56(6).

180. Hafner. Pros and Cons Ensuing from Fragmentation of International Law, Michigan Journal of International Law, 2004, 25(4).

181. Henry Gao, Chin Leng Lim. Saving the WTO from the Risk of Irrelevance: The WTO Dispute Settlement Mechanism as a 'Common Good' for RTA Disputes, J. INT'L ECON. L, 2008, 11(4).

182. Henry Gao. Taming the Dragon: China's Experience in The WTO Dispute Settlement System, Legal Issues of Economic Integration, 2007, 34(4).

183. J Smith. The Politics of Dispute Settlement Design: Explaining Legalism in Regional Trade Pacts, International Organization, 2000, 54(1).

184. Jagdish Bhagwati. US Trade Policy: The Infatuation with Free Trade A-

greements, in Jagdish Bhagwati, Anne Krueger (eds.). The Dangerous Drift to Preferential Trade Agreements, AEI Press, Washington, DC1995.

185. James H Mathis. The WTO Brazil-Tyres Case and GATT Article XXIV: One More Step To a Legal Regime?, in Nikolaos Lavranos (eds.). Multilevel Judicial Governance between Global and Regional Economic Integration. Systems: Institutional and Substantive Aspects, EUI Working Papers, 2009. http://www. academia. edu/13530516/ Multilevel_Judicial_Governance_between_Global_and_Regional_Economic_Integration_Systems_Institutional_and_Substantive_Aspects.

186. Jeanine Gama Sá Cabral, Gabriella Giovanna Lucarelli de Salvio. Considerations on the MERCOSUR Dispute Settlement Mechanism and the Impact of Its Decisions in The WTO Dispute Resolution System, J. WORLD TRADE, 2008, 42(6).

187. Jennifer Hillman. Conflicts Between Dispute Settlement Mechanisms in Regional Trade Agreements and the WTO—What Should the WTO do?, CORNELL INT'L L. J, 2009, 42(2).

188. Joel B Trachtman. Book Review: Conflict of Norms in Public International Law by Joost Pauwelyn, 98 AM. J. INT'L L, 2004, 98(4).

189. John K Setear. Responses to Breach of A Treaty and Rationalist International Relations Theory: the Rules of Release and Remediation in the Law of Treaties and the Law of State Responsibility, VIRGINIA LAW Review, 1997, 83(1).

190. John McGinnis. The Appropriate Hierarchy of Global Multilateralism and Customary International Law: The Example of the WTO, VA. J. INT'L L., 2003, 44.

191. John Ragosta et al.. WTO Dispute Settlement: the System is Flawed and Must be fixed, 37 INT'L L, 2003, 37(3).

192. Joost Pauwelyn, Luiz Salles. Forum Shopping Before International Tri-

bunals：(Real)Concerns，(Im)Possible Solutions，CORNELL INT'L L. J，2009，42(77).

193. Joost Pauwelyn. Going Global，Regional，or Both? Dispute Settlement in the Southern African Development Community (SADC) and Overlaps with the WTO and Other Jurisdictions，MINN. J. GLOBAL TRADE，2004，1(13).

194. Joseph Weiler，Andreas Paulus. The Structure of Change in International Law or Is There a Hierarchy of Norms in International Law? EUR. J. INT'L L，1997，8(4).

195. Julia Ya Qin. Managing Conflicts Between Rulings of WTO and RTA Tribunals：Reflections on the Brazil-Tyres Case，(Wayne State Univ. L. Sch. Legal Studies Research Paper Series No. 09-24，2009)，a-vailable at http://papers. ssrn. com/sol3/papers. cfm? abstract _ id = 1490035.

196. Juliana Murray. Assessing Allegations：Judicial Evaluation of Testimonial Evidence in International Tribunals，CHI. J. INT'L L，2010，(10)2.

197. Karen Alter，Sophie Meunier. Nested and Overlapping Regimes in the Transatlantic Banana Trade Dispute，J. EUR. PUB. POL'Y，2006，13(3).

198. Kathleen Claussen. Dispute Settlement Under the Next Generation of Free Trade Agreements，Ga. J. Int'l & Comp. L.，2018，46(3).

199. Kenneth N Waltz. Realist Thought and Neorealist Theory，Journal of International Affairs，1994，44(1).

200. Krista E Wiegand，Emilia Justyna J Powell. Past Experience and Methods of Territorial Dispute Resolution，APSA，2009，Toronto Meeting Paper.

201. Kurt Siehr，Eric H Leake. Forum Shopping in International Litigation.

http://www.needenglish.com/SHOPPING.htm#_ Toc30408869.

202. Kwak Kyung, Marceau Gabrielle. Overlaps and Conflicts of Jurisdiction between the World Trade Organization and Regional Trade Agreements, in Lorand Bartels, Federico Ortino (eds.). Regional Trade Agreements and the WTO Legal System. Oxford University Press, 2006.

203. Kyung Kwak, Gabrielle Marceau. Overlaps and Conflicts of Jurisdiction between the World Trade Organization and Regional Trade Agreement, in Lorand Bartels, Federico Ortino(eds.). Regional Trade Agreements and the WTO Legal System, Oxford University Press, 2006.

204. Lawrence L Herman. Trend Spotting: NAFTA Disputes After Fifteen Years, 2010, 7. https://papers.ssrn.com/sol3/papers.cfm?abstract_id=1706256.

205. Lindroos. Addressing Norm Conflicts in a Fragmented Legal System: The Doctrine of Lex Specialis, Nordic Journal of International Law, 2005, 74(1).

206. Lisa Toohey. China and the World Trade Organization: the First Decade, International and Comparative Law Quarterly, 2011, 60.

207. Luca G Radicati di Brozolo. "Res Judicata and International Arbitral Awards" ASA Special Series, 2011. http://papers.ssrn.com/sol3/papers.cfm? abstract_id=1842685.

208. Marc L Busch. Overlapping Institutions, Forum Shopping, and Dispute Settlement in International Trade, International Organization, 2007, 61(4).

209. Marcia Don Harpaz. Sense and Sensibilities of China and WTO Dispute Settlement, Journal of World Trade, 2010, 44(6).

210. Martin Lovell. Regional Trade Agreements and the WTO— An Analysis of the Efficacy of the ACFTA Forum Selection Clause in Resolving Jurisdictional Conflict, Working Paper Series. http://ssrn.com/abstract=1114770.

211. Martti Koskenniemi. Fragmentation of International Law: Difficulties Arising from the Diversification and Expansion of International Law, Report of the Study Group of the International Law Commission, A/CN4/L682, 2006, 4.

212. Martti Koskenniemi. Fragmentation of International Law: Difficulties Arising from the Diversification and Expansion of International Law, 2006. http://legal.un.org/ilc/documentation/english/a_cn4_l682.pdf.

213. Matthew Kennedy. China's Role in WTO Dispute Settlement, World Trade Review, 2012, 11(4).

214. Matthew Lister. The Legitimating Role of Consent in International Law, Chicago Journal of International Law, 2011, 11(2).

215. Michael Akehurst. The Hierarchy of the Sources of International Law, BRITISH YEAR BOOK OF INT'L L, 1975, 47 (1).

216. Michael Lennard. Navigating by the Stars: Interpreting the WTO Agreements, Journal of International Economic Law, 2002, 5(1).

217. Michelle Q Zang. Shall We Talk? Judicial Communication between the CJEU and WTO Dispute Settlement, European Journal of International Law, 2017, 28(1).

218. Milton Obote Ochieng. Legal and Systematic Issues in the Interim Economic Partnership Agreements, Cosmas, Issue Paper 2, ICTSD, 2009, 9.

219. Ministerial Declaration adopted on 29 November 1982, BISD 29S/9. section on "Dispute Settlement Procedures", BISD 29S/13.

220. Minyou Yu, Hen Liu. China's Ten Years in the WTO: its Performance and New Challenges, Frontiers of Law in China, 2012, 7(3).

221. N'Gunu N Tiny. Judicial Accommodation: NAFTA, the EU and the WTO, Jean Monnet Working Paper, 2005. http://centers.law.nyu.edu/jeanmonnet/papers/05/050401.pdf.

222. Nguyen Tan Son. Towords a Compatible Interaction between Dispute Settlement Under the WTO and Regional Trade Agreement, MqJBL, 2008, 5.

223. Nicholas A Robinson, Lal Kurukulasuriya. Training Manual on International Environmental Law, 2006. https://digitalcommons.pace.edu/cgi/viewcontent.cgi?article=1789&context=lawfaculty.

224. Nikolaos Lavranos. The Brazilian Tyres Case: A Case-Study of Multilevel Judicial Governance, in Nikolaos Lavranos (eds.). Multilevel Judicial Governance between Global and Regional Economic Integration.

225. Nikolaos Lavranos. The Solange-Method as a Tool for Regulating Competing Jurisdictions Among International Courts and Tribunals, LOY. L. A. INT'L & COMP. L. REV, 2008, 30(3).

226. Oscar Schachter. Entangled Treaty and Custom, in Yoram Dinsten (ed.). International Law at a Time of Perplexity: Essays in Honour of Shabtai Rosenne, Springer Netherlands, 1989.

227. Pasha L Hsieh. China's Development of International Economic Law and WTO Legal Capacity Building, JOURNAL OF INTERNATIONAL ECONOMIC LAW, 2010, 13(4).

228. Patricia Isela Hansen. Dispute Settlement in the NAFTA and Beyond, Texas International Law Journal, 2005, 40(3).

229. Peter Sutherland. Concluding the Uruguay Round——Creating the New Architecture of Trade for the Global Economy, Fordham International Law Journal, 2000, 24(15).

230. Porges Amy. Designing Common but Differentiated Rules for Regional Trade Disputes. RTAE xchange. Geneva: International Centre for Trade and Sustainable Development (ICTSD) and the Inter-American Development Bank, 2018. www.RTAexchange.org/.

231. Press Release. Office of the United States Trade Representative,

United States Initiates NAFTA Dispute with Mexico over Mexico's Failure to Move Its Tuna-Dolphin Dispute from the WTO to the NAFTA, 2009, 11. http://www.ustr.gov/about-us/press-office/press-releases/2009/november/united-statesinitiates-nafta-dispute-mexico-over.

232. Reinisch. The Use and Limits of Res Judicata and Lis Pendens as Procedural Tools to Avoid Conflicting Dispute Settlement Outcomes, The Law & Practice of International Courts and Tribunals, 2004, (3)1.

233. Reinisch. The Use and Limits of Res Judicata and Lis Pendens as Procedural Tools to Avoid Conflicting Dispute Settlement Outcomes, The Law and Practice of International Courts and Tribunals, 2004, 3(1).

234. Robert Howse, Joanna Langille. Spheres of Commerce: The WTO Legal System and Regional Trading Blocs-A Reconsideration, Ga. J. Int'l & Comp. L., 2018, 46(3).

235. Rosa Theofanis. The Doctrine of Res Judicata in International Criminal Law, International Criminal Law Review, 2003, 3(3).

236. Rüdiger Wolfrum, Nele Matz. Conflicts in International Environmental Law, International Environmental Agreements: Politics, Law and Economics, 2007, 7(3).

237. Sieber. Legal Orderin a Global World, in A von Bogdandy, R Wolfrum(eds.). Max Planck Yearbook of United Nations Law, 2010. http://www.mpil.de/en/pub/publications/periodic-publications/max-planck-yearbook/Vol.ume-14.cfm.

238. Songling Yang. The Key Role of the WTO in Settling its Jurisdictional Conflicts with RTAs, CHINESE J. INT'L L, 2012, 11(2).

239. Stanimir A Alexandrov. The Compulsory Jurisdiction of the International Court of Justice: How Compulsory Is It?, Chinese Journal of International Law, 2006, 5(1).

240. Starke. An Introduction to International Law, The Modern Law

Review, 1949, 12(3).

241. Stipanowich. Arbitration: The New 'Litigation', University of Illinois Law Review, 2010, 2010(1).

242. Sungjoon Cho. Breaking the Barrier between Regionalism and Multilateralism: A New Perspective on Trade Regionalism, HARV. INT'L L. J, 2001, 42.

243. Sylvia Ostry. WTO Membership for China: To Be and Not To Be: Is that the Answer? in Patrick Grady, Andrew Sharpe (eds.). The State of Economics in Canada: Festschrift in Honour of David Slater, John Deutsch Inst Study of Eco Policy, 2001.

244. T W Bowett. Estoppel Before International Trivunals and its Relation to Acquiescence, BRIT. Y. B. INT'L L, 1957, 33.

245. T W Bowett. Estoppel Before International Trivunals and its Relation to Acquiescence, BRIT. Y. B. INT'L L, 1957, 33.

246. Thomas Buergenthal. Proliferation of International Courts and Tribunals: Is It Good or Bad?, Leiden Journal of International Law, 2001, 14(2).

247. Thomas Cottier, Krista N Schefer. Non-Violation Complaints in the WTO/GATT Dispute Settlement: Past, Present and Future, in Petersmann (eds.). International Trade Law and the GATT/WTO Dispute Settlement System, Kluwer Law International, 1997.

248. Thomas Cottier, Marina Foltea. Constitutional Functions of the WTO and Regional Trade Agreement, in Lorand Bartels & Federico Ortino (eds.). Regional Trade Agreement And The WTO Legal System, 2006.

249. Thomas Cottier et al.. Fragmentation and Coherence in International Trade Regulation: Analysis and Conceptual Foundations, in Thomas Cottier, Panagiotis Delimatsis (eds.). The Prospects of International

Trade Regulation, From fragmentation to coherence. Cambridge University Press, 2011.

250. Tim Graewert. Conflicting Laws and Jurisdictions in the Dispute Settlement Process of Regional Trade Agreements and the WTO, CONTEMP. ASIA ARB. J, 2008, 1(2).

251. Tong Qi. China's First Decade Experience in The WTO Dispute Settlement System: Practice and Prospect, Asian Journal of WTO & International Health Law and Policy, 2012, 7(1).

252. V Zahrnt. How Regionalization can be a Pillar of a More Effective World Trade Organization, JWT, 2005, 39(4).

253. Vaughan Lowe. Overlapping Jurisdiction in International Tribunals, AUSTL. Y. B. INT'L L, 1999, (20)11.

254. Vaughan Lowe. Res Judicata and the Rule of Law in International Arbitration, AFRICAN J. INT'L L, 1996, 8.

255. Wenhua Ji, Cui Huang. China's Experience in Dealing with WTO Dispute Settlement: a Chinese Perspective, Journal of World Trade, 2011, 45(1).

256. William J Davey, Andre' Sapir. The Soft Drinks Case: the WTO and Regional Agreements, World Trade Review, 2009, 8(1).

257. William J Davey, Dispute Settlement in the WTO and RTAs: A Comment, in Lorand Bartels, Federico Ortino (eds.). Regional Trade Agreements and the WTO Legal System, Oxford University Press, 2006.

258. Rüdiger Wolfrum, Nele Matz. Conflicts in International Environmental Law, International Environmental Agreements: Politics, Law and Economics, 2007, 7(3).

259. Yuval Shany. Jurisdictional Competition between National and International Courts: Could International Jurisdiction-Regulating Rules Apply?, Netherlands Yearbook of International Law, 2006, 37.

260. Yuval Sinai. Reconsidering Res Judicata：A Comparative Perspective, Duke J. Comp. & Int'l L. 21，2010，21(2).

261. Zakir Hafez. Weak Discipline：GATT Article XXIV and the Emerging WTO Jurisprudence on RTAs，N. D. L. REV，2003，79.

二、著作

1. J. G. 梅里斯尔：《国际争端解决》，韩秀丽等译，法律出版社 2013 年版。

2. W. G. 魏智通：《国际法》，吴越、毛晓飞译，法律出版社 2012 年版。

3. 安东尼. 卡塞斯：《国际法》，蔡从燕等译，法律出版社 2009 年版。

4. 曾华群、杨国华等：《WTO 与中国：法治的发展与互动——中国加入 WTO 十周年纪念文集》，中国商务出版社 2011 年版。

5. 曾令良：《世界贸易组织法》，武汉大学出版社 1996 年版。

6. 曾炜、张艾清：《WTO 典型案例评析》，中央民族大学出版社 2014 年版。

7. 曾炜：《WTO 法中必要性检验法律问题研究》，中央民族大学出版社 2014 年版。

8. 陈卫东著：《WTO 例外条款解读》，对外经济贸易大学出版社 2002 年版。

9. 村濑信也：《国际立法——国际立法的法源论》，秦一禾译，中国人民公安大学出版社 2012 年版。

10. 对外贸易经济合作部国际经贸关系司、关贸总协定上海研究中心编：《乌拉圭回合多边贸易谈判结果最后文件》，法律出版社 1995 年版。

11. 房东：《WTO 服务贸易总协定法律约束力研究》，北京大学出版社 2005 年版。

12. 韩立余：《GATT/WTO 案例及评析(1948—1995)》，(上、下卷)，

中国人民大学出版社 2002 年版。
13. 韩立余：《GATT/WTO 案例及评析(1995—1999)》，（上、下卷），中国人民大学出版社 2001 年版。
14. 韩立余：《GATT/WTO 案例及评析，2000)》，中国人民大学出版社 2001 年版。
15. 韩立余：《GATT/WTO 案例及评析，2001)》，中国人民大学出版社 2004 年版。
16. 韩立余：《既往不咎——WTO 争端解决机制研究》，北京大学出版社 2009 年版。
17. 韩龙：《WTO 金融服务贸易的法律问题研究》，湖南人民出版社 2004 年版。
18. 贺小勇：《国际贸易争端解决与中国对策研究——以 WTO 为视角》，法律出版社 2006 年版。
19. 侯幼萍：《世界贸易组织与区域贸易组织管辖权的冲突与协调》，上海社会科学院出版社 2010 年版。
20. 黄胜强：《国际服务贸易多边规则利弊分析》，中国社会科学出版社 2000 年版。
21. 回沪明、赵松岭主编：《世界贸易组织(WTO)及其争端解决经验》，中国方正出版社 2002 年版。
22. 杰克逊：《GATT/WTO 法理与实践》，张玉卿等译，新华出版社 2002 年版。
23. 克里斯·布朗、克尔斯滕·安利：《理解国际关系》，吴志成等译，中央编译出版社 2010 年版。
24. 雷蒙·阿隆：《和平与战争：国际关系理论》，朱孔彦译，中央编译出版社 2013 年版。
25. 李浩培：《条约法概论》，法律出版社 2003 年版。
26. 梁西：《国际法》，武汉大学出版社 2011 年版。
27. 马尔科姆·N. 肖：《国际法》，白圭梅等译，北京大学出版社 2011

年版。
28. 李双元、蒋新苗：《世贸组织规则研究：理论与案例》，武汉大学出版社 2017 年版。
29. 路易斯·亨金：《国际法：政治与价值》，张乃根等译，中国政法大学出版社 2005 年版。
30. 石静霞、陈卫东：《WTO 国际服务贸易成案研究》，北京大学出版社 2005 年版。
31. 世界贸易组织秘书处：《乌拉圭回合协议导读》，索必成、胡盈之译，法律出版社 2000 年版。
32. 孙振宇：《WTO 多哈回合谈判中期回顾》，人民出版社 2005 年版。
33. 王贵国：《世界贸易组织法》，法律出版社 2003 年版。
34. 王铁崖：《国际法引论》，北京大学出版社 1998 年版。
35. 王新奎等：《世界贸易组织与发展中国家》，上海远东出版社 1998 年版。
36. 温迪·多布森、皮埃尔·雅凯：《WTO 中的金融服务自由化》，彭龙译，北京出版社 2000 年版。
37. 肖冰：《WTO〈实施卫生与植物卫生措施协定〉研究》，法律出版社 2004 年版。
38. 徐泉：《国家经济主权论》，人民出版社 2006 年版。
39. 许楚敬：《非 WTO 法在 WTO 争端解决中的运用》，社会科学文献出版社 2012 年版。
40. 伊恩·布朗利：《国际公法原理》，曾令良等译，法律出版社 2003 年版。
41. 尤瓦·沙尼：《国际法院与法庭的竞合管辖权》，韩秀丽译，法律出版社 2012 年版。
42. 约翰·杰克逊：《国家主权与 WTO：变化中的国际法基础》，赵龙跃、左海聪、盛建明译，社会科学文献出版社 2009 年版。
43. 约斯特·鲍威林：《国际公法规则之冲突——WTO 法与其他国际法

规则如何联系》，周忠海等译，法律出版社 2005 年版。
44. 詹姆斯·多尔蒂、小罗伯特·普法耳茨格拉夫：《争论中的国际关系理论》，阎学通等译，世界知识出版社 2013 年版。
45. 詹宁斯、瓦茨修订：《奥本海国际法》，王铁崖等译，中国大百科全书出版社 1995 年版。
46. 张玉卿主编：《WTO 新回合法律问题研究》，中国商务出版社 2004 年版。
47. 赵维田：《世贸组织(WTO)的法律制度》，吉林人民出版社 2000 年版。
48. 郑斌：《国际法院与法庭适用的一般法律原则》，韩秀丽、蔡从燕译，法律出版社 2012 年版。
49. 朱揽叶：《世界贸易组织国际贸易纠纷案例评析》，法律出版社 2003 年版。
50. 左海聪：《1994 年关贸总协定逐条释义》，湖南科学技术出版社 2006 年版。
51. 左海聪：《国际经济法的理论与实践》，武汉大学出版社 2003 年版。
52. Abbott Frederick M. The North American Integration Regime and Its Implications for the World Trading System, in J H H Weiler (eds.). The EU, the WTO, and the NAFTA, Towards a Common Law of International Trade? Oxford University Press, 2001.
53. Andreas F Lowenfeld. International Economic Law, Oxford University Press, 2002.
54. Andreas Zimmermann, Christian Tomuschat, Karin Oellers-Frahm. The Statute of The International Court of Justice, Oxford University Press, 2006.
55. Anthony Aust. Modern Treaty Law and Practice, Cambridge University Press, 2007.
56. Anthony Aust. Modern Treaty Law and Practice, Cambridge University

Press, 2000.

57. Antonio Cassese. International Law, Oxford University Press, 2001.

58. Baron Arnold Duncan McNair, The Law of Treaties, Clarendon Press, 1961.

59. Bernard M Hoekman, Michael M Kostecki. the Political Economy of the World Trading System: From GATT to WTO, Oxford University Press, 1995.

60. Bernard M Hoekman. The World Trade Organization: Law, Economics, and Politics, Routledge, 2007.

61. Bin Cheng. General Principles of Law as Applied by International Courts and Tribunals, Cambridge University Press, 2006.

62. Boyle Alan, Chinkin Christine. The Making of International Law, Oxford University Press, 2007.

63. Burns H Weston, Richard A Falk, Hilary Charlesworth, Andrew L Strauss. International Law and World Order: A Problem Oriented Coursebook, West Academic Publishing, 1990.

64. Cassese. International Law. Oxford University Press, 2001.

65. Charnovitz Steve. Trade Law and Global Governance. Cameron, 2002.

66. Chittharanjan F Amerasinghe. Jurisdiction of Specific International Tribunals, Martinus Nijhoff Publishers, 2009.

67. Christopher Arup. The New World Trade Organization Agrrements: Globalizing Law through Services and Intellectual Property, Cambridge University Press, 2000.

68. David Palmeter, Petros C Mavroidis. Dispute Settlement in the World Trade Organization: Practice and Procedure, Cambridge University Press, 2004.

69. David Palmeter, Petros C Mavroidis. Dispute Settlement in the World Trade Organization: Practice and Procedure, Cambridge University

Press, 2004.

70. Drusilla K Brown, Robert Mitchell Stern. The WTO and Labour and Employment, Edward Elgar, 2007.

71. Duncan French, Matthew Saul, Nigwl D White. International Law and Dispute Settlement: New Problems and Techniques, Oxford University Press, 2010.

72. Gabriël Moens, Roger Jones. International Trade and Business Law Review, Routledge-Cavendish, 2007.

73. George A Bermann, Petros C Mavroidis. WTO Law and Developing Countries, Cambridge University Press, 2007.

74. George Ritzer, Paul Dean. Globalization: A Basic Text . John Wiley & Sons, 2015.

75. Ian Brownlie. Principles of Public International Law, Oxford University Press, 2008.

76. Ian Goldin. Divided Nations—Why Global Governance is Failing, and What We Can Do About It. Oxford University Press, 2012.

77. J D Heydon. Case and Material on Evidence, Butterworth, 1975.

78. J G Merrills. International Dispute Settlement, Cambridge University Press, 2005.

79. J H H Weiler. The EU, the WTO, and the NAFTA: Towards a Common Law of International Trade? Oxford University Press, 2000.

80. Jan Wouters, Bart De Meester. The World Trade Organization: A Legal and Institutional Analysis, Intersentia, 2007.

81. Jeffrey Waincymer. WTO Litigation: Procedural Aspects of Formal Dispute Settlement, Cameron, 2002.

82. John H Jackson. The Jurisprudence of GATT and the WTO, Cambridge University Press, 2000.

83. John H Jackson. The World Tradeing System: Law and Policy of Inter-

national Economic Relations, The MIT Press, 1997.

84. John H Jackson. The Jurisprudence of GATT and the WTO: Insights on Treaty Law and Economic Relations, Higher Education Press, 2002.

85. Joost Pauwelyn. Conflict of Norms in Public International Law: How WTO Law Relates to other Rules of International Law, Cambridge University Press, 2003.

86. K R Gupta. World Trade Organisation, Atlantic Publishers, 2006.

87. Kern Alexander, Mads Andenas. The World Trade Organization and Trade in Services, Martinus Nijhoff Publishers, 2008.

88. Kevin Kennedy. Competition Law and the World Trade Organization: Limits of Multilateralism, Sweet & Maxwell, 2001.

89. Kim. The China-Singapore Free Trade Agreement, in Lim, Liang (eds.). Economic Diplomacy: Essays and Reflections by Singapore's Negotiators, World Scientific Publishing Company, 2010.

90. Koen Byttebier, Kim van der Borght. WTO Obligations and Opportunities: Challenges of Implementation, Cameron May, 2007.

91. Larry Crump, Javed Maswood. Developing Countries and Global Trade Negotiations, Routledge, 2007.

92. LD Guruswamy, BR Hendricks. International Environmental Law in a Nutshell, West Publishing, 1997.

93. Lorand Bartels, Federico Ortino. Regional Trade Agreements and the WTO Legal System. Clarendon, Oxford University Press, 2006.

94. Luis Abuas, Simonetta Zarrilli. Challenging Conventional Wisdom: Development Implications of Trade in Services Liberalization. UNCTAD. Division on International Trade in Goods and Services, and Commodities, Trade Analysis Branch, 2007.

95. M Matsushita, T J Schoenbaum, P Mavroidis. The World Trade Organization Law, Practice and Policy, Oxford, 2003.

96. M Trebilcock, R Howse. The Regulation of International Trade, Routledge, 2005.

97. Marion Panizzo, Nicole Pohl, Pierre Sauvé(eds.). GATS and the regulation of international trade in services, Cambridge University Press, 2008.

98. Martin Dixon. Textbook on International Law, Oxford University Press, 2005.

99. Mitsuo Matsushita, Thomas J Schoenbaum, Petros C Mavroidis, Michael Hahn. The World Trade Organization Law, Practice, and Policy, Oxford University Press, 2006.

100. Modamed Shahabuddeen. Precedent in the World Court, Grotius, Cambridge University Press, 1996.

101. Mohamed Shahabuddeen. Precednt in the World Court, Cambridge University Press, 1996.

102. Nancy Kontou. The Termination and Revision of Treaties in the Light of New Customary International Law, Clarendon Press, 1995.

103. Nicholas Emiliou. The Principle of Porportionality in European Law, Kluwer Law International, 1996.

104. Panagiotis Delimatsis. International Trade in Service and Domestic Regulations, Oxford University Press, 2007.

105. Panizzon, Marion. Good Faith in the Jurisprudence of the WTO, Hart Publishing, 2006.

106. Peter Gallagher. A Handbook on Reading WTO Schedules, Cambridge University Press, 2007.

107. Peter Gallagher. Guide to Dispute Settlement, Kluwer Law International, 2002.

108. Peter Malanczuk. Akehurst´s Modern Introduction to International Law, 7 ed. Routledge, 1997.

109. Petros C Mavroidis. Trade in Goods: The GATT and the Other Agreements Regulating Trade in Goods, Oxford University Press, 2007.

110. Pierre Sauve, Robert M Stem (eds.). GATS 2000: New DireCtions in Services Trade Liberalization, Brookings Institution Press, 2000.

111. Rainer Hofmann, Gabriele Tondl. The European Union and the WTO Doha Round, Baden-Baden, Nomos, 2007.

112. Robert Howse. The WTO System: Law, Politics & Legitimacy, Cameron May Ltd, 2007.

113. Rudiger Wolfrum (eds.). WTO: Technical Barriers and SPS Measures, Martinus Nijhoff Publsihers, 2007.

114. S Joseph. Blame it on the WTO?: A Human Rights Critique, Oxford University Press, 2011.

115. Scott Sinclair, Jim Grieshaber-Otto. Facing the Facts: A Guide to the GATS Debate, Canadian Centre for Policy Alternatives, 2002.

116. Shany, Yuval. The Competing Jurisdictions of International Courts and Tribunals, Oxford University Press, 2004.

117. Sharif Bhuiyan. National Law in WTO Law: Effectiveness and Good Governance in the World Trading System, Cambridge University Press, 2007.

118. Sinclair TJ. Global Governance, Polity Press, 2012.

119. Steve Charnovitz. Trade law and Global governance, Cameron, 2002.

120. Thomas Cottier. The Challenge of WTO Law: Collected Essays, Cameron May, 2007.

121. Timothy J. Sinclair. Global Governance. Polity Press, 2012.

122. World Bank. Trade Blocs, Oxford University Press, 2000.

123. Yuval Shany. The Competing Jurisdictions of International Courts and Tribunals, Oxford University Press, 2003.

124. Zleptnig Stefan. Non-Economic Objectives in WTO Law: Justification

Provisions of GATT, GATS, SPS, and TBT Agreements, Martinus Nijhoff Publishers, 2010.

三、争端案例

(一)WTO 案例

1. Report of the Appellate Body, Argentina-Measures Affecting Imports of Footwear, Textiles, Apparel and Other Items, WT/DS56/AB/R and Corr. 1, adopted 22 April 1998.
2. Report of the Appellate Body, Argentina-Safeguard Measures on Imports of Footwear, WT/DS121/AB/R, adopted 12 January 2000.
3. Report of the Appellate Body, Australia-Measures Affecting ImpoRTAtion of Salmon, WT/DS18/AB/R, adopted 6 November 1998.
4. Report of the Appellate Body, Brazil-Measures Affecting Desiccated Coconut, WT/DS22/AB/R, adopted 20 March 1997.
5. Report of the Appellate Body, Canada-CeRTAin Measures Concerning Periodicals, WT/DS31/AB/R, adopted 30 July 1997.
6. Report of the Appellate Body, EC-Trade Description on Sardines, WT/DS231/AB/R, adopted 26 Sept. 2002.
7. Report of the Appellate Body, EC-Measures Affecting the ImpoRTAtion of CeRTAin Poultry Products, WT/DS69/AB/R, adopted 23 July 1998.
8. Report of the Appellate Body, EC-Measures Concerning Meat and Meat Products (Hormones), WT/DS26/AB/R, adopted 16 January 1998.
9. Report of the Appellate Body, EC-Regime for the ImpoRTAtion, Sale and Distribution of Bananas, WT/DS27/AB/R, adopted 25 September 1997.
10. Report of the Appellate Body, India-Patent Protection for Pharmaceutical and Agricultural Chemical Products, WT/DS50/AB/

R, adopted 19 December 1997.

11. Report of the Appellate Body, Japan-Taxes on Alcoholic Beverages, WT/DS8/AB/R, adopted 4 October 1996.

12. Report of the Appellate Body, Mexico-Anti-Dumping Investigation of High Fructose Corn Syrup (HFCS) from the United States-Recourse to Article 21. 5 of the DSUby the United States, WT/DS132/AB/RW, adopted 21 November 2001.

13. Report of the Appellate Body, Mexico-Tax Measures on Soft Drinks and Other Beverages, WT/DS308/AB/R, adopted 6 March 2006.

14. Report of the Appellate Body, United States-Anti-Dumping Act of1916, WT/DS136/AB/R, adopted 28 August 2000.

15. Report of the Appellate Body, United States-Continued Dumping and Subsidy Offset Act of 2000, WT/DS217/AB/R, adopted 16 January 2003.

16. Report of the Appellate Body, United States-Final Anti-Dumping Measures on Stainless steel from Mexico, WT/DS344/AB/R, adopted 20 May 2008.

17. Report of the Appellate Body, United States-Import Prohibition of CeR-TAin Shrimp and Shrimp Products, WT/DS58/AB/R, adopted 12 October 1998.

18. Report of the Appellate Body, United States-Imposition of Countervailing Duties on CeRTAin Hot-Rolled Lead and Bismuth Carbon Steel Products Originating in the United Kingdom, WT/DS138/AB/R, adopted 7 June 2000.

19. Report of the Appellate Body, United States-Measures Concerning the ImpoRTAtion, Marketing and Sale of Tuna and Tuna Products, WT/DS381/AB/R, adopted 16 May 2012.

20. Report of the Appellate Body, United States-Restrictions on Imports of

Cotton and Man-made Fibre Underwear, WT/DS24/AB/R, adopted 25 February 1997.

21. Report of the Appellate Body, United States-Tax Treatment for Foreign Sales Corporations, WT/DS108/AB/R, adopted 24 February 2000.
22. Report of the Appellate Body, United States-Standards for Reformulated and Conventional Gasoline, WT/DS2/AB/R, adopted 20 May 1996.
23. Report of the Panel, Argentina-Definitive Anti-Dumping Duties on Poultry from Brazil, WT/DS241/R, adopted 19 May 2003.
24. Report of the Panel, Canada-Patent Protection of Pharmaceutical Products, WT/DS114/R, adopted 7 April 2000.
25. Report of the Panel, EC-Measures Concerning Meat and Meat Products (Hormones), Complaint by the United States, WT/DS26/R, adopted 13 February 1998.
26. Report of the Panel, Brazil-Measures Affecting Desiccated Coconut, WT/DS22/R, adopted 17 October 1996.
27. Report of the Panel, EC-Regime for the ImpoRTAtion, Sale and Distribution of Bananas, WT/DS27/R, adopted 9 September 1997.
28. Report of the Panel, EC-Trade Description of Sardines, WT/DS231/R, adopted 29 May 2002.
29. Report of the Panel, EC-Measures Affecting the Approval and Marketing of Biotech Products, WT/DS291/R, adopted 29 September 2006.
30. Report of the Panel, Guatemala-Definitive Anti-Dumping Measure on Grey Portland Cement from Mexico, WT/DS156/R, adopted 24 October 2000.
31. Report of the Panel, India-Measures Affecting the Automotive Sector, WT/DS146/R, adopted 21 December 2001.
32. Report of the Panel, India-Patent Protection for Pharmaceutical and Agricultural Chemical Products, WT/DS79/R, adopted 22 September 1998.

33. Report of the Panel, Indonesia-CeRTAin Measures Affecting the Automobile Industry, WT/DS54/R, adopted 2 July 1998.

34. Report of the Panel, Japan-Taxes on Alcoholic Beverages, WT/DS8/R, WT/DS10/R, WT/DS11/R, adopted 1 November 1996.

35. Report of the Panel, Korea-Measures Affecting Government Procurement, WT/DS163/R, adopted 19 June 2000.

36. Report of the Panel, Mexico-Anti-Dumping Investigation of High-Fructose Corn Syrup (HFCS) from the United States, WT/DS132/R, adopted 28 January 2000.

37. Report of the Panel, Mexico-Tax Measures on Soft Drinks and Other Beverages, WT/DS308/R, adopted 24 March 2006.

38. Report of the Panel, Turkey-Restrictions on Imports of Textile and Clothing Products, WT/DS34/R, adopted 19 November 1999.

39. Report of the Panel, United States-Sections 301-310 of the Trade Act 1974, WT/DS152/R, 22 December 1999.

40. Report of the Panel, United States-Subsidies on Upland Cotton, WT/DS132/R, adopted 8 September 2004.

41. Report of the Panel, United States-Measures Concerning the ImpoRTAtion, Marketing and Sale of Tuna and Tuna Products, WT/DS381/R, adopted 15 September 2011.

(二)《关税与贸易总协定》案例

1. GATT Panel Report, United States-Taxes on Automobiles, DS/31/R, adopted Oct. 11, 1994.

2. GATT Panel Report, EEC-Member States' Import Regimes for Bananas, DS32/R, adopted June 3, 1993.

3. GATT Panel Report, United States-Measures Affecting Imports of Softwood Lumber from Canada, SCM/162, B. I. S. D. 40S/358, Oct.

27, 1993.

4. GATT Panel Report, United States-Restrictions on Imports of Tuna-Complaint by the ECC and the Netherlands, DS29/R, June 19, 1994.

5. GATT Panel Report, EEC-Member States' Import Regimes for Bananas, DS38/R, 11 February 1994.

(三)其他案例

1. Judgement of Case Concerning the Gabcikovo-Nagymaros Project (Hungary v. Slovakia), 1997 I. C. J. 7.

2. Judgement of Case Concerning the Temple of Preah Vihear (Cambodia v. Thailand), 1962 I. C. J. 6.

3. Judgement of Nottebohn case, 1953 I. C. J. 111.

4. Opinion of Judge Alfaro and Fitzmaurice in the Temple case, 1962 I. C. J. 39.

5. Legal Status of Eastern Greenland (Den. v. Nor.), 1933 P. C. I. J. (ser. A/B) No. 53, at 22 (Apr. 15).

6. Judgement of Nuclear Test (Austl. v. Fr.), 1974 I. C. J. 253 (Dec. 20).

7. Judgement of Nuclear Test (N. Z. v. Fr.), 1974 I. C. J. 457 (Dec. 20).

8. Rights of Minorities, 1928 PCIJ (Ser. A) No. 15.

9. Trail Smelter Case (Us V. Canada) R. I. A. A. 1905, 1952.

10. Report of theNAFTAPanel, In the Matter of the US Safeguard Action Taken on Broom Corn Brooms From Mexico, USA-97-2008-1, January 30, 1998.

四、主要网站

1. http://www.worldbank.org.

2. http://www.oecd.org.

3. http://www.unctad.org.

4. http://www.WTO.org.

5. http://www.southcentre.org.

6. http://www.naftanow.org.

7. http://www.cafta.org.cn.

8. http://fta.mofcom.gov.cn.

后　记

本书是在国家社科基金青年项目“世界贸易组织与区域贸易协定间争端解决机制管辖权冲突与调和研究”(13CFX116)结项材料的基础上修订而成。

众所周知，由于WTO新一轮多边贸易谈判的失败，促使许多WTO成员另辟蹊径，转而利用双边或区域贸易协定推动贸易自由化。事实上，国际社会对WTO多边贸易机制的信心与对区域贸易协定的倚重在一定时期内是此消彼长的关系。当前WTO成员面临各种复杂挑战的国际政治与经济环境，而进一步降低贸易壁垒的经济一体化压力在区域贸易协定(RTA)中找到宣泄渠道，导致区域贸易协定在全球范围内以前所未有的速度急剧增加。

随着RTA在全球领域的蓬勃发展，RTA争端解决机制所处理的案件有时可能会与WTO涵盖协定相重合。这样，在WTO和RTA之间很有可能发生管辖权的冲突。WTO和RTA之间这种管辖权的重叠和冲突，以及其各自争端解决机制解释和适用条约可能造成的背离，有可能导致国际贸易法的碎片化。因此，为了国际贸易关系的安全性和可预见性，只有正视并思考使两个争端解决机制之间能够兼容并存地互动，管辖权冲突的问题才能得以有效地处理。因此，如何调和WTO与RTA间争端解决机制管辖权的冲突是本研究的目的。

本书通过分析WTO实际案例，探讨各类型RTA争端解决及场所选择条款对WTO争端解决机制管辖权所可能产生的影响和冲击，以及此议题可能的发展趋势，并提出未来 WTO 与 RTA 条争端管辖权冲突问题的可能解决方法。本书的研究成果可以对中国未来草拟 RTA 和相关国际贸易协议提供一定的参考和借鉴，对提升、强化中国国际贸易权益的保护，并促进国际贸易法的改革与发展具有一定的意义。但由于本人学识有限，书中疏漏谬误之处恐在所难免，深望读者不吝指教！

在本课题的研究过程中，得到本人当时工作单位贵州民族大学提供的各种便利和资助，在此表示诚挚的感谢！本书的出版离不开武汉大学出版社的大力支持，在此深表谢意！最后，我要衷心感谢我的家人在课题研究和书稿修订期间给予的包容、关爱和鼓励。

曾炜

2020 年 1 月 8 日于福州